KB265160

임동석중국사상100

# 몽구

蒙求

李瀚 撰·徐子光 註 / 林東錫 譯註

　"상아, 물소 뿔, 진주, 옥. 진괴한 이런 물건들은 사람의 이목은 즐겁게 하지만 쓰임에는 적절하지 않다. 그런가 하면 금석이나 초목, 실, 삼베, 오곡, 육재는 쓰임에는 적절하나 이를 사용하면 닳아지고 취하면 고갈된다. 그렇다면 사람의 이목을 즐겁게 하면서 이를 사용하기에도 적절하며, 써도 닳지 아니하고 취하여도 고갈되지 않고, 똑똑한 자나 불초한 자라도 그를 통해 얻는 바가 각기 그 자신의 재능에 따라주고, 어진 사람이나 지혜로운 사람이나 그를 통해 보는 바가 각기 그 자신의 분수에 따라주되 무엇이든지 구하여 얻지 못할 것이 없는 것은 오직 책뿐이로다!"

《소동파전집》(34) 〈이씨산방장서기〉에서 구당(丘堂) 여원구(呂元九) 선생의 글씨

# 책머리에

이제껏 많은 중국 고전을 역주해 왔지만 이 《몽구》처럼 유용한 책이 있을까 한다. 물론 책마다 고전의 가치를 충분히 가지고 있지만 우선 중국 고전에 입문하기 위해서는 이 책이 가장 쉽고 흥미를 감소하지 않도록 하는 데 도움이 되는 내용을 엮어 놓고 있다고 여기게 되었다. 이름 그대로 "어리고 몽매한 청년들에게 일러주기 위한 내용"이라 하지만 실제 어른으로서 더 핍절하게 알고 있어야 할 지식과 지혜를 담고 있다. 무려 296개의 주제에 592개의 성어, 581개의 고사는 그동안 피상적으로 듣고 알고, 그러려니 했던 주옥같은 일화와 명구들이 그 구체적인 출전과 명확한 원문 제시로 인해 근거를 가지고 말할 수 있도록 해 주고 있다. 나아가 이 책은 우리나라 조선시대에 이미 번역과 연구서가 있었음에도 근래 일본을 통해 다시 들어와 소개되고 번역된 점은 아쉽기도 하고 우리가 옛사람만 같지 못하지 않을까 안타까움도 자아내고 있다.

그러나 나는 이 책을 역주하면서 큰 소득을 얻었다. 바로 이제껏 50여 종 넘게 역주한 내용의 정화精華를 언젠가는 초략鈔略하여 고전 입문자를 위해 정리해야겠다고 계획을 세워왔었는데 이미 당대唐代 이한李瀚이라는 사람이 내가 원하던 작업을 그대로 해 놓았음을 그대로 인정하게 되었다는 점이다. 어린 시절 이 책을 읽으면서 그저 재미있는 이야기를 모아 쉽게 기억할 수 있도록 한 유서類書 정도로 여겼는데 막상 구절마다 역주를 하고, 원전을 일일이 찾아 대조해 보았더니 새삼 피상적인 독서가 위험하고 저급한 욕망을 발동시킨다는 것을 알게 되었다. 그리고 나아가 이 역주작업에서 또 얻은 것이 있다면 이번 기회에 사기로부터 《한서》, 《후한서》, 《삼국지》, 《진서》,

《남사》,《북사》까지 구석구석 빠짐없이 들여다볼 강제적 기회가 주어졌음에 대한 기쁨이다. 공구서로서의 정사正史가 아니라 읽어야 할 사서史書로써 내 곁에 더욱 가까워진 것이다. 이에 본 《몽구》에 제시된 구절의 원전을 다시 찾아 모두 「참고 및 관련자료」란에 그대로 전재하여 보았더니 앞뒤 생략된 내용이 그대로 드러나고 숨겨진 의미가 훤히 나타나는 것이었다. 고전 역주란 한문 원문의 문장을 얼마나 해독할 수 있는 능력이 있는가에 있지 아니하고 이면에 바탕을 이루고 있는 시공時空의 역사와 지리적 내용을 얼마나 충분히 숙지하고 있느냐에 달려있다고 늘 원칙으로 삼아왔다. 그러한 원칙이 이처럼 검증되는 경우를 만났으니 즐거울 수밖에 없었다.

　시대의 변화와 발전에 따라 고전은 그저 연구자의 몫으로 치부되기 시작한 것이 아닌가 안타깝다. 그러나 옛사람들이 왜 그러한 기록을 남겼고 어찌하여 그러한 내용을 금과옥조처럼 되뇌며 긴 역사를 이어왔는가를 생각한다면 지난날과 미래가 균형을 이루어야 한다. 상식과 수양이 없이 옛것은 저버린 채 미래만을 향해 내닫는다면 성공과 성취를 이루었다 해도 허망함에 빠지고 말 것이다. 사람이 일생을 살면서 가치는 물질에만 있지 아니하고 정신세계에도 있으며 그 정신적 가치가 더 중시될 때나 적이도 균형을 이룰 때 비로소 삶의 행복감을 느낄 수 있을 것이다. 그런데 우선 물질에 대한 욕구부터 채운 다음 나중에 정신적 가치를 찾겠다고 미루었다가는 자칫 때를 놓치지 않을까 한다. 옛사람의 지혜를 통해 지금 살아가는 과정마다 그 가치를 찾으며 병행해야 한다. 그러한 도구로써 이 책을 강하게 추천하고 싶다. 부담 없이 낱개의 고사나 일화를 읽어보고 되새기며 마음 다짐을 하는 것도 무용한 시간 낭비는 아닐 것임을 확신한다. 그리고 나아가 더 깊이 그 맛을 느끼고자 한다면 「참고 및 관련자료」란의 원문이나 방증 자료를 섭렵하여 떨어진 이삭을 주워도 그 값은 충분히 얻을 것이라 여긴다.

이 《몽구》 한 권만 알뜰히 읽어도 중국 고사 반 이상은 저절로 알게 될 것이며 중국 역사 흐름과 각 시대의 가치, 그리고 문물제도와 일상생활 입에 오르내리는 인물들은 줄줄 외울 수 있을 것이다. 나아가 내용을 통해 내 삶을 풍요롭게 하고, 살아 있음에 대한 가치를 확연히 느끼게 될 것이다. 또한 지금처럼 표피의 가치에 집착하던 내가 다시 참 가치의 깊은 연못 속에 아름답게 잠겨 들어감을 고맙게 여기게 될 것이다. 지도자는 지도자대로 소시민은 소시민대로 존재 가치를 아름답게 보며 세상 만물에 대하여 어느 것 하나 소중하지 아니한 것이 없음을 발견하게 될 것임을 확신한다. 나로서는 세상에 태어나 이러한 책을 만나게 된 것을 행복하게 여기고 있다. 인류는 과거나 현재, 미래에도, 영원을 두고 아름다움을 추구하며 살아갈 존재라는 사실에 믿음이 선다.

사포莎浦 임동석林東錫이 부곽재負郭齋에서 적다.

# 일러두기

1. 이 책은 《몽구집주蒙求集註》(四庫全書본, 子部 11 類書類. 臺灣商務印書館, 인본 1983)와 〈학진토원學津討原〉본 《몽구집주蒙求集註》(臺灣 藝文印書館 인본), 〈기보총서畿輔叢書〉본 《몽구蒙求》(臺灣 藝文印書館 인본)를 일일이 대조하여 완역한 것이다.

2. 그 외 〈속수사고전서續修四庫全書〉본(子部, 類書類. 上海古籍出版社 인본), 그리고 《몽구蒙求》(桂湖村 講. 漢籍國字解全書 第45卷. 인본 1989. 9. 20. 高麗書林, 서울) 및 《몽구蒙求》(田興甫, 補註蒙求國字解, 久保得二先生校訂, 編者 久保天隨. 博文館藏版 大正(1913) 2年 8월 30일 博文館 東京)와 《몽구蒙求》(上中下. 竹內松治 補註. 印本 1975. 4. 景仁文化社. 서울) 등도 낱낱이 대조, 참고하였다.

3. 국내 번역본도 자세히 살펴 참고하였으며 중국어 참고본 《몽구주석 蒙求注釋》(顔維材·黎邦元 山西敎育出版社 1991. 6. 中國 山西 太原)도 대조하여 교감하였다.

4. 원 책의 본문 298장에 매 장마다 일련번호를 부여하고 다시 두 개씩의 고사를 ①, ②로 나누어 구분하였으며 한 개의 고사가 한 장으로 이루어진 11개는 구분하지 아니하고 그대로 실었다.

5. 각 장은 원문을 그대로 제목으로 삼았고, 세부 목차는 제목의 뜻을 번역하여 산난히 세시하였다.

6. 집주 부분(실제 본문에 해당)을 빠짐없이 번역하였으며 해석은 가능한 한 직역을 위주로 하였으나 일부 의역한 곳도 있다.

7. 한글 번역을 먼저 싣고 원문을 제시하였으며 원문의 문장 부호는 중국 현대 표점 방법을 따랐다.

8. 주석은 인명, 지명, 사건명, 역사 내용, 주요 어휘 등을 위주로 하되 매 장마다 기왕의 주도 다시 실어 이해에 도움이 되도록 하였다.

9. 매 장마다 「참고 및 관련자료」란을 마련하여 관련 사항이나 출전의
   원문을 일일이 찾아 전재하되 역시 표점 처리하여 대조 및 연구에
   도움이 되도록 하였다.
10. 부록으로 서발序跋과 관련 자료의 원문을 실어 이 방면의 연구자에게
   도움이 되도록 하였다.
11. 이 책을 역주함에 참고한 주요 문헌은 아래와 같다.


❋ 참고문헌


1. 《蒙求集註》(上下) 唐, 李瀚(撰), 宋, 徐子光(註) 四庫全書(文淵閣) 子部 11.
   類書類

2. 《蒙求集註》(上下) 唐, 李瀚(撰), 宋, 徐子光(補註) 〈學津討原〉본. 原刻景印
   〈百部叢書集成〉(嚴一萍 選輯) 藝文印書館(印本) 臺灣

3. 《蒙求》(上下) 唐, 李瀚(撰) 〈畿輔叢書〉본. 原刻景印 〈百部叢書集成〉(嚴一萍
   選輯) 藝文印書館(印本) 臺灣

4. 《蒙求注釋》顏維材·黎邦元 山西教育出版社 1991. 6. 中國 山西 太原

5. 《蒙求》(三卷) 唐, 李瀚(撰) 續修四庫全書 子部, 類書類(山西省 應縣 佛宮寺
   文物保管所藏 遼刻本 影印: 原書: 版框: 高146mm, 寬260mm) 上海古籍出版社

6. 《蒙求》桂湖村(講) 漢籍國字解全書 第45卷. 인본 1989. 9. 20. 高麗書林.
   서울

7. 《蒙求》田興甫(補註蒙求國字解, 久保得二先生校訂, 編者 久保天隨) 博文館藏版
   大正(1913) 2年 8월 30일 博文館 東京

8. 《蒙求》(上中下) 竹內松治(補註) 印本 1975. 4. 景仁文化社. 서울

9. 《譯註蒙求》 柳在泳·崔瑞任(共譯) 이화문화사 2004. 12. 서울

10. 《蒙求》(上下, 原本) 林鍾旭(譯註) 도서출판 보고사. 1995. 11. 서울

11. 《文字蒙求》 淸, 王筠 華聯出版社(印本) 1974. 臺灣 臺北

12. 《文字蒙求廣義》 陳義 藝文印書館(印本) 1988. 臺灣 臺北

13. 〈十三經注疏〉(藝文印書館本), 〈二十五史〉(鼎文書局 活字本), 《史記》, 《漢書》, 《後漢書》, 《三國志》, 《晉書》, 《南史》, 《北史》, 《十八史略》, 《世說新語》, 《晏子春秋》, 《新序》, 《說苑》, 《西京雜記》, 《韓詩外傳》, 《潛夫論》, 《顔氏家訓》, 《孔子家語》, 《列女傳》, 《神仙傳》, 《列仙傳》, 《高士傳》, 《搜神記》, 《博物志》, 《列子》, 《老子》, 《莊子》, 《六韜》, 《詩品》, 《戰國策》, 《國語》, 《幼學瓊林》, 《陶淵明集》, 《千字文》, 《三字經》, 《百家姓》, 《墨子》, 《韓非子》, 《呂氏春秋》, 《論衡》, 《抱朴子》, 《新書》, 《小學》, 《唐宋文擧要》, 《古詩源》, 《四書集註》, 《文選》, 《初學記》, 《樂府詩集》, 《藝文類聚》, 《太平御覽》, 《太平廣記》, 《北堂書鈔》, 《資治通鑑》, 《百子全書》, 《金樓子》, 《三才圖會》, 《新編諸子集成》, 《竹林七賢研究》, 《二十五史述要》, 《中國歷史紀年表》 등. 그 밖의 工具書와 中國通史類 등은 기재를 생략함.

# 해제

## 1. 책이름과 내용 및 체제

《주역周易》네 번째 괘인 몽괘蒙卦의 괘사卦辭에 "몽은 형통하다. 내가 동몽에서 구하는 것이 아니라 동몽이 나에게 구한다"(蒙, 亨. 匪我求童蒙, 童蒙求我)라 하였다. 그리고 단사彖辭에는 "내가 동몽에게 구하는 것이 아니라 동몽이 나에게 구한다는 것은 뜻이 응하는 것"(匪我求童蒙, 童蒙求我, 志應也)이라 하였다. 원의는 매우 심오한 의미를 함축하고 있지만 쉽게 풀이하여 "어리고 몽매한 아이들이 지식욕과 기본으로 익혀야 할 덕목 등을 나에게 요구한다"는 뜻쯤으로 보아도 될 것이다.

이에 그들에게 일러 주고 가르치며 깨우쳐 주어야 할 내용물을 교재로 만들어 그 이름을 《몽구蒙求》라 명명한 것이다. 그렇다면 어떻게 내용을 정리하여 아동들에게 알기 쉽고 실천하기 쉽도록 할 것인가 하는 문제에 대해 고민할 수밖에 없을 것이다. 내용물을 그대로 나열하거나 추형雛形의 가짓수만 제공한다고 해서 아무것도 모르는 몽폐蒙蔽 상태의 어린아이가 소화해 낼 수 있는 것은 아니기 때문이다. 교육과정으로 보아도 단계, 순차, 난이도, 심천, 층위는 물론 철학관과 우주관, 역사관을 적절히 배합하고, 그 학습 방법도 염두에 두어야 한다. 이에 중국 전통적인 운韻을 사용하고 외우기 쉽도록 정리하였으며 청각인상을 매끄럽게 하고 기억에 도움이 되도록 압축하여 4언 2구씩 제시하였던 것이다. 중국어는 기본적으로 운이 발달한 언어로써 《시경詩經》이래 4언체의 운대韻對 형식은 아동들에게도 쉽게 입에 외워지게 되어 있다. 그 때문에 동東운, 즉 [ㅎ/ㅎ]을 시작으로 하여 첫 구절이 (1)王戎簡要, 裴楷淸通 (2)孔明臥龍, 呂望非熊

(3)楊震關西, 丁寬易東 (4)謝安高潔, 王導公忠으로 제8자의 끝자인 통通, 웅熊, 동東, 충忠을 압운하였으며, 그 앞에는 각기 인명을 내세워 익히기 쉽도록 한 것이다. 그 다음의 호尸, 호虎, 호扈, 부簿도 역시 [ㅗ/ㅜ]의 우운虞韻으로 이어져 총 4장 8구 32자씩 묶어 전편 298구 모두 4조組씩으로 하여 조구造句한 것이다. 이에 순서대로 운을 분석하여 보면 다음과 같다.

東, 虞, 歐, 泰, 支, 陌, 刪, 薺, 魚, 翰, 陽, 沃, 尤, 語, 先, 宥, 微, 質, 蕭, 皓, 齊, 隊, 元, 職, 靑, 馬, 冬, 寘, 佳, 屑, 侵, 銑, 支, 卦, 虞, 覺, 寒, 紙, 眞, 敬, 麻, 緝, 灰, 紙, 遇, 屋, 庚, 有, 霽, 葉, 虞, 養, 號, 藥, 豪, 寢, 寘, 陌, 支, 哿, 御, 合, 先, 梗, 阮, 月, 江, 紙, 嘯, 藥, 蒸, 潛, 遇, 錫, 先.

이러한 체재는 일찍이 남조南朝 양梁나라 때 주흥사周興嗣의 《천자문千字文》에서 이미 시작되었다. 그리하여 이량李良의 〈천몽구표薦蒙求表〉에도 "근세 주흥사의 《천자문》이 천하에 널리 퍼져 있지만 이 《몽구》에 미칠 수 있겠습니까?"(近代周興嗣撰《千字文》, 亦頒行天下, 豈若《蒙求》哉!) 하였던 것이다.(부록 참조)

그리고 내용에 있어서도 4인 2구가 서로 유사성이 있는 고사나 일화를 하나로 묶음으로써 연상법을 활용하여 쉽게 기억하도록 하였다. 이를테면 "왕융은 간요하고, 배해는 청통하다"라거나, "제갈공명은 누워있는 용이요, 문왕이 사냥 나가 얻을 것은 곰이 아니라 강태공" 등으로 하였다. 따라서 억지로 운을 맞추느라 일부 순통하지 못한 조구도 더러 보인다.

　전체를 통계로 보면 본문은 4언 2구(총 8자)씩 298개 묶음으로 모두 2,384자이다. 그중 마지막 2구(297, 298) 16자는 이한 자신의 부언附言으로 고사와 관련이 없다. 또한 285구는 각기 2가지씩으로 고사나 일화를 묶어 짝을 이루었으나 11개(017, 025, 040, 121, 155, 170, 173, 175, 176, 189, 273)는 하나의 내용이면서 8자로 표현하여 실제 고사는 581개이다.

　내용의 채록은 대체로 상고시대 고사 몇 개와 주대周代, 선진先秦의 춘추 전국을 거쳐 주로 서한西漢과 동한東漢, 삼국三國, 진晉의 역사와 인물, 일화가 주를 이루고 있으며 그 외 남조와 북조의 이야기를 일부 싣고 있다. 따라서 인용된 책은 정사正史 위주이며 이에 따라 《사기史記》, 《한서漢書》, 《후한서後漢書》, 《삼국지三國志》, 《진서晉書》, 《남사南史》, 《북사北史》에서 그 원전을 찾을 수 있다. 그렇다고 해서 그 소재의 채록을 정사에 그친 것은 아니다. 《시詩》, 《서書》, 《예禮》, 《논어論語》, 《맹자孟子》 등 유가儒家의 13경經은 물론, 《열자列子》, 《장자莊子》, 《묵자墨子》, 《한비자韓非子》, 《여씨춘추呂氏春秋》, 《논형論衡》, 《회남자淮南子》, 《안자춘추晏子春秋》와 《국어國語》, 《전국책戰國策》, 그리고 《신서新序》, 《설원說苑》, 《서경잡기西京雜記》, 《한시외전韓詩外傳》, 《신서新書》, 《잠부론潛夫論》, 《세설신어世說新語》, 《공자가어孔子家語》, 《풍속통風俗通》, 《열녀전列女傳》, 《박물지博物志》, 《수신기搜神記》, 《신선전神仙傳》, 《도연명집陶淵明集》, 《열선전列仙傳》, 《고사전高士傳》, 《육도六韜》, 《신어新語》 등 이루 헤아릴 수 없다. 게다가 《초국선현전楚國先賢傳》, 《삼보결록三輔決錄》, 왕은王隱 《진서晉書》, 사승謝承 《후한서後漢書》, 《진한춘추晉漢春秋》, 《진양추晉陽秋》 및 각 《보서譜序》 등 일서와 경사자집經史子集 등에 고루 분포되어 있다.

　　지금 전하는 《몽구》는 대체로 〈일존총서佚存叢書〉본, 〈기보총서畿輔叢書〉본이 있으며, 〈총서집서초편叢書集成初編〉본은 〈학진토원學津討原〉본을 근거로 배인排印한 것으로, 〈사고전서四庫全書〉본도 이와 같다. 그리고 〈속수사고전서續修四庫全書〉(唐 李翰撰으로 되어 있음)에도 실려 있다.

## 2. 찬자撰者와 주자註者

《몽구》는 당唐나라 때 이한李瀚이 지었다. 그는 지금 전하는 그대로 298구,
2384자의 본문을 운문 형식으로 짓고 그에 맞게 각 구절마다 주를 붙였다.
따라서 책의 원제목은 사실 《몽구집주蒙求集註》가 맞을 것이다. 그 뒤 송나라
때 이르러 서자광徐子光이 그 주의 오류를 바로잡고 보충하여 《몽구보주
蒙求補注》를 낸 것이다. 이한은 그 사적이 제대로 알려져 있지 않다. 다만
동시대 이화李華의 서문과 같은 고을의 요주자사饒州刺史 이량李良이 당 천보
天寶 5년(746)에 올린 〈몽구를 추천하는 표문〉(薦蒙求表)을 통해 일부를 엿볼
수 있을 뿐이다. 그 기록에 의하면 이한은 안평(安平. 지금의 河北 饒陽, 당시
饒州의 屬縣) 사람으로 신주信州의 사창참군(司倉參軍. 일부본에는 司馬倉參軍으로
되어 있음)을 지냈으며, 학예에 엄통淹通하고 이식理識에 정미한 인물로써 옛
사람의 장적狀跡을 음운별로 묶고 사류별로 대對를 이루어 3천여 언을
지어 구절마다 주를 붙여 만여 가지 일을 정리하여 《몽구》라는 책을 지었
는데, 서너 살의 어린아이도 쉽게 외우고 익혀 사람들을 놀라게 하였다고
한다.(부록 참조)

그러나 〈사고전서총목제요四庫全書總目提要〉에는 이한을 진(晉: 오대의 後晉.
936~946)나라 때 인물로 이광예李匡乂의 《자가집資暇集》을 근거로 이광예의
종인宗人이며 이면지李勉之의 친족이라 하였다. 그리고 나아가 《신오대사
新五代史》(29) 상유한桑維翰전을 근거로 "처음 이한이 한림학사가 되어 술을
좋아하였으며, 술로 인한 과실이 많아 후진 고조 석경당石敬瑭이 부박浮薄한
인물로 여겼는데 그 사람이 바로 이한이다"(初, 李瀚爲翰林學士, 好飮而多酒過.
晉高祖以爲浮薄, 當卽其人也)라 하였다. 그러나 상유한전의 이 구절은 상유한의

직위인 한림학사 제도의 존폐에 대한 간단한 설명을 곁들이기 위해 이한이
라는 자의 행적을 부기한 것에 불과한 것이며 당나라 때 《몽구》를 지은
이한과는 다른 인물이다. 즉 문장의 앞뒤를 보면 "乃出延廣於河南, 拜維翰
中書令, 復爲樞密使, 封魏國公, 事無巨細, 一以委之. 數月之間, 百度寖理. 初,
李瀚爲翰林學士, 好飮而多酒過, 高祖以爲浮薄. 天福五年九月, 詔廢翰林學士,
按《唐六典》歸其職於中書舍人, 而端明殿學士·樞密院學士皆廢. 及維翰爲樞
密使, 復奏置學士, 而悉用親舊爲之"라 하여 한림학사 제도에 대한 설명이며
이한에 대한 내용은 아니다. 그럼에도 《중국역대인명대사전中國歷代人名大辭典》
(上海古籍出版社, 1999)에는 이를 그대로 옮겨 적어 "李瀚: 五代時人, 仕後晉,
官翰林學士, 好飮而多酒過, 石敬瑭以爲浮薄. 有《蒙求集註》"라 하였고,《간명
중국고적사전簡明中國古籍辭典》(吉林文史出版社 1987)에도 "蒙求集註: 宋徐子光注.
二卷. 書前冠以後晉李瀚撰《蒙求》原文, 後以每二句八字爲一節, 分別取正史
紀傳, 注出人物故實, 雖入選人物較多, 但所記頗爲精賅. 個別有傳疑失檢之處"
라 하여 역시 오류를 범하고 있으며, 나아가 같은 페이지에 "蒙求: 兒童讀物,
唐李瀚撰. 三卷"이라 하여 모순을 일으키고 있다. 이한을 후진의 이한으로
보는 것은 오류이다. 우선 책 출현 당시 서문을 쓴 이화(?~767)와 시대적으로
맞지 않을 뿐 아니라 천표薦表에 나타난 관직 사창참군司倉參軍, 그리고 표를
올린 천보 5년(746)과도 현격하게 차이가 나기 때문이다.

한편 《몽구》의 작자를 이한李翰으로 보는 견해이다. 조공무晁公武의 《군재
독서지郡齋讀書志》 주에 의하면 주중부周中孚와 황정감黃廷鑑 등은 이화의
종인宗人 이한李翰이 지은 것이라 하였다. 이 이한은 《구당서舊唐書》(190)

문원전(文苑傳, 下)과 《신당서新唐書》(203) 문예전文藝傳이화李華의 부록으로 실려 있으며 《전당문全唐文》(430)에도 그 이름이 보인다. 그러나 이름이 비슷할 뿐 전혀 다른 인물이다.

다음으로 서문을 쓴 이화는 당 조주趙州 찬황贊皇 사람으로 자는 하숙遐叔, 현종玄宗 천보(天寶: 742~755) 연간에 감찰어사監察御史를 거쳐 시어사侍御史에 올랐으며 예부禮部와 이부吏部의 원외랑員外郞을 거쳤다. 그리고 뒤에 관직을 버리고 산양山陽에 은거하며 당시 명사 소영지蕭穎之와 교유하며 불교에 심취하였던 인물이다. 그러면서 평소 선비 추천에 힘을 쏟아 명망을 얻고 있었으며, 이때에 안평 사람 이한의 《몽구》를 보고 서문을 써준 것이다. 그의 사적은 《구당서》(190) 문원전과 《신당서》(203) 문예전文藝傳에 실려 있으며 《당시기사唐詩紀事》(21)에도 기록이 보이며 《이하숙문집李遐叔文集》을 남기기도 하였다. 특히 《고문진보古文眞寶》에 실린 〈조고전장문弔古戰場文〉을 통해 우리에게도 널리 알려진 인물이다.

이어서 〈천표薦表〉를 쓴 이량李良은 당 종실의 후예로써 단양공丹楊公에 봉해졌으며 현종 개원(開元: 713~741) 연간에 태자중윤太子中允을 거쳐 천보 연간에 요주자사饒州刺史에 올랐고 그때 이 〈천몽구표薦蒙求表〉(746)를 올린 것이다. 그는 대종代宗 때에는 계주자사桂州刺史에 옮겨가 대력大曆 2년(767) 산료山獠의 반란 때 계주가 함락되자 성을 버리고 도망친 인물이기도 하다.

이한의 《몽구집주》는 송宋나라 때 서자광徐子光이 보충하고 주를 교정하여 오늘에 전하게 되었다. 그러나 서자광의 사적에 대해서는 역시 제대로 알려진 것이 없다. 다만 일부본에 그의 직함을 "광록대부행우산기시랑光祿大夫行右散騎侍郎"이라 하였고, 특히 우리나라 조선朝鮮시대 간본에 《표제서장원보주몽구標題徐狀元補注蒙求》라 하여 그가 진사과에 장원을 하였던 인물임을 일러주는 단서를 제공하고 있을 뿐이다.

서자광은 〈몽구보주서蒙求補注序〉에서 이렇게 말하였다.

"이한의 주는 근본을 궁구함이 적고 사류의 엇갈림이 많으며 오류가 있어 학자들이 불편을 겪게 되었다. 그러나 이것이 어찌 이한 자신이 그러한 오류를 범한 것이겠는가? 아마 후세 계속 전해오는 과정에서 그러한 오류가 답습된 것이 아닌가 한다. 이에 나는 이러한 이한의 용의를 가상히 여겼으나 그 미비함을 안타깝게 여겨 사전史傳을 섭렵하고 백가百家의 책을 방증으로 삼아 본원을 궁구하여 그 꽃을 줍고 그 열매를 맛보게 되었다."(然鮮究本根, 類多舛訛, 賢者病焉. 豈瀚之所載然歟? 抑亦後世傳襲之誤也. 予嘗嘉其用意, 而惜其未備. 於是 漁獵史傳, 旁求百家, 窮本探源, 撫華食實. 부록 참조)

그러면서 그 날짜를 "己酉年仲冬辛卯吉日"이라 밝혔으나 안타깝게도 연호年號를 쓰지 않아 구체적으로 어느 해인지 알 수 없게 되고 말았다. 혹 남송南宋 효종孝宗 순희淳熙 16년 기유己酉 즉 1189년이 아닌가 하나 확증을 지을 수는 없다.

# 3. 《몽구》의 영향과 전래

당나라 때 《몽구》가 선하先河를 이루자, 뒤이어 같은 몽학蒙學 계열의 책이 쏟아져 나왔다. 아예 책이름도 《몽구》를 그대로 사용하여 역사, 인문, 제도, 문자, 수신, 경서, 교학 등 이루 말할 수 없는 분야별 특징을 그대로 옮겨 담아 아동용으로, 혹은 초보적 학습서로써 구성을 이루어 정리하였던 것이다. 이러한 풍조에 의해 찬집된 수많은 책은 이 《몽구》가 얼마나 이상적인 구성을 이룬 것인지를 나타내는 반증이기도 하다. 이에 이들 서명을 나열해 보면 다음과 같다. 우선 중국 내에서 역대 이래 30여 종이 훨씬 넘게 출현하였다.

| | |
|---|---|
| 元好問(宋) 《十七史蒙求》 | 王逢源(宋) 《十七史蒙求》 |
| 王令 《十七史蒙求》 | 王洙 《次韻蒙求》 |
| 方逢辰(宋) 《名物蒙求》 | 徐伯益(宋) 《訓女蒙求》 |
| 黎獻(宋) 《事類蒙求》 | 舒津(宋) 《續蒙求》 |
| 王舜俞(宋) 《左氏蒙求》 | 劉班(宋) 《兩漢蒙求》 |
| 范鎭(宋) 《本朝蒙求》 | 程俱(宋) 《南北史蒙求》 |
| 程俱(宋) 《班左蒙求》 | 孫應符(宋) 《家塾蒙求》 |
| 孫應符(宋) 《宗室蒙求》 | 雷壽之(宋) 《漢臣蒙求》 |
| 李伉(宋) 《系蒙求》 | 鄭氏(宋) 《歷代蒙求》 |
| 邵箇(宋) 《孝悌蒙求》 | 吳逢道(宋) 《六言蒙求》 |
| 葉子老(宋) 《和李翰蒙求》 | 柳正夫(宋) 《西漢蒙求》 |
| 胡宏(宋) 《叙古蒙求》 | 釋志明(金) 《禪苑蒙求》 |
| 胡炳文(元) 《純正蒙求》 | 李廷機(明) 《新蒙求》 |
| 吳化龍(明) 《左氏蒙求》 | 羅澤南(淸) 《養正蒙求》 |

王筠(淸)《文字蒙求》        釋靈操《釋氏蒙求》
康基淵《家塾蒙求》


　　한편 일본에서는 족리足利(1300년대 후반부터 1400년대 초)시대에 이미 한반도를 통해 들어간 이래 유행하기 시작한 것으로 보고 있다. 특히 일본의 《삼대실록三代實錄》 원경元慶 2년(1538) 8월 條에 貞保親王飛香舍가 처음으로 《몽구》를 읽었다는 기사가 있으며, 《부상집扶桑集》에는 都良香이 처음 《몽구》의 시 한 수를 언급한 내용이 있으나 그 이전에 이미 수입된 것으로 보고 있다. 그러다가 덕천德川(1600년대 초반)시대에는 《십팔사략十八史略》, 《소학小學》과 더불어 동몽서童蒙書로써 극성을 이루어 최고의 지위를 누리기도 하였다. 특히 당시 최고 통행본으로는 조선에서 간행된 《표제서장원보주몽구標題徐狀元補注蒙求》였음이 일본의 《몽구국자해蒙求國字解》(桂湖村 講 漢籍國字解全書 第45卷. 인본)에 자세히 실려 있다. 그런데 이 조선 간본은 지금 우리나라에는 전하지 아니하고 도리어 그 책을 가져간 일본에서 강백적岡白駒이 전주箋註를 달아 출간한 《표제서장원몽구교본標題徐狀元蒙求校本》(上中下)이 들어와 소장되어 있다.

　　파우긴 일본은 덕천시대부터 명치시대에 이르면서 《몽구》에 대한 주석과 연구 및 아류의 찬집이 유행하여 《일본몽구日本蒙求》(恩田仲任), 《석서몽구釋書蒙求》(釋祖寬), 《몽구속소蒙求續紹》(菅亨), 《본조몽구本朝蒙求》(菅亨), 《몽구습유蒙求拾遺》(大江廣保), 《부상몽구扶桑蒙求》(岸鳳), 《예림몽구藝林蒙求》(松田順之), 《상화몽구桑華蒙求》(木下公定), 《화한효자몽구和漢孝子蒙求》(加藤熙), 《자경몽구自警蒙求》(藤澤恒), 《본조수신몽구本朝修身蒙求》(林研心), 《황조몽구皇朝蒙求》(山下直溫), 《일본몽구속편日本蒙求續編》(堤正勝), 《서수몽구瑞穗蒙求》(田澤抱一),

《유동교훈몽구幼童敎訓蒙求》(村井淸), 《동서몽구東西蒙求》(山賀新太郞), 《세계몽구世界蒙求》(平井正等), 《속몽구교본續蒙求校本》(黑神正臣), 《국자몽구國字蒙求》(伊東有隣) 등이 쏟아져 나왔다.

　　그런가 하면 우리나라 조선시대에도 미암眉巖 유희춘(柳希春: 1513~1577)이 《속몽구續蒙求》를 지었으며, 이규경(李圭景: 1788~?)은 《십삼경몽구十三經蒙求》를 짓다가 완성하지 못하였다는 기록이 보이고 있다. 그리고 이미 《표제서장원보주몽구標題徐狀元補注蒙求》를 출간하였으며, 홍익주(洪翼周: 純祖~憲宗 때 인물)가 《몽구주해蒙求註解》를 내었던 것이 1책 56장으로 장서각(藏書閣. 1-201)에 소장되어 있다. 이 판본은 주해소인註解小引에 "梧樓漫題"라 하였으며 발문跋文에 "先君子積學累工, 蒐集抄述, 各自成書者多. 蒙求註解其一也. ……手書一冊, ……閱覽焉. ……入于火倅湯, 此篇拾灰燼之餘而…… 己亥(1839)首次男(洪)祐慶泣識"라 하여 그 아들 홍우경이 화재 속에서 겨우 찾아내었다고 기록되어 있어 지금은 그 원래 모습을 볼 수가 없다.

　　한편 앞서 말한 대로 《표제서장원보주몽구標題徐狀元補注蒙求》는 일본으로 건너가 일본의 《몽구》 붐을 일으킨 통행본이었으나, 도리어 일본 강백적岡白駒의 전주본箋註本이 역수입되어 국립도서관(國立圖書館: 古 2520-32)에 소장되어 있으니 실로 안타까운 일이다.

## 4. 《몽구》원문 ·························· 李瀚

이상으로 보아 《몽구》원래 초기 모습은 지금의 제목에 해당하는 것이
곧 원문이었으며, 일련번호를 부여하여 제시하면 다음과 같다.

### 《蒙求》(上)

| | |
|---|---|
| 001. 王戎簡要, 裴楷淸通 | 002. 孔明臥龍, 呂望非熊 |
| 003. 楊震關西, 丁寬易東 | 004. 謝安高潔, 王導公忠 |
| 005. 匡衡鑿壁, 孫敬閉戶 | 006. 郅都蒼鷹, 甯成乳虎 |
| 007. 周嵩狼抗, 梁冀跋扈 | 008. 郗超髥參, 王珣短簿 |
| 009. 伏波標柱, 博望尋河 | 010. 李陵初詩, 田橫悲歌 |
| 011. 武仲不休, 士衡患多 | 012. 桓譚非讖, 王商止訛 |
| 013. 嵇呂命駕, 程孔傾蓋 | 014. 劇孟一敵, 周處三害 |
| 015. 胡廣補闕, 袁安倚賴 | 016. 黃霸政殊, 梁習治最 |
| 017. 墨子悲絲, 楊朱泣岐 | 018. 朱博烏集, 蕭芝雉隨 |
| 019. 杜后生齒, 靈王出髭 | 020. 賈誼忌鵩, 莊周畏犧 |
| 021. 燕昭築臺, 鄭莊置驛 | 022. 瓘靖二妙, 岳湛連璧 |
| 023. 邵説一枝, 戴憑重席 | 024. 鄒陽長裾, 王符健被 |
| 025. 鳴鶴日下, 士龍雲閒 | 026. 晉宣狼顧, 漢祖龍顔 |
| 027. 鮑靚記井, 羊祜識環 | 028. 仲容靑雲, 叔夜玉山 |
| 029. 毛義奉檄, 子路負米 | 030. 江革巨孝, 王覽友弟 |
| 031. 蕭何定律, 叔孫制禮 | 032. 葛豐刺擧, 息躬歷詆 |
| 033. 管寧割席, 和嶠專車 | 034. 時苗留犢, 羊續懸魚 |
| 035. 樊噲排闥, 辛毗引裾 | 036. 孫楚漱石, 郝隆曬書 |

037. 枚皋詣闕, 充國自贊　　038. 王衍風鑒, 許劭月旦

039. 賀循儒宗, 孫綽才冠　　040. 太叔辯給, 摯仲辭翰

041. 山濤識量, 毛玠公方　　042. 袁盎卻坐, 衛瓘撫牀

043. 于公高門, 曹參趣裝　　044. 庶女振風, 鄒衍降霜

045. 范冉生塵, 晏嬰脫粟　　046. 詰汾興魏, 鼉令王蜀

047. 不疑誣金, 卞和泣玉　　048. 檀卿沐猴, 謝尚鴝鵒

049. 太初日月, 季野陽秋　　050. 荀陳德星, 李郭仙舟

051. 王忳繡被, 張氏銅鉤　　052. 丁公遷戮, 雍齒先侯

053. 陳雷膠漆, 范張鷄黍　　054. 周侯山嶷, 會稽霞舉

055. 季布一諾, 阮瞻三語　　056. 郭文遊山, 袁宏泊渚

057. 黃琬對日, 秦宓論天　　058. 孟軻養素, 揚雄草玄

059. 向秀聞笛, 伯牙絶絃　　060. 郭槐自屈, 南康猶憐

061. 魯恭馴雉, 宋均去獸　　062. 廣客蛇影, 殷師牛鬪

063. 元禮模楷, 季彥領袖　　064. 魯褒錢神, 崔烈銅臭

065. 梁竦廟食, 趙溫雄飛　　066. 枚乘蒲輪, 鄭均白衣

067. 陵母伏劍, 軻親斷機　　068. 齊后破環, 謝女解圍

069. 鑿齒尺牘, 荀勖音律　　070. 胡威推縑, 陸績懷橘

071. 羅含吞鳥, 江淹夢筆　　072. 李廞清貞, 劉驎高率

073. 蔣詡三逕, 許由一瓢　　074. 楊僕移關, 杜預建橋

075. 壽王議鼎, 杜林駁堯　　076. 西施捧心, 孫壽折腰

077. 靈輒扶輪, 魏顆結草　　078. 逸少傾寫, 平子絶倒

079. 澹臺毀璧, 子罕辭寶　　080. 東平爲善, 司馬稱好

081. 公超霧市, 魯般雲梯　　082. 田單火牛, 江逌爇雞

083. 蔡裔隕盜, 張遼止啼　　084. 陳平多轍, 李廣成蹊

085. 陳遵投轄, 山簡倒載　　086. 淵客泣珠, 交甫解佩

087. 龔勝不屈, 孫寶自劾　　088. 呂安題鳳, 子猷尋戴

089. 董宣彊項, 翟璜直言　　090. 紀昌貫虱, 養由號猨

091. 馮衍歸里, 張昭塞門　　092. 蘇韶鬼靈, 盧充幽婚

093. 震畏四知, 秉去三惑　　094. 柳下直道, 叔敖陰德

095. 張湯巧詆, 杜周深刻　　096. 三王尹京, 二鮑糾慝

097. 孫康映雪, 車胤聚螢　　098. 李充四部, 井春五經

099. 谷永筆札, 顧愷丹青　　100. 戴逵破琴, 謝敷應星

101. 阮宣杖頭, 畢卓甕下　　102. 文伯羞鼈, 孟宗寄鮓

103. 史丹青蒲, 張湛白馬　　104. 隱之感隣, 王脩輟社

105. 阮放八雋, 江泉四凶　　106. 華歆忤旨, 陳群蹙容

107. 王濬懸刀, 丁固生松　　108. 姜維膽斗, 盧植音鐘

109. 桓溫奇骨, 鄧艾大志　　110. 楊脩捷對, 羅友默記

111. 杜康造酒, 蒼頡制字　　112. 樗里智囊, 邊韶經笥

113. 滕公佳城, 王果石崖　　114. 買妻恥醮, 澤室犯齋

115. 馬后人練, 孟光荊釵　　116. 顏叔秉燭, 宋弘不諧

117. 鄧通銅山, 郭況金穴　　118. 秦彭攀轅, 侯霸臥轍

119. 淳于炙輠, 彥國吐屑　　120. 太眞玉臺, 武子金埒

121. 巫馬戴星, 宓賤彈琴　　122. 郝廉留錢, 雷義送金

123. 逢萌挂冠, 胡昭投簪　　124. 王喬雙鳧, 華佗五禽

125. 程邈隷書, 史籀大篆　　126. 王承魚盜, 丙吉牛喘

127. 賈琮褰帷, 郭賀露冕　　128. 馮媛當熊, 班女辭輦

129. 王充閱市, 董生下帷　　130. 平叔傅紛, 弘治凝脂
131. 楊寶黃雀, 毛寶白龜　　132. 宿瘤採桑, 漆室憂葵
133. 韋賢滿籝, 夏侯拾芥　　134. 阮簡曠達, 袁耽俊邁
135. 蘇武持節, 鄭眾不拜　　136. 郭巨將坑, 董永自賣
137. 仲連蹈海, 范蠡泛湖　　138. 文寶緝柳, 溫舒截蒲
139. 伯道無兒, 嵇紹不孤　　140. 綠珠墜樓, 文君當壚

## 《蒙求》(下)

141. 伊尹負鼎, 甯戚扣角　　142. 趙壹坎壈, 顏駟蹇剝
143. 龔遂勸農, 文翁興學　　144. 晏御揚揚, 五鹿嶽嶽
145. 蕭朱結綬, 王貢彈冠　　146. 龐統展驥, 仇覽棲鸞
147. 諸葛顧廬, 韓信升壇　　148. 王裒柏慘, 閔損衣單
149. 蒙恬製筆, 蔡倫造紙　　150. 孔伋縕袍, 祭遵布被
151. 周公握髮, 蔡邕倒屣　　152. 王敦傾室, 紀瞻出妓
153. 暴勝持斧, 張綱埋輪　　154. 靈運曲笠, 林宗折巾
155. 屈原澤畔, 漁父江濱　　156. 魏勃掃門, 潘岳望塵
157. 京房推律, 翼奉觀性　　158. 甘寧奢侈, 陸凱貴盛
159. 干木當義, 於陵辭聘　　160. 元凱傳癖, 伯英草聖
161. 馮異大樹, 千秋小車　　162. 漂母進食, 孫鍾設瓜
163. 壺公謫天, 薊訓歷家　　164. 劉玄刮席, 晉惠聞蟆
165. 伊籍一拜, 酈生長揖　　166. 馬安四至, 應璩三入
167. 郭解借交, 朱家脫急　　168. 虞延刻期, 盛吉垂泣

169. 豫讓吞炭, 鉏麑觸槐　　170. 阮孚蠟屐, 祖約好財

171. 初平起石, 左慈擲杯　　172. 武陵桃源, 劉阮天台

173. 王儉墜車, 褚淵落水　　174. 季倫錦障, 春申珠履

175. 甄后出拜, 劉楨平視　　176. 胡嬪爭樗, 晉武傷指

177. 石慶數馬, 孔光溫樹　　178. 翟湯隱操, 許詢勝具

179. 優旃滑稽, 落下歷數　　180. 曼容自免, 子平畢娶

181. 師曠清耳, 離婁明目　　182. 仲文照鏡, 臨江折軸

183. 欒巴噀酒, 偃師舞木　　184. 德潤傭書, 君平賣卜

185. 叔寶玉潤, 彥輔氷清　　186. 衛后髮鬒, 飛燕體輕

187. 玄石沈湎, 劉伶解酲　　188. 趙勝謝躄, 楚莊絶纓

189. 惡來多力, 飛廉善走　　190. 趙孟疕面, 田駢天口

191. 張憑理窟, 裴頠談藪　　192. 仲宣獨步, 子建八斗

193. 廣漢鉤距, 弘羊心計　　194. 衛青拜幕, 去病辭第

195. 酈寄賣友, 紀信詐帝　　196. 濟叔不癡, 周兄無慧

197. 虞卿擔簦, 蘇章負笈　　198. 南風擲孕, 商受斮涉

199. 廣德從橋, 君章拒獵　　200. 應奉五行, 安世三篋

201. 相如題杜, 終軍棄繻　　202. 孫晨藁席, 原憲桑樞

203. 端木辭金, 鍾離委珠　　204. 季札挂劍, 徐穉置芻

205. 朱雲折檻, 申屠斷鞅　　206. 衛玠羊車, 王恭鶴氅

207. 管仲隨馬, 倉舒稱象　　208. 丁蘭刻木, 伯瑜泣杖

209. 陳遵豪爽, 田方簡傲　　210. 黃向訪主, 陳寔遺盜

211. 龐儉鑿井, 陰方祀竈　　212. 韓壽竊香, 王濛市帽

213. 勾踐投醪, 陸抗嘗藥　　214. 孔愉放龜, 張顥墮鵲

215. 田預儉素, 李恂清約　　216. 義縱攻剽, 周陽暴虐

217. 孟陽擲瓦, 賈氏如皋　　218. 顏回簞瓢, 仲蔚蓬蒿

219. 麋竺收資, 桓景登高　　220. 雷煥送劍, 呂虔佩刀

221. 老萊斑衣, 黃香扇枕　　222. 王祥守柰, 蔡順分椹

223. 淮南食時, 左思十稔　　224. 劉惔傾釀, 孝伯痛飲

225. 女媧補天, 長房縮地　　226. 季珪士首, 安國國器

227. 陸玩無人, 賈詡非次　　228. 何晏神伏, 郭奕心醉

229. 常林帶經, 高鳳漂麥　　230. 孟嘉落帽, 庾敳墮幘

231. 龍逢板出, 張華台坼　　232. 董奉活燮, 扁鵲起虢

233. 寇恂借一, 何武去思　　234. 韓子孤憤, 梁鴻五噫

235. 蔡琰辯琴, 王粲覆棊　　236. 西門投巫, 何謙焚祀

237. 孟嘗還珠, 劉昆反火　　238. 姜肱共被, 孔融讓果

239. 端康相代, 亮陟隔坐　　240. 趙倫瘤怪, 梁孝牛禍

241. 桓典避馬, 王尊叱馭　　242. 鼂錯峭直, 趙禹廉倨

243. 亮遺巾幗, 備失匕箸　　244. 張翰適意, 陶潛歸去

245. 魏儲南館, 漢相東閣　　246. 楚元置醴, 陳蕃下榻

247. 廣利泉涌, 王霸冰合　　248. 孔融坐滿, 鄭崇門雜

249. 張堪折轅, 周鎮漏船　　250. 郭伋竹馬, 劉寬蒲鞭

251. 許史侯盛, 韋平相延　　252. 雍伯種玉, 黃尋飛錢

253. 王允千里, 黃憲萬頃　　254. 虞騑才望, 戴淵峰穎

255. 史魚黜殯, 子囊城郢　　256. 戴封積薪, 耿恭拜井

257. 汲黯開倉, 馮煖折券　　258. 齊景駟千, 何曾食萬

259. 顧榮錫炙, 田文比飯　　260. 稚珪蛙鳴, 彥倫鶴怨

261. 廉頗負荊, 須賈擢髮
262. 孔翊絶書, 申嘉私謁
263. 淵明把菊, 眞長望月
264. 子房取履, 釋之結韈
265. 郭丹約關, 祖逖誓江
266. 賈逵問事, 許愼無雙
267. 婁敬和親, 白起坑降
268. 簫史鳳臺, 宋宗鷄窻
269. 王陽囊衣, 馬援薏苡
270. 劉整交質, 五倫十起
271. 張敞畫眉, 謝鯤折齒
272. 盛彦感蟵, 姜詩躍鯉
273. 宗資主諾, 成瑨坐嘯
274. 伯成辭耕, 嚴陵去釣
275. 董遇三餘, 譙周獨笑
276. 將閭仰天, 王凌呼廟
277. 二疏散金, 陸賈分槖
278. 慈明八龍, 禰衡一鶚
279. 不占殞車, 子雲投閣
280. 魏舒堂堂, 周舍鄂鄂
281. 無鹽如漆, 姑射若冰
282. 邾子投火, 王思怒蠅
283. 苻朗皂白, 易牙淄澠
284. 周勃織薄, 灌嬰販繒
285. 馬良白眉, 阮籍青眼
286. 黥布開關, 張良燒棧
287. 陳遺飯感, 陶侃酒限
288. 楚昭萍實, 束皙竹簡
289. 曼倩三冬, 陳思七步
290. 劉寵一錢, 廉范五袴
291. 氾毓字孤, 郗鑒吐哺
292. 苟弟轉酷, 嚴母掃墓
293. 洪喬擲水, 陳泰挂壁
294. 王述忿狷, 荀粲惑溺
295. 宋女愈謹, 敬姜猶績
296. 鮑照篇翰, 陳琳書檄
297: 浩浩萬古, 不可備甄.
298: 芟煩撫華, 爾曹勉旃

蒙求集註卷上

　　　　　唐　李瀚　撰

　　　　　宋　徐子光　註

王戎簡要裴楷清通

晋書王戎字濬冲琅琊臨沂人幼而頴悟神彩秀徹
視日不眩裴楷見而目之曰戎眼爛爛如巖下電阮
籍素與戎父渾為友戎年十五隨渾在郎舍少籍二
十歲籍與之交籍適渾俄頃輒去過視戎良久然後
出謂渾曰濬冲清賞非卿倫也共卿言不如共阿戎
談歷官至司徒　晋裴楷字叔則河東聞喜人明悟
有識量少與戎齊名鍾會薦於文帝辟相國掾及吏
部郎缺帝問會會曰裴楷清通王戎簡要皆其選也
於是用楷楷風神高邁容儀俊爽博涉羣書特精理
義時謂之王人又稱見叔則如近玉山映照人也轉
中書郎出入官省見者肅然改容武帝登阼探策以
卜世數多少既而得一不悦羣臣失色楷曰臣聞天



得一以清地得一以寧王侯得一以為天下貞帝大
悦累遷中書令侍中

孔明卧龍呂望非熊

蜀志諸葛亮琅邪陽都人躬耕隴畞好為梁父吟每
自比管仲樂毅時人莫之許惟崔州平徐庶與亮友
善謂為信然時先主屯新野徐庶見之謂曰諸葛孔
明卧龍也將軍豈願見之乎此人可就見不可屈致
宜枉駕顧之先主遂詣亮凡三往反乃見因屏人與
語大悦於是情好日密關公張公等不悦先主曰孤
之有孔明猶魚之有水也願勿復言及稱尊位以亮
為丞相漢晋春秋曰亮家南陽鄧縣襄陽城西號曰
隆中　六韜曰文王將田史編布卜曰田于渭陽將
有得焉非龍非彲非虎非羆兆得公侯天遺汝師以
之佐襄施及三王文王乃齋三日田于渭陽卒見太
公坐茅以漁文王勞而問之乃載與歸立為師舊本
作非熊非羆疑流俗承誤後世莫知是正耳按後漢

《蒙求集註》四庫全書(文淵閣本)

蒙求集註卷上

晉　李瀚　撰
宋　徐子光　補註
昭文　張海鵬　校

王戎簡要　裴楷清通

[晉書]王戎字濬冲，琅邪臨沂人。幼而穎悟，神彩秀徹，視日不眩。裴楷見而目之曰：戎眼爛爛，如嚴下電。籍素與戎之父渾爲友，而戎年十五，隨渾在郎舍，少籍二十歲，籍與之交。渾毎適，戎年去輒過視渾，不如良久然後謂渾曰：濬冲清賞，非卿倫也，共卿言不如共阿戎談。歷官至司徒。〇[晉書]裴楷字叔則，河東聞喜人。識量少與戎齊名。鍾會薦於文帝，郎缺帝問會曰：裴楷清通，王戎簡要，皆其選也。於是用楷。楷風神高邁，容儀俊爽，博涉羣書，特精理義，時謂之玉人。又稱見叔則，如近玉山，映照人也。轉中書郎，出入官省，見者蕭然改容。武帝登阼，探策以卜世數多少，既而得一，帝不悅，羣臣失色。楷曰：臣聞天得一以清，地得一以寧，王侯得一以爲天下貞。帝大悅，累遷中書令、侍中。

孔明卧龍　呂望非熊

[蜀志]諸葛亮，琅邪陽都人。躬耕隴畝，好爲梁父吟，毎自比管仲、樂毅，時人莫之許。惟崔州平、徐庶與亮友善，謂爲信然。時先主屯新野，徐庶見之，謂曰：諸葛孔明，卧龍也，將軍豈願見之乎。此人可就見，不可屈致，宜枉駕顧之。先主遂詣亮，凡三往乃見，因屏人曰，計事有善之，於是情好日密，關羽、張飛等不悅，先主解之曰：孤之有孔明，猶魚之有水也，願勿復言。羽、飛乃止。亮爲丞相。〇[漢晉春秋]曰：亮家南陽鄧縣，襄陽城西，號曰隆中。〇[六韜]文王將田，史編布卜曰：田於渭陽，將大得焉，非龍非彲，非虎非羆，兆得公侯，天遺汝師，以……

學津討原본《蒙求集註》(上下) 臺灣 藝文印書館에서 百部叢書集成으로 영인 출간한 것이다.

蒙求卷之上　　　　　畿輔叢書

唐安平李瀚撰註

王戎簡要

晉王戎字大仲琅邪人裴楷字叔則時吏部闕文帝問
其人於鍾會會曰裴楷清通王戎簡要皆其選也於是
用楷及武帝登祚探策以卜世數既而得一不悅楷曰
天得一以清地得一以寧王侯得一以爲天下正帝大
悅後累遷中書令

裴楷清通

事見上註

蒙求卷上

一

孔明臥龍

蜀志諸葛亮字孔明漢末往襄州刺史徐庶見之謂先
主曰諸葛孔明臥龍也將軍願見之乎先主凡三往乃
見因與計事善之關羽等不悅先主曰孤有孔明猶魚
之得水也後以爲相

呂望非熊

六韜文王將田史編卜曰將大獲焉非龍非羆非虎非
熊兆得公侯天遺汝師以之佐昌施及三王文王乃齋
三日田於渭陽見太公坐石以漁王乃載與俱歸立爲
師補註舊本作非熊非羆疑俗承誤莫知正爾

기보총서본《蒙求》上下 2권으로 되어 있으며 臺灣 藝文印書館에서 百部叢書集成으로
影印 出刊한 것이다.

〈上缺〉

**〔上欄〕**

燕昭築臺　郤詵一枝　鳴鶴汩下　鮑說記非　毛萇捧檄　樊噲排闥　管寧割席　賀循儒宗　山濤識量　于公高門　范丹生塵　不疑誑金　泰初日月　王忱綉被　陳雷膠漆　季布一諾　黃琬對日　向秀聞笛

琨靖二妙　王符絕挾　漢祖龍顏　時苗留犢　葛豐刺擧　辛毗引裾　和嶠專車　充國自焚　孫楚漱石　王衍風鑒　袁盎卻座　庶女振風　曹參趨裝　晏嬰脫粟　卞和泣玉　李野陽秋　張氏銅鉤　阮瞻三語　秦宓論天　伯牙絕絃

商山連綺　戴憑重席　晉宣狼顧　士龍雲閑　江革忠孝　息躬歷詆　王覽友弟　叔夜玉山　郝隆曬書　衛瓘撫床　塾仲詞翰　酆令王喬　檀卿沐猴　謝尚鴝鵒　荀陳德星　丁公遺戳　周侯山嶷　郭文遊山　孟嘗養素　郭槐自屈

**〔下欄〕**

殷師牛鬥　崔烈銅臭　宋均去獸　李彥領袖　趙溫雄飛　枚乘蒲輪　陵母伏劍　軻親斷機　荀勖音律　江淹夢筆　許由一瓢　杜林駿堯　壽王識鼎　蔣詡三逕　羅含吞鳥　甕朝扶輪　濟臺毀璧　公超霧市　蔡裔殞盜　陳遵投轄　董宣強項　馮衍歸里　震恪四知　張湯巧詆　孫康映雪　谷永筆札

廣客軸影　魯褒錢神　齊后破環　胡威推縑　李慶伏貞　楊僕移關　西施捧心　東平為善　魏顆結草　劉驎高率　杜稍建橋　陸績懷橘　謝女解圍　李廣成蹊　交甫解珮　養由號猿　盧充幽婚　叔敖陰德　柳下直道　三王尹京　二鮑刎頸　謝敷應星

司馬稱好　平子絕倒　迴少頃寫　蘇韶鬼靈　甘蠅貫虱　呂安題鳳　陳平多轍　田單火牛　魯般雲梯　江達蓺鷄　子獻尋戴　井春五經

〈續修 四庫全書〉 子部 類書類 (3권) 唐李翰으로 되어 있다. 앞부분이 脫落되어 있다.

上海古籍出版社 印本

標題徐狀元補注蒙求校本卷上　　岡白駒箋註

王戎簡要　裴楷清通

晉書王戎字濬沖琅邪臨沂人幼而穎悟神彩秀徹視日不眩裴楷見而目之曰戎眼爛爛如巖下電阮籍素與戎父渾為友戎年十五隨渾在郎舍渾每與籍二十歲籍與之交籍每適渾去報過視戎良久然後出謂渾曰濬沖清賞非鄉倫也共鄉言不如共阿戎談歷官至司徒

晉裴楷字叔則河東聞喜人明悟有識量智識少與戎齊名鍾會薦於文帝辟相國掾國屬有史正曰裴吏部郎映風俗理人倫者為之帝問鍾會曰裴

楷清通　王戎簡要　皆其選也於是用楷楷風神高邁容儀俊爽博涉羣書特精理義時謂之王人又稱見叔則如近玉山照映人也轉中書郎出入官省見者蕭然改容武帝登祚探策以卜世數多少既而得一不悅羣臣失色楷曰臣聞天得一以清地得一以寧王侯得一以為天下貞此老帝大悅累遷中書令侍中

孔明臥龍　呂望非熊

蜀志諸葛亮字孔明琅邪陽都人躬耕隴畝龍與好為梁父吟齊晏子謀殺三士事見于晏子春秋梁父城名齊城門三國志晉陳壽撰父吟有三墳景景正相似問是誰家塚田疆古冶氏力能排南山又能絕地理一朝被讒言二桃殺三子誰能為此謀相公孫捷田開疆古國齊每自比管仲樂毅時人莫之許惟崔州平徐庶與亮

東湖　田　興甫　註解
平安　松　正楨　删訂、

●王戎簡要　裴楷清通

釋圖　晉書、王戎、字は濬沖、瑯邪臨沂の人、幼にして穎悟、神彩秀徹、日を視て眩がす、裴楷見て、之を目して曰く、戎が眼、爛爛たること、巖下の電の如しと、阮籍、素より戎が父渾と友たり、戎年十五、渾に隨つて郎舍に在り、籍より少きこと二十歳、籍之と交る、籍、渾に適いて去る毎に、輒ち過ぎて戎を視、其や久うして然る後に出づ、渾に謂つて曰く、濬沖の清賞、卿が倫に非す、卿と共に言ふは、阿戎と談するに如かすと、官を歷て司徒に至る　●晉の裴楷、字は叔則、河東聞喜の人、明悟にして識量あり、少うして戎と名を齊しうす、鍾會、文帝に薦め、相國の掾に辟さる、吏部郎缺くるに及び、帝、鍾會に聞ふ、會曰く、裴楷は清通、王戎は簡要なりと、こゝに於て楷を用ふ、楷、風神高邁、容儀俊爽、博く群書に涉り、特に理義に精し、時に之を玉人と謂ふ、又稱す、叔則を見れば、玉山に近くが如く、人を照映すと、中書郎に轉じ、官省に出入するに、見る者、肅然として容を改む、武帝、祚に登り、筮を探り、以て世數の多少を卜す、既にして一を得て悅びす、群臣色を失ふ、楷曰く、臣聞く、天は一を得て以て清く、地は一を得て以て寧く、王侯は一を得て以て天下の貞たりと、帝大に悅ぶ、中書令侍中に累遷す、

●晉書　列傳　十三　王戎。字濬沖。瑯邪臨沂人。幼而穎悟。

穎悟ハ、知惠ノハシ　カクサトキヲ云フ

神彩秀徹。　彩神ハ、心バヘノ文彩アルナ



《補注蒙求國字解》田興甫(日)　大正2년(1913)　博文館(東京)

補注蒙求 卷上

王戎簡要 裴楷清通

晉書。王戎字濬沖、瑯邪臨沂人。幼而穎悟。神彩秀徹。視日不眩。裴楷見而目之曰、戎眼爛爛、(光貌)如巖下電。阮籍素與戎父渾爲友。戎年十五。隨渾在郎舍。(郎官所次舍)少籍二十歲。籍與之交。籍每適渾去。輒過視戎、良久然後出。謂渾曰、濬沖清賞。(精翫可賞)非卿倫也。共卿言不如共阿戎談。(阿入聲、發語辭、多加之人名、如阿耶阿妹阿大中郎)歷官至司徒。

晉裴楷字叔則。河東聞喜人。明悟有識量。(智識量度)少與戎齊名。鍾會薦於文帝。(晉文帝追稱也)辟相國掾。(文帝仕魏爲相國、相國屬有掾有史、正曰掾、副曰史)及吏部郎缺。(吏部郎主選擧、選能整風俗理人倫者爲之)帝問鍾會。曰、裴楷清通。(清而能通)王戎簡要。(簡而有要)皆其選也。於是用楷。楷風神高邁。(遒過也、風采神情高過衆)容儀俊爽。博涉羣書。特精理義。(魏晉時謂老易學爲理學、理義卽老易之義也)時謂之玉人。又稱、見叔則如近玉山。照映人也。轉中書郎。出入官省。(省禁署也)見者肅然改容。武帝登祚。探策以卜世數多少。既而得一。不悅。(世說云、王者世數繫此多少)羣臣失色。楷曰、臣聞天得一以清。地得一以寧。王侯得一以爲天下貞。(此老子言)帝大悅。累遷中書令侍中。

孔明臥龍 呂望非熊

蜀志。諸葛亮字孔明。瑯邪陽都人。躬耕隴畝。(隴與壟通)好爲梁父吟。(齊晏子謀殺三子事見于晏子春秋。梁父城名。齊城門蓋此城之門。辭曰、步出齊城門、遙望蕩陰里。里中有三墳、纍纍正相似。問是誰家塚、田疆古冶氏。力能排南山、又能絕地理。一朝被讒言、二桃殺三士。誰能爲此謀、相國齊晏子)每自比管仲樂毅。時人莫之許。惟崔州平、徐庶與亮友善。謂爲信然。時先主(劉備)屯新野。徐庶見之。謂曰、諸

《補注蒙求》竹內松治(日) 1975 景仁文化社 印本

ねあやまりうそ多ければ、覽るもの之れをうれへり、豈翰の
記載する所古よりしてかゝるか、さて亦後世此の書を傳へつ
ぐ際に自然に誤るに至りしか、予は嘗て翰の用意の周到なる
を嘉みして其の未だ十分に備はらざるを惜む、是に於てひろ
く史傳をわたりみ、あまねく百家の書を求めみて、根本を推
し究め、源を探り知り、其のよき所をとり要所を咀嚼して之
れを補へり、舊註にて大抵傳記に見ることなき記事にて、其
の語淺薄あやまりみだらなるものは就て訂正を加へたり、又
書籍の中にてま、古き事實の概略を舉げ傳ふ可き者あれば、
其一一つ大なるものをとりて附け加へり、此れによりて、
庶幾くは明なること日や星の天につらなり美しくかゞやき
てみるべきが如きものあらん、名づけて補註と曰ふ、將にこ
れを以て遺忘を檢索するの用に備へ討論の助となさんとす、
加之是れ亦文詞の手本のちかみちたるものに非ずや、時に淳
熙十六年己酉十一月辛卯の吉き日に徐子光序す、

卷上

王戎簡要　　裴楷清通

晉書、王戎字濬仲、琅邪臨沂人幼而
穎悟、神彩秀徹視、日不眩、裴楷見而
目之曰、戎眼爛爛如巖下電、阮籍素
與戎父渾爲友、戎年十五、隨渾在郎
舍、少籍二十歲、籍與之交、籍每適渾
去、輒過視戎、良久然後出、謂渾曰、濬
仲清賞非卿倫也、共卿言不如共阿
戎談歷官至司徒、

【字解】（環邪）郡の名、（臨沂）縣の名、（穎悟）すぐれてかしこくさと
し、（神彩）風儀なり、（秀徹）すきとほる如くすぐれて美し、（眩）めま
ひす、くらむ、（目之）見て品評す、（爛爛）明に光るさま、（巖下電）岩
の下の暗き所にひかる電光、特に明に光りて見ゆるよりいふ、（素）平
素なり、（郎舍）郎官の官舍、（良久）稍久し、（清賞）精神風儀清淨にし
て尊びあがむべきこと、賞はほめあがむること、（卿倫）卿は同輩を呼
ぶ語、あなた、倫は輩に同じ、ともがら、（阿戎）阿は人を呼ぶとき冠ら
す語助の字・

【義解】晉書に曰く、王戎は字を濬仲といひ、琅邪郡臨沂縣
の人なり、幼にしてすぐれてかしこくさとく、風儀はすきと
ほるやうにすぐれて美しく、眸子かゞやき清き故日の光をみ
てくらまず、裴楷見て之れを品評して曰く、戎が眼は尋常な
らず、明に光りかゞやきて恰も巖下のくらき所に光る電光の
如しとほめたり、阮籍は平素より戎が父渾と友として親交あ

《蒙求》漢籍國字解全書(45)　桂湖村(講)(日)　高麗書林(印本) 1989. 서울

文字蒙求卷一　以下二卷列字萃以類聚

象形

易曰：百官以治，萬民以察。知文字爲記事而作，如今之帳簿而已。有實字，無虛字，後世之虛字皆借實字爲之也。字因事造，而事由物起。牛羊物也，牛半則事也；艸木物也，出屮䖤皆事也。故班書藝文志曰：六書謂象形、象事、象意、象聲、轉注、假借。其次第最尤。說文及周禮鄭注皆不及也。鐘鼎象形字皆畫成其物，隨體詰屈，李斯變爲小篆，欲其大小齊同，不能無所伸縮，遂有不象者矣。茲兼釆古文以便初學。

日　日中有黑影，初無定在，即所謂三足烏者也。

月　月圓時少，闕時多，且讓日。故作上下弦時形也。中一筆本是地影，詞藻家所謂顧兔桂樹也。

雲　雲與煙同形。下一象天，一則地气上騰也。細上大倒轉之字即是云字。再加雨爲雲，遂成形聲字。

雨　冂則天气下降也。陰陽和而後雨，黙則雨形。

申　電之古文也。電光閃爍，有長有短，字形象之說。文電下云從申，虹下云申電也，皆可證。籀文作昴，小篆作㫃，不復成爲象形。

气　此雲气之正字。經典作乞而訓爲求，本是假借。借用既久，遂以氣代气。气乃餼之古字，又作既。繫論語不使勝食气，中庸既廩稱事。

淸 王筠의《文字蒙求》　《蒙求》이후 쏟아져 나온 蒙求類의 一例

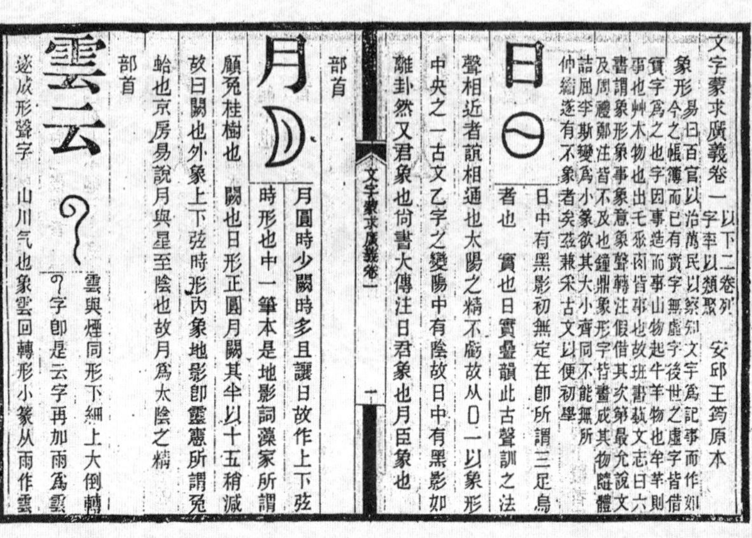

文字蒙求廣義卷一　字以下二卷列　安邱王筠原本

象形　易曰百官以治萬民以察知文字爲記事而作如
實字爲之也字因事造而事字無虛字後世之虛字皆借
事也艸木物也出毛氄肉皆非也故班書藝文志曰六
書謂象形象意象聲轉注假借其次第最允說文
及周禮鄭注皆不及也鐘鼎象形字皆體成其物隨體
仲縮遂有不象者矣茲兼采古文以便初學
詰屈李斯變爲小篆欲其大小齊同不能無所

日　部首
○者也　實也日實疊韻此古聲訓之法
日中有黑影初無定在卽所謂三足烏
聲相近者詭相通也太陽之精不虧故從○一以象形
中央之一古文乙字之變陽中有陰故日中有黑影如
離卦然又君象也俗書火傳注日君象也月臣象也

月　部首
月圓時少闕時多且讓日故作上下弦
時形也中一筆本是地影詞藻家所謂
顧兔桂樹也　闕也日形正圓月闕其牛以十五稍減
故日闕也外象上下弦時形內象地影卽靈憲所謂兔
蛤也京房易說月與星至陰也故月爲太陰之精

雲　部首
雲云
遂成形聲字　山川气也象雲回轉形小篆再加雨作雲
雲與煙同形下細上大倒轉
の字卽是云字

爲形聲然雲雨同類而不同物卿雲爲雲則不雨之雲
且先雲而后雨雨不當爲雲所從雲爲雲所專故
加雨以別耳詩骨姻孔云雨施也釋名云雲衆盛意也
又運也遍行也皆引申義自用爲雲爲字而本義廢矣

雨　部首
雨雨雨
雨點則雨形　水從雲下也一象天门象雲水霑其閒
也沝水也石鼓文作雨一不出门今分上去二音凡自
上而下曰雨乃動靜字動卽引申也
一象天一則地气上騰也门

申　部首
申乙
電之古文也電光閃爍有長有短字形
皆可證籀文作昌小篆作申不復成爲象形　申古文
電乃後起之分別文畫自其回屈言電自其申引言今
之訓申爲引者實由電引申叚借也虹下云籀文作
昌籀文申電也虹似之取以會意是申爲古電文之證

气　部首
雨部電下
气气
此雲气之正字經典作乞而訓爲求本
是叚借借用旣又遂以氣代气氣乃餼

《文學蒙求廣義》王筠의 《文學蒙求》를 淸代 陳義가 廣義를 붙인 것.
臺灣 藝文印書館 印本(1988) 《몽구》류 출간의 예

# 차례

# 蒙求 上

# 蒙求 下

# 蒙求 下



蒙求 下

◉ 부록

# 몽구 蒙求

## (121~180)

## 121. 巫馬戴星, 宓賤彈琴

별을 이고 나선 무마기와
거문고나 타며 다스린 복자천


《여씨춘추呂氏春秋》에 실려 있다.

복자천宓子賤 선보單父를 다스릴 때, 거문고나 타면서 자신은 당堂 아래로 내려와 보지도 않았으나 선보 땅은 잘 다스려졌다.

한편 무마기巫馬期는 별이 아직 지지 않은 이른 새벽에 나서서 사무를 보고, 별이 뜨면 그때 잠자리에 들 정도로 열심을 다하였다. 낮이나 밤이나 편히 쉬는 법이 없이 제 자신이 직접 나서서 일을 독려하여 역시 선보 땅이 잘 다스려졌다. 무마기가 복자천에게 어떻게 그렇게 하고도 다스려지는가를 물었더니 복자천은 이렇게 말하는 것이었다.

"나로 말하면 사람에게 맡겼다 할 수 있고, 그대로 말하면 힘에 맡겼다 할 수 있지요. 힘에 맡겼기에 그 때문에 노고로운 것이며, 사람에게 맡겼기에 그 때문에 편안한 것이라오!"


《呂氏春秋》曰: 宓子賤治單父, 彈鳴琴, 身不下堂, 而單父治. 巫馬期以星出, 以星入. 日夜不居, 以身親之, 而單父亦治. 巫馬期問其故.

宓子曰:「我之謂任人, 子之謂任力. 任力者故勞, 任人者故逸!」


【宓子賤】宓不齊. 字는 子賤. 孔子의 제자. 공자보다 49세 아래였음.
【單父】지명. '선보', 혹은 '선부'로 읽음.
【巫馬期】巫馬施. 字는 子期.《史記》열전에는 '巫馬旗'로 되어 있음. 孔子보다 30세 아래였음.

### 1.《呂氏春秋》察賢篇

宓子賤治單父, 彈鳴琴, 身不下堂, 而單父治. 巫馬期以星出, 以星入, 日夜不居, 以身親之, 而單父亦治. 巫馬期問其故於宓子. 宓子曰:「我之謂任人, 子之謂任力. 任力者故勞, 任人者故佚.」宓子則君子矣, 逸四肢, 全耳目, 平心氣, 而百官以治義矣, 任其數而已矣. 巫馬期則不然, 弊生事精, 勞手足, 煩教詔, 雖治猶未至也.

### 2.《韓詩外傳》卷2

子賤治單父, 彈鳴琴, 身不下堂而單父治. 巫馬期以星出, 以星入, 日夜不處, 以身親之而單父亦治. 巫馬期問其故於子賤. 子賤曰:「我任人, 子任力, 任人者佚, 任力者勞.」人謂子賤則君子矣, 佚四肢, 全耳目, 平心氣而百官理, 任其數而已. 巫馬期則不然, 弊性事情, 勞力教詔, 雖治猶未至也.

### 3.《韓非子》外儲說左上

宓子賤治單父. 有若見之曰:「子何臞也?」宓子曰:「君不知不齊不肖, 使治單父, 官事急, 心憂之, 故臞也.」有若曰:「昔者, 舜鼓五絃歌南風之詩而天下治. 今以單父之細也, 治之而憂, 治天下將奈何乎? 故有術而御之, 身坐於廟堂之上, 有處女子之色, 無害於治; 無術而御之, 身雖瘁臞, 猶未有益.」

### 4.《說苑》政理篇

宓子賤治單父, 彈鳴琴, 身不下堂而單父治. 巫馬期亦治單父, 以星出, 以星入, 日夜不處, 以身親之, 而單父亦治. 巫馬期問其故於宓子賤, 宓子賤曰:「我之謂任人, 子之謂任力; 任力者固勞, 任人者固佚.」人曰宓子賤, 則君子矣, 佚四肢, 全耳目, 平心氣, 而百官治, 任其數而已矣. 巫馬期則不然, 弊性事情, 勞煩教詔, 雖治猶未至也.

# 122. 郝廉留錢, 雷義送金

## 122-① 郝廉留錢
### 돈을 남기고 가는 학자렴


《풍속통風俗通》에 실려 있다.

학자렴郝子廉은 집이 가난하여 굶주리면서 먹을 것이 없었고, 추위도 입을 옷이 없었으니, 그럼에도 남에게 단 한 가지도 받지 않았다. 마침 누이 집을 지나다가 들러 함께 밥을 먹게 되었다. 그러자 그는 밥값으로 돈을 자리에 놓고 떠났다. 매번 다른 샘의 물을 마시게 될 때면 항상 물 값으로 동전 한 닢을 그 우물에 던져 넣었다.


《風俗通》: 郝子廉飢不得食, 寒不得衣, 一介不取諸人. 會過姉飯, 留錢席下而去. 每行飲水, 常投一錢井中.


【風俗通】《風俗通議》. 漢나라 때 應劭가 지은 책 10권. 주로 典禮를 고증한 내용임.
【郝子廉】太原 출신이며 자는 仲翁.

## 122-② 雷義送金
### 모르게 바친 뇌물을 다시 관청에 보낸 뇌의

후한後漢의 뇌의雷義는 자가 중공仲公이며 예장豫章 파양鄱陽 사람이다.
그는 처음에는 군郡의 공조功曹 벼슬이 되어 선한 사람을 발탁하고 천거
하면서도 자신의 공은 조금도 자랑하지 않았다. 뇌의가 일찍이 죽을죄를
진 사람을 구제해 주자, 그 죄인이 뒤에 금 2근으로써 감사함을 표시해
왔다. 그러나 그는 받지 않았다. 그러자 금의 주인이 뇌의의 사정을 엿보아
그가 없는 틈을 이용하여 몰래 금을 그의 승진承塵 위에 던져놓고 사라
졌다. 뒤에 그 집 지붕을 수리할 일이 생겨 그만 그 금이 드러나고 말았다.
금의 주인은 이미 죽고 없어 더 이상 돌려줄 수도 없었다. 이에 그는 금을
현조縣曹에 이를 보내어 신고하였다.
뒤에 그는 시어사侍御史에 올랐으며 남돈령南頓令을 제수받았다.


後漢, 雷義字仲公, 豫章鄱陽人. 初爲郡功曹, 擢擧善人, 不伐
其功. 義嘗濟人死罪, 罪者後以金二斤謝, 不受. 金主伺義不在,
黙投金於承塵上. 後葺理屋宇, 乃得之. 金主已死, 無所復還. 乃以
付縣曹. 後拜侍御史, 除南頓令.


【雷義】자는 仲公. 후한 때 인물로 侍御史, 南頓令 등을 역임함. 《後漢書》
　　獨行傳 참조. 陳重과의 우정으로 유명함. '陳雷膠漆'[053] 참조.
【承塵】먼지 같은 것이 떨어지지 않는 자리 위에 따로 길게 치던 천막.
【侍御史】御史中丞의 아래 관직. 관리의 감찰을 담당함.

### 1. 《後漢書》獨行傳(雷義)

雷義字仲公, 豫章鄱陽人也. 初爲郡功曹, 嘗擢舉善人, 不伐其功. 義嘗濟人死罪, 罪者後以金二斤謝之, 義不受. 金主伺義不在, 黙投金於承塵上. 後葺理屋宇, 乃得之. 金主已死, 無所復還. 乃以付縣曹. 後舉孝廉, 拜上書侍郎, 有同時郎坐事當居刑作, 義黙自表取其罪, 以此論司寇. 同臺郎覺之, 委位自上, 乞贖義罪. 順帝詔皆除刑. 義歸, 舉茂才, 讓於陳重, 刺史不聽, 義遂陽狂被髮走, 不應命. 鄕里爲之語曰:「膠漆自謂堅, 不如雷與陳.」三府同時俱辟二人. 義遂爲守灌謁者. 使持節督郡國行風俗, 太守令長坐者凡七十人. 旋拜侍御史, 除南頓令. 卒官. 子授, 官至蒼梧太守.

# 123. 逢萌挂冠, 胡昭投簪

## 123-① 逢萌挂冠
### 관을 벗어 걸어놓고 떠난 봉맹

후한後漢의 봉맹逢萌은 자가 자경子慶으로 북해北海 도창都昌 사람이다.
장안長安에 가서 공부하여 《춘추경秋經》에 통달하게 되었다. 당시 왕망
王莽이 봉맹의 아들 봉우逢宇를 죽이자 봉맹은 친구에게 이렇게 말하였다.
"삼강三綱이 끊어지고 말았다. 지금 떠나지 않았다가는 그 화가 남에게
까지 미치리라."
그러고는 즉시 관을 벗어 동도東都의 성문에 걸어놓고 가족을 데리고
바다를 건너 멀리 요동遼東으로 옮겨가 버렸다. 봉맹은 평소 음양陰陽
에도 밝아 왕망이 장차 패망할 것임을 알고 이에 머리에 질그릇 동이를
이고 시중에서 이렇게 부르짖었다.
"신新나라여, 신나라여!"
그러고는 드디어 어디론가 숨어 버렸다.
뒤에 광무제光武帝가 불렀지만 그는 나가지 않았다.

後漢, 逢萌字子慶, 北海都昌人. 之長安學, 通《春秋經》.
時王莽殺其子宇, 萌謂友人曰:「三綱絶矣, 不去禍將及人.」
卽解冠挂東都城門, 將家屬浮海客於遼東.
萌素明陰陽, 知莽將敗, 乃首戴瓦盎, 哭於市曰:「新乎, 新乎!」
因遂潛藏. 後光武徵不起.

【逢萌】후한 때의 인물.《後漢書》逸民傳 참조. 자는 子慶. 일부본에는 '子康'으로 되어 있음.

【王莽】字는 巨君(B.C.45~23). 漢 元皇后의 조카. 어려서 고아가 되어 독서 끝에 성망을 얻었음. 뒤에 太傅가 되어 安漢公에 봉해졌으며 平帝가 죽은 후 겨우 두 살인 孺子 嬰을 옹립하고 자신은 攝皇帝가 되었다가 初始 元年(A.D. 8) 정권을 찬탈, '新'을 세워 '西漢'의 종말을 고함. 그러나 천하의 혼란이 일어나 地皇 4年(23)에 劉玄·赤眉軍·綠林軍에게 살해되고 말았음. 《漢書》(99)에 그 傳이 있음.

【三綱】君爲臣綱, 父爲子綱, 夫爲婦綱으로 五倫과 더불어 儒家의 기본 기강과 윤리.

【解冠挂】봉맹이 王莽의 벼슬을 거부하여 관리의 모자를 성문에 걸어 그 때문에 辭職을 '掛冠', '挂冠', '解冠'이라고 함.

【新乎】왕망은 처음에 新都侯에 봉해져 나라 이름을 '新'이라 한 것임.

【光武帝】世祖光武皇帝. 光武帝. A.D.25~57년 재위. 東漢(後漢)의 첫 황제. 劉秀. 자는 文叔. 長沙 定王 劉發의 후손. 漢 景帝가 유발을 낳고, 유발이 春陵節侯 劉買를 낳았으며 뒤에 封地가 南陽 白水鄕으로 옮겨져 그곳을 春陵이라 하고 가문을 이루었음. 그리고 유매의 막내아들이 劉外였으며 그가 劉回를 낳았고, 유회가 南頓令 劉欽을 낳았으며 유흠이 유수를 낳았음. 이가 동한을 일으켜 낙양에 도읍을 하여 유씨 왕조를 이은 것이며 이를 東漢(後漢)이라 부름.

참고 및 관련 자료

### 1.《後漢書》逸民傳(逢萌)

逢萌字子康, 北海都昌人也. 家貧, 給事縣爲亭長. 時尉行過亭, 萌候迎拜謁, 旣而擲楯歎曰:「大丈夫安能爲人役哉!」遂去之長安學, 通春秋經. 時王莽殺其子宇, 萌謂友人曰:「三綱絶矣! 不去, 禍將及人」卽解冠挂東都城門, 歸, 將家屬浮海, 客於遼東. 萌素明陰陽, 知莽將敗, 有頃, 乃首戴瓦盎, 哭於市曰:「新乎新乎!」因遂潛藏. 及光武卽位, 乃之琅邪勞山, 養志脩道, 人皆化其德. 北海太守素聞其高, 遣吏奉謁致禮, 萌不荅. 太守懷恨而使捕之. 吏叩頭曰:「子康大賢, 天下共聞, 所在之處, 人敬如父, 往必不獲, 祇自毁辱」太守怒, 收之繫獄,

更發它吏. 行至勞山, 人果相率以兵弩捍禦, 吏被傷流血, 奔而還, 後詔書徵萌,
託以老耄, 迷路東西, 語使者云:「朝廷所以徵我者, 以其有益於政, 尚不知方
面所在. 安能濟時乎?」即便駕歸. 連徵不起, 以壽終. 初, 萌與同君徐房·平原
李子雲·王君公相友善, 並曉陰陽, 懷德穢行. 房與子雲養徒各千人, 君公遭亂
獨不去, 儈牛自隱. 時人謂之論曰:「避世牆東王君公.」

## 123-② 胡昭投簪
### 비녀를 던져 버리고 떠난 호소


《위지魏志》에 실려 있다.

호소胡昭는 자가 공명孔明이며 영천潁川 사람이다. 자신의 뜻을 수양
하면서 벼슬에는 나서지 않았다. 그는 세상을 피하여 기주冀州로 옮겨
갔는데, 그곳에 마침 원소袁紹가 있어 그를 불렀으나 향리鄕里로 숨어 버렸다.
태조太祖 조조가 한나라 재상이었을 때 자주 그에게 예를 더하여 부르자,
그는 명령에 응하여 나서서는 스스로 이렇게 진술하였다.

"일개 들판에 던져진 천민으로 군사나 나라에 아무런 쓸모가 되지 않습
니다. 향리로 돌아가기를 진실로 원합니다."

태조는 이렇게 말하였다.

"사람마다 각기 자신의 뜻이 있게 마련이며 벼슬길에 나서고 거절하고
하는 것도 각기 그 취향이 다른 법이다. 그대는 벗어나 그대가 원하는
고상한 아취를 성취하라. 의리로 보아 내 그대를 억지로 굴복시키고 싶지는
않다."

　호소는 거처를 옮겨 육혼산陸渾山 속으로 들어가 스스로 밭 갈며 도를 즐겼다. 그리고 경적經籍을 읽는 재미로 살았다. 마을에서는 모두 그를 존경하고 사랑하였다. 건안建安 말 민손랑民孫狼 등이 반란을 일으켜 스스로 자신들끼리 이렇게 약속을 하는 것이었다.

　"호거사胡居士는 어진 자이다. 그가 살고 있는 부락은 일체 범접하지 말자."

　이로써 일천一川 지역 일대는 호소의 덕을 입어 어느 하나 놀라거나 화를 입은 곳이 없었다. 뒤에 공거公車의 특징特徵으로 불렸으나 그때 마침 그는 세상을 뜨고 말았다.

　지우摯虞의 〈호소찬胡昭贊〉에는 이렇게 말하였다.

　"비녀를 던져 버리고 관직을 띠를 말아 버리고는
　　명성을 감추고 자취조차 숨겨 버렸도다."


　《魏志》: 胡昭字孔明, 潁川人. 養志不仕. 始避地冀州, 辭袁紹之命, 遁還鄉里. 太祖爲相, 頻加禮辟.

　昭往應命自陳:「一介野生, 無軍國之用, 歸誠求去」

　太祖曰:「人各有志, 出處異趣. 免卒雅尚, 義不相屈」

　昭乃轉居陸渾山中, 躬耕樂道, 以經籍自娛. 閭里敬愛之.

　建安末民孫狼等叛亂, 自相約言:「胡居士賢者, 一不得犯其部落」

　一川賴昭咸無怵惕. 後公車特徵, 會卒.

　摯虞作〈昭贊〉曰:「投簪卷帶, 韜聲匿跡」


【胡昭】한말 삼국시대 인물로 자는 孔明. 《三國志》(11) 魏書에 전이 있음.
【袁紹】자는 本初(?~202). 한말의 인물. 靈帝 때 左軍校尉를 거쳐 司隷에 올랐으며 董卓을 끌어들여 환관을 제거하였으나 이로 인해 京師에 대란이 일어나자 의견이 맞지 않아 冀州로 도망갔다가 河北을 점거함. 뒤에 曹操와의 결전에 패하자 분을 품고 죽음. 《三國志》(6) 및 《後漢書》(74)에 전이 있음.

【太祖爲相】本傳에는 '司空丞相'이라 하였음. 태조는 曹操를 가리킴.

【出處】'出'은 出仕하는 것, '處'는 벼슬 없이 집에서 머무는 것.

【建安】東漢 마지막 황제인 獻帝(劉協)의 연호. 196~219년까지 24년간. 조씨 부자가 득세하여 실권을 잃고 있을 때였음.

【民孫狼等叛亂】《魏志》에 "建安二十三年 陸渾長張固被書, 調下夫當給漢中. 百姓惡憚遠役, 竝懷擾擾. 民孫等因興兵, 殺縣主簿, 作爲叛亂"이라 함.

【居士】학문과 덕이 있으나 벼슬을 하지 않는 사람. 處士, 徵士라고도 부름.

【摯虞】자는 仲治(?~311). 長安人. 皇甫謐의 제자이며 秘書監, 太常卿을 지냄. 《晉書》(51)에 전이 있음. '摯仲辭翰'[040] 참조.

【昭贊】〈徵士胡昭贊〉.《文選》(43) 孔德璋의 〈北山移文〉에 "昔聞投簪逸海岸, 今見解蘭縛塵纓"라 함.


참고 및 관련 자료

## 1. 《三國志》(11) 魏志 胡昭傳

胡昭始避地冀州, 亦辭袁紹之命, 遁還鄕里. 太祖爲司空丞相, 頻加禮辟. 昭往應命, 旣至, 自陳:「一介野生, 無軍國之用, 歸誠求去」太祖曰:「人各有志, 出處異趣. 免卒雅尙, 義不相屈.」昭乃轉居陸渾山中, 躬耕樂道, 以經籍自娛. 閭里敬愛之. 建安二十三年, 陸渾長張固被書調丁夫, 當給漢中. 百姓惡憚遠役, 並懷擾擾. 民孫狼等因興兵殺縣主簿, 作爲叛亂, 縣邑殘破. 固率將十餘吏卒, 依昭住止, 招集遺民, 安復社稷. 狼等遂南附關羽. 羽授印給兵, 還爲寇賊, 到陸渾南長樂亭, 自相約誓, 言:「胡居士賢者, 一不得犯其部落」一川賴昭, 咸無怵惕. ……嘉平二年, 公車特徵, 會卒, 年八十九. 拜子纂郎中. 初, 昭善史書, 與鍾繇·邯鄲淳·衛顗·韋誕並有名, 尺牘之迹, 動見模楷焉.

# 124. 王喬雙鳧, 華佗五禽

## 124-① 王喬雙鳧
### 오리 두 마리를 데리고 다니는 왕교


후한後漢의 왕교王喬는 하동河東 사람으로 섭령葉令이었다. 왕교는 신술神術을 부릴 줄 알았으며, 매월 삭망朔望에는 항상 스스로 상서대尚書臺에 나가 조회를 하였는데, 현종(顯宗, 明帝)이 그때마다 그가 올 때는 수레나 기마가 보이지 않음을 이상하게 여겼다. 그리하여 몰래 태사太史로 하여금 엿보게 하였다. 그랬더니 그의 말이, 그가 올 때는 문득 두 마리의 오리가 남쪽에서 날아온다는 것이었다. 이에 그 오리가 올 때를 기다려 새그물을 쳐서 잡았는데, 단지 한 쌍의 나막신만 있는 것이었다.

뒤에 하늘로부터 옥으로 만든 관 하나가 관청 앞에 떨어져 내려왔다.

그러자 왕교는 이렇게 말하였다.

"하느님께서 나를 부르시는구나!"

그리하여 목욕을 하고 의복을 갈아입은 다음 그 관 속에 들어가 누웠다. 그리자 관 뚜껑이 즉시 닫혔다.

그를 성의 동쪽에 장례를 치렀고 백성들은 그를 위해 사당을 세워 섭군사葉君祠라 불렀다.


後漢, 王喬河東人. 爲葉令, 喬有神術, 每月朔望, 常自詣臺朝, 顯宗怪其來數而不見車騎, 密令太史伺望之. 言其臨至, 輒有雙鳧, 自南飛來. 於是候鳧至, 擧羅張之, 但得一雙舃焉. 後天下玉棺於堂前.

喬曰:「天帝獨召我邪!」

乃沐浴服飾寢其中. 蓋便立覆.

葬於城東, 百姓爲立廟, 號葉君祠.


【王喬】 후한 때 인물로 葉令을 지냈으며 神仙術에 뛰어났음.《後漢書》方術
  列傳 참조.
【顯宗】 明帝. 東漢 제2대 황제 劉莊. 光武帝의 아들. 廟號는 顯宗孝明皇帝.
  58~75년 재위함.
【號葉君祠】 본전에는 "或云: 此卽古仙人王子喬也"라 하였으며, 王子喬는
  학을 타고 하늘로 올라간 신선.




1.《後漢書》方術列傳(王喬)

王喬者, 河東人也. 顯宗世, 爲葉令. 喬有神術, 每月朔望, 常自縣詣臺朝. 帝怪
其來數, 而不見車騎, 密令太史伺望之. 言其臨至, 輒有雙鳧從東南飛來. 於是
候鳧至, 擧羅張之, 但得一隻舃焉. 乃詔尚方診視, 則四年中所賜尚書官屬履也.
每當朝時, 葉門下鼓不擊自鳴, 聞於京師. 後天下玉棺於堂前, 吏人推排, 終不
搖動. 喬曰:「天帝獨召我邪?」乃沐浴服飾寢其中, 蓋便立覆. 宿昔葬於城東,
土自成墳. 其夕, 縣中牛皆流汗喘乏, 而人無知者. 百姓乃爲立廟, 號葉君祠. 牧守
每班錄, 皆先謁拜之. 吏人祈禱, 無不如應. 若有違犯, 亦立能爲祟. 帝乃迎取
其鼓, 置都亭下, 略無復聲焉. 或云此卽古仙人王子喬也.

2.《搜神記》(1)

漢明帝時, 尚書郎河東王喬爲鄴令. 喬有神術, 每月朔, 嘗自縣詣臺. 帝怪其來數
而不見車騎, 密令太史候望之. 言其臨至時, 輒有雙鳧從東南飛來. 因伏伺, 見鳧,
擧羅張之. 但得一雙舃. 使尚書識視, 四年中所賜尚書官屬履也.

3.《水經注》(酈道元) 卷21 汝水

王喬之爲葉令也, 每月望, 常自詣臺朝. 帝怪其來數, 而不見車騎. 顯宗密令太史
伺望之, 言其臨至, 輒有雙鳧. 從東南飛來. 於是候鳧至, 擧羅張之, 但得一隻舃.
乃詔尚方診視, 則四年中所賜尚書官屬履也. 每當朝時, 葉門下鼓. 不擊自鳴,

聞於京師. 後天下玉棺於堂前, 吏民推排, 終不搖動. 喬曰:「天帝獨欲召我耶?」
乃沐浴服飾, 寢其中, 蓋便立覆. 宿昔葬於城東, 土自成墳. 其夕, 縣中牛, 皆流
汗喘乏, 而人無知者. 百姓爲立廟, 號葉君祠. 牧守每班錄, 皆先謁拜之. 吏民
祈禱, 無不如應. 若有違犯, 亦立能爲祟. 帝乃迎取其鼓, 置都亭下, 略無復聲焉.
或云卽古仙人王子喬也. 是以干氏書之於神化.

4. 기타 참고자료.

《史通》(唐, 劉知幾. 雜說). 《風俗通》(正失篇).


# 124-② 華佗五禽
## 화타의 오금 체조


　　후한後漢의 화타華佗는 자가 원화元化이며 패국沛國 초현譙縣 사람이다.
술수術數와 경학經學하였으며 양생술養生術에 밝았다. 나이 곧 백 살이
되었지만 도리어 장년의 모습이어서 당시 사람들은 그를 신선으로 여겼다.
처방약에 정통하여 약을 조제함에도 몇 가지 종류를 넘지 않았으며, 침구
針灸도 몇 군데를 넘지 않았다. 만약 질병이 깊은 안쪽에 맺혀 침이나 약도
능히 비치지 못하는 곳이라면, 이에 먼저 술로써 '마비산麻沸散'이라는 약을
복용시켜 잠시 후 취하여 감각이 없어지면, 배나 등을 갈라 그 맺힌 것을
뽑아 꺼내어 잘라내었다. 만약 창자나 위일 경우 이를 끊고 다시 질병의
더러운 곳을 잘 씻고 닦아낸 다음 봉합하고 '신고神膏'라는 약을 붙였다.
이리하여 네댓새가 지나면 상처 부위가 낫기 시작하며, 한 달 사이에
평상을 회복하게 되는 것이었다.
　　그는 사람됨이 성격이 포악하였고 게다가 의사라는 직업을 드러내는
것을 치욕으로 여기고 있었다. 조조曹操가 여러 차례 편지를 보내어 그를

불렀지만, 그는 여러 번 그 기약을 어기고 집에 갔다가는 돌아오지 않는 것이었다. 그리하여 결국 조조에게 죽음을 당하고 말았다.

광릉廣陵의 오보吳普라는 사람이 화타에게 의학을 배웠다.

화타는 오보에게 이렇게 일러 주었다.

"사람의 몸이란 움직이고자 한다. 다만 극한으로 몰고 가서는 안 될 뿐이다. 움직여 주고 흔들어 주면 곡기穀氣가 소화되고 혈맥이 흐르고 통하여 병이 생겨날 수 없게 되는 것이다. 비유하건대 문의 지도리가 자꾸 비벼지기 때문에 녹이 쓸지 않는 이치와 같다. 옛날 선인仙人들은 도인導引이라는 운동을 하였다. 곰의 매달리기, 올빼미의 목 뒤로 돌리기, 그리고 허리 부분 힘껏 잡아당기기 등을 통해 여러 관절關節을 움직여 쉽게 늙지 않도록 했던 것이다. 나도 한 가지 운동 방법이 있으니 이를 '오금지희五禽之戲'라 한다. 첫째 호랑이, 둘째 사슴, 셋째 곰, 넷째 원숭이, 다섯째 새의 운동 모습을 따라 하는 것으로 역시 능히 질환을 없앨 수 있으며, 아울러 다리 힘을 키우는 데도 유리하여 이것으로써 도인술導引術에 상당하다고 여기고 있다. 몸이 상쾌하지 않을 때면 일어나 한 번 날짐승의 놀이를 하면, 마음이 편안해지고 땀이 솟는다. 그러고 나서 가루약을 바르면 신체가 가벼워지고 식욕도 돋는다."

오보는 그가 가르쳐 준 대로 시행하여 나이 아흔이 넘도록 귀와 눈이 밝았고, 이도 온전하여 견고하였다.


後漢, 華佗字元化, 沛國譙人. 兼通數經, 曉養性之術. 年且百歲, 猶有壯容, 時人以爲仙. 精於方藥, 處劑不過數種, 針灸不過數處. 若疾發結於內, 針藥所不能及者, 乃令先以酒服『麻沸散』, 旣醉無所覺, 因刳破腹背, 抽割積聚. 若在腸胃, 則斷截湔, 洗除去疾穢, 旣而縫合, 傅以『神膏』. 四五日創愈, 一月間平復. 爲人性惡, 且恥以醫見業. 曹操累書呼之, 數期不反. 竟殺之.

廣陵吳普從佗學, 佗謂普曰:「人體欲得勞動, 但不當使極耳. 動搖則穀氣得銷, 血脈流通, 病不能生. 譬猶戶樞終不朽也. 古之仙者爲導引之事, 熊經鴟顧, 引挽腰體, 動諸關節, 以求難老. 吾有一術, 名『五禽之戲』: 一曰虎, 二曰鹿, 三曰熊, 四曰猨, 五曰鳥. 亦除疾, 兼利蹏足, 以當導引. 體有不快, 起作一禽之戲, 怡而汗出. 因以著粉, 身體輕便而欲食.」

普施行之, 年九十餘, 耳目聰明, 齒牙完堅.


【華佗】東漢시대의 名醫.《後漢書》方術傳에 전이 있음. 關羽와 曹操를 치료해 준 사건으로 유명함.
【麻沸散】마취약의 일종.
【恥以醫見業】고대에서는 의술을 비천한 직업으로 여겼음.
【曹操】魏武帝. 자는 孟德(155~220). 어릴 때는 阿瞞으로 불렸음. 沛國 출신으로 기지와 변화는 물론 문장에도 뛰어났었으며 曹丕의 아버지로 한말 세력을 키워 魏나라를 건립하는 기초를 세움. 아들 조비가 獻帝로부터 선양을 받아 武帝로 추존함.《孫子略解》,《兵書接要》,《曹操集》 등이 있음.《三國志》(1)에 紀가 있음.
【吳普】화타에게 의술을 익혀 전수한 인물.
【熊經】곰이 나무에 올라가 가지에 목을 매달고 있는 것과 비슷한 동작을 하는 것. 도인술의 체조를 말함.
【鴟顧】올빼미가 몸은 그대로 두고 목을 좌우로 돌리는 동작.


참고 및 관련 자료

1.《後漢書》方術傳(華佗)

華佗字元化, 沛國譙人也. 一名旉. 遊學徐土, 兼通數經, 曉養性之術. 年且百歲, 猶有壯容, 時人以爲仙. 沛相陳珪擧孝廉, 太尉黃琬辟, 皆不就. 精於方藥, 處齊不過數種, 心識分銖, 不假稱量. 針灸不過數處. 若疾發結於內, 針藥所不能及者, 乃令先以酒服『麻沸散』, 旣醉無所覺, 因刳破腹背, 抽割積聚. 若在腸胃, 則斷截湔洗, 除去疾穢, 旣而縫合, 傅以『神膏』. 四五日創愈, 一月之閒平復. 佗嘗行道,

見有病咽塞者, 因語之曰:「向來道隅有賣餅人, 萍虀甚酸, 可取三升飲之, 病自
當去.」即如佗言, 立吐一蛇, 乃懸於車而候佗. 時佗小兒戲於門中, 逆見, 自相
謂曰:「客車邊有物, 必是逢我翁也.」及客進, 顧視壁北, 懸蛇以十數, 乃知其奇.
又有一郡守篤病久, 佗以爲盛怒則差. 乃多受其貨而不加功. 無何弃去, 又留書
罵之. 太守果大怒, 令人追殺佗, 不及, 因瞋恚, 吐黑血數升而愈. ……爲人性惡
難得意, 且恥以醫見業. 又去家思歸, 乃就操求還取方, 因託妻疾, 數期不反. 操累
書呼之, 又勑郡縣發遣, 佗恃能厭事, 猶不肯至. 操大怒, 使人廉之, 知妻詐疾,
乃收獄訊, 考驗首服. 荀彧請曰:「佗方術實工, 人命所懸, 宜加全宥.」操不從,
竟殺之. 佗臨死, 出一卷書與獄吏, 曰:「此可以活人.」吏畏法不敢受, 佗不强與,
索火燒之. ……廣陵吳普·彭城樊阿皆從佗學, 普依準佗療, 多所全濟. 佗謂普曰:
「人體欲得勞動, 但不當使極耳. 動搖則穀氣得銷, 血脈流通, 病不能生. 譬猶戶
樞終不朽也. 是以古之仙者爲導引之事, 熊經鴟顧, 引挽腰體, 動諸關節, 以求
難老. 吾有一術, 名『五禽之戲』: 一曰虎, 二曰鹿, 三曰熊, 四曰猨, 五曰鳥. 亦以
除疾, 兼利蹏足, 以當導引. 體有不快, 起作一禽之戲, 怡而汗出. 因以著粉, 身體
輕便而欲食.」普施行之, 年九十餘, 耳目聰明, 齒牙完堅.

## 2.《博物志》(3)

廣陵陳登食膾作病, 華佗下之, 膾頭皆成蟲, 尾猶是膾.

## 3.《博物志》(5)

魏武帝好養性法, 亦解方藥, 招引四方之術士, 如左元放·華佗之徒, 無不畢至.

## 4.《三國志》魏書 武帝紀 注

張華博物志曰: 漢世, 安平崔瑗·瑗子寔·弘農張芝·芝弟昶並善草書, 而太祖亞之.
桓譚·蔡邕善音樂, 馮翊山子道·王九眞·郭凱等善圍棊, 太祖皆與埒能. 又好養
性法, 亦解方藥, 招引方術之士, 盧江左慈·譙郡華佗·甘陵甘始·陽城郤儉無不
畢至, 又習啖野葛至一尺, 亦得少多飲鴆酒.

## 5.《三國志》華佗傳 注

東阿王作辯道論曰:「世有方士, 吾王悉所招致, 甘陵有甘始, 盧江有左慈, 陽城
有郤儉, 始能行氣導引, 慈曉房中之術, 儉善辟穀, 悉號三百歲, 卒所以集之於
魏國者, 誠恐斯人之徒, 接姦宄以欺衆, 行妖慝以惑民, 豈復欲觀神仙於瀛洲,
求安期於海島, 釋金輅而履雲輿, 棄六驥而羨(羨)飛龍哉? 自家王與太子及余
兄弟咸以爲調矣, 不信之矣, 然始等知上遇之有恆, 奉不過於員吏, 賞不加於無功,
海島難得而游, 六驥難得而佩, 終不敢進虛誕之言, 出非常之語. 余嘗試郤儉絶
穀百日, 躬與之寢處, 行步起居自若也. 夫人不食七日則死, 而儉乃如是. 然不

必益壽, 可以療疾而不憚饑饉焉. 左慈善修房內之術, 差可終命, 然自非有志至精, 莫能行也. 甘始者, 老而有少容, 自諸術士咸共歸之. 然始辭繁寡實, 頗有怪言. 余常辟左右, 獨與之談, 問其所行, 溫顏以誘之, 美辭以導之, 始語余：『吾本師姓韓字世雄, 嘗與師於南海作金, 前後數四, 投數萬斤金於海.』又言：『諸梁時, 西域胡來獻香罽·腰帶·割玉刀, 時悔不取也.』又言：『車師之西國. 兒生, 擘背出脾, 欲其食少而弩行也.』又言：『取鯉魚五寸一雙, 合其一煮藥, 俱投沸膏中, 有藥者奮尾鼓鰓, 游行沉浮, 有若處淵, 其一者已熟而可噉.』余時問：『言率可試不?』言：『是藥去此逾萬里, 當出塞；始不自行不能得也.』言不盡於此, 頗難悉載, 故粗舉其巨怪者. 始若遭秦始皇·漢武帝, 則復爲徐市·欒大之徒也.』

# 125. 程邈隷書, 史籒大篆

## 125-① 程邈隷書
### 예서를 만든 정막


전한前漢의 《한서漢書》 〈예문지藝文志〉에 실려 있다.

"《사주편史籒篇》이란 책은 주周나라 때 사관史官이 아이들에게 글자를 가르치던 책이다. 공씨벽孔氏壁에서 나온 고문古文과는 다른 글씨체이다."

그리고 또 이렇게 말하였다.

"진秦나라 때 비로소 예서隷書가 만들어졌다. 관옥官獄의 사무가 많아지자, 구차스럽지만 생략하고 쉬운 글씨체로 고쳐 쓰는 데에서 기원하였으며, 이를 도예徒隷들을 통해 퍼지게 한 것이다."


前漢〈藝文志〉曰:「史籒篇者, 周時史官敎學童書也. 與孔氏壁中古文異體.」

又曰:「秦時始造隷書. 起於官獄多事, 苟趣省易, 施之於徒隷也.」


【藝文志】《漢書》의 〈藝文志〉. 漢나라 班固가 劉歆의 《七略》에 근거하여 정리한 부분.

【史籒篇】周나라 宣王 때의 사관 籒가 古文字를 정리하여 大篆을 만들었음. 따라서 大篆을 籒書라 함.

【孔氏壁中古文】漢 武帝 때 魯나라 共王(恭王)이 자신의 궁궐을 넓히려고 공자의 구택을 헐자, 그 벽에서 蝌蚪文字(篆書)로 기록된 많은 경서가 쏟아졌음. 공자의 자손 孔騰이 秦始皇이 焚書를 피하여 《尙書》·《禮記》·《孝經》 등을 집의 벽 속에 숨겨 두었던 것이라 함. 이를 古文經典이라 함.

【隸書】徒隸도 관리를 도와 사용할 수 있도록 만들었기 때문에 佐書라고도 함. 한나라 때 크게 유행하여 今文이 되었으며 지금도 서가들이 즐겨 쓰는 글씨체임.



1.《漢書》藝文志 六藝略 小學
史籒篇者, 周時史官敎學童書也. 與孔氏壁中古文異體. 蒼頡七章者, 秦丞相李斯所作也. 爰歷六章者, 車府令趙高所作也; 博學七章者, 太史令胡母敬所作也; 文字多取史籒篇, 而篆體復頗異, 所謂秦篆者也. 是時始造隸書矣, 起於官獄多事, 苟趣省易, 施之於徒隸也.


## 125-② 史籒大篆
### 대전을 만든 사주


진晉나라 위항衛恒은 초서草書와 예서隸書에 뛰어났으며,《자세字勢》라는 책을 지어 이렇게 말하었다.

"옛날 주周 선왕宣王 때 사주史籒가 비로소 대전大篆 15편을 지었다. 혹 고문자와 같기도 하고 또는 고문자와 다르기도 하였다. 세상에서는 이러한 글자체를 주서籒書라 불렀다. 혹은 이렇게 말하였다. 진秦나라 때 하두下杜 사람 정막程邈이 관아의 악리獄吏였는데, 죄를 지어 운양雲陽 감옥에 10여 년을 갇혀 유폐되었다. 그는 옥중에서 대전을 지어 획수가 적은 글자는 늘리고, 획수가 많은 글자는 줄였으며, 네모난 것은 둥글게 하고, 둥근 것은 네모나게 하여 이를 진시황秦始皇에게 바쳤다. 진시황은 이를 보고 훌륭

하다 여겨 그를 감옥에서 석방하여 어사御史로 삼고 글자를 확정하도록
하였다. 혹은 또 이렇게 말하였다. 정막이 정한 글씨체는 예서이다. 진나라가
당시까지 통행되던 고문자를 파괴하고 나서부터 세상에는 여덟 가지 글씨체
가 있었다. 첫째 대전, 둘째 소전小篆, 셋째 각부刻符, 넷째 충서蟲書, 다섯째
모인摹印, 여섯째 서서署書, 일곱째 수서殳書, 여덟째 예서가 그것이다."
　위항은 자가 거산巨山이며 황문랑黃門郎을 역임하였다. 아버지 위관衛瓘과
함께 가후賈后에게 화를 입었다.


　晉, 衛恒善草隷書, 爲《字勢》曰:「昔周宣王時, 史籒始著大篆
十五篇. 或與古同, 或與古異, 世謂之籒書. 或曰: 秦時下杜人程邈,
爲衙獄吏, 得罪幽繫雲陽十年, 從獄中作大篆, 少者增益, 多者損減,
方者使圓, 圓者使方, 奏之始皇. 始皇善之, 出以爲御史, 使定書.
或曰: 邈所定乃隷字也. 自秦壞古文有八體. 一曰大篆, 二曰小篆,
三曰刻符, 四曰蟲書, 五曰摹印, 六曰署書, 七曰殳書, 八曰隷書.」
　恒字巨山, 爲黃門郎, 與父瓘同遇害.


【衛恒】 자는 巨山(?~291). 西晉 때 河東 安邑 사람. 衛瓘의 아들이며 衛玠의
　아버지. 太子舍人을 거쳐 黃門郎에 오름. 동한 張芝의 書法을 익혀 草書,
　章草, 隷書, 散隷 등에 뛰어났음. 뒤에 아버지와 함께 賈后에게 죽음을 당
　하였음. 저서에 《四體書勢》가 있으며 이는 書藝學에 중요한 문헌으로 평가
　받고 있음. 시호는 蘭陵貞世子. 《晉書》에 전이 있음.
【字勢】《四體書勢》를 말함. 본문의 그 다음 구절은 모두 이 글에 있는
　내용임.
【周宣王】 西周의 제11대 임금. 姬靜. 厲王(姬胡)의 아들이며 共和 시기를 지나
　B.C.827~B.C.782년 재위함.
【史籒】 大篆을 창안한 인물. 문자서 《史籒篇》이 있음.
【程邈】 자는 元岑. 秦시황 때 下杜(下邽) 사람으로 隷書를 창안했던 인물.
　참고란을 볼 것. 《晉書》에는 '下土人'이라 하였음.

【草隷書】 草書와 隷書. 초서는 篆書를 간략하게 하거나 行書를 흘려서 획수를 줄인 것. 眞草와 行草로 나누며, 眞草는 楷書로 예서에서 轉化한 것으로서 글자의 모양이 비교적 바른 것. 魏나라 때부터 널리 쓰였음. 行書는 楷書와 草書의 중간 글씨체로 해서체의 획을 흘린 것으로 종이가 발명되면서 쉽게 쓰기 위한 것이었음. 그 외에 전서와 예서 중간의 것으로 八分이라는 서체도 있음.

【小篆】 秦始皇 때 李斯·趙高·胡母敬이 籀書를 생략하여 만든 글자체.

【刻符】 符節에 쓰이는 글자체.

【蟲書】 벌레나 새의 모양을 본떠 깃발(幡信)의 신호용으로 사용하는 글씨체.

【摹印】 도장을 새길 때 사용하는 글씨체.

【署書】 門額에 서명하는 글자체.

【殳書】 창과 방패에 새기는 글자체.

【衛瓘】 자는 伯玉(220~291). 衛恒의 아버지이며 衛玠의 조부. 晉初 人物. 약관에 이미 尙書郎을 거쳐 通事郎, 中書郎, 散騎常侍, 侍中, 廷尉卿 등을 지냄. 鄧艾와 鍾會를 따라 蜀을 벌하였으며 다시 등애와 종회의 반란을 평정하여 關中의 여러 군사를 관할하는 도독이 됨. 鎭西將軍, 鎭東將軍을 거쳐 晉나라가 들어서자 侍中, 司空이 됨. 汝南王(司馬亮)을 돕다가 賈后와 틈이 벌어져 죽음을 당함. 草書에도 능하여 張芝의 풍을 이어받았다는 평을 받았음. 《晉書》(36)에 전이 있음. '衛瓘撫牀'[042] 및 '瓘靖二妙'[022] 참조.


【 참고 및 관련 자료 】

**1. 《晉書》(36) 衛恒傳**

衛恒字巨山, 少辟司空齊王府, 轉太子舍人·尙書郎·秘書丞·太子庶子·黃門郎. 恒善草隷書, 爲《四體書勢》曰:「昔在黃帝, 創制造物. 有沮誦·倉頡者, 始作書契, 以代結繩, 蓋覩鳥跡以興思也. ……古無別名, 謂之字勢云. ……周宣王時, 史籀 始著大篆十五篇. 或與古同, 或與古異, 世謂之籀書者也. ……下土人程邈, 爲衙 獄吏, 得罪始皇. 幽繫雲陽十年, 從獄中作大篆, 少者增益, 多者損滅, 方者使圓, 圓者使方, 奏之始皇. 始皇善之, 出以爲御史, 使定書. 或曰: 邈所定乃隷字也. 自秦壞古文, 有八體. 一曰大篆, 二曰小篆, 三曰刻符, 四曰蟲書, 五曰摹印, 六曰 署書, 七曰殳書, 八曰隷書.」

2.《太平廣記》에 인용된《書斷》

按隷書者, 秦下邽人程邈所作也. 邈字元岑, 始爲縣吏. 得罪, 始皇幽繫雲陽獄中. 覃思十年, 益小篆方圓, 而爲隷書三千字. 奏之, 始皇善之. 用爲御史. 以奏事煩多, 篆字難成, 乃用隷字. 以爲隷人佐書, 故曰隷書.

3.《說文解字》敍

秦書有八體 一曰 大篆, 二曰小篆, 三曰刻符, 四曰蟲書, 五曰 摹印, 六曰 署書, 七曰殳書, 八曰 隷書.

4.《太平廣記》에 인용된《書斷》

○ 按大篆者, 周宣王太史史籒所作也. 或云, 柱下史始變古文, 或同或異, 謂之篆. 篆者, 傳也. 傳其物理, 施之無窮. 甄酆定六書, 三曰篆書. 八體書法, 一曰大篆. 又《漢書》藝文志:《史籒》十五篇, 並此也. 以此官製之, 用以教援, 謂之史書, 凡九千字.

○ 周太史史籒所作也. 與古文大篆小異. 後人以名稱書, 謂之籒文.《七略》曰: 「史籒者, 周時史官教學童書也. 與孔氏壁中古文體異.」 甄酆定六書, 二曰奇字 是也.

5.《太平廣記》에 인용된《書斷》

小篆者, 秦丞相李斯所作也. 增損大篆, 異同籒文, 謂之小篆. 亦曰秦篆.

# 126. 王承魚盜, 丙吉牛喘

## 126-① 王承魚盜
### 물고기를 훔친 자를 풀어 준 왕승


《진서晉書》에 실려 있다.

왕승王承은 자가 안기安期이며 여남내사汝南內史 왕담王湛의 아들이다. 동해태수爲東海太守가 되어 그의 정치는 청정淸靜함을 숭상하고 세밀한 관찰은 중시하지 않았다. 그런데 소리小吏가 못 속의 고기를 훔친 자가 있어 강기綱紀가 이를 추궁하였다. 그러자 왕승은 이렇게 말하였다.

"문왕文王의 원유苑囿는 모든 사람들이 공유하였다. 못 속의 고기를 어찌 아까워하는가?"

또 한 번은 야간 통금을 어긴 자가 있어 관리가 그를 구속하였다. 왕승이 잡혀온 이에게 통금을 어긴 이유를 묻자 그는 이렇게 대답하는 것이었다.

"선생님에게 글을 배우다가 날이 저물었는지 미처 몰랐습니다."

왕승은 이렇게 말하였다.

"영월甯越에게 채찍과 매질을 하여 위엄의 명분을 세우는 것은 정치와 교화의 근본이 아니다."

그러고는 관리로 하여금 그를 집까지 호송하여 들려보내도록 하였다.

그의 조용하고 관대하며 용서하는 마음은 이와 같았던 것이다.

강남으로 천도하여 원제元帝가 즉위하자, 그는 진동부鎭東府의 동사중랑從事中郎이 되어 원제로부터 우대와 예우를 크게 받았다. 왕승은 어려서부터 높은 명성을 얻고 있었으며, 성의를 미루어 사물을 대하여 많은 무리들이 그와 친하였고 사랑하였다. 당시 명신 왕도王導, 위개衛玠, 주의周顗, 유량庾亮의 무리들이 모두 그의 문하에서 배출되었으며, 중흥中興시대 제일의 인물들이었다.

《晉書》: 王承字安期, 汝南內史湛之子. 爲東海太守, 政尙淸靜, 不爲細察. 小吏有盜池中魚者, 綱紀推之.

承曰: 「文王之囿與衆共之. 池魚何足惜邪?」

有犯夜者, 爲吏所拘.

承問其故, 答曰: 「從師受書, 不覺日暮.」

承曰: 「鞭撻甯越, 以立威名, 非政化之本.」

使吏送令歸家. 其從容寬恕若此.

渡江爲元帝, 鎭東府從事中郎, 甚見優禮. 承少有重譽, 而推誠接物, 衆咸親愛. 名臣王導·衛玠·周顗·庾亮之徒, 皆出其下. 爲中興第一.


【王承】 자는 安期(275~320). 太原 晉陽人. 汝南太守 王湛의 아들이며 王述의 아버지. 東海太守가 되어 덕정을 베풀었음. 王導, 衛玠, 周顗, 庾亮 등과 함께 東晉의 명사로 추앙됨. 《晉書》(75)에 전이 있음. '王承魚盜'[126] 참조.

【文王之囿】《孟子》梁惠王篇에 "齊宣王問曰:「文王之囿, 方七十里, 有諸?」 孟子對曰:「於傳有之」曰:「若是其大乎?」曰:「民猶以爲小也.」曰:「寡人之囿, 方四十里; 民猶以爲大, 何也?」曰:「文王之囿, 方七十里, 芻蕘者往焉, 雉兔 者往焉, 與民同之. 民以爲小, 不亦宜乎? 臣始至於境, 問國之大禁, 然後敢入. 臣聞郊關之內, 有囿方四十里; 殺其麋鹿者, 如殺人之罪. 則是方四十里, 爲阱 於國中. 民以爲大, 不亦宜乎?」라 함.

【甯越】《呂氏春秋》博志篇에 실려 있음. 학문에 뜻을 두고 30여 년을 공부 하여 뒤에 周威王의 스승이 되었다 함.

【渡江】東晉의 시대를 가리킴. 西晉이 망하자 元帝가 장강을 건너 建業에 다시 나라를 세움.

【元帝】晉 元帝. 司馬睿. 316년 西晉이 망하자 建康(南京)에 東晉을 세움. 재위 6년(317~323). 《晉書》(6)에 紀가 있음. 묘호는 中宗. 일찍이 낭야왕(琅邪王)을 지냈었음.

【王導】王丞相(276~339). 자는 茂弘. 어릴 때 자는 阿龍. 王敦의 從弟. 서진이 망하자 王敦과 함께 司馬睿를 황제로 추대하여 東晉을 세움. 그 공으로 丞相이 되었으며 號를 '仲父'라 하였음. 천하의 권세를 잡아 당시 "王與馬,

共天下"라 하였음. 元帝와 明帝, 成帝를 차례로 즉위시켰음. 아울러 남방
세족의 도움으로 강남에서의 동진 정권을 안정시킴.《晉書》(65)에 전이 있음.
'王導公忠'[004] 참조.

【衛玠】자는 叔寶(287~313). 어릴 때는 虎라 부름. 衛瓘의 손자이며 衛恒의
아들.《老莊》에 조예가 깊었음. 어려서 王澄, 王玄, 王濟와 함께 이름을 날려
"王家三子, 不如衛家一兒"라 하였음. 中原大亂 때 남으로 피난하여 王敦
에게 발탁됨. 太子洗馬를 지냈으며 王承과 더불어 '中興第一名士'로 불림.
《晉書》(36)에 전이 있음. '衛玠羊車'[206] 및 '平子絶倒'[078] 참조.

【周侯】周伯仁. 周顗(269~322). 자는 伯仁. 周浚의 장자. '三日僕射'와 王敦
기병 때 피살될 때 "我雖不殺伯仁, 伯仁由我而死"의 고사를 남김.《晉書》(69)
에 전이 있음. '周嵩狼抗'[007] 및 '周侯山顗'[054] 참조.

【庾亮】자는 元規(289~340). 蘇峻, 祖約의 난을 평정하였으며 명제 때 王導를
이어 中書監이 됨. 征西大將軍, 荊州刺史 등을 지냄. 청담을 좋아하였으며 老莊에
밝았음. 죽은 후 太尉에 추증되었고 시호는 文康.《晉書》(73)에 전이 있음.


참고 및 관련 자료

### 1.《晉書》(75) 王承傳

王承字安期, 淸虛寡欲, 無所修向. 言理辯物, 但明其指要而不飾文辭, 有識者
服其約而能通. 弱冠知名, 太尉王衍雅貴異之, 比南陽樂廣焉. ……久之, 遷東
海太守, 政尙淸靜, 不爲細察. 小吏有盜池中魚者, 綱紀推之. 承曰:「文王之囿
與衆共之. 池魚何足惜耶?」有犯夜者, 爲吏所拘. 承問其故, 答曰:「從師受書,
不覺日暮.」承曰:「鞭撻甯越, 以立威名, 非政化之本」使吏送令歸家. 其從容
寬恕若此. ……及至建鄴, 爲元帝鎭東府從事中郎, 其昇優禮 承少有重譽, 而推
誠接物, 盡弘恕之理, 故衆咸親愛焉. 渡江名臣王導·衛玠·周顗·庾亮之徒, 皆出
其下. 爲中興第一. 年四十六卒, 朝野痛惜之. 自昶至承, 世有高名, 論者以爲
祖不及孫, 孫不及父. 子述嗣.

### 2.《呂氏春秋》博志篇

大橈作甲子, 黔如作虜首, 容成作厤, 羲和作占日, 尙儀作占月, 后益作占歲, 胡曹
作衣, 夷羿作弓, 祝融作市, 儀狄作酒, 高元作室, 虞姁作舟, 伯益作井, 赤冀作臼,
乘雅作駕, 寒哀作御, 王冰作服牛, 史皇作圖, 巫彭作醫, 巫咸作筮, 此二十官者,
聖人之所以治天下也.

## 헐떡거리는 소를 보고 승상의 업무를 생각한 병길

전한前漢의 병길丙吉은 자가 소경少卿이며 노국魯國 사람이다. 선제宣帝 때에 승상丞相이 되었다.

한번은 그가 외출했을 때 길을 청소하는 무리들이 싸움이 벌어져 죽고 다친 자가 길을 가로막고 있었다. 그런데 병길은 물어보지도 않은 채 지나가는 것이었다. 그리고 다시 앞길을 재촉하다가 소를 몰고 오는 사람을 만났는데, 그 소가 헐떡거리며 혀를 내밀고 힘들어하고 있었다. 이에 병길은 길을 멈추고 따르던 기리騎吏로 하여금 이렇게 물어보도록 하는 것이었다.

"이 소를 몰고 온 거리가 얼마나 되는가?"

그의 보좌관 연사掾史는 홀로 이렇게 생각하였다.

"승상께서 앞의 사안과 지금의 사안은 질문에 실수를 한 것이리라."

어떤 이가 병길을 기롱하자 병길은 이렇게 말하였다.

"민간인이 싸워 죽이고 다치는 일이라면, 장안령長安令과 경조윤京兆尹이 그 직책에 따라 당연히 구금하고 체포하고 하는 것이다. 한 해가 끝날 때쯤이면 승상은 관리들의 뒤쳐진 자와 최고인 자를 고과考課하여 상벌賞罰을 정하여 이를 임금에게 상주하는 일이면 된다. 재상은 이처럼 자질구레한 일에 친히 관여하지 않으니 도로에서 일어난 일은 그 담당할 바가 아니다. 그런데 바야흐로 봄이란 소양少陽이 사물에 작용하는 계절로써 너무 더워서는 안 된다. 소가 가까운 거리를 왔는데도 더위가 작용하였기 때문에 헐떡거리는 것이 아닌가 걱정이 되었던 것이다. 이는 계절이 그 절도를 잃은 것으로써 그 때문에 상해가 생길 것이 걱정스러웠다. 삼공三公은 음양陰陽을 조화시켜야 하는 것으로써 직책으로 보아 의당 우려할 바이다. 이 까닭으로 물은 것이다."

연사는 병길이 대체大體를 알고 있음에 대하여 감복하였다.

이에 앞서 병길이 정위감廷尉監이 되어 무고巫蠱 사건의 군저옥郡邸獄 일을 다스리고 있었다. 당시 선제는 태어난 지 몇 개월 되지 않았으나 황증손皇曾孫으로서 위태자衛太子의 일에 연루되어 옥에 갇혀 있었다.
병길은 그 어린것이 무고함을 불쌍히 여겨 근후謹厚한 여자를 골라 옥리
獄吏로 삼아 어린 선제를 보호하여 기르도록 하였다. 무제武帝는 기기氣를
살펴 미래를 점치는 자가 "옥중에 천자의 기운이 있습니다"라고 말한 것을
불쾌하게 생각하여 사신을 보내어 옥에 갇힌 자를 모두 죽이도록 하였다.
내알자內謁者가 명령을 받고 옥에 도착하자, 병길은 옥문을 걸어 잠그고
열기를 거절하였다. 이에 내알자는 병길을 탄핵하는 글을 황제에게 올렸
으나 황제도 잘못을 깨닫고 천하에 사면령을 내리게 되었다. 이리하여 군
저옥에 갇혔던 사람들은 병길의 힘으로 모두 살아난 것이며, 그 은혜가
사해에 미친 것이다. 증손자 선제가 옥중에서 병이 났을 때에도 병길은
살피고 우대하여 심한 은혜를 베풀었다. 그는 사람됨이 깊고 후덕하여
남에게 자랑을 하기는 싫어하였다. 증손자가 그토록 우대를 입고도 입을
다문 채 전에 베풀었던 은혜를 말하지 않았던 것이다. 뒤에 선제는 병길이
그러한 은혜를 자신에게 베풀고도 아무런 말을 하지 않았음을 알고, 그를
크게 어진 인물로 여겨 조서를 작성하여 그를 박양후博陽侯에 봉하였다.


　前漢, 丙吉字少卿, 魯國人. 宣帝時爲丞相. 嘗出逢淸道群鬪者,
死傷橫道. 吉過之不問. 吉前行, 逢人逐牛, 牛喘吐舌.

　吉止駐, 使騎吏問:「逐牛行幾里矣?」

　掾史獨謂:「丞相前後失問.」

　或以譏吉, 吉曰:「民鬪相殺傷, 長安令·京兆尹, 職所當禁備逐捕.
歲竟丞相課其殿最, 奏行賞罰而已. 宰相不親小事, 非所當於道路
問也. 方春少陽用事, 未可太熱, 恐牛近行, 用暑故喘. 此時氣失節,
恐有所傷害. 三公典調和陰陽, 職當憂. 是以問之.」

　掾史乃服以吉知大體.

　初吉爲廷尉監, 治巫蠱郡邸獄. 時宣帝生數月, 以皇曾孫坐衛太子
事繫. 吉哀其無辜, 擇謹厚女徒, 令保養之. 武帝疾望氣者, 言獄中

有天子氣, 遣使殺獄繫者. 內謁者令到獄, 吉閉門拒之. 乃劾奏吉, 上寑, 因赦天下. 郡邸獄賴吉得生, 恩及四海. 曾孫病, 吉視遇甚有恩惠, 爲人深厚不伐善, 自曾孫遭遇絶口不道前恩. 後王問知吉有舊恩不言, 大賢之, 制詔封博陽侯.

【丙吉】邴吉로도 쓰며 자는 少卿. 어린 宣帝의 일에 연루되어 옥에 갇혔을 때 丙吉이 그를 구해 주어 뒤에 皇帝에 등극하도록 함. 宣帝가 즉위하자 丙吉은 승상이 되었고, 뒤에 博陽侯에 封해졌음.《漢書》丙吉傳 참조.

【宣帝】西漢 7대 황제. 이름은 劉詢. B.C.73~B.C.49년 재위함. 武帝의 증손자. 衛太子의 손자.

【殿最】최저 점수와 최고 점수. 殿은 맨 뒤를 말함.《論語》雍也篇에 “子曰: 「孟之反不伐, 奔而殿, 將入門, 策其馬, 曰: 『非敢後也, 馬不進也.』」”라 함.

【巫蠱】‘巫’는 무당, ‘蠱’는 병균을 퍼뜨리듯이 사람에게 감염되어 정신을 혼미하게 하는 것. 呪文 혹은 呪術. 漢 武帝 때 궁중에서 미신을 믿어 이러한 무고가 유행하였는데, 당시 江充이 衛太子와의 불화를 빌미로 황제에게 衛太子가 그 어머니인 衛皇后와 모의하여 황제의 인형을 만들어 땅 속에 묻어 황제를 저주하여 죽이려고 한다고 무고하였음. 황제는 강충의 말을 믿고 태자는 물론 그와 연루된 자들을 모두 투옥시키고 처형하였는데 이것이 ‘巫蠱事件’임.《十八史略》(2)에 “征和二年, 巫蠱事作. 帝如甘泉, 以江充爲使者, 治巫蠱獄, 掘太子宮云: 「得木人尤多.」 太子據懼, 使客佯爲使者, 收捕充斬之, 白母衛皇后. 發中廐車, 載射士, 出武庫兵, 發長樂宮衛卒. 上從甘泉來, 詔發三輔兵, 丞相劉屈氂將之. 太子亦矯制發兵, 逢丞相軍, 兵合戰五日, 死者數萬. 皇后自殺, 太子亡, 至湖自經死. 後有高廟寢郞田千秋, 上書言: 「有白頭翁, 敎臣云: 『子弄父兵, 罪當笞.』」上悟曰: 「此高廟神靈告我也.」 知太子無罪, 作歸來望思之臺於湖. 天下聞而悲之”이라 함.

【郡邸獄】郡邸는 제후나 군수 등이 상경했을 때 묵는 집. 여기에 감옥을 두었으며 이를 군저옥이라 함.

【武帝】西漢 5대 황제 劉徹. 景帝(劉啓)의 아들이며 B.C.140~B.C.87년까지 54년간 재위함. 대내외적으로 학술, 강역, 문학 등 여러 방면에 걸쳐 많은 치적을 남겨 강력한 帝國을 건설함.

【有天子氣】황제의 증손(뒤에 宣帝)이 옥중에 있었기 때문에 그러한 기운이 나타났음을 말함.

## 1. 《漢書》丙吉傳

丙吉字少卿, 魯國人也. 治律令, 爲魯獄史. 積功勞, 稍遷至廷尉右監. 坐法失官, 歸爲州從事. 武帝末, 巫蠱事起, 吉以故廷尉監徵, 詔治巫蠱郡邸獄. 時宣帝生數月, 以皇曾孫坐衛太子事繫, 吉見而憐之. 又心知太子無事實, 重哀曾孫無辜, 吉擇謹厚女徒, 令保養曾孫, 置閒燥處. 吉治巫蠱事, 連歲不決. 後元二年, 武帝疾, 往來長楊·五柞宮, 望氣者言長安獄中有天子氣, 於是上遣使者分條中都官詔獄繫者, 亡輕重一切皆殺之. 内謁者令郭穰夜到郡邸獄, 吉閉門拒使者不納, 曰:「皇曾孫在. 他人亡辜死者猶不可, 況親曾孫乎!」相守至天明不得入, 穰還以聞, 因劾奏吉. 武帝亦寤, 曰:「天使之也.」因赦天下. 郡邸獄繫者獨賴吉得生, 恩及四海矣. 曾孫病, 幾不全者數焉, 吉數敕保養乳母加致醫藥, 視遇甚有恩惠, 以私財物給其衣食. 後吉爲車騎將軍軍市令, 遷大將軍長史, 霍光甚重之, 入爲光祿大夫給事中. 昭帝崩, 亡嗣, 大將軍光遣吉迎昌邑王賀. 賀卽位, 以行淫亂廢, 光與車騎將軍張安世諸大臣議所立, 未定. 吉奏記光曰:「將軍事孝武皇帝, 受襁褓之屬, 任天下之寄, 孝昭皇帝早崩亡嗣, 海内憂懼, 欲亟聞嗣主, 發喪之日以大誼立後, 所立非其人, 復以大誼廢之, 天下莫不服焉. 方今社稷宗廟羣生之命在將軍之壹擧. 竊伏聽於衆庶, 察其所言, 諸侯宗室在(列位)[位列]者, 未有所聞於民間也. 而遺詔所養武帝曾孫名病已在掖庭外家者, 吉前使居郡邸時見其幼少, 至今十八九矣, 通經術, 有美材, 行安而節和. 願將軍詳大議, 參以蓍龜, 豈宜襃顯, 先使入侍, 令天下昭然知之, 然後決定大策, 天下幸甚!」光覽其議, 遂尊立皇曾孫, 遣宗正劉德與吉迎曾孫於掖庭. 宣帝初卽位, 賜吉爵關内侯. 吉爲人深厚, 不伐善. 自曾孫遭遇, 吉絶口不道前恩, 故朝廷莫能明其功也. 地節三年, 立皇太子, 吉爲太子太傅, 數月, 遷御史大夫. 及霍氏誅, 上躬親政, 省尚書事. 是時, 掖庭宮婢則令民夫上書, 自陳嘗有阿保之功. 章下掖庭令考問, 則辭引使者丙吉知狀. 掖庭令將則詣御史府以視吉. 吉識, 謂則曰:「汝嘗坐養皇曾孫不謹督笞, 汝安得有功? 獨渭城胡組·淮陽郭徵卿有恩耳.」分別奏組等共養勞苦狀. 詔吉求組·徵卿, 已死, 有子孫, 皆受厚賞. 詔免則爲庶人, 賜錢十萬. 上親見問, 然後知吉有舊恩, 而終不言. 上大賢之, 制詔丞相:「朕微眇時, 御史大夫吉與朕有舊恩, 厥德茂焉. 詩不云虖?『亡德不報.』其封吉爲博陽侯, 邑千三百戸.」臨當封, 吉疾病, 上將使人加紳而封之, 及其生存也. 上憂吉疾不起, 太子太傅夏侯勝曰:「此未死也. 臣聞有陰德者, 必饗其樂以及子孫.

今吉未獲報而疾甚, 非其死疾也.」後病果瘉. 吉上書固辭, 自陳不宜以空名受賞.
上報曰:「朕之封君, 非空名也, 而君上書歸侯印, 是顯朕之不德也. 方今天下少事,
君其專精神, 省思慮, 近醫藥, 以自持.」後五歲, 代魏相爲丞相. 吉本起獄法小吏,
後學詩禮, 皆通大義. 及居相位, 上寬大, 好禮讓. 掾史有罪臧, 不稱職, 輒予
長休告, 終無所案驗. 客或謂吉曰:「君侯爲漢相, 姦吏成其私, 然無所懲艾.」
吉曰:「夫以三公之府有案吏之名, 吾竊陋焉.」後人代吉, 因以爲故事, 公府不
案吏, 自吉始. 於官屬掾史, 務掩過揚善. 吉馭吏耆酒, 數逋蕩, 嘗從吉出, 醉歐
丞相車上. 西曹主吏白欲斥之, 吉曰:「以醉飽之失去士, 使此人將復何所容?
西曹地忍之, 此不過汙丞相車茵耳.」遂不去也. 此馭吏邊郡人, 習知邊塞發犇
命警備事, 嘗出, 適見驛騎持赤白囊, 邊郡發犇命書馳來至. 馭吏因隨驛騎至
公車刺取, 知虜入雲中·代郡, 遽歸府見吉白狀, 因曰:「恐虜所入邊郡, 二千石
長吏有老病不任兵馬者, 宜可豫視.」吉善其言, 召東曹案邊長吏, 瑣科條其人.
未已, 詔召丞相·御史·問以虜所入郡吏, 吉具對. 御史大夫卒遽不能詳知, 以得
譴讓. 而吉見謂憂邊思職, 馭吏力也. 吉乃歎曰:「士亡不可容, 能各有所長. 嚮使
丞相不先聞馭吏言, 何見勞勉之有?」掾史繇是益賢吉. 吉又嘗出, 逢清道羣鬪者,
死傷橫道, 吉過之不問, 掾史獨怪之. 吉前行, 逢人逐牛, 牛喘吐舌. 吉止駐, 使騎
吏問:「逐牛行幾里矣?」掾史獨謂丞相前後失問, 或以譏吉, 吉曰:「民鬪相殺傷,
長安令·京兆尹職所當禁備逐捕, 歲竟丞相課其殿最, 奏行賞罰而已. 宰相不親
小事, 非所當於道路問也. 方春少陽用事, 未可大熱, 恐牛近行用暑故喘, 此時
氣失節, 恐有所傷害也. 三公典調和陰陽, 職(所)當憂, 是以問之.」掾史乃服,
以吉知大體. 五鳳三年春, 吉病篤. 上自臨問吉, 曰:「君卽有不諱, 誰可以自代者?」
吉辭謝曰:「羣臣行能, 明主所知, 愚臣無所能識.」上固問, 吉頓首曰:「西河
太守杜延年明於法度, 曉國家故事, 前爲九卿十餘年, 今在郡治有能名. 廷尉于
定國執憲詳平, 天下自以不冤. 太僕陳萬年事後母孝, 惇厚備於行止. 此三人
能皆在臣右, 唯上察之.」上以吉言皆是而許焉. 及吉薨, 御史大夫黃霸爲丞相,
徵西河太守杜延年爲御史大夫, 會其年老, 乞骸骨, 病免. 以廷尉于定國代爲御史
大夫. 黃霸薨, 而定國爲丞相, 太僕陳萬年代定國爲御史大夫, 居位皆稱職, 上稱
吉爲知人. 吉薨, 諡曰定侯. 子顯嗣, 甘露中有罪削爵爲關內侯, 官至衛尉太僕.
始顯少爲諸曹, 嘗從祠高廟, 至夕牲日, 乃使出取齋衣. 丞相吉大怒, 謂其夫人
曰:「宗廟至重, 而顯不敬愼, 亡吾爵者必顯也.」夫人爲言, 然後乃已. 吉中子禹
爲水衡都尉, 少子高爲中壘校尉. 元帝時, 長安士伍尊上書, 言「臣少時爲郡邸
小吏, 竊見孝宣皇帝以皇曾孫在郡邸獄. 是時治獄使者丙吉見皇曾孫遭離無辜,

吉仁心感動, 涕泣悽惻, 選擇復作胡組養視皇孫, 吉常從. 臣尊日再侍臥庭上.
後遭條獄之詔, 吉扞拒大難, 不避嚴刑峻法. 既遭大赦, 吉謂守丞誰如, 皇孫不當
在官, 使誰如移書京兆尹, 遣與胡組俱送京兆尹, 不受, 復還. 及組日滿當去, 皇孫
思慕, 吉以私錢顧組, 令留與郭徵卿並養數月, 乃遣組去. 後少内嗇夫白吉曰:
『食皇孫亡詔令.』時吉得食米肉, 月月以給皇孫. 吉卽時病, 輒使臣尊朝夕請問
皇孫, 視省席蓐燥濕. 候伺組·徵卿, 不得令晨夜去皇孫敖盪, 數奏甘毳食物.
所以擁全神靈, 成育聖躬, 功德已亡量矣. 時豈豫知天下之福, 而徼其報哉! 誠其
仁恩内結於心也. 雖介之推割肌以存君, 不足(比也)[以比]. 孝宣皇帝時, 臣上
書言狀, 幸得下吉謙讓不敢自伐, 删去臣辭, 專歸美於組·徵卿. 組·徵卿皆以受
田宅賜錢, 吉封爲博陽侯. 臣尊不得比組·徵卿. 臣年老居貧, 死在旦暮, 欲終
不言, 恐使有功不著. 吉子顯坐微文奪爵爲關内侯, 臣愚以爲宜復其爵邑, 以報
先人功德.」先是顯爲太僕十餘年, 與官屬大爲姦利, 臧千餘萬, 司隷校尉昌案劾,
罪至不道, 奏請逮捕. 上曰:「故丞相吉有舊恩, 朕不忍絶.」免顯官, 奪邑四百戶.
後復以爲城門校尉. 顯卒, 子昌嗣爵關内侯. 成帝時, 修廢功, 以吉舊恩尤重, 鴻嘉
元年制詔丞相御史:「蓋聞襃功德, 繼絶統, 所以重宗廟, 廣賢聖之路也. 故博
陽侯吉以舊恩有功而封, 今其祀絶, 朕甚憐之. 夫善善及子孫, 古今之通誼也,
其封吉孫中郎將關内侯昌爲博陽侯, 奉吉後」國絶三十二歲復續云. 昌傳子至孫,
王莽時乃絶.

## 2.《說苑》復恩篇

邴吉有陰德於孝宣皇帝微時, 孝宣皇帝卽位; 衆莫知, 吉亦不言, 吉從大將軍
長史轉遷至御史大夫, 宣帝聞之, 將封之, 會吉病甚, 將使人加紳而封之, 及其
生也, 太子太傅夏侯勝曰:「此未死也, 臣聞之, 有陰德者必饗, 其樂以及其子孫;
今此未獲其樂而病甚, 非其死病也.」後病果愈, 封爲博陽侯, 終饗其樂.

## 3.《十八史略》(2)

三年, 丞相魏相薨. 故事, 上書者皆爲二封, 署其一曰副, 領尚書者先發副封, 所言
不善屏去不奏. 自霍光薨後, 相卽白去副封, 以防壅蔽. 及爲相, 好觀漢故事, 及便
宜章奏; 數條漢興以來便宜行事, 及賢臣賈誼·晁錯·董仲舒等所言, 請施行之.
敕掾史案事郡國, 及休告從家還至府, 輒白四方異聞. 或有逆賊風雨災異, 郡不上,
相輒奏言之. 與御史大夫丙吉, 同心輔政, 上皆重之. 至是吉代爲丞相. 吉尙寬
大好禮讓. 嘗出, 逢羣鬭死傷, 不問; 逢牛喘, 使問逐牛行幾里矣. 或譏吉失問,
吉曰:「民鬭京兆所當禁, 宰相不親細事, 非所當問也. 方春未可熱, 恐牛暑故喘,
此時氣失節, 三公調陰陽, 職當憂.」人以爲知大體.

# 127. 賈琮褰帷, 郭賀露冕

## 127-① 賈琮褰帷
### 수레 휘장을 걷어올린 가종

후한後漢의 가종賈琮은 자가 맹견孟堅이며 동군東郡 요성聊城 사람이다. 영제靈帝 때 기주자사冀州刺史가 되었다. 옛 관습에 그곳에서는 자사가 부임해 올 때면 전거傳車에 세 마리 말을 더하여 붉은 휘장을 내려뜨리고 주州의 경계지역에 가서 맞이해 오도록 되어 있었다.

가종이 그곳에 이를 때 이와 같이 하자, 그는 수레에 오르며 이렇게 말하였다.

"자사란 의당 멀리 보고 널리 들어 그 고을의 아름다운 것과 추한 것을 규찰糾察하는 임무를 띠고 있다. 그런데 어찌 도리어 붉은 휘장을 늘어뜨려 눈과 귀를 막아버리는 것인가?"

이에 수레를 모는 마부에게 명하여 휘장을 거두도록 하였다. 그러자 각 고을 모든 성에서 풍문을 듣고 놀라 떨었으며, 그 중 뇌물을 받거나 과오를 저지른 자들은, 바람을 보고 풀이 눕듯이 각기 사직하여 인수印綬를 풀어놓고 사직해 버렸다.

이에 앞서 교지交阯의 주둔병이 반란을 일으켰을 때 유사有司가 가종을 그곳의 자사로 삼았었다. 가종이 부서에 부임하여 모반의 상황을 신문하였더니 모두가 이렇게 말하는 것이었다.

"부역과 세금이 과중하며 백성들이 살아갈 길이 없습니다. 그 때문에 서로 모여 도적이 된 것입니다."

가종은 이에 백성에게 이렇게 고시하였다.

"각자 자신의 생업에 편안히 종사하라."

그리고 황야로 흩어진 이들을 불러 위로하고 요역을 면제해 주었다.

백성들은 삶이 편안해지자 이렇게 노래 불렀다.

> "가종께서 오심이 이토록 늦으셔                    賈父來晚,
>   우리들로 하여금 먼저 반란케 하였구나.              使我先反.
>   지금 그 맑고 평안함을 보니,                      今見淸平,
>   벼슬아치들 감히 편히 밥을 먹지도 못하네."          吏不敢飯.

그곳에 재임한 지 3년, 13개 주 중 가장 높은 치적을 올렸다.


後漢, 賈琮字孟堅, 東郡聊城人. 靈帝時爲冀州刺史. 舊典, 傳車
驂駕, 垂赤帷裳, 迎於州界.

及琮之部, 升車言曰:「刺史當遠視廣聽, 糾察美惡. 何有反垂帷裳,
以自掩塞乎?」

乃命御車褰之. 百城聞風竦震, 其諸贓過者, 望風解印綬去.

初交阯屯兵反, 有司擧琮爲刺史.

琮到部訊其反狀, 咸言:「賦斂過重, 民不聊生, 故聚爲盜賊.」

琮乃告示:「各使安其資業.」

招撫荒散, 蠲復徭役.

百姓以安, 歌曰:『賈父來晚, 使我先反. 今見淸平, 吏不敢飯.』

在事二年, 爲十二州最.


【賈琮】 동한 때 인물로 자는 孟堅.《後漢書》에 전이 있음.

【靈帝】 동한 제12대 황제 劉宏. 158~189년 재위함.

【傳車】 驛站이 있는 곳의 車馬.

【屯兵】 변방에 모여서 외적을 지키는 부대.

【徭役】 賦役. 강제로 징발하여 공사에 노역을 시키거나 병역에 복무토록
  하는 것.

참고 및 관련 자료

### 1.《後漢書》賈琮傳

賈琮字孟堅, 東郡聊城人也. 擧孝廉, 再遷爲京(兆)令, 有政理迹. 舊交阯土多珍産, 明璣·翠羽·犀·象·瑇瑁·異香·美木之屬, 莫不自出. 前後刺史率多無淸行, 上承權貴, 下積私賂, 財計盈給, 輒復求見遷代, 故吏民怨叛. 中平元年, 交阯屯兵反, 執刺史及合浦太守, 自稱「柱天將軍」. 靈帝特勅三府精選能吏, 有司擧琮爲交阯刺史. 琮到部, 訊其反狀, 咸言賦斂過重, 百姓莫不空單, 京師遙遠, 告冤無所, 民不聊生(自活)故聚爲盜賊. 琮卽移書告示, 各使安其資業, 招撫荒散, 蠲復傜役, 誅斬渠帥爲大害者, 簡選良吏試守諸縣, 歲閒蕩定, 百姓以安. 巷路爲之歌曰:「賈父來晩, 使我先反; 今見淸平, 吏不敢飯.」在事三年, 爲十三州最, 徵拜議郞. 時黃巾新破, 兵凶之後, 郡縣重斂, 因緣生姦. 詔書沙汰刺史·二千石, 更選淸能吏, 乃以琮爲冀州刺史. 舊典, 傳車驂駕, 垂赤帷裳, 迎於州界. 及琮之部, 升車言曰:「刺史當遠視廣聽, 糾察美惡, 何有反垂帷裳以自掩塞乎?」乃命御者褰之. 百姓聞風, 自然竦震. 其諸臧過者, 望風解印綬去, 唯瘿陶長濟陰董昭·觀津長梁國黃就當官待琮, 於是州界翕然. 靈帝崩, 大將軍何進表琮爲度遼將軍, 卒於官.

## 127-② 郭賀露冕
## 수레 지붕을 걷어낸 곽하

후한後漢의 곽하郭賀는 자가 교경喬卿이며 낙양雒陽 사람이다. 건무建武연간에 상서령尙書令이 되었다. 그는 고사故事에 대하여 익숙히 알고 있었으며 많은 보탬이 되었다. 형주자사荊州刺史가 되어 관직에 올라 특이한 행정을 펴 백성들이 편안히 여겼다.

그리하여 이렇게 노래하였다.

"그 덕 어질고 명확한 곽교경이여,                     厥德仁明郭喬卿,
　　조정에 충성되고 공평하니 상하가 평안하도다."     忠正朝廷上下平.


현종(顯宗, 明帝)이 순수 도중에 남양 땅에 이르러 특별히 그 곳에 들러보고는, 칭찬을 아끼지 않으면서 삼공三公의 복장인 보불黼黻과 면류관冕旒官을 하사하였다. 그리고 형주의 행부行部에 칙령을 내려 그곳을 지날 때는 수레의 휘장을 걷어 백성들로 하여금 그의 용모와 복장을 직접 볼 수 있도록 해 주어 그의 덕을 드러내어 표창하였다. 그러자 매번 그가 지나는 곳마다 관리와 사람들이 서로 그를 가리키면서 보라 하며 영광으로 여기지 않는 이가 없었다. 하남윤河南尹에 임명되고도 역시 청정淸靜함을 칭송받았다.


後漢, 郭賀字喬卿, 雒陽人. 建武中爲尙書令. 曉習故事, 多所匡益. 拜荊州刺史, 到官有殊政, 百姓便之, 歌曰:『厥德仁明郭喬卿, 忠正朝廷上下平.』顯宗巡狩到南陽, 特見嗟歎, 賜以三公之服黼黻冕旒. 敕行部去襜帷, 使百姓見其容服, 以章有德. 每所經過, 吏人指以相示, 莫不榮之. 拜河南尹以淸靜稱.


【郭賀】 후한 때의 인물로 자는 喬卿, 洛陽 사람으로 尙書令, 河南尹에 오름. 《後漢書》에 전이 있음.
【雒陽】 洛陽과 같음. 《博物志》(6)에 "舊洛陽字作水邊各. 漢, 火行也, 忌水, 故去 水而加隹. 又魏於行次爲土, 水得土而流, 上得水而柔, 故復去隹加水, 變雒爲 洛焉"라 함.
【建武】 東漢 光武帝 劉秀의 첫 연호. A.D.25~55년까지 31년간.
【顯宗】 明帝. 東漢 제2대 황제 劉莊. 光武帝의 아들. 廟號는 顯宗孝明皇帝. 58~75년 재위함.
【黼黻】 袞衣의 의상에 놓은 수나 무늬. 雙聲連綿語.

1. 《後漢書》 蔡茂傳(郭賀)

賀字喬卿, 雒(陽)人. 祖父堅伯, 父游君, 並修淸節, 不仕王莽. 賀能明法, 累官, 建武中爲尙書令, 在職六年, 曉習故事, 多所匡益. 拜荊州刺史, 引見賞賜, 恩寵隆異. 及到官, 有殊政. 百姓便之, 歌曰: 「厥德仁明郭喬卿, 忠正朝廷上下平.」 顯宗巡狩到南陽, 特見嗟歎, 賜以三公之服, 黼黻冕旒. 勑行部去襜帷, 使百姓見其容服, 以章有德. 每所經過, 吏人指以相示, 莫不榮之. 永平四年, 徵拜河南尹, 以淸靜稱. 在官三年卒, 詔書憫惜, 賜車一乘, 錢四十萬.

# 128. 馮媛當熊, 班女辭輦

## 128-① 馮媛當熊
## 달려드는 곰을 막아선 풍소의

전한前漢 원제元帝의 풍소의馮昭儀는 좌장군左將軍 풍봉세馮奉世의 딸이며 평제平帝의 할머니이다. 첩여倢伃의 지위를 받아 안으로 총애를 입어 부소의傅昭儀의 등과 함께하였다. 원제가 마침 호랑이 우리의 맹수들 싸움을 구경하러 행차하였는데, 후궁들이 모두 수행하여 함께 앉아 있었다. 그런데 곰 한 마리가 우리를 이탈해 나와 난간을 잡고 어전으로 기어오르려 하는 것이었다. 좌우의 귀인貴人과 부소의 등이 모두 놀라 달아났다. 그때 풍첩여가 앞으로 나서서 곰을 맞아 서서 버티어 막아내었다.

임금이 물었다.

"사람이라면 누구나 놀라고 두려워했을 터인데 어찌 앞으로 나서서 곰을 마주하였는가?"

그러자 그녀는 이렇게 대답하였다.

"맹수란 사람을 마주하면 멈추게 되어 있습니다. 첩은 곰이 임금께서 앉아 계신 자리까지 다가올까 두려워 그 때문에 몸으로 이를 막았던 것입니다."

임금은 감탄하면서 곱절로 그를 공경하며 중히 여겼다.


前漢, 元帝馮昭儀, 左將軍奉世女, 平帝祖母也. 拜倢伃, 內寵與傅昭儀等.

上幸虎圈鬪獸, 後宮皆坐. 熊佹出圈, 攀檻欲上展, 左右貴人傅昭儀等皆驚走. 倢伃直前, 當熊而立.

上問:「人情驚懼, 何故前當熊?」

對曰:「猛獸得人而止. 妾恐熊至御坐, 故以身當之.」

上嗟嘆, 倍敬重焉.


【元帝】 서한 제8대 황제. 劉奭. 宣帝 劉詢의 아들이며 B.C.48~B.C.33년 재위함.

【馮昭儀】 이름은 媛. 昭儀는 西漢 때 妃嬪을 일컫는 칭호로써 丞相과 같은 지위이며 諸侯王과 같은 등급임. 馮媛은 한 元帝 때의 소의이며 平帝의 祖母.

【平帝】 西漢 제11대 황제. 元帝와 馮昭儀 사이에 난 劉興의 아들이며 이름은 劉衎. A.D.1~5년 재위함.

【傅昭儀】 漢 元帝의 昭儀로 定陶 恭王의 어머니이며 哀帝의 조모. 恭王을 따라 귀국하여 定陶太后로 불렸으며 뒤에 다시 恭皇太后로 불림. 《漢書》 外戚傳 참조.

【倢伃·昭儀·貴人】 모두 천자 후궁의 직급에 따른 칭호.

【當熊而立】 《列女傳》에는 '左右格殺熊'이라 함.




### 1. 《漢書》(67) 外戚傳(上)

建昭中, 上幸虎圈鬪獸, 後宮皆坐. 熊佚出圈, 攀檻欲上殿. 左右貴人傅昭儀等皆驚走, 馮倢伃直前當熊而立, 左右格殺熊. 上問:「人情驚懼, 何故前當熊?」倢伃對曰:「猛獸得人而止, 妾恐熊止御坐, 故以身當之.」元帝嗟嘆, 以此倍敬重焉. 傅昭儀等皆慙. 明年夏, 馮倢伃男立爲信都王, 尊倢伃爲昭儀. 元帝崩, 爲信都太后, 與王俱居儲元宮. 河平中, 隨王之國. 後徙中山, 是爲孝王.

### 2. 《列女傳》漢馮昭儀

漢馮昭儀者, 孝元帝之昭儀, 右將軍光祿勳馮奉世之女也. 元帝二年, 昭儀以選入後宮, 始爲長使, 數月爲美人, 生男, 是爲中山孝王, 美人爲婕妤. 建昭中, 上幸虎圈鬪獸, 後宮皆從. 熊逸出圈, 攀檻欲上殿, 左右貴人·傅昭儀皆驚走, 而馮昭儀直當熊而立, 左右格殺熊. 天子問婕妤:「人情皆驚懼, 何故當熊?」對曰:「妾聞猛獸得人而止, 妾恐至御坐, 故以身當之.」元帝嗟嘆, 以此敬重焉. 傅昭

儀等皆慚. 明年, 中山王封, 乃立婕妤爲昭儀, 隨王之國, 號中山太后. 君子謂:
「昭儀勇而慕義.」詩云:『公之媚子, 從公于狩.』《論語》曰:『見義不爲, 無勇也.』
昭儀兼之矣.

3.《文選》(10)〈西征賦〉注

漢書曰: 孝元馮昭儀, 上幸虎圈鬥獸, 熊佚出圈, 攀檻欲上殿, 左右貴人·傅昭
儀皆走, 馮婕妤直前, 當熊而立. 左右格殺熊. 上問:「人情驚懼, 何故當熊?」
婕妤對曰:「猛獸得人而止, 妾恐熊至御坐, 故身當之.」元帝嗟嘆, 以此倍敬重焉.
傅昭儀等皆慚.


# 128-② 班女辭輦
## 황제의 수레를 거절한 반첩여


　　전한前漢 성제成帝의 반첩여班婕妤는 월기교위越騎校尉 반황班況의 딸이다.
성제가 후원後庭에 놀이를 나와 한번은 그와 수레를 함께 타고 행차하려
하였다. 그러자 반첩여는 이렇게 사양하였다.

　　"옛 그림을 보니 성현聖賢으로 인정받는 임금이라면 모두가 그 곁에 명신
名臣들이 서 있었습니다. 그러나 삼대三代의 말왕들은 곁에 폐녀嬖女들이
그려져 있었습니다. 지금 함께 수레를 타고자 하시니, 이는 말왕 폐녀의
일과 비슷하게 되는 것이 아니겠습니까?"

　　성제는 그 말을 훌륭하다 여겨 그만두었다.

　　태후가 이를 듣고 기꺼워하면서 이렇게 말하였다.

　　"옛날에는 번희樊姬라는 여인이 있었는데 지금은 반첩여가 있구나!"

뒤에 조비연趙飛燕이 이렇게 참소하여 황제에게 고하였다.

"허황후許皇后와 반첩여가 임금의 사랑을 믿고 후궁의 여인들을 죽이려고 저주의 기도를 하고 있습니다. 그 재앙은 임금에게도 미치게 될 것입니다."

그리하여 반첩여를 고문하자 그는 이렇게 대답하였다.

"제가 듣기로 살고 죽는 것은 명에 달린 것이요. 부귀는 하늘에 달린 것이라 하더이다. 정당한 것을 아무리 잘 닦아도 오히려 복을 받을 수 없는데, 어찌 사악한 짓을 하여 욕망을 이루려 하였겠습니까? 귀신이라는 것이 앎이 있다면 신하노릇을 제대로 하지 않는 자의 하소연을 들어줄 리가 없습니다. 그러나 귀신이 만약 앎이 없다면 하소연한들 무슨 이익이 있겠습니까? 그 때문에 제가 그렇게 할 리가 없습니다."

임금은 그의 대답을 훌륭하다 하고 그를 불쌍히 여겨 황금 백 근을 하사하였다.


前漢, 成帝班倢伃, 越騎校尉況之女. 帝游後庭, 嘗欲同輦載.

辭曰:「觀古圖畫, 聖賢之君, 皆有名臣在側. 三代末主迺有嬖女. 今欲同輦, 得無近似之乎?」

上善其言而止.

太后聞之喜曰:「古有樊姬, 今有班倢伃!」

後趙飛燕譖告:「許皇后與倢伃挾媚道, 祝詛後宮, 詈及主上.」

考問倢伃, 對曰:「妾聞死生有命, 富貴在天. 修正尙未蒙福, 爲邪欲以何望? 便鬼神有知, 不受不臣之愬. 如其無知, 愬之何益? 故不爲也.」

上善其對, 憐閔之, 賜黃金百斤.


【成帝】 西漢의 제9대 황제 劉驁. 孝成皇帝. 元帝 劉奭의 아들. B.C.32~B.C.7년 재위. 趙飛燕과의 연애 고사로 유명함.

【班婕妤】左曹越騎 班況의 딸로서 漢 孝成皇帝(成帝)의 婕妤. 婕妤는 婕好로도 표기함. 文才에 뛰어나 〈紈扇詩〉를 남김.

【同輦】'輦'은 사람이 끄는 수레.

【三代末主】夏(桀王), 殷(紂王), 周(幽王). 모두가 末喜·妲己·褒姒 때문에 나라를 망치고 말았음.

【樊姬】楚莊王의 부인으로 매우 총명하고 지혜가 있었음. 劉向《列女傳》(2)에 자세히 실려 있음.

【趙飛燕】?~B.C.1. 長安人으로 원래 몸이 나는 제비처럼 가볍다하여 飛燕이라 하였으며 成帝의 눈에 띄어 총애를 입어 皇后의 지위에까지 올랐음. 그 동생 合德 역시 성제에게 불려가 昭儀가 됨.《漢書》外戚傳 및 '飛燕體輕'[186] 참조.

【許皇后】成帝의 皇后.

【死生有命, 富貴在天】《論語》顔淵篇의 구절.



## 1.《漢書》外戚專(下)

孝成班婕妤, 帝初卽位選入後宮, 始爲小使, 俄而大幸爲婕妤, 居增成舍, 再就館. 有男, 數月失之. 成帝遊於後庭, 嘗欲與婕妤同輦載, 婕妤辭曰:「觀古圖畫, 賢聖之君, 皆有名臣在側. 三代之末主, 乃有嬖女. 今欲同輦, 得無近似之乎?」 上善其言而止. 太后聞之, 喜曰:「古有樊姬, 今有班婕妤.」婕妤誦詩及窈窕·德象·女師之篇, 每進見上疏, 依則古禮. 自鴻嘉後, 上稍隆於內寵, 婕妤進侍者李平, 平得幸, 立爲婕妤. 帝曰:「始, 衛皇后亦從微起.」乃賜平姓衛, 所謂衛婕妤也. 其後趙飛燕姊弟亦從自微賤興, 踰越禮制, 寖盛於前. 班婕妤及許皇后皆失寵, 稀復進見. 鴻嘉三年, 趙飛燕譖告許皇后·班婕妤挾媚道, 祝詛後宮, 詈及主上. 許皇后坐廢. 考問班婕妤, 婕妤對曰:「妾聞死生有命, 富貴在天, 修正尙未蒙福, 爲邪欲以何望? 使鬼神有知, 不受不臣之愬; 如其無知, 愬之何益? 故不爲也.」 上善其對, 憐憫之, 賜黃金百斤. 趙氏姊弟驕妒, 婕妤恐久見危, 求共養太后長信宮, 上許焉. 婕妤退處東宮, 作賦自傷悼, 其辭曰:『承祖考之遺德兮, 何性命之淑靈. 登薄軀於宮闕兮, 充下陳於後庭. 蒙聖皇之渥惠兮, 當日月之盛明. 揚光烈之翕赫兮, 奉隆寵於增成. 旣過幸於非位兮, 竊庶幾乎嘉時. 每寤寐而累息兮,申佩離以自思. 陳女圖而鏡監兮, 顧女史而問詩. 悲晨婦之作戒兮, 哀褒閻之爲郵. 美皇英之女虞兮, 榮任姒之母周. 雖愚陋其靡及兮, 敢舍心而忘茲? 歷年歲而悼懼兮, 閔蕃華之不滋. 痛陽祿與柘觀兮, 仍禕褹而離災. 豈妾人之殃咎兮, 將天命之不可求. 白日忽以移光兮, 遂晻莫而昧幽. 猶被覆載之厚德兮, 不廢捐於罪郵. 奉共養于東宮兮, 託長信之末流. 共洒埽於帷幄兮, 永終死以爲期. 願歸骨於山足兮, 依松柏之餘休.』重曰:『潛玄宮兮幽以清, 應門閉兮禁闥扃. 華殿塵兮玉階苔, 中庭萋兮綠草生. 廣室陰兮帷幄暗, 房櫳虛兮風泠泠. 感帷裳兮發紅羅, 紛綷縩兮紈素聲. 神眇眇兮密靚處, 君不御兮誰爲榮. 俯視兮丹墀, 思君兮履綦, 仰視兮雲屋, 雙涕下兮橫流. 顧左右兮和顏, 酌羽觴兮銷憂. 惟人生兮一世, 忽一過兮若浮. 已獨享兮高明, 處生民兮極休. 勉虞情兮極樂, 與福祿兮無期. 綠衣兮白華, 自古兮有之.』至成帝崩, 健仔充奉園陵, 薨, 因葬園中.

## 2.《列女傳》班女婕妤

班婕妤者, 左曹越騎班況之女, 漢孝成皇帝之婕妤也. 賢才通辯. 始選入後宮爲小使, 俄而大幸爲婕妤. 成帝遊於後庭, 嘗欲與婕妤同輦, 辭曰:「觀古圖畫, 賢聖之君, 皆有名臣在側. 三代之末主, 乃有女嬖. 今欲同輦, 得無似之乎?」上善其言而止. 太后聞而喜曰:「古有樊姬, 今有班婕妤.」每誦詩及窈窕·德象·女師之篇, 必三復之. 每進見上疏依古禮. 自鴻嘉之後, 成帝稍隆於女寵, 婕妤進侍者李平, 平得幸立爲婕妤. 帝曰:「始, 衛皇后亦從微起.」乃賜平姓衛, 所謂衛婕妤也. 其後趙飛燕姊妹有寵驕妒, 譖訴婕妤云.「挾邪詛祝.」考問班婕妤, 曰:「妾聞死生有命, 富貴在天, 修正尙未蒙福, 爲邪欲以何望? 且使鬼神有知, 不受不臣之訴; 如其無知, 訴之何益? 故弗爲也.」上善其對而憐閔之, 賜黃金百斤. 時飛燕驕妒, 婕妤恐久見危, 求供養太后於長信宮, 上許焉. 婕妤退處東宮, 作賦自傷曰:『承祖考之遺德兮, 荷性命之俶靈. 登溥軀於宮闕兮, 充下陳於後庭. 蒙聖皇之渥惠兮, 當日月之盛明. 揚光烈之翕赫兮, 奉隆寵於增成. 旣過幸於非位兮, 竊庶幾乎嘉時. 每寤寐而累息兮, 申佩離以自思. 陳女圖而鏡鑑兮, 顧女史而問詩. 悲晨婦之作戒兮, 哀褒豔之爲尤. 美皇英之女舜兮, 榮任姒之母周. 雖愚陋其靡及兮, 敢舍心而忘茲? 歷年歲而悼懼兮, 閔繁華之不滋. 痛陽祿與柘觀兮, 仍禕褹而離災. 豈妾人之殃咎兮, 將天命之不可求. 白日忽以移光兮, 遂奄莫而昧幽. 猶被覆載之厚德兮, 不廢捐於罪尤. 奉供養於東宮兮, 託長信之末流. 供灑掃於帷幄兮, 永終死以爲期. 願歸骨於山足兮, 依松柏之餘休.』重曰:『潛玄宮兮幽以清, 應門閉兮禁闥扃. 華殿塵兮玉階苔, 中庭萋兮綠草生. 廣屋蔭兮幨帷晻, 房櫳虛兮風泠泠. 感帷裳兮發紅羅, 紛悴憐兮紈素聲. 神眇眇兮密靖處, 君不御兮誰爲榮. 俯視兮丹墀, 思君兮履綦, 仰視兮雲屋, 雙涕下兮橫流. 顧左右兮和顏, 酌羽觴兮銷憂. 惟人生兮一世, 忽一過兮若浮. 己獨嚮兮高明, 處生民兮極休. 勉娛情兮極樂, 與福祿兮無期. 綠衣兮白華, 自古兮有之.』至成帝崩, 婕妤充奉園陵, 薨, 因葬園中. 君子謂:「班婕妤辭同輦之言, 蓋宣后之志也; 進李平於同列, 樊姬之德也; 釋詛祝之譖, 定姜之知也; 求供養於東宮, 寡李之行也. 及其作賦, 哀而不傷, 歸命不怨.」詩云:『有斐君子, 如切如磋. 如琢如磨, 瑟兮僩兮. 赫兮咺兮, 有斐君子. 終不可諼兮.』其班婕妤之謂也.

3. 〈紈扇詩〉(《玉臺新詠》卷一.「班婕妤怨詩一首幷序」)

昔漢成帝班婕妤失寵, 供養於長信宮, 乃作賦自傷, 幷爲怨詩一首:

「新裂齊紈素, 鮮潔如霜雪. 裁爲合歡扇, 團團似明月. 出入君懷袖, 動搖微風發. 常恐秋節至, 涼風奪炎熱. 棄捐篋笥中, 恩情中道絕.」

4. 《詩品》(上)

漢婕妤班姬詩, 其源出於李陵. 團扇短章, 詞旨清捷, 怨深文綺, 得匹婦之致. 侏儒一節, 可以知其工矣.

5. 《文選》(10) 〈西征賦〉注

成帝遊於後庭, 嘗欲與班婕妤同輦載. 婕妤辭曰:「觀古圖畫, 賢聖之君, 皆有名臣在側. 三代末主, 乃有嬖女. 今欲同輦, 得無近似之乎?」

6. 《文選》〈景福殿賦〉注

成帝遊於後庭, 嘗與班婕妤同輦. 婕妤辭曰:「三代末主, 乃有嬖女, 今欲同輦, 得無近似之?」

7. 《文選》(27) 〈怨歌行〉 班婕妤

(注) 歌錄曰: 怨歌行, 古辭. 然言古者有此曲, 而班婕妤擬之. 婕妤, 帝初卽位, 選入後宮. 始爲少使, 俄而大幸, 爲婕妤, 居增成舍. 後趙飛燕寵盛, 婕妤失寵, 希復進見. 成帝崩, 婕妤充園陵, 薨.

(詩) 新裂齊紈素, 皎潔如霜雪. 裁爲合歡扇, 團團似明月. 出入君懷袖, 動搖微風發. 常恐秋節至, 涼風奪炎熱. 棄捐篋笥中, 恩情中道絕.

# 129. 王充閱市, 董生下帷

## 129-① 王充閱市
### 시장 책방에서 책을 읽은 왕충

후한後漢의 왕충王充은 자가 중임仲任이며 회계會稽 상우上虞 사람이다. 집이 가난하여 책을 구할 수 없자, 항상 낙양洛陽 시장 상가로 나가 책을 파는 가게에서 책을 읽었는데, 한 번 본 책의 내용은 즉시 외워 기억하는 것이었다. 그리하여 드디어 여러 유파의 제자백가 언론에 박통하게 되었으며, 벼슬은 군郡의 공조功曹가 되었다.

왕충은 논설論說을 좋아하여 처음에는 마치 궤변을 늘어놓은 것처럼 특이하지만 결론은 이치에 맞는 것이었다. 그리하여 속된 선비들이 문자에 얽매어 그것만 고수할 뿐 많은 부분에서 그 진실을 놓치고 있다고 여겼다. 이에 문을 걸어 잠그고 깊이 사고하였으며, 심지어 경조사에서 갖추어야 할 예의도 끊은 채 창틀과 담장 벽에는 각각의 도필刀筆을 갖추어 놓고 그때마다 기록하여 《논형論衡》 85편을 저술하였다. 그 책으로써 물류物類의 같고 다름을 분석하고 시속時俗의 혐의嫌疑를 바로잡았다.

자사刺史가 그를 불러 종사從事로 삼았다가 치중治中으로 옮겨 주었으나, 스스로 그 직책을 벗어버리고 집으로 돌아와 버렸다.

숙종肅宗이 조칙을 내려 공거公車로 임명하고자 그를 불렀지만 나가지 않았다.


後漢, 王充字仲任, 會稽上虞人. 家貧無書, 常遊洛陽市肆, 閱所賣書, 一見輒能誦憶. 遂博通衆流百家之言, 仕郡爲功曹.

充好論說, 始若詭異, 終有理實. 以爲俗儒守文, 多失其眞. 乃閉

門潛思, 絶慶弔之禮, 戶牖牆壁各置刀筆, 著論衡八十五篇. 釋物
類同異, 正時俗嫌疑.

刺史辟爲從事, 轉治中, 自免還家.

肅宗詔公車徵不行.


【王充】자는 仲任. 會稽 사람으로 經史에 박통하였으며 유명한 《論衡》을
  저술함.
【刀筆】문서를 베끼는 낮은 직책. 刀筆吏. 고대 竹札이나 竹簡을 사용하여
  기록하였으며 틀린 곳은 수시로 칼로 깎아 지웠음. 따라서 문서 기록의
  낮은 관리를 뜻함.
【論衡】30권. 왕충의 저술.
【肅宗】章帝 劉炟. 후한의 제3대 황제. 明帝 劉莊의 아들. 76~88년까지 재위함.
【公車】上書나 徵召를 담당하던 관직 이름.




### 1. 《後漢書》王充傳

王充字仲任, 會稽上虞人也, 其先自魏郡元城徙焉. 充少孤, 鄕里稱孝. 後到京
師, 受業太學, 師事扶風班彪. 好博覽而不守章句. 家貧無書, 常游洛陽市肆,
閱所賣書, 一見輒能誦憶, 遂博通衆流百家之言. 後歸鄕里, 屛居敎授. 仕郡爲
功曹, 以數諫爭忄合去. 充好論說. 始若詭異, 終有理實. 以爲俗儒守文, 多失
其眞, 乃閉門潛思, 絶慶弔之禮, 戶牖牆壁各置刀筆. 箸《論衡》八十五篇, 二十
餘萬言, 釋物類同異, 正時俗嫌疑. 刺史董勤辟爲從事, 轉治中, 自免還家. 友
人同郡謝夷吾上書薦充才學, 肅宗特詔公車徵, 病不行. 年漸七十, 志力衰耗,
乃造《養性書》十六篇, 裁節嗜欲, 頤神自守. 永元中, 病卒于家.

## 129-② 董生下帷
## 휘장을 가려 자신을 볼 수 없도록 한 동중서

전한前漢의 동중서董仲舒는 광천廣川 사람이다. 어려서 《춘추春秋》를 익혀 효경제孝景帝 때 박사博士가 되었다. 그는 자신의 얼굴이 드러나지 않도록 휘장을 치고 강의하였고, 제자들은 장시간을 두고 서로 차례에 따라 전수하는 방식의 수업을 하여 제자들 중에는 그의 얼굴을 볼 수 없는 자도 있었다. 그는 거의 3년이 되도록 정원도 들여다보지 않고 공부만 하였는데, 그의 학업에 대한 정성이 이와 같았던 것이다. 그런가 하면 진퇴進退와 용지容止도 예에 어긋나면 행하지 않아 배우는 선비라면 모두가 그를 스승으로 높이 받들었다.

무제武帝 때에 현량과賢良科에 천거되어 대책문對策文을 작성하고 강도상江都相이 되어 이왕易王을 섬겼다. 이왕은 무제의 형으로써 평소 교만하고 용맹을 좋아하였다. 이에 동중서가 예로써 바르게 가르치자 이왕도 그를 공경하고 중히 여겼다. 그의 치국의 도리는 《춘추》에 실린 재이災異의 변화를 근거로 하여 음양陰陽이 서로 얽혀 행해지는 것을 추측하는 것이었다. 그리하여 비가 내리기를 바랄 때면 여러 양기陽氣를 닫고 여러 음기陰氣를 풀어놓았다. 그리고 비가 그치기를 바라면 이와 반대로 하였다. 이렇게 행하여 하고자 한 바를 실현하였던 것이다.

당시 공손홍公孫弘이 역시 《춘추春秋》를 공부하고 있었으나 동중서만은 못하였다. 그러나 공손홍은 세상이 바라는 대로 등용되어 공경公卿의 지위에 올랐던 것이다. 이에 동중서는 공손홍을 두고 아첨에 휩쓸리는 자라 여겼고, 공손홍은 그 때문에 그를 미워하였다. 이에 임금에게 말하여 동중서를 교서왕膠西王을 돕도록 보내 버렸다. 교서왕 역시 무제의 형으로서 더욱 방자하였다. 그러나 동중서가 큰 선비라는 말을 듣고 잘 대우하여 주었다.

무릇 동중서는 두 나라의 교만한 임금을 모시면서도 자신의 몸을 바르게 하고, 아래를 통솔하여 자주 임금에게 상소하여 간쟁하였다. 그리하여 교령敎令이 나라 안에 퍼져 그가 가는 곳이면 치도治道를 이루었던 것이다.

그는 직위를 떠나고 나서는 집안의 재산이나 생업은 묻지 않은 채, 학문을 닦고 책을 저술하는 것으로써 일거리를 삼았다. 한편 조정에서는 큰 행사가 있으면 사신을 보내어 동중서에게 물었으며, 그의 대답은 모두가 명확하게 법도에 맞는 것이었다. 위기후魏其侯 두영竇嬰과 무안후武安侯 전분田蚡이 재상이 되자 유가儒家가 융성하게 되었는데, 이는 동중서가 썼던 대책문에 공자孔子를 추앙하여 밝히고 다른 백가百家를 억누르고 퇴출시키기에 이른 것이다. 그리하여 학교學校의 제도와 관직을 세우고, 주군州郡에 무재과茂才科와 효렴孝廉科으로써 추천하도록 하는 제도는 모두가 동중서의 발의에 의해 시작된 것이다. 그는 집에서 천수를 누리고 삶을 마쳤다. 뒤에 후손은 무릉茂陵으로 옮겨가 살았는데, 아들과 손자 모두 높은 관직에 올랐다.


前漢, 董仲舒, 廣川人. 少治《春秋》, 孝景時爲博士. 下帷講誦, 弟子傳以久次相授業, 或莫見其面. 蓋三年不窺園, 其精如此. 進退容止, 非禮不行, 學士皆師尊之.

武帝時, 擧賢良對策, 爲江都相, 事易王. 王帝兄, 素驕好勇. 仲舒以禮誼正, 王敬重焉. 治國以《春秋》災異之變, 推陰陽所以錯行. 求雨閉諸陽縱諸陰. 其止雨反是. 行之得所欲.

公孫弘治《春秋》, 不如仲舒. 希世用事, 位至公卿. 仲舒以弘爲從諛, 弘嫉之. 乃言之於上, 使相膠西王. 王亦帝兄, 尤縱恣. 聞仲舒大儒, 善待之. 凡相兩國驕主, 正身而率下, 數上疏諫爭, 敎令國中, 所居而治. 及去位, 不問家産業, 以修學著書爲事. 朝廷有大儀, 使使者就問之, 其對皆有明法. 自魏其·武安侯爲相, 而隆儒, 及仲舒對策, 推明孔氏, 抑黜百家. 立學校之官, 州郡擧茂才·孝廉, 皆自仲舒發之. 以壽終家. 徙茂陵, 子及孫皆至大官.

【董仲舒】B.C.179~B.C.104. 廣川(지금의 河北 棗强縣) 출신으로 西漢의 哲學者
이며 今文經學의 大家.《春秋公羊傳》에 밝아 博士가 되었으며 江都相과
膠西王相을 지냄. 유학 장려를 제창하여 武帝에게 발탁되어 漢王朝의 봉건
기틀에 큰 역할을 함. 저서로《春秋繁露》와《董子文集》이 있음.《漢書》卷56에
傳이 있음. 그의 저술로《春秋繁露》,《聞擧》,《玉杯》,《淸明》,《竹林》등이
있었으나 지금은《춘추번로》만 전함.
【賢良】한나라 무제 이후의 관리 등용시험의 과목. 정치·經義에 대한 문제를
출제하여 대책문을 짓도록 하여 이를 평가함.
【孝景帝】景帝. 西漢 4대 황제. 劉啓. B.C.156~B.C.141년까지 16년간 재위함.
文帝의 아들이며 梁孝王(劉武)의 형. 文景之治를 이루어 한나라 기반을 다짐.
【武帝】西漢 5대 황제 劉徹. 景帝(劉啓)의 아들이며 B.C.140~B.C.87년까지
54년간 재위함. 대내외적으로 학술, 강역, 문학 등 여러 방면에 걸쳐 많은
치적을 남겨 강력한 帝國을 건설함.
【公孫弘】자는 季(B.C.200~B.C.121). 菑川 薛(지금의 山東省 滕縣) 출신. 처음
獄吏였으나 나이 마흔에《春秋公羊傳》을 공부하여 元光 5년(B.C.130)에 賢良
文學科에 올라 博士가 됨. 뒤에 武帝에게 신임을 얻어 元朔 초에 御史大夫
에서 丞相에까지 올랐으며 平津侯에 봉해짐.《史記》와《漢書》에 傳이 있음.
'漢相東閣'[245] 참조.
【魏其·武安侯】魏其侯 竇嬰과 武安侯 田蚡.




1.《史記》儒林傳(董仲舒)

董仲舒, 廣川人也. 以治《春秋》, 孝景時爲博士. 下帷講誦, 弟子傳以久次相受
業, 或莫見其面, 蓋三年董仲舒不觀於舍園, 其精如此. 進退容止, 非禮不行,
學士皆師尊之. 今上卽位, 爲江都相. 以春秋災異之變推陰陽所以錯行, 故求雨
閉諸陽, 縱諸陰, 其止雨反是. 行之一國, 未嘗不得所欲. 中廢爲中大夫, 居舍,
著《災異之記》. 是時遼東高廟災, 主父偃疾之, 取其書奏之天子. 天子召諸生
示其書, 有刺譏. 董仲舒弟子呂步舒不知其師書, 以爲下愚. 於是下董仲舒吏,
當死, 詔赦之. 於是董仲舒竟不敢復言災異. 董仲舒爲人廉直. 是時方外攘四夷,
公孫弘治《春秋》不如董仲舒, 而弘希世用事, 位至公卿. 董仲舒以弘爲從諛.

弘疾之, 乃言上曰:「獨董仲舒可使相膠西王.」膠西王素聞董仲舒有行, 亦善待之.
董仲舒恐久獲罪, 疾免居家. 至卒, 終不治産業, 以脩學著書爲事. 故漢興至于
五世之間, 唯董仲舒名爲明於《春秋》, 其傳公羊氏也.

## 2. 《漢書》董仲舒

董仲舒, 廣川人也. 少治《春秋》, 孝景時爲博士. 下帷講誦, 弟子傳以久次相授業,
或莫見其面. 蓋三年不窺園, 其精如此. 進退容止, 非禮不行, 學士皆師尊之.
武帝卽位, 擧賢良文學之士前後百數, 而仲舒以賢良對策焉. 仲舒爲人廉直. 是時
方外攘四夷, 公孫弘治《春秋》不如仲舒, 而弘希世用事, 位至公卿. 仲舒以弘爲
從諛, 弘嫉之. 膠西王亦上兄也, 尤縱恣, 數害吏二千石. 弘乃言於上曰:「獨董仲舒
可使相膠西王.」膠西王聞仲舒大儒, 善待之, 仲舒恐久獲罪, 病免. 凡相兩國,
輒事驕王, 正身以率下, 數上疏諫爭, 教令國中, 所居而治. 及去位歸居, 終不問
家産業, 以修學著書爲事. 仲舒在家, 朝廷如有大議, 使使者及廷尉張湯就其家
而問之, 其對皆有明法. 自武帝初立, 魏其·武安侯爲相而隆儒矣. 及仲舒對冊,
推明孔氏, 抑黜百家. 立學校之官, 州郡擧茂材孝廉, 皆自仲舒發之. 年老, 以壽
終於家. 家徙茂陵, 子及孫皆以學至大官. 仲舒所著, 皆明經術之意, 及上疏條教,
凡百二十三篇. 而說《春秋》事得失, 《聞擧》·《玉杯》·《蕃露》·《淸明》·《竹林》
之屬, 復數十篇, 十餘萬言, 皆傳於後世. 掇其切當世施朝廷者著于篇.

## 3. 《十八史略》(2)

擧賢良·方正·直言·極諫之士, 親策問之. 廣川董仲舒對曰:「事在强勉而已矣.
强勉學問, 則聞見博, 而智益明; 强勉行道, 則德日起, 而大有功」又曰:「人君者,
正心以正朝廷. 正朝廷以正百官, 正百官以正萬民, 正萬民以正四方. 四方正,
遠近莫不一於正, 而無邪氣奸其間. 是以陰陽調, 風雨時, 羣生和, 萬民殖. 諸福
之物, 可致之祥, 莫不畢至, 而王道終矣. 陛下行高而思厚, 知明而意美, 愛民
而好士. 然而教化不立, 萬民不正, 譬琴瑟不調, 甚者, 必解而更張之, 乃可鼓也;
爲政而不行, 甚者, 必變而更化之, 乃可理也. 漢得天下以來, 常欲治, 而至今不可
善治者, 當更化而不更化也.」又曰:「養士莫大乎太學. 太學者, 賢士之所關也,
教化之本原也. 願興太學, 置明師以養天下之士」又曰:「郡守縣令, 民之師帥,
所使承流, 而宣化也. 宜使列侯郡守, 各擇其吏民之賢者, 歲貢各三人.」又曰:
「春秋大一統者, 天地之常經, 古今之通誼也. 今師異道, 人異論. 臣愚以爲諸不在
六藝之科, 孔子之術者, 皆絶其道. 然後統紀可一, 法度可明, 而民知所從矣.」
上善其對, 以爲江都相.

# 130. 平叔傅粉, 弘治凝脂

### 130-① 平叔傅粉
## 분을 바른 것처럼 얼굴이 흰 하평숙

《위지魏志》에 실려 있다.

하안何晏은 자가 평숙平叔이며 남양南陽 완현宛縣 사람이다. 금향공주金鄕公主의 남편이 되어 이부상서吏部尙書, 부마도위駙馬都尉를 역임하였다.

《세설신어世說新語》에는 이렇게 말하였다.

"하평숙은 아름다운 자태에 얼굴이 아주 희어 명제明帝는 그가 분을 바른 것이 아닌가 여겼다. 그런데 여름날이 되어 뜨거운 보리떡을 먹게 되어 땀이 흘러 수건으로 닦았는데 더욱 하얀 것이었다."


《魏志》: 何晏字平叔, 南陽宛人. 尙金鄕公主, 爲吏部尙書·駙馬都尉.

《世說》曰:「平叔美姿, 面至白, 明帝疑其傅粉. 夏月令食湯餠, 汗出, 以巾拭之, 轉皎白也.」


【何晏】자는 平叔(190~249). 三國 때 魏나라 사람. 漢나라때 何進의 손자. 어려서 曹操에게 사랑을 받았으며, 金鄕公主를 아내로 맞음. 司馬宣王에게 죽음을 당함. 〈老莊〉을 좋아하여 夏侯玄. 王弼 등과 함께 玄學을 창도함. 저술로는 〈道德論〉, 〈無爲論〉 등이 있으며 지금은 《論語集解》가 전함. 《三國志》(9)에 傳이 있음. '平子絶倒'[078] 참조.
【金鄕公主】曹操의 누이.

【明帝】魏 明帝 曹叡(206~239). 魏文帝(曹丕)와 甄后 사이에 남. 227년 문제를 이어 제위에 올랐음. 재위 13년(227~239). 시호는 明皇帝.《三國志》(3)에 紀가 있음.《世說新語》에 文帝로 되어 있음.

【湯麨】'湯餠'과 같음.




1.《三國志》(9) 魏志 何晏傳

晏, 何進孫也. 母尹氏, 爲太祖夫人. 晏長于宮省, 又尙公主, 少以才秀知名, 好老莊焉, 作〈道德論〉給諸文賦著述凡數十篇.

2.《世說新語》容止篇

何平叔美姿儀, 面至白, 魏文帝疑其傳粉; 正夏月, 與熱湯餠, 旣噉, 大汗出, 以朱衣自拭, 色轉皎然.


## 130-② 弘治凝脂
## 하얀 굳기름 같은 피부를 가진 두홍치


　　신晉나라 두예杜乂는 사가 홍지弘治였으며 성제成帝 공황후恭皇后의 아버지였다. 성격이 순박하고 온화하였으며 용모는 아름다워 강좌江左에 그 이름이 자자하였다. 왕희지王羲之가 그를 이렇게 평하였다.

　　"피부는 하얀 굳기름 같고 눈동자는 검은 옻칠을 한 것 같으니 이야말로 신선 같은 사람이다."

　　환이桓彝 역시 이렇게 말하였다.

　　"위개衛玠는 영혼이 맑고, 두예는 모습이 맑다."

　　그는 벼슬길에 올라 단양승丹陽丞이 되었다.

晉, 杜乂字弘治, 成恭皇后父也. 性純和, 美姿容, 有盛名於江左.

王羲之目之:「膚若凝脂, 眼如點漆, 此神仙之人也.」

桓彝亦曰:「衛玠神淸, 杜乂形淸.」

仕爲丹陽丞.


【杜乂】 자는 弘治. 杜預의 손자 용모가 준수하여 강좌에 이름이 났으며
丹楊丞, 公府掾 등을 지냄. 當陽侯에 봉해짐. 일찍 죽음. 《晉書》(93)에 전이
있음. 《晉陽秋》에 "杜乂字弘治, 京兆人. 祖預・父錫, 有譽前朝. 乂少有令名,
仕丹楊丞, 早卒. 成帝納乂女爲后"라 함.

【江左】 東晉 시기를 말함. 長江의 왼쪽에 도읍 建康이 있어 이름을 삼은 것.

【成恭皇后】 成帝의 황후. 恭은 시호. 鎭南將軍 杜預의 曾孫. '杜后生齒'[019]
참조.

【王羲之】 王右軍(303~361, 혹은 309~365, 321~379). 자는 逸少. 어릴 때 이름은
虎犢. 王尊의 조카. 어려서는 訥言하였으나 뒤에 정치와 예술에 큰 업적을
남김. 특히 글씨에 뛰어나 書聖으로 추앙받았음. 右軍將軍, 會稽內史, 臨川
太守 등을 지냈음. 山陰道士와 《道德經》글씨를 거위와 바꾼 고사를 남겼
으며 그 외에 작품으로 〈樂毅論〉・〈黃庭經〉・〈東方朔畫讚〉・〈姨母〉・〈初月〉・
〈憂懸〉・〈喪亂〉 등을 남김. 〈蘭亭集序〉로 유명함. 《晉書》(80)에 전이 있음.
王右軍, 王逸少, 王羲之 등으로 불림. 그 아들 王獻之와 함께 글씨에 뛰어나
'二王'이라 함.

【凝脂】 굳기름처럼 하얗고 깨끗한 피부. 여인의 아름다운 살결을 말함.
白居易 〈長恨歌〉에 "溫泉水滑洗凝脂"라 함.

【桓彝】 桓廷尉(276~328). 자는 茂倫. 王敦과 맞섰다가 뒤에 蘇峻 난 때 韓晃
에게 피살됨. 廷尉를 추증받음. 《晉書》(74)에 전이 있음. 桓溫의 아버지

【衛玠】 자는 叔寶(287~313). 어릴 때는 虎라 부름. 衛瓘의 손자이며 衛恒의
아들. 《老莊》에 조예가 깊었음. 어려서 王澄, 王玄, 王濟와 함께 이름을 날려
"王家三子, 不如衛家一兒"라 하였음. 中原大亂 때 남으로 피난하여 王敦에게
발탁됨. 太子洗馬를 지냈으며 王承과 더불어 '中興第一名士'로 불림.
《晉書》(36)에 전이 있음. '衛玠羊車'[206] 및 '平子絶倒'[078], '叔寶玉潤'[185]
등 참조.

1.《晉書》(93) 外戚傳(杜乂)

杜乂字弘理, 成恭皇后父, 鎭南將軍預孫, 尙書左丞錫之子也. 性純和, 美姿容, 有盛名於江左. 王羲之見而目之:「膚若凝脂, 眼如點漆, 此神仙人也.」桓彝亦曰: 「衛玠神淸, 杜乂形淸.」襲封當陽侯, 辟公府掾, 爲丹陽丞.

2.《世說新語》容止篇

王右軍見杜弘治, 歎曰:「面如凝脂, 眼如點漆, 此神仙中人!」時人有稱王長史 形者, 蔡公曰:「恨諸人不見杜弘治耳!」

# 131. 楊寶黃雀, 毛寶白龜

## 131-① 楊寶黃雀
### 참새를 살려준 양보

《속제해기續齊諧記》에 실려 있다.

양보楊寶는 나이 아홉에 화음산華陰山 북쪽에 갔다가, 한 마리의 노란 참새가 올빼미에게 채었다가 나무 아래에 떨어져 개미에게 곤욕을 당하는 모습을 보게 되었다.

양보는 참새를 가지고 돌아와 이를 상자 속에 넣어 노란 국화를 먹이며 보호하였다. 백여 일이 지나 깃이 제대로 살아나자 이에 날려 보내주었다.

그날 밤 노란 옷을 입은 동자가 나타나 양보에게 두 번 절을 하면서 이렇게 말하는 것이었다.

"나는 서왕모西王母의 심부름꾼입니다. 그대의 인자함으로 인해 구원을 받아 되살아남을 감사드립니다."

그리고 흰 고리 구슬 4개를 양보에게 주면서 말을 이었다.

"그대 자손으로 하여금 청렴하기는 이와 같고, 지위는 삼공에 오를 것이며, 마땅히 이 고리 구슬 수만큼 될 것입니다."

양보는 애제哀帝, 평제平帝 세대에 은거하여 제자를 가르치고 있었는데, 왕망王莽이 그를 부르자 드디어 도망하여 숨어 버렸다. 광무제光武帝가 그의 절의를 높이 여겨 공거公車로 특별히 불렀지만 역시 가지 않았다.

그의 아들 양진楊震은 안제安帝 때에 태위太尉가 되었고, 양진의 아들 양병楊秉은 환제桓帝 때에 태위가 되었으며, 양병의 아들 양사楊賜도 영제靈帝 때 태위가 되었으며, 양사의 아들 양표楊彪는 헌제獻帝 때 태위가 되었다가 위魏 문제文帝 때 다시 태위로 복위하였다. 양진으로부터 양표에 이르기까지 4대에 걸쳐 태위가 되었으니 그 덕업이 계속 이어간 것이다.

《續齊諧記》: 楊寶年九歲時, 至華陰山北, 見一黃雀爲鴟梟所搏墜於樹下爲螻蟻所困. 寶取之以歸, 置巾箱中, 唯食黃花. 百餘日毛羽成, 乃飛去.

其夜有黃衣童子, 向寶再拜曰: 「我西王母使者. 君仁愛救拯, 實感成濟.」

以白環四枚與寶: 「令君子孫潔白, 位登三事, 當如此環矣.」

寶哀平世隱居教授. 王莽徵之, 遂逃遁. 光武高其節, 公車特徵不到. 子震安帝時爲太尉, 震子秉, 桓帝時爲太尉, 秉子賜靈帝時爲太尉, 賜子彪獻帝時爲太尉, 魏文帝時, 復爲太尉. 震至彪四世太尉, 德業相繼.


【續齊諧記】梁나라 吳均이 편찬함. 宋나라 때 東陽 无疑의 《齊諧記》가 없어지자 오균이 그 속집으로 편찬한 것임.

【楊寶】동한 때 유명한 大臣이었던 楊震의 아버지.

【華陰山】京兆의 華陰縣에 있는 산.

【西王母使者】《漢武故事》등에 서왕모의 사자로 새가 등장함.

【哀帝】西漢 제10대 황제. 이름은 劉欣. 元帝(劉奭)의 둘째 아들 劉康의 아들로 제위에 오름. B.C.32~B.C.1년 재위함.

【平帝】西漢 제11대 황제. 元帝와 馮昭儀 사이에 난 劉興의 아들이며 이름은 劉衎. A.D.1~5년 재위함.

【王莽】字는 巨君(B.C.45~23). 漢 元皇后이 조카. 어려서 고아가 되어 독서 끝에 성망을 얻었음. 뒤에 太傅가 되어 安漢公에 봉해졌으며 平帝가 죽은 후 겨우 두 살인 孺子 嬰을 옹립하고 자신은 攝皇帝가 되었다가 初始 元年(A.D.8) 정권을 찬탈, '新'을 세워 '西漢'의 종말을 고함. 그러나 천하의 혼란이 일어나 地皇 4年(23)에 劉玄·赤眉軍·綠林軍에게 살해되고 말았음. 《漢書》(99)에 그 傳이 있음.

【光武帝】世祖光武皇帝. 光武帝. A.D.25~57년 재위. 東漢(後漢)의 첫 황제. 劉秀. 자는 文叔. 長沙 定王 劉發의 후손. 漢 景帝가 유발을 낳고, 유발이 春陵節侯 劉買를 낳았으며 뒤에 封地가 南陽 白水鄕으로 옮겨져 그곳을

春陵이라 하고 가문을 이루었음. 그리고 유매의 막내아들이 劉外였으며
그가 劉回를 낳았고, 유회가 南頓令 劉欽을 낳았으며 유흠이 유수를 낳았음.
이가 동한을 일으켜 낙양에 도읍을 하여 유씨 왕조를 이은 것이며 이를
東漢(後漢)이라 부름.

【楊震】東漢 弘農 華陰 사람(?~124), 자는 伯起. 학문에 뛰어나 따르는 자가
천여 명이었으며 당시 그를 ‘關西夫子’, 혹은 ‘關西孔子’라 불렀음(《後漢書》
楊震傳 참조). ‘楊震關西’[003] 및 ‘震畏四知’[093] 참조.

【安帝】후한 제6대 황제 劉祜. A.D.107~125년 재위함.

【靈帝】동한 제12대 황제 劉宏. 158~189년 재위함.

【楊秉】양진의 아들. ‘秉去三惑’[093] 참조.

【桓帝】東漢 제11대 황제. 劉志. 劉翼의 아들이며 147~167년 재위함.

【獻帝】동한 마지막 황제 劉協. 189~220년 재위함. 曹氏 부자에게 휘둘려
제대로 皇權을 행사하지 못하였으며 결국 220년 曹丕(魏 文帝)에게 제위를
선양하여 漢나라가 종말을 고함.




1.《後漢書》楊震傳 注

《續齊諧記》曰: 寶年九歲時, 至華陰山北, 見一黃雀爲鰌鶚所搏, 墜於樹下, 爲螻
蟻所困. 寶取之以歸, 置巾箱中, 唯食黃花, 百餘日, 毛羽成, 乃飛去, 其夜有黃衣
童子, 向寶再拜曰:「我西王母使者, 君仁愛救拯, 寶感成濟.」以白環四枚與寶:
「令君子孫潔白, 位登三事, 當如此環矣.」

2.《搜神記》(20)

漢時弘農楊寶, 年九歲時, 至華陰山北, 見一黃雀, 爲鴟梟所搏, 墜於樹下, 爲螻
蟻所困. 寶見愍之, 取歸, 置巾箱中, 食以黃花. 百餘日, 毛羽成, 朝去暮還. 一夕
三更, 寶讀書未臥, 有黃衣童子, 向寶再拜曰:「我西王母使者, 使蓬萊, 不愼爲
鴟梟所搏. 君仁愛見拯, 實感盛德.」乃以白環四枚與寶, 曰:「令君子孫潔白,
位登三事, 當如此環.」

3. 기타 참고자료

《敦煌石室古籍叢殘》(唐人類書).

## 131-②　毛寶白龜
### 흰 거북을 살려준 모보

진晉나라 모보毛寶는 자가 석진碩眞이며 형양滎陽 양무陽武 사람이다. 정로장군征虜將軍, 예주자사豫州刺史로 승진하여 서양태수西陽太守 번준樊峻과 군사 1만으로 주성邾城을 수비하였다. 석호石虎가 1만 기騎의 군사를 보내어 그 성을 공격, 결국 성이 함락되고 말았다. 모보는 좌우를 이끌고 포위를 돌파하여 빠져 나왔지만, 강을 건너다가 그만 6천여 명이 죽었고 모보 역시 익사하고 말았다.

그에 앞서 모보가 무창武昌에 있을 때, 군사 중에 하나가 시장에서 네다섯 치 크기가 되는 흰 거북을 사다가 기르고 있었다. 이것이 점점 커지자 강에 방생하였다. 주성이 무너지자 거북을 길렀던 그 병사가 투구를 쓰고 칼을 잡고 남을 구하고자 물로 뛰어들었더니 마치 돌에 서 있는 듯한 느낌이 나는 것이었다. 살펴보았더니 자신이 길렀던 흰 거북이었다. 이미 대여섯 자나 성장해 있었다. 그 거북은 그를 동쪽 언덕까지 실어다 주어 결국 죽음을 면하게 되었던 것이다.


晉, 毛寶字碩眞, 滎陽陽武人. 進征虜將軍·豫州刺史, 與西陽太守樊峻以萬人守邾城. 石虎遣一萬騎攻之, 城陷. 寶等率左右突圍出, 赴江死者六千人, 寶亦溺死.

初, 寶在武昌, 軍人有於市買得一白龜, 長四五寸, 養之漸大, 放諸江中. 邾城之敗, 養龜人被鎧持刀, 自投於水中, 如覺墮一石上. 視之, 乃先所養白龜, 長五六尺. 送至東岸, 遂得免焉.

【毛寶】晉나라 때 인물로 자는 碩眞.《晉書》에 전이 있음.

【樊峻】당시 西陽太守로 石虎의 침입 때 邾城을 지키고 있었음.

【石虎】자는 季龍(295~349). 羯族. 十六國 중의 後趙의 왕 石勒의 조카. 그 위 335년 석륵을 폐위시키고 자립하여 鄴으로 천도. 大趙天王이라 자칭함. 재위 15년 만에 망함.《晉書》(106-107)에 전이 있음.



### 1.《晉書》(81) 毛寶傳

毛寶字碩眞, 滎陽陽武人也. 王敦以爲臨湘令. ……於是詔以寶監揚州之江西諸軍事·豫州刺史, 將軍如故. 與西陽太守樊峻以萬人守邾城. 石季龍惡之, 乃遣其子鑒與其將虁安·李菀等五萬人來寇, 張貉渡二萬騎攻邾城. 寶求救於亮, 亮以城固, 不時遣軍, 城遂陷. 寶·峻等率左右突圍出, 赴江死者六千人, 寶亦溺死. 亮哭之慟, 因發病, 遂薨. ……初, 寶在武昌, 軍人有於市買得一白龜, 長四五寸, 養之漸大, 放諸江中. 邾城之敗, 養龜人被鎧持刀, 自投於水中, 如覺墮一石上. 視之, 乃先所養白龜, 長五六尺. 送至東岸, 遂得免焉.

### 2.《搜神後記》(10)

晉咸康中, 豫州刺史毛寶戌邾城. 有一軍人於武昌市見人賣一白龜子, 長四五寸, 潔白可愛, 便買取持歸, 著□中養之. 七日漸大, 近欲尺許. 其人憐之, 持至江邊, 放江水中, 視其去. 後邾城遭石季龍攻陷, 毛寶棄豫州赴江者莫不沈溺. 於時所養龜人被鎧持刀, 亦同自投. 旣入水中, 覺如墮一石上, 水裁至腰. 須臾, 游出, 中流視之, 乃是先所放白龜, 甲六七尺. 旣抵東岸, 出頭視此人, 徐游而去. 中江, 猶回首視此人而沒.

# 132.  宿瘤採桑, 漆室憂葵

## 132-① 宿瘤採桑
### 뽕을 따고 있는 혹이 난 여인

《고열녀전古列女傳》에 실려 있다.

제齊 민왕閔王의 황후는 목에 큰 혹이 있어 호를 숙류宿瘤라 하였다.

당초 민왕이 동곽東郭으로 행차하여 나섰을 때 백성들이 왕의 행차를 구경하러 몰려들었다. 그러나 숙류는 전혀 관심을 보이지 않고 따던 뽕을 그대로 따고 있는 것이었다. 왕이 괴이히 여겨 물어보았다.

"과인의 나들이에 백성들은 노소를 막론하고 모두 나와 나를 구경하는데, 너는 눈길 하나 주지 않으니 어찌된 일이냐?"

그녀는 이렇게 대답하였다.

"저는 부모로부터 뽕 따는 일을 임무로 받았지, 대왕의 행차를 구경하라는 가르침은 받지 않았습니다."

왕이 말하였다.

"이는 기이한 여인이로구나. 그런데 안타깝구나! 목에 혹이 있으니."

여인이 말하였다.

"저의 하는 일이란 두 가지가 아닙니다. 저는 마음속에 가진 임무를 잊지 않으면 그뿐이지 무슨 할 말이 있겠습니까? 혹이 있다는 것이 무슨 방해가 된다는 것입니까?"

왕은 크게 기뻐하며 이렇게 말하였다.

"이는 어진 여인이로다."

그리고 뒷수레에 태우도록 명하였다.

그러자 여인이 말하였다.

"부모님이 안에 계신데 저로 하여금 부모의 가르침도 없이 왕을 따라가라 하시면 이는 분녀奔女가 되는 것입니다. 왕께서는 그러한 여자를 어찌 들어 쓸 수 있겠습니까?"

왕은 크게 부끄러워하며 그를 집으로 돌려보내고 사자로 하여금 예를 갖추고 금 백 일鎰을 보내어 빙례聘禮로 증송토록 하였다. 부모가 놀라고 당황하며 딸을 목욕시키고 옷을 갈아입히려 하였다.

그러자 딸이 말하였다.

"이 차림 그대로 왕을 뵈어야 합니다. 얼굴을 화장하고 옷을 바꾸어 입으면 나를 몰라 볼 것입니다."

이에 모습 그대로 사자를 따라 궁궐로 갔다.

민왕이 그를 왕후로 삼았다.

그는 왕후가 되자 명령을 내려 궁실을 낮추고 못을 메우고 음식도 검소하게 하며 음악도 줄였으며, 후궁들도 겹친 색채의 화려한 옷을 입지 못하도록 하였다.

한 달의 기간에 그 교화는 이웃나라에까지 번져나가 제후들이 인사를 올 정도였다. 제나라는 삼진三晉을 쳐들어가 진秦나라, 초楚나라를 두려움에 떨게 한 것은 모두 이 혹 달린 여인의 힘이었다. 그가 죽은 뒤 연燕나라가 제나라를 도륙하여 민왕은 도망하였다가 외국에서 시해당하고 말았다.


《古列女傳》: 齊閔王之后, 頸有大瘤, 號曰宿瘤. 初閔王出遊至東郭. 百姓盡觀, 宿瘤採桑如故.

王怪問曰:「寡人出遊, 百姓無少長皆來觀, 汝不一視何也?」

對曰:「妾受父母敎採桑, 不受敎觀大王.」

王曰:「此奇女. 惜哉! 宿瘤.」

女曰:「婢妾之職, 屬之不二. 予之不忘中心謂何, 宿瘤何傷?」

王大悅曰:「此賢女也.」

命後乘載之. 女曰:「父母在內. 使妾不受敎而隨王, 是奔女也. 王安用之?」

王大慙, 遣歸, 使使者奉禮加金百鎰, 往聘贈之. 父母驚惶, 欲洗浴加衣裳.

女曰:「如是見王. 變容更服, 不見識也」

於是如故隨使者至. 閔王以爲后. 出令卑宮室, 塡池澤, 損膳減樂, 後宮不得重采. 期月之閒, 化行隣國, 諸侯朝之. 侵三晉懼秦楚, 宿瘤有力焉. 及死後, 燕遂屠齊, 閔王逃亡而弑於外.


【古列女傳】지금의 《列女傳》劉向이 편찬함. 漢나라까지의 여성들의 전기를 母儀, 賢明, 仁智, 貞順, 節義, 變通, 嬖孽 등 일곱 가지로 나누어 정리하였으며 속집 1권이 첨가되어 있음. 뒤에 《열녀전》이라는 이름의 책이 각 정사에도 들어있고 그 외의 같은 이름의 책이 나와 유향의 이 책을 구별하여 《古列女傳》이라 함.

【齊閔王】전국시대 齊나라 군주. 湣王으로도 표기함. 淖齒의 난을 입어 죽음을 당함. B.C.300∼B.C.284년까지 17년간 재위하였으며 襄王이 뒤를 이음.

【宿瘤】오래 묵은 혹.

【奔女】사랑에 빠져 정식 혼인을 치르지 아니하고 함께 도망하여 살림을 차리는 것.

【屠齊】'도'는 성을 빼앗고 많은 사람을 죽이는 것. 제나라를 도륙함.

【三晉】춘추 말 晉나라 六卿의 싸움 끝에 韓, 魏, 趙 세 나라가 남아 전국 시대를 맞았으며 이들은 모두 戰國七雄의 하나로서 이 세 나라를 함께 지칭할 때 흔히 三晉이라 함.


참고 및 관련 자료

1. 《列女傳》辯通 齊宿瘤女

宿瘤女者, 齊東郭採桑之女, 閔王之后也. 項有大瘤, 故號曰宿瘤. 初, 閔王出遊, 至東郭, 百姓盡觀, 宿瘤女採桑如故. 王怪之, 召問曰:「寡人出遊, 車騎甚衆, 百姓無少長皆棄事來觀, 汝採桑道旁, 曾不一視, 何也?」對曰:「妾受父母教採桑, 不受教觀大王.」王曰:「此奇女也, 惜哉宿瘤!」女曰:「婢妾之職, 屬之不二,

予之不忘, 中心謂何? 宿瘤何傷?」王大悅之曰:「此賢女也.」命後車載之, 女曰:
「賴大王之力, 父母在內, 使妾不受父母之教而隨大王, 是奔女也. 大王又安用之?」
王大慚曰:「寡人失之.」又曰:「貞女一禮不備, 雖死不從.」於是王遣歸使使者加金
百鎰, 往聘迎之. 父母驚惶, 欲洗沐加衣裳, 女曰:「如是見王, 則變容更服, 不見
識也. 請死不往.」於是如故, 隨使者. 閔王歸, 見諸夫人告曰:「今日出遊, 得一
聖女, 今至, 斥汝屬矣.」諸夫人皆怪之, 盛服而衛, 遲其至也, 宿瘤駭宮中, 諸夫人
皆掩口而笑, 左右失貌, 不能自止. 王大慚曰:「且無笑, 不飾耳. 夫飾與不飾,
固相去十百也.」女曰:「夫飾與不飾, 相去千萬, 尚不足言, 何獨十百也?」王曰:
「何以言之?」對曰:「性相近, 習相遠也. 昔者, 堯舜桀紂, 俱天子也. 堯舜自飾以
仁義, 雖爲天子, 安於節儉: 茅茨不翦, 采椽不斲, 後宮衣不重采, 食不重味, 至今
數千歲, 天下歸善焉. 桀紂不自飾以仁義, 習爲苛文, 造爲高臺深池, 後宮蹈綺縠,
弄珠玉, 意非有屬時也, 身死國亡, 爲天下笑, 至今千餘歲, 天下歸惡焉. 由是
觀之, 飾與不飾, 相去千萬, 尚不足言! 何獨十百也?」於是諸夫人皆大慚. 閔王
大感, 立瘤女以爲后. 出令卑宮室, 塡池澤, 損膳減樂, 後宮不得重采, 期月之間,
化行鄰國, 諸侯朝之. 侵三晉, 懼秦·楚, 立帝號. 閔王至於此也, 宿瘤女有力焉.
及女死之後, 燕遂屠齊, 閔王逃亡而弒死於外. 君子謂:「宿瘤女通而有禮.」詩云:
『菁菁者莪, 在彼中阿; 旣見君子, 樂且有儀.』此之謂也. 頌曰:『齊女宿瘤, 東郭
採桑. 閔王出遊, 不爲變常. 王召與語, 諫辭其明. 卒升后位, 名聲光榮.』

## 2. 《太平御覽》(382)

齊宿瘤者, 東都採桑之女, 閔王之后也. 項有大瘤, 故號曰宿瘤. 初, 閔王遊, 至東, 百姓
盡觀, 宿瘤女採桑如故. 王召問曰:「寡人出遊, 車騎甚衆, 百姓無長少棄事來觀,
汝不視, 何也?」對曰:「妾受父母教採桑, 不受教觀大王.」王曰:「此女也, 惜其
宿瘤!」女曰:「中心謂何? 宿瘤何傷?」王大悅曰:「此賢女也.」命後車載之, 女曰:
「女不受父母之教而隨大王, 是奔女也.」王大慚曰:「寡人失之.」「貞女一禮不備, 雖死
不從.」乃歸. 遣使奉禮加金百鎰, 聘迎之. 父母驚惶, 欲洗沐爲衣裳, 女曰:「變容
更服, 恐見識.」於是如故, 隨使者. 閔王歸, 見諸夫人告曰:「今日出遊, 得一聖女.」
及至, 諸夫人見者皆大笑. 王曰:「未飾耳飾與不飾, 相去十百.」女曰:「飾與不飾,
相去千萬, 不足言, 何獨十百也?」王曰:「何以?」對曰:「昔者, 堯舜桀紂, 俱爲天子.
堯舜安於節儉: 茅茨不翦, 采椽不斲, 後宮衣不曳地, 食不重味, 至今數千歲,
天下歸善. 桀紂不自飾仁義, 爲高臺榭深池澤, 後宮蹈綺縠, 弄珠玉. 身死國亡爲
天下咲, 至今千餘歲, 天下歸惡. 由是觀之, 飾與不飾, 相去千萬.」閔王大感, 立爲后.
朞月之間, 化行隣國, 諸侯朝之. 侵三晉, 懼秦·楚, 立帝號. 及女死, 燕遂屠齊.

3. 《藝文類聚》(88)

列女傳: 齊宿瘤女者. 初閔王遊東郭. 百姓盡觀. 宿瘤女採桑如故. 王怪. 召問之.
對曰:「妾受父母教採桑, 不受教觀大王.」王曰:「此奇女也.」娉迎之.


## 132-② 漆室憂葵
### 아욱 밭을 망친 것을 두고 근심에 찬 칠실의 여인


《고열녀전古列女傳》에 실려 있다.

노魯나라 칠실읍漆室邑의 여인은 나이가 지나도록 시집을 가지 못하고
있었다. 당시는 목공穆公의 때로써 임금은 늙고 태자는 어렸다. 그 여자는
기둥에 기대어 휘파람을 불고 있는 것이었다. 이웃집 아낙이 물었다.

"그대는 어찌 그리 슬픈 휘파람을 부는가? 그대는 시집 가고 싶어
그러는가?"

그러자 그녀가 말하였다.

"내 어찌 시집 못간 것을 두고 슬퍼하리오! 나는 우리 노나라 임금은
늙어가는 데 태자는 아직 이런것을 두고 근심하는 기리오."

이웃집 아낙이 비웃었다.

"이는 노나라 대부가 근심할 일이지 하찮은 여인이 어찌 관여할 일이겠는가?"

이에 그녀는 이렇게 말하였다.

"그렇지 않소. 옛날 진晉나라 어떤 객이 우리 집에 머문 적이 있었는데,
그가 말을 우리 채마밭에 매어두었지요. 말이 제멋대로 내달려 우리
아욱밭을 모두 짓밟고 말았습니다. 그리하여 우리는 그 한 해가 다하도록
아욱을 맛볼 수 없었답니다. 그리고 또 우리 이웃집 여자가 몰래 남자를

만나 도망하자, 그 집에서 우리 오빠를 사서 그들을 뒤쫓도록 하였습니다. 그런데 우리 오빠가 장마철 불어난 물에 휩쓸려 죽고 말았습니다. 그리하여 나는 종신토록 오빠가 없이 살 수밖에 없도록 하였지요. 내 듣기로 하수河水의 혜택은 9리에 미치고, 웅덩이 진창의 물은 3백 보에 미친다 하였습니다. 무릇 노나라에 환난이 생기면 임금과 신하, 그리고 부자가 모두 그 피해를 입게 될 것이며 그 재앙은 온 백성에게 미칠 것입니다. 그렇게 되면 우리 아낙들이라 해서 홀로 안전하게 도피할 수 있겠습니까?”

그로부터 3년 뒤 노나라에는 과연 내란이 일어났고 제齊나라와 초楚나라 가 침공해 와서 연이어 노략질을 당하였다. 그리하여 남자들은 전투에 나서야 했고, 부인들은 물자를 나르느라 쉴 수가 없었다.


《古列女傳》: 魯漆室邑之女, 過時未適人. 當穆公時, 君老太子幼, 女倚柱而嘯.

隣婦曰:「何嘯之悲? 子欲嫁耶?」

女曰:「吾豈爲不嫁而悲哉! 吾憂魯君老而太子幼也」

隣婦笑曰:「此魯大夫之憂, 婦人何與?」

女曰:「不然. 昔晉客舍吾家, 繫馬園中. 馬佚馳走, 踐吾葵, 使我 終歲不食葵. 隣女奔隨人亡, 其家倩吾兄行追之. 逢霖水出溺死, 令吾終身無兄. 吾聞河潤九里, 漸洳三百步. 夫魯國有患, 君臣父子 皆被其辱, 禍及衆庶. 婦人獨安所逃乎?」

居三年魯果內亂, 齊楚攻之, 連有寇. 男子戰鬪, 婦人轉輸不得息.


【古列女傳】 지금의 《列女傳》 劉向이 편찬함. 漢나라까지의 여성들의 전기를 母儀, 賢明, 仁智, 貞順, 節義, 變通, 嬖孼 등 일곱 가지로 나누어 정리하였 으며 속집 1권이 첨가되어 있음. 뒤에 《열녀전》이라는 이름의 책이 각 정사 에도 들어있고 그 외의 같은 이름의 책이 나와 유향의 이 책을 구별하여 《古列女傳》이라 함.

【漆室】노나라의 읍 이름.

【穆公】전국시대 노나라 군주.

【馬佚】'일'은 '逸'과 같음. 말이 고삐가 풀려 마구 달아남.

【葵】아욱.




1. 《列女傳》仁智 魯漆室女

漆室女者, 魯漆室邑之女也, 過時未適人. 當穆公時, 君老, 太子幼, 女倚柱而嘯, 旁人聞之, 莫不爲之慘者. 其鄰人婦從之遊, 謂曰:「何嘯之悲也? 子欲嫁耶? 吾爲子求偶.」漆室女曰:「嗟乎! 始吾以子爲有知, 今無識也! 吾豈爲不嫁不樂而悲哉? 吾憂魯君老, 太子幼.」鄰婦笑曰:「此乃魯大夫之憂, 婦人何與焉?」漆室女曰:「不然, 非子所知也! 昔晉客舍吾家, 繫馬園中, 馬佚馳走, 踐吾葵, 使我終歲不食葵. 隣人女奔隨人亡, 其家倩吾兄行追之, 逢霖水出, 溺流而死, 令吾終身無兄. 吾聞河潤九里, 漸洳三百步. 今魯君老悖, 太子少愚, 愚僞日起. 夫魯國有患者, 君臣·父子皆被其辱, 禍及衆庶, 婦人獨安所避乎? 吾甚憂之, 子乃曰: 婦人無與者何哉?」鄰婦謝曰:「子之所慮, 非妾所及.」三年, 魯果亂, 齊·楚攻之, 魯連有寇, 男子戰鬥, 婦人轉輸, 不得休息. 君子曰:「遠矣! 漆室女之思也.」詩云:『知我者謂我心憂, 不知我者謂我何求?』此之謂也. 頌曰:『漆室之女, 計慮甚妙. 維魯且亂, 倚柱而嘯. 君老嗣幼, 愚悖姦生. 魯果擾亂, 齊伐其城.』

2. 《韓詩外傳》卷二

魯監門之女嬰相從績, 中野而泣涕. 其偶曰:「何謂而泣也?」嬰曰:「吾聞衛世子不肖, 所以泣也.」其偶曰·「衛世子不肖, 諸侯之憂也. 子曷爲泣也?」嬰曰:「吾聞之, 異乎子之言也. 昔者, 宋之桓司馬得罪於宋君, 出於魯, 其馬佚而驟吾園而食吾園之葵. 是歲, 吾聞園人亡利之半. 越王勾踐起兵而攻吳, 諸侯畏其威, 魯往獻女, 吾姊與焉. 兄往視之, 道畏而死. 越兵威者, 吳也; 兄死者, 我也. 由是觀之, 禍與福相及也. 今衛世子甚不肖, 好兵. 吾男弟三人, 能無憂乎?」詩曰:「大夫跋涉, 我心則憂.」是非類與乎?

3. 《琴操》

貞女引者, 魯漆室女所作也. 漆室女倚柱悲吟而嘯, 鄰人見其心之不樂也, 進而問之, 曰:「有淫心欲嫁之念耶? 何吟之悲!」漆室女曰:「嗟乎嗟乎! 子無智,

不知人之甚也. 昔者楚人得罪於君, 走逃. 吾東家馬逸, 蹈吾園葵, 使吾終年不
饜菜. 吾西鄰人失羊不還, 請吾兄追之. 霧濁水出, 使吾兄溺死. 終身無兄. 政之
所致也. 吾憂國傷人, 心悲而嘯. 豈欲嫁哉?」自傷懷結, 而爲人所疑, 於是襄
裳入山林之中, 見女貞之木, 喟然歎息, 援琴而弦歌以女貞之辭, 云:「菁菁茂木,
隱獨榮兮. 變化乖枝, 合秀英兮. 修身養行, 建令名兮. 厥道不移, 善惡幷兮. 屈躬
就濁, 世徹清兮. 懷忠見疑, 何貪生兮!」遂自經而死.

### 4.《藝文類聚》(82)

韓詩外傳曰: 魯監門女嬰, 相從績, 中夜泣曰:「衛世子不肖, 是以泣.」其友問
其故, 曰:「宋司馬得罪於宋, 出奔於魯, 馬佚, 食吾園葵, 是歲亡利一半, 由是
觀之, 禍福相及也.」

### 5.《藝文類聚》(19)

列女傳曰: 魯漆室邑之女, 過時未適人, 倚柱而嘯. 傍人聞之, 心莫不爲之慘者,
鄰婦從之遊曰:「何嘯之悲也? 子欲嫁乎? 吾爲子求偶」漆室女曰:「吾豈爲不嫁
之故而悲哉! 憂吾君老太子少也.」

### 6.《藝文類聚》(82)

列女傳曰: 魯漆室女倚柱而嘯. 鄰婦曰:「欲嫁乎?」曰:「吾憂魯君老而太子少也.」
婦曰:「此魯大夫之憂.」女曰:「昔晉客舍吾家, 繫馬於園. 馬佚, 踐吾園葵, 使吾
終歲不厭葵味.」

### 7.《太平御覽》(979)

列女傳曰: 魯漆室有女, 過時未適人. 倚柱而嘆, 鄰婦謂曰:「何悲也? 欲嫁乎?」
曰:「吾憂魯君老而太子少也.」婦曰:「此魯大夫之憂焉.」女曰:「有晉客舍吾家,
繫馬於園, 馬佚踐吾園葵, 使吾終歲不饜葵味. 隣女亡, 借吾兄追, 霖出以求,
溺流而死, 使吾終身無兄. 吾聞河潤九里, 漸洳三百步. 今魯國微弱, 亂將及人」
三年, 魯果亂.

### 8.《太平御覽》(147)

列女傳曰: 魯漆室女倚柱而嘯, 鄰人婦謂之曰:「何嘯之悲也? 子欲嫁乎? 吾爲
子求偶.」女曰:「吾豈嫁哉? 吾憂魯君老而太子少也.」鄰婦曰:「此乃魯大夫之
憂也, 且雖有婦人何與?」女曰:「子知其一不知其二也! 昔者晉客舍吾家, 繫馬,
馬佚馳踐吾園葵, 使我終歲不厭菜. 隣人女奔亡, 借吾兄追之, 溺流而死, 令吾
終身無兄. 今魯君老, 老必將悖; 太子少, 少必愚. 愚悖之間. 姦僞互起. 夫魯國
有事, 禍及衆庶, 婦人獨安所避?」鄰婦謝曰:「子之慮, 非吾所及也.」居三年,
魯果內亂, 齊·楚攻之, 男子戰鬥, 婦人輸, 不得休息.

# 133. 韋賢滿籯, 夏侯拾芥

## 133-① 韋賢滿籯
### 상자 가득 경서만 남긴 위현

전한前漢의 위현韋賢은 자가 장유長孺이며 노국魯國 추현鄒縣 사람이다. 사람됨이 질박하고 욕심이 적었으며, 학문에 독실한 뜻을 두어 《예禮》와 《상서尙書》에 겸통하였고, 《시詩》로써 제자를 가르쳐 추로대유鄒魯大儒라 불렸다.

선제宣帝 때에 승상丞相에 올랐으나, 늙고 병들었음을 이유로 사직하고 물러났다. 그러자 황제는 황금 백 근을 하사하고, 저택 한 채를 더해 주었다. 승상으로써 스스로 사퇴한 경우는 위현으로부터 시작되었다.

그의 막내아들 위현성韋玄成은 자가 소옹少翁이며 아버지의 학업을 잘 닦았고, 게다가 겸손하게 아래 선비를 잘 대하였다. 그는 다시 경학에도 밝아 관직을 두루 거쳐 역시 승상에 올랐다. 이에 추로鄒魯 지역에는 이러한 속담이 알려져 있다.

"아들에게 황금을 한 궤짝 가득 남겨주는 것은, 경서 한 권 가르쳐 주느니만 못하다."

위현성은 원제元帝를 도와 10년을 재상으로 있으면서 정당함을 지키고 진중하게 처신하기는 아버지만 못하였지만, 문채文采는 아버지보다 나았다.

前漢, 韋賢字長孺, 魯國鄒人. 爲人質朴少欲, 篤志於學, 兼通禮·尚書, 以詩教授, 號稱鄒魯大儒. 宣帝時爲丞相, 以老病乞骸骨. 賜黃金百斤, 加第一區. 丞相致任自賢始.

少子玄成字少翁, 好學修父業, 尤謙遜下士. 復以明經, 歷位至
丞相.

　故鄒魯諺曰:「遺子黃金滿籯, 不如一經.」

　玄成相元帝十年, 守正持重不及父, 而文采過之.


【韋賢】자는 長孺. 漢나라 때 인물. 韋玄成의 아버지.《漢書》에 전이 있음.
【鄒魯】지금의 山東 지역. 鄒는 孟子의 출생지이며 魯는 孔子의 출생지로서
　儒家가 흥성했던 지역으로 널리 일컬어짐.
【宣帝】西漢 7대 황제. 이름은 劉詢. B.C.73~B.C.49년 재위함. 武帝의 증손자.
　衛太子의 손자.
【韋玄成】위현의 아들로 역시 이름이 났었음.
【滿籯】'籯'은 광주리.
【元帝】서한 제8대 황제. 劉奭. 宣帝 劉詢의 아들이며 B.C.48~B.C.33년
　재위함.




1.《漢書》韋賢傳

韋賢字長孺, 魯國鄒人也. 其先韋孟, 家本彭城, 爲楚元王傅, 傅子夷王及孫王戊.
戊荒淫不遵道, 孟作詩風諫. 後遂去位, 徙家於鄒, 又作一篇. 玄成字少翁, 以父
任爲郞, 常侍騎. 少好學, 修父業, 尤謙遜下士.出遇知識步行, 輒下從者, 與載
送之, 以爲常. 其接人, 貧賤者益加敬, 繇是名譽日廣. 以明經擢爲諫大夫,
遷大河都尉.

## 133-② 夏侯拾芥
### 티끌 같은 작은 의미도 주워담은 하후승

전한前漢의 하후승夏侯勝은 자가 장공長公이며 동평東平 사람이다. 어려서 학문을 좋아하였다. 사람됨이 질박하고 정도를 지켰으며, 너무 간이簡易하여 위위威儀를 잃기도 하였다. 선제宣帝 때에 태자태부太子太傅에 올라 조칙을 받고 《상서尚書》와 《논어설論語說》을 지어 황금 1백 근을 하사받았다. 나이 90에 관직에서 생을 마쳤다.

초기에 하후승은 태후太后에게 《상서》를 가르친 적이 있었기 때문에, 그가 죽어 2백만 전을 하사받았고 태후도 닷새 동안 소복素服을 입어 스승의 은혜에 보답하여 유자儒者들은 그러한 예를 영광으로 여겼다.

처음 그는 매번 강의를 할 때마다 항상 제생諸生들에게 이렇게 말하곤 하였다.

"선비라면 경술經術에 밝지 못한 것을 병으로 여겨야 한다. 경술이 진실로 밝혀지면 청자靑紫의 인수印綬를 받아 관직에 오르는 일은 마치 허리를 숙여 티끌을 줍는 것처럼 쉬워진다. 그러나 경을 배우면서 명확히 터득하지 못한다면 돌아가 농사짓느니만 못하다."

前漢, 夏侯勝字長公, 東平人. 少好學, 爲人質朴守正, 簡易亡威儀. 宣帝時遷太子太傅, 受詔撰《尚書》·《論語說》, 賜黃金百斤. 年九十卒官. 初勝授太后尚書, 故賜錢二百萬, 素服五日, 以報師傅之恩. 儒者以爲榮.

始勝每講授, 常謂諸生曰:「士病不明經術. 經術苟明, 其取靑紫如俛拾地芥. 學經不明, 不如歸耕.」

【夏侯勝】前漢의 학자로 경학에 밝았으며 특히 伏生으로부터 《尚書》를 전수
 받아 정리하였으며, 夏侯勝은 大夏侯, 夏侯建을 小夏侯로 부름.
【宣帝】西漢 7대 황제. 이름은 劉詢. B.C.73~B.C.49년 재위함.
【太后】章帝의 황후. 上宮皇后.
【靑紫】公卿이 차던 印綬의 색으로 公卿이라는 뜻. 공경은 金印이며 그 끈은
 자색, 2천 석 이상은 銀印으로 끈은 청색이었음.


참고 및 관련 자료

## 1. 《漢書》夏侯勝

夏侯勝字長公. 初, 魯共王分魯西寧鄕以封子節侯, 別屬大河, 大河後更名東平,
故勝爲東平人. 勝少孤, 好學, 從始昌受《尚書》及《洪範五行傳》, 說災異. 後事
蕭卿, 又從歐陽氏問. 爲學精孰, 所問非一師也. 善說禮服. 徵爲博士·光祿大夫.
會昭帝崩, 昌邑王嗣立, 數出, 勝當乘輿前諫曰:「天久陰而不雨, 臣下有謀上者,
陛下出欲何之?」王怒, 謂勝爲祅言, 縛以屬吏. 吏白大將軍霍光, 光不擧法. 是時,
光與車騎將軍張安世謀欲廢昌邑王. 光讓安世以爲泄語, 安世實不言. 乃召問勝,
勝對言:「在《洪範傳》曰『皇之不極, 厥罰常陰, 時則下人有伐上者』, 惡察察言,
故云臣下有謀.」光·安世大驚, 以此益重經術士. 後十餘日, 光卒與安世(共)白
太后, 廢昌邑王, 尊立宣帝. 光以爲羣臣奏事東宮, 太后省政, 宜知經術, 白令勝
用《尚書》授太后. 遷長信少府, 賜爵關內侯, 以與謀廢立, 定策安宗廟, 益千戶.
宣帝初卽位, 欲襃先帝, 詔丞相御史曰:「朕以眇身, 蒙遺德, 承聖業, 奉宗廟,
夙夜惟念. 孝武皇帝躬仁誼, 厲威武, 北征匈奴, 單于遠遁, 南平氐羌·昆明·甌駱
兩越, 東定薉·貉·朝鮮, 廓地斥境, 立郡縣, 百蠻率服, 款塞自至, 珍貢陳於宗廟;
協音律, 造樂歌, 薦上帝, 封太山, 立明堂, 改正朔, 易服色; 明開聖緖, 尊賢顯功,
興滅繼絶, 襃周之後; 備天地之禮, 廣道術之路. 上天報況, 符瑞並應, 寶鼎出,
白麟獲, 海效鉅魚, 神人並見, 山稱萬歲. 功德茂盛, 不能盡宣, 而廟樂未稱,
朕甚悼焉. 其與列侯·二千石·博士議.」於是羣臣大議廷中, 皆曰:「宜如詔書.」
長信少府勝獨曰:「武帝雖有攘四夷廣土斥境之功, 然多殺士衆, 竭民財力, 奢泰
亡度, 天下虛耗, 百姓流離, 物故者(過)半. 蝗蟲大起, 赤地數千里, 或人民相食,
畜積至今未復. 亡德澤於民, 不宜爲立廟樂.」公卿共難勝曰:「此詔書也.」勝曰:
「詔書不可用也. 人臣之誼, 宜直言正論, 非苟阿意順指. 議已出口, 雖死不悔.」

於是丞相義·御史大夫廣明劾奏勝非議詔書, 毀先帝, 不道, 及丞相長史黃霸阿縱勝, 不舉劾, 俱下獄. 有司遂請尊孝武帝廟爲世宗廟, 奏《盛德》·《文始》·《五行》之舞, 天下世世獻納, 以明盛德. 武帝巡狩所幸郡國凡四十九, 皆立廟, 如高祖·太宗焉. 勝·霸旣久繫, 霸欲從勝受經, 勝辭以罪死. 霸曰:「『朝聞道, 夕死可矣』」勝賢其言, 遂授之. 繫再更冬, 講論不怠. 至四年夏, 關東四十九郡同日地動, 或山崩, 壞城郭室屋, 殺六千餘人. 上乃素服, 避正殿, 遣使者弔問吏民, 賜死者棺錢. 下詔曰:「蓋災異者, 天地之戒也. 朕承洪業, 託士民之上, 未能和羣生. 曩者地震北海·琅邪, 壞祖宗廟, 朕甚懼焉. 其與列侯·中二千石博問術士, 有以應變, 補朕之闕, 毋有所諱」因大赦, 勝出爲諫大夫給事中, 霸爲揚州刺史. 勝爲人質樸守正, 簡易亡威儀. 見時謂上爲君, 誤相字於前, 上亦以是親信之. 嘗見, 出道上語, 上聞而讓勝, 勝曰:「陛下所言善, 臣故揚之. 堯言布於天下, 至今見誦. 臣以爲可傳, 故傳耳.」朝廷每有大議, 上知勝素直, 謂曰:「先生通正言, 無懲前事」勝復爲長信少府, 遷太子太傅. 受詔撰《尚書》·《論語說》, 賜黃金百斤. 年九十卒官, 賜冢塋, 葬平陵. 太后賜錢二百萬, 爲勝素服五日, 以報師傅之恩, 儒者以爲榮. 始, 勝每講授, 常謂諸生曰:「士病不明經術; 經術苟明, 其取靑紫如俛拾地芥耳. 學經不明, 不如歸耕.」勝從父子建字長卿, 自師事勝及歐陽高, 左右采獲, 又從《五經》諸儒問與《尚書》相出入者, 牽引以次章句, 具文飾說. 勝非之曰:「建所謂章句小儒, 破碎大道.」建亦非勝爲學疏略, 難以應敵. 建卒自顓門名經, 爲議郎博士, 至太子少傅. 勝子兼爲左曹太中大夫, 孫堯至長信少府·司農·鴻臚, 曾孫蕃郡守·州牧·長樂少府. 勝同産弟子賞爲梁內史, 梁內史子定國爲豫章太守. 而建子千秋亦爲少府·太子少傅.

# 134. 阮簡曠達, 袁耽俊邁

## 134-① 阮簡曠達
### 방임광달한 완간


구주舊注에 인용된 《죽림칠현론竹林七賢論》에 실려 있다.

완간阮簡은 완함阮咸의 조카로서 역시 광달曠達한 성격에 제멋대로였다. 아버지의 상을 당하였고, 게다가 큰 눈이 내리고 날씨가 추웠음에도 외출하였다가, 드디어 준의령俊儀令의 집으로 들어가게 되었다. 준의령이 그를 손님으로 대접하기 위해 기장밥을 차려주자, 완간은 이를 먹고는 함께 청담淸談의 논의를 벌였다. 이러한 일로 그는 거의 20여 년을 세상으로부터 버림을 받은 채 살아야 했다.


舊注引《竹林七賢論》曰: 阮簡, 咸之從子, 亦以曠達自居. 父喪行遇大雪寒凍, 遂詣俊儀令. 令爲他賓設黍, 簡食之, 以致淸議. 廢頓幾二十年.


【阮簡】阮咸의 조카.
【阮咸】자는 仲容(234~304). 阮籍의 從子. 음악에 조예가 깊었으며 비파 연주에 뛰어났다 함. 散騎侍郞, 始平太守 등을 역임함. 술과 청담으로 이름이 났으며 역시 竹林七賢 중의 하나. 《晉書》(49)에 전이 있음. '中容靑雲'[028] 참조.
【淸議】淸談과 같음. 老莊의 허무사상을 주로 논하던 당시의 담론.
【二十年】《世說新語》에는 '三十年'으로 되어 있음.

1.《世說新語》任誕篇

阮渾長成, 風氣韻度似父, 亦欲作達. 步兵曰:「仲容已預之, 卿不得復爾!」

2.《世說新語》任誕篇에 인용된《竹林七賢論》

籍之抑渾, 蓋以渾未識己之所以爲達也. 後咸兄子簡, 亦以曠達自居; 父喪, 行遇大雪, 寒凍, 遂詣浚儀令, 令爲他賓設黍臛, 簡食之, 以致淸議, 廢頓幾三十年. 是時竹林諸賢之風雖高, 而禮敎尙峻, 迨元康中, 遂至放蕩越禮.


# 134-② 袁耽俊邁
## 준수하고 고매한 원탐


진晉나라 원탐袁耽은 자가 언도彦道이며 진군陳郡 양하陽夏 사람이다. 어려서 재주와 기품이 있었으며, 뛰어나 남에게 묶임이 없어 선비들 사이에 칭송되었다. 환온桓溫이 어릴 때 도박꾼들과 어울려 놀았는데, 그만 가진 재산을 탕진하고 그래도 빌린 빚이 있을 정도였다. 그리하여 더 나아가 해결할 생각을 하였지만 방법을 찾을 길이 없었다. 그리하여 원탐에게 도와줄 것을 청하였다. 그러나 원탐도 마침 상중에 있던 터라 환온은 시험삼아 그냥 그에게 사실대로 고하였다. 그러자 원탐은 원래 소략한 사람으로 전혀 난색을 표하지 아니하더니 드디어 상복을 바꾸어 입고 베옷과 모자만을 품은 채 환온을 따라 빚을 진 주인집에 이르러 함께 도박판을 벌였다. 원탐은 평소 기예에 뛰어난 이름이 있어 채권자도 그러한 명성은 들었지만 원탐의 얼굴을 알아보지는 못하였다. 그리고는 이렇게 말하는 것이었다.

"그대는 의당 원탐만큼 잘하지는 못할 거야."

드디어 판이 벌어지자, 순식간에 한 판에 10만 전이던 것을 곧바로 백만 단위로 올려버렸다. 원탐은 마지막 승리를 거두고 말을 던지고 절규하며 동시에 베옷과 모자까지 땅에 내던지며 말하였다.

"끝내 내가 원탐이라는 것을 몰랐다는 거요?"

그의 화통하고 탈속脫俗함이 이와 같았던 것이다.

그는 종사중랑從事中郎을 역임하였다.


晉, 袁耽字彥道, 陳郡陽夏人. 少有才氣, 倜儻不羈, 爲士類所稱. 桓溫少時, 游于博徒, 資財俱盡, 尚有負, 進思自報之方, 莫知所出, 欲求濟於耽, 而耽在艱, 試以告焉. 耽略無難色, 遂變服懷布帽, 隨溫與債主戲. 耽素有藝名, 債主聞之, 而不相識, 謂之曰:「卿當不辦作袁彥道也.」

遂就局. 俄頃十萬一賭, 直上百萬.

耽投馬絶叫, 探布帽擲地, 曰:「竟識袁彥道不?」

其通脫如此. 仕爲從事中郎.


【袁耽】 자는 彥道. 建威將軍·歷陽太守를 지냈으며 25세에 죽음. 《晉書》(83)에 傳이 있음.

【桓溫】 자는 元子(312~373). 明帝의 사위. 荊州刺史를 지냈으며, 蜀을 정벌하고 前秦을 쳐부숨. 簡文帝를 세우고 자신이 다시 왕위를 빼앗고자 하였었음. 시호는 武侯. 그의 아들 桓玄이 드디어 제위를 찬탈하여 楚나라를 세운 다음 아버지 환온을 宣武皇帝로 추존함. 《晉書》(98)에 전이 있음. '桓溫奇骨'[109] 참조.

【博徒】 '박'은 博奕·雙六. 두 사람이 대좌하여 두 개의 주사위를 통 속에 넣고 흔들어, 나온 눈의 수만큼을 판 위에 놓으며 나아가 상대편의 진영으로 빨리 들어가는 것으로 승부를 결정짓는 도박.

【負進】 '負'는 부채. '進'은 도박에 걸린 돈.
【懷布帽】 喪中임을 표시하기 위하여 베옷과 喪帽만을 가지고 떠났음을 말함.




## 1. 《晉書》(83) 袁耽傳

袁耽字彦道, 少有才氣, 俶儻不羈, 爲士類所稱. 桓溫少時, 游于博徒, 資産俱盡, 尚有負, 進思自報之方, 莫知所出, 欲求濟於耽, 而耽在艱, 試以告焉. 耽略無難色, 遂變服懷布帽, 隨溫與債主戲. 耽素有藝名, 債主聞之, 而不相識, 謂之曰:「卿當不辨作袁彦道也.」遂就局, 十萬一擲, 直上百萬. 耽投馬絶叫, 探布帽擲地, 曰:「竟識袁彦道不?」其通脫如此. ……尋復爲導從事中郎, 方加大任, 會卒, 時年二十五.

## 2. 《世說新語》任誕篇

桓宣武少家貧, 戲大輸, 債主敦求甚切, 思自振之方, 莫知所出. 陳郡袁耽, 俊邁多能; 宣武欲求救於耽, 耽時居艱, 恐致疑, 試以告焉; 應聲便許, 略無嫌悋. 遂變服懷布帽隨溫去, 與債主戲. 耽素有藝名, 債主就局曰:「汝故當不辨作袁彦道邪?」遂共戲. 十萬一擲, 直上數百萬; 投馬絶叫, 傍若無人. 探布帽擲對人曰:「汝竟識袁彦道不?」

# 135. 蘇武持節, 鄭衆不拜

## 135-① 蘇武持節
### 부절을 끝까지 지니고 다닌 소무

전한前漢의 소무蘇武는 자가 자경子卿이며 두릉杜陵 사람이다. 무제武帝 때 중랑장中郎將이 되어 부절을 가지고 흉노匈奴로 사신으로 갔다. 선우單于는 그를 항복시키고자 소무를 깊은 구덩이에 유폐시켜 놓은 채 먹을 것과 마실 것조차 끊어 버렸다. 이에 소무는 눈이 내리면 누워서 눈을 받아 물 대신 마셨고, 깔고 앉은자리의 털을 함께 씹어 밥 대신 삼키며 견뎌내었다. 이렇게 며칠이 지나도 죽지 않자, 흉노는 그가 신이라 여겨 이에 소무를 멀리 북해北海가로 옮겨 숫양을 기르도록 하였다. 그리고 숫양이 새끼를 낳아 젖을 먹이면 그때 돌려보내 주겠다고 하였다. 소무는 한나라 사신 으로서 가지고 온 부절을 지팡이삼아 양을 기르며 누울 때나 일어설 때도 이를 가지고 다녀 그 부절에 붙었던 깃발이 모두 떨어지고 말았다.

한나라에서는 소제昭帝가 즉위하였고 흉노는 한나라와 화친을 맺게 되었다. 한나라에서 소무 등 잡혀 있는 자들을 돌려 보내줄 것을 요구하자, 흉노는 거짓으로 소무는 이미 죽었다고 하였다. 이에 소무의 일을 알고 있던 상혜常惠라는 사람이 한나라에서 온 사신에게 이렇게 말하도록 시켰다.

"우리 천자께서 상림원上林苑에 사냥을 나갔다가 기러기 한 마리를 쏘아 떨어뜨렸는데, 그 발에 비단 편지가 매어 있었소. 거기에 어느 큰 못 가에 있다고 씌어 있었소."

이리하여 소무는 귀환할 수 있었다. 그는 돌아와 전속국典屬國의 벼슬에 직급은 2천 석, 동전 2백 만, 공전公田 2경, 택지 한 구역을 하사받았다.

소무는 19년 동안 흉노에 억류되어 있었다. 그는 강하고 장성한 나이에 떠났으나 돌아올 때는 수염과 머리카락이 모두 희게 세어 있었다. 선제宣帝

때에는 소무가 늙은 신하로서 절의를 드러내고자 초하루와 보름 두 번만 조회에 참석하도록 하고, 호를 좨주祭酒라 불렀다. 나 여든이 넘어 생을 마쳤다.

뒤에 그의 형상을 그려 기린각麒麟閣에 걸어 그의 모습을 본받도록 하였으며 그 관직과 성명을 기록해 넣었다.


前漢, 蘇武字子卿, 杜陵人. 武帝時以中郎將持節使匈奴. 單于欲降之, 幽武置大窖中, 絶不飲食. 天雨雪, 武臥齧雪, 與旃毛幷咽之. 數日不死匈奴以爲神, 乃徙武北海上使牧羝, 羝乳乃得歸. 武杖漢節牧羊, 臥起操持, 節旄盡落.

昭帝立, 匈奴與漢和親. 漢求武等, 匈奴詭言武死.

常惠敎漢使者言:「天子射上林中得鴈, 足有係帛書, 言在某澤中.」由是得還.

拜爲典屬國, 秩中二千石, 賜錢二百萬·公田二頃·宅一區.

武留匈奴十九歲, 始以强壯出, 及還鬚髮盡白.

至宣帝時 以武著節老臣, 令朝朔望, 號稱祭酒. 年八十餘卒. 後圖畫於麒麟閣, 法其形貌, 署其官爵姓名.


【蘇武】漢나라 杜陵人. 字는 子卿. 平陵侯 蘇建의 아들. 武帝 때 匈奴에 사신으로 가서 19년을 견디고 돌아옴.《漢書》蘇武傳 참조.
【武帝】西漢 5대 황제 劉徹. 景帝(劉啓)의 아들이며 B.C.140~B.C.87년까지 54년간 재위함. 대내외적으로 학술, 강역, 문학 등 여러 방면에 걸쳐 많은 치적을 남겨 강력한 帝國을 건설함.
【北海】지금의 바이칼 호를 말함.
【節旄】'모'는 깃대의 꼭대기를 쇠꼬리나 새 깃털을 달아 장식한 것.
【昭帝】서한의 제6대 황제 劉弗陵. B.C.86~B.C.74년까지 재위함.
【常惠】蘇武의 속관이었던 인물.

【强壯】 '强'은 40세. '壯'은 30세의 나이를 뜻함. 한창 젊은 나이.

【宣帝】 西漢 7대 황제. 이름은 劉詢. B.C.73~B.C.49년 재위함. 武帝의 증손자. 衛太子의 손자.

【麒麟閣】 漢 武帝가 기린을 잡은 것을 기념으로 세웠는데, 그 모습을 본떠 누각의 이름으로 삼았음. 뒤에 文武官으로 勳功이 있었던 11명의 초상을 그려 이 누각에 두어 그 공을 널리 알림. '充國自贊'[037] 참조. 《十八史略》(2)에 "上以戎狄賓服, 思股肱之美, 乃圖畫其人於麒麟閣. 惟霍光不名曰「大司馬大將軍博陸侯, 姓霍氏」. 其次張安世·韓增·趙充國·魏相·丙吉·杜延年·劉德·梁丘賀·蕭望之·蘇武, 凡十一人, 皆有功德, 知名當世"라 함.


참고 및 관련 자료

1. 《史記》 匈奴列傳

漢遣中郎將蘇武厚幣賂遺單于. 單于益驕, 禮甚倨, 非漢所望也. 其明年, 浞野侯破奴得亡歸漢.

2. 《漢書》 蘇武

武字子卿, 少以父任, 兄弟並爲郎, 稍遷至栘中廄監. 時漢連伐胡, 數通使相窺觀, 匈奴留漢使郭吉·路充國等, 前後十餘輩. 匈奴使來, 漢亦留之以相當. 天漢元年, 且鞮侯單于初立, 恐漢襲之, 乃曰:「漢天子我丈人行也.」盡歸漢使路充國等. 武帝嘉其義, 乃遣武以中郎將使持節送匈奴使留在漢者, 因厚賂單于, 答其善意. 武與副中郎將張勝及假吏常惠等募士斥候百餘人俱. 旣至匈奴, 置幣遺單于. 單于益驕, 非漢所望也. 武旣至海上, 廩食不至, 掘野鼠去中實而食之. 杖漢節牧羊, 臥起操持, 節旄盡落. 積五六年, 單于弟於靬王弋射海上. 武能網紡繳, 檠弓弩, 於靬王愛之, 給其衣食. 三歲餘, 王病, 賜武馬畜服匿穹廬. 王死後, 人衆徙去. 其冬, 丁令盜武牛羊, 武復窮厄. 數月, 昭帝卽位. 數年, 匈奴與漢和親. 漢求武等, 匈奴詭言武死. 後漢使復至匈奴, 常惠請其守者與俱, 得夜見漢使, 具自陳道. 教使者謂單于, 言天子射上林中, 得雁, 足有係帛書, 言武等在某澤中. 使者大喜, 如惠語以讓單于. 單于視左右而驚, 謝漢使曰:「武等實在.」於是李陵置酒賀武曰:「今足下還歸, 揚名於匈奴, 功顯於漢室, 雖古竹帛所載, 丹靑所畫, 何以過子卿! 陵雖駑怯, 令漢且貰陵罪, 全其老母, 使得奮大辱之積志, 庶幾乎曹柯之盟, 此陵宿昔之所不忘也. 收族陵家, 爲世大戮, 陵尙復何顧乎? 已矣! 令子卿知吾心耳.

異域之人, 壹別長絶!」陵起舞, 歌曰:「徑萬里兮度沙幕, 爲君將兮奮匈奴. 路窮絶兮矢刃摧, 士衆滅兮名已隤. 老母已死, 雖欲報恩將安歸!」陵泣下數行, 因與武決. 單于召會武官屬, 前以降及物故, 凡隨武還者九人.

### 3.《新序》節士篇

蘇武者, 故右將軍平陵侯蘇建子也. 孝武皇帝時, 以武爲栘中監使匈奴. 是時, 匈奴使者數降漢, 故匈奴亦欲降武以取當. 單于使貴人故漢人衛律說武, 武不從, 乃設以貴爵, 重祿尊位, 終不聽. 於是, 律絶不與飲食, 武數日不降. 又當盛暑, 以旃厚衣幷束, 三日暴, 武心意愈堅, 終不屈撓. 稱曰:「臣事君, 由子事父也. 子爲父死, 無所恨, 守節不移, 雖有鐵鉞湯鑊之誅而不懼也. 尊官顯位而不榮也.」匈奴亦由此重之. 武留十餘歲, 竟不降下, 可謂守節臣矣. 詩云:『我心匪石, 不可轉也. 我心匪席, 不可卷也.』蘇武之謂也. 匈奴紿言武死, 其後漢聞武在, 使使者求武, 匈奴欲慕義, 歸武, 漢尊武以爲典屬國, 顯異於他臣也.

### 4.《十八史略》(2)

天漢元年, 遣中郎將蘇武使匈奴. 單于欲降之, 幽武置大窖中, 絶不飲食. 武齧雪與旃毛, 幷咽之. 數日不死, 匈奴以爲神, 徙武北海上無人處, 使牧羝曰:「羝乳乃得歸.」

### 5.《十八史略》(2)

始元六年, 蘇武還自匈奴. 武初徙北海上, 掘野鼠, 去草實而食之, 臥起持漢節. 李陵謂武曰:「人生如朝露, 何自苦如此?」陵與衛律降匈奴, 皆富貴. 律亦屢勸武降, 終不肯. 漢使者至匈奴, 匈奴詭言:「武已死.」漢使知之, 言:「天子射上林中得鴈, 足有帛書, 云:『武在大澤中』.」匈奴不能隱, 乃遣武還. 武留匈奴十九年, 始以强壯出及還須髮盡白, 拜爲典屬國.

## 135-② 鄭衆不拜
## 흉노에게 절을 하지 않은 정중

후한後漢의 정중鄭衆은 자가 중사仲師이며 하남河南 개봉開封 사람이다. 온힘을 학문에 쏟아 그 이름이 세상에 알려졌으며, 영평永平 초년에 경학에 밝아 급사중給事中이 되었다. 영평 8년 조정에서는 정중을 부절을 가지고 흉노匈奴로 가는 사신으로 파견하였다. 정중이 북정北庭에 이르자, 흉노에서는 그를 잡아 자신들에게 절을 하도록 하였다. 정중은 이에 굽히지 않자, 선우單于는 크게 노하여 병사들로 하여금 에워싸고 그를 가두어 놓고는 물도 불도 주지 않으면서 협박하였다. 이에 정중이 칼을 뽑아 죽음으로써 거부하겠다고 서약을 하자, 선우도 겁을 내어 중지하고 말았다.

뒤에 다시 정중을 보내자 정중은 이렇게 말하였다.

"제가 전에 사신의 임무를 받들고 흉노에 갔을 때 그들에게 절을 하지 않아 선우가 화를 내며 원망하여 병사를 보내어 저를 에워쌌었습니다. 지금 다시 사신으로 간다면 틀림없이 능멸을 당하여 꺾이고 말 것입니다. 저는 한나라 부절을 가진 대사로써 갖옷을 입은 그들에게 알현하는 예로써 절을 할 수 없습니다."

황제는 이를 들어주지 않았다. 정중이 이윽고 출발해서는 가는 도중에도 연달아 글을 올려 갈 수 없음을 밝혔다. 그러자 조정에서는 조서를 내려 그를 뒤쫓아 잡아서는 정위廷尉에게 넘겨 항명죄를 물었다. 뒤에 마침 사면을 받아 집으로 돌아올 수 있었다. 나중에 황제가 흉노에서 온 사람을 접견하고 정중과 선우 사이에 예를 두고 다툰 상황에 대하여 물어보았더니 모두가 이렇게 말하는 것이었다.

"정중의 의기는 장하고 용감하여 비록 소무蘇武라도 그에 넘어서지 못할 것입니다."

뒤에 그를 다시 불러 군사마軍司馬로 삼았으며 그는 대사농大司農 벼슬로 생을 마쳤다.

後漢, 鄭衆字仲師, 河南開封人. 精力於學, 知名於世. 永平初以
明經給事中. 八年遣衆持節使匈奴. 衆至北庭, 虜欲令拜, 衆不爲屈.
單于大怒圍守閉之, 不與水火, 欲脅服. 衆拔刀自誓, 單于恐而止.

後復遣衆, 衆言:「臣前奉使不爲匈奴拜, 單于恚恨, 遣兵圍臣.
今復銜命, 必見陵折. 臣誠不忍持大漢節, 對氈裘謁拜」

帝不聽. 衆旣行, 在路連上書固爭. 詔追還繫廷尉. 會赦歸家. 後帝
見匈奴來者, 問衆與單于爭禮之狀.

皆言:「衆意氣壯勇, 雖蘇武不過」

復召爲軍司馬, 終大司農.


【鄭衆】 후한 때 학자로 開封 사람. 匈奴에 다녀오기도 하였으며《後漢書》에
　전이 있음.
【八年】 永平은 동한 明帝 劉莊 때의 연호. 58~75년까지 18년간. 永平 8년은
　A.D. 66년.
【北庭】 흉노의 조정을 일컫는 말.
【蘇武】 漢나라 杜陵人. 字는 子卿. 平陵侯 蘇建의 아들. 武帝 때 匈奴에 사신
　으로 가서 19년을 견디고 돌아옴.《漢書》蘇武傳 참조.




1.《後漢書》鄭興傳(鄭衆)

衆字仲師. 年十二, 從父受《左氏春秋》, 精力於學, 明《三統歷》, 作《春秋難記
條例》, 兼通《易》·《詩》, 知名於世. 建武中, 皇太子及山陽王荊, 因虎賁中郎將
梁松以縑帛聘請衆, 欲爲通義, 引籍出入殿中. 衆謂松曰:「太子儲君, 無外交
之義, 漢有舊防, 蕃王不宜私通賓客」遂辭不受. 松復風衆以「長者意, 不可逆」.
衆曰:「犯禁觸罪, 不如守正而死」太子及荊聞而奇之, 亦不强也. 及梁氏事敗,
賓客多坐之, 唯衆不染於辭. 永平初, 辟司空府, 以明經給事中, 再遷越騎司馬,
復留給事中. 是時北匈奴遣使求和親. 八年, 顯宗遣衆持節使匈奴. 衆至北庭,

虜欲令拜, 衆不爲屈. 單于大怒, 圍守閉之, 不與水火, 欲脅服衆. 衆拔刀自誓,
單于恐而止, 乃更發使隨衆還京師. 朝議復欲遣使報之, 衆上疏諫曰:「臣伏聞北
單于所以要致漢使者, 欲以離南單于之衆, 堅三十六國之心也. 又當揚漢和親,
誇示鄰敵, 令西域欲歸化者局促狐疑, 懷土之人絶望中國耳. 漢使既到, 便偃
蹇自信. 若復遣之, 虜必自謂得謀, 其羣臣駁議者不敢復言. 如是, 南庭動搖,
烏桓有離心矣. 南單于久居漢地, 具知形埶, 萬分離析, 旋爲邊害. 今幸有度遼
之衆揚威北垂, 雖勿報荅, 不敢爲患.」帝不從, 復遣衆. 衆因上言:「臣前奉使
不爲匈奴拜, 單于恚恨, 故遣兵圍臣. 今復銜命, 必見陵折. 臣誠不忍持大漢節
對氈裘獨拜. 如令匈奴遂能服臣, 將有損大漢之强.」帝不聽, 衆不得已, 既行,
在路連上書固爭之. 詔切責衆, 追還繫廷尉, 會赦歸家. 其後帝見匈奴來者, 問衆
與單于爭禮之狀, 皆言匈奴中傳衆意氣壯勇, 雖蘇武不過. 乃復召衆爲軍司馬,
使與虎賁中郎將馬廖擊車師. 至敦煌, 拜爲中郎將, 使護西域. 會匈奴脅車師,
圍戊己校尉, 衆發兵救之. 遷武威太守, 謹修邊備, 虜不敢犯. 遷在馮翊, 政有
名迹. 建初六年, 代鄧彪爲大司農. 是時肅宗議復鹽鐵官, 衆諫以爲不可. 詔數
切責, 至被奏劾, 衆執之不移. 帝不從. 在位以清正稱. 其後受詔作《春秋刪》
十九篇. 八年, 卒官.

# 136. 郭巨將坑, 董永自賣

## 136-① 郭巨將坑
### 아들을 묻으려 구덩이를 판 곽거


구주舊注에 인용된 《효자전孝子傳》에 실려 있다.

후한後漢의 곽거郭巨는 가난한 집에 늙은 어머니를 봉양하고 있었다. 아내가 아들을 낳아 세 살이 되자, 늙은 어머니는 항상 자신의 밥을 덜어 손자에게 주는 것이었다. 곽거가 이를 보고 아내와 상의하였다.

"너무 가난하여 어머니를 충분히 공양해드리지 못하고 있소. 우리 함께 아들을 묻어 버립시다. 아들은 다시 낳을 수 있으나, 어머니는 두 번 다시 얻을 수 없소."

아내는 감히 남편의 제의를 거절할 수 없었다.

이에 곽거는 드디어 2척 정도의 구덩이를 파 들어갔다. 그때 홀연히 황금 한 솥이 드러났다. 그리고 그 솥뚜껑에는 이렇게 씌어 있었다.

"하늘이 효자 곽거에게 하사하노라. 관에서도 이를 빼앗을 수 없고, 남들 그 누구도 이를 취할 수 없다."


舊注引《孝子傳》云: 後漢, 郭巨家貧養老母. 妻生一子, 三歲, 母常減食與之.

巨謂妻曰:「貧乏不能供給. 共汝埋子, 子可再有, 母不可再得.」

妻不敢違. 巨遂掘坑二尺餘, 忽見黃金一釜.

釜上云:『天賜孝子郭巨. 官不得奪, 人不得取.』

【郭巨】 후한 때의 효자. 우리나라 孫順의 고사와 같은 유형의 효도 일화를
남김.

【一釜】 '釜'는 '鬴'와 같으며 용량의 단위.




1.《搜神記》(11)
郭巨, 隆慮人也, 一云河内溫人. 兄弟三人, 早喪父. 禮畢, 二弟求分. 以錢二千萬,
二弟各取千萬. 巨獨與母居客舍, 夫婦傭賃, 以給供養. 居有頃, 妻産男. 巨念與兒
妨事親, 一也; 老人得食, 喜分兒孫, 減饌, 二也. 乃於野鑿地, 欲埋兒, 得石蓋,
下有黃金一釜, 中有丹書, 曰:「孝子郭巨, 黃金一釜, 以用賜汝.」於是名振天下.

2.《抱朴子》微旨
蔡順至孝, 感神應之. 郭巨殺子爲親, 而獲鐵券之重賜.

3.《法苑珠林》(62)
郭巨, 河内溫人, 甚富. 父沒分財, 二千萬, 爲兩分弟, 己獨取母供養, 住處比隣,
有凶宅, 無人居者, 共推與居, 無患, 妻生男. 慮養之則妨供養, 乃令妻抱兒, 己掘
地, 欲埋之. 於土中得一釜黃金, 金上有鐵券曰:「賜孝子郭巨.」

4.《藝文類聚》(83) 金
《搜神記》曰: 郭巨兄弟三人, 早喪父. 禮畢, 二弟求分. 以錢二千萬, 二弟各取
千萬. 巨獨與母出居客舍, 夫婦傭賃, 以給供養. 居有頃, 妻産男. 巨念與兒妨事
親也; 老人得食, 憙分兒孫, 減饌二也. 乃於野鑿地, 欲埋兒, 得石蓋, 下有金一釜,
中有丹書曰:「孝子郭巨, 黃金一釜, 以用賜汝.」於是名振天下.

5.《三國遺事》(一然) 卷5 孫順得鐘
孫順者, 牟梁里人. 父鶴山, 父沒, 與妻同但傭人家. 得米穀, 養老孃. 孃名
運烏, 順有小兒, 每奪孃食. 順難之, 謂其妻曰:「兒可得, 母難再求, 而奪其食.
母飢何甚? 且埋此兒, 以圖母腹之盈.」乃負兒, 歸醉山北郊. 堀地忽得石鐘,
甚奇. 夫婦驚怪. 乍懸林木上, 試擊之. 舂容可愛. 妻曰:「得異物, 殆兒之福,
不可埋也.」夫亦以爲然. 乃負兒與鐘而還家. 懸鐘於梁扣之, 聲聞于闕. 興德
王聞之, 謂左右曰:「西郊有異鐘聲, 清遠不類, 速檢之.」王人來檢其家. 具事
奏王. 王曰:「昔郭巨瘞子, 天賜金釜; 今孫順埋兒, 地湧石鐘. 前孝後孝, 覆載
同鑑.」乃賜屋一區. 歲給粳五十碩, 以尚純孝焉. 順捨舊居爲寺, 號弘孝寺,

安置石鐘. 眞聖王代, 百濟橫賊入其里, 鐘亡寺存. 其得鐘之地, 名完乎坪. 今訛云枝良坪.

### 6.《二十四孝》爲母埋兒

漢, 郭巨, 家貧, 有子三歲, 母嘗減食與之. 巨謂妻曰:「貧乏不能供母, 子又分母之食, 盍埋此子?」及掘坑三尺, 得黃金一釜, 上有字云:「官不得取, 民不得奪.」有詩爲頌. 詩曰:『郭巨思供親, 埋兒爲母存. 黃金天所賜, 光彩照寒門.』

### 7. 기타 참고자료

《太平御覽》(411). 劉向《孝子圖》. 宋躬《孝子傳》. 敦煌本《孝子傳》. 勾道興《搜神記》.


## 136-② 董永自賣
### 스스로 고용살이에 나선 동영


구주舊注에 실려 있다.

한漢나라 동영董永은 어려서 어머니를 잃고 아버지를 봉양하였다. 집이 가난하여 남의 고용살이를 하였는데, 농사철에 이르자 작은 수레에 아버지를 태워 밀고 가서 밭두둑 나무 그늘 아래 모셔놓고는 자신은 농사일을 하였다.

아버지가 돌아가시자 주인으로부터 1만 전을 빌리는 대신 자신이 노예로 팔려 그 집 농노가 될 것을 계약하고 드디어 그 돈으로 아버지 장례를 치를 수 있었다. 그가 돌아오는 길에 홀연히 부인 하나를 만났는데 자태와 모습이 단아하고 아름다운 여인으로서 동영의 처가 되겠다는 것이었다.

동영은 그와 함께 주인집으로 가자, 주인은 그의 처로 하여금 길쌈을 하도록 하면서 말하였다.

"3백 필을 짜면 너의 부부를 풀어 주겠다."

그런데 부인은 한 달 만에 그 일을 마치는 것이었다. 주인은 그가 그토록 빨리 짜는 것을 의심하면서도 그들을 풀어 주었다.

서로 함께 옛날 만났던 곳에 이르자, 그녀는 동영에게 이별을 고하며 이렇게 말하였다.

"나는 하늘나라의 직녀織女입니다. 그대의 지극한 효성이 인연이 되어 하느님께서 그대를 도와 빚을 갚으라 하신 것입니다."

그리고는 말을 마치자 공중을 가로질러 사라져 버렸다.


舊注云: 漢, 董永少失母養父, 家貧傭力. 至農月, 以小車推父, 置田頭陰樹下而營農作. 父死, 就主人貸錢一萬, 約賣身爲奴, 遂得錢葬父. 還於路忽遇婦人. 姿容端美, 求爲氷妻. 永與俱詣主人.

令永妻織縑:「三百匹放汝夫妻.」

乃織一月而畢. 主人怪其速, 遂放之.

相隨至舊相遇處, 辭永曰:「我天之織女也. 緣君至孝, 天帝令助君償債.」

言訖凌空而去.


【董永】正史에는 나타나지 않으나 민간에 그 효성 일화로 널리 알려진 人物.

【傭力】고용살이를 말함.

【織女】牽牛와 대칭되는 神 이름. 明 馮應京의 《月令廣義》 七月令에 梁, 殷芸의 《小說》을 인용하여 "天河之東有織女, 天帝之子也. 年年機杼勞役, 織成雲錦天衣"라 하였으며, 민간에 七月七夕의 故事를 남김.

### 1.《搜神記》(1)

漢董永, 千乘人. 少偏孤, 與父居. 肆力田畝, 鹿車載自隨. 父亡, 無以葬, 乃自賣
爲奴, 以供喪事. 主人知其賢, 與錢一萬, 遣之. 永行三年喪畢, 欲還主人, 供其
奴職. 道逢一婦人, 曰:「願爲子妻」遂與之俱. 主人謂永曰:「以錢與君矣」永曰:
「蒙君之惠, 父喪收藏. 永雖小人, 必欲服勤致力, 以報厚德」主人曰:「婦人何能?」
永曰:「能織.」主曰:「必爾者, 但令君婦爲我織縑百疋.」於是永妻爲主人家織,
十日而畢. 女出門, 謂永曰:「我, 天之織女也. 緣君至孝, 天帝令我助君償債耳.」
語畢, 凌空而去, 不知所在.

### 2.《太平廣記》(59) 董永妻

董永父亡, 無以葬. 乃自賣爲奴, 主知其賢, 與錢千萬, 遣之. 永行三年喪畢, 欲還
詣主, 供其奴職. 道逢一婦人曰:「願爲子妻」遂與之俱. 主謂永曰:「以錢丐君矣.」
永曰:「蒙君之恩, 父喪收藏, 永雖小人, 必欲服勤致力, 以報厚德」主曰:「婦人
何能?」永曰:「能織.」主曰:「必爾者. 但令君婦爲我織縑百匹.」於是永妻爲主人
家織. 十日而百匹具焉.(《搜神記》)

### 3.《法苑珠林》(62)

董永者(鄭緝之孝子感傳曰永是千乘人), 少偏孤. 與父居. 乃肆力田畝, 鹿車載父
自隨. 父終, 自賣於富公, 以供喪事. 道逢一女, 呼與語云:「願爲君妻」遂俱至
富公, 富公曰:「女爲誰?」答曰:「永妻, 欲助償債.」公曰:「汝織三百疋, 遣汝.」
一旬乃畢. 女出門, 謂永曰:「我, 天女也. 天令我助子償人債耳」語畢, 忽然不知
所在.(劉向《孝子傳》)

### 4.《二十四孝》賣身葬父

漢, 董永家貧, 父死, 賣身貸錢而葬, 及去償工, 途遇一婦, 求爲永妻. 俱至主家,
主令織布三百疋, 始得歸. 婦織一月而成, 歸至槐陰會所, 遂辭永而去. 有詩爲頌.
詩曰:『葬父貸孔兄, 仙姬陌上逢. 織布償債主, 孝感動蒼穹.』

### 5. 기타 참고자료

《太平御覽》(411·817).《敦煌本孝子傳》

# 137. 仲連蹈海, 范蠡泛湖

## 137-① 仲連蹈海
### 바닷가로 사라진 노중련

《사기史記》에 실려 있다.

노중련魯仲連은 제齊나라 사람이다. 그는 기이하고 원대한 책략을 세우기를 좋아하였으며, 벼슬하는 것은 달가워하지 않았다. 그가 조趙나라로 나들이갔을 때 마침 진秦나라가 조나라 수도 한단邯鄲을 포위하자, 위魏나라에서 신원연新垣衍을 사신으로 보내어 조나라로 하여금 진나라 소왕昭王을 높여 제帝로 칭해 주도록 진나라 편을 드는 것이었다. 노중련은 이에 조나라 평원군平原君을 만나 이렇게 제의하였다.

"양(梁, 魏)나라에서 왔다는 그 신원연이란 객이 어디 있습니까? 내 그대를 위해 그를 질책해 쫓아 버리겠습니다."

평원군이 신원연을 소개시켜 주자 신원연이 먼저 물었다.

"내 보기에 이곳 포위된 성 안에 거하는 자는 모두가 평원군에게 무언가 바랄 것이 있어 기웃거리는 자들로 보이는군요. 그런데 지금 선생의 그 빼어난 모습을 보니, 선생만은 아무것도 바랄 것이 없다고 여기는 사람 같군요. 그런데 무엇 때문에 이 포위된 성 안에 이토록 오래 머물면서 떠나지 않는 것입니까?"

그러자 노중련이 말하였다.

"세상에서는 포초鮑焦란 사람은 세상이 자신을 받아주지 않는다 하여 죽은 것으로 여기고 있습니다만, 이는 모두 잘못 알고 있는 것입니다. 많은 사람들은 알지 못한 채 그가 제 한 몸을 위해 죽었다고 하지요. 저 진나라는 예의 따위는 내팽개치고 오직 전쟁에서 적의 머리를 따온 자만을 가장 높은 공으로 여기는 나라입니다. 이렇게 권모술수로 그 병사들을

부리며 노예를 다루는 방법으로 그 백성을 부리고 있습니다. 그러한 나라가
'제'가 되면 나 노중련은 저 동해東海 바다를 밟고 빠져 죽을 것입니다.
차마 그의 백성은 될 수 없습니다.”

이에 신원연은 더 이상 감히 진나라를 '제'로 우대할 것을 거론하지 못하
였다. 평원군이 노중련이 고마워 그에게 봉지를 주려하였지만, 노중련은
사양하고 떠나버려, 평생 다시는 그 앞에 나타나지도 않았다.


《史記》: 魯仲連齊人. 好奇偉俶儻之畫策, 不肯仕官. 游於趙,
會秦圍邯鄲而魏使新垣衍欲令趙尊秦昭王爲帝.

仲連乃見平原君曰:「梁客新垣衍安在? 吾請爲君責而歸之.」

平原君請爲紹介見衍, 衍曰:「吾視居此圍城之中者, 皆有求於
平原君. 今觀先生之玉貌, 非有求者. 曷爲久居此圍城之中而不去?」

仲連曰:「世以鮑焦爲無從容而死者皆非也. 衆人不知, 則爲一身.
彼秦棄禮義上首功之國也. 權使其士, 虜使其民. 彼卽爲帝, 則連
蹈東海而死耳, 不忍爲之民也.」

於是衍不敢復言帝秦. 平原君欲封之, 遂辭去, 終身不復見.


【魯仲連】 전국시대 齊나라 때의 유세가. 《史記》에 전이 있음.
【邯鄲】 전국시대 趙나라의 도읍. 지금의 河北省 邯鄲市.
【俶儻】 아주 뛰어남 倜儻과 같음
【平原君】 戰國四公子의 하나로 趙나라의 趙勝. '趙勝謝躄'[188] 참조.
【新垣衍】 新垣은 복성. 衍은 이름. 魏나라의 장수이며 사신.
【昭王】 전국시대 秦나라 군주. B.C.306~B.C.251년까지 56년간 재위함.
【梁客】 魏나라는 大梁을 도읍을 정하여 梁나라로도 불렸음.
【鮑焦】 周나라의 隱逸志士. 子貢이 鮑焦에게 세상이 그르다고 여겨 나무를
    껴안은 채 말라 죽은 인물. 《莊子》〈盜跖篇〉 등에 널리 실려 있음.
【首功】 적의 목을 친 공적. 秦나라에서는 법으로 적의 목을 쳤을 때 계급을
    승진시켰음.

## 1.《史記》魯仲連列傳

魯仲連者, 齊人也. 好奇偉俶儻之畫策, 而不肯仕宦任職, 好持高節. 游於趙.
趙孝成王時, 而秦王使白起破趙長平之軍前後四十餘萬, 秦兵遂東圍邯鄲. 趙王
恐, 諸侯之救兵莫敢擊秦軍. 魏安釐王使將軍晉鄙救趙, 畏秦, 止於蕩陰不進.
魏王使客將軍新垣衍閒入邯鄲, 因平原君謂趙王曰:「秦所爲急圍趙者, 前與
齊湣王爭彊爲帝, 已而復歸帝; 今齊(湣王)已益弱, 方今唯秦雄天下, 此非必貪
邯鄲, 其意欲復求爲帝. 趙誠發使尊秦昭王爲帝, 秦必喜, 罷兵去.」平原君猶預
未有所決. 此時魯仲連適游趙, 會秦圍趙, 聞魏將欲令趙尊秦爲帝, 乃見平原君曰:
「事將奈何?」平原君曰:「勝也何敢言事! 前亡四十萬之衆於外, 今又內圍邯鄲
而不能去. 魏王使客將軍新垣衍令趙帝秦, 今其人在是. 勝也何敢言事!」魯仲連
曰:「吾始以君爲天下之賢公子也, 吾乃今然後知君非天下之賢公子也. 梁客新
垣衍安在? 吾請爲君責而歸之.」平原君曰:「勝請爲紹介而見之於先生.」平原君
遂見新垣衍曰:「東國有魯仲連先生者, 今其人在此, 勝請爲紹介, 交之於將軍.」
新垣衍曰:「吾聞魯仲連先生, 齊國之高士也. 衍, 人臣也, 使事有職, 吾不願見
魯仲連先生.」平原君曰:「勝旣已泄之矣.」新垣衍許諾. 魯連見新垣衍而無言.
新垣衍曰:「吾視居此圍城之中者, 皆有求於平原君者也; 今吾觀先生之玉貌,
非有求於平原君者也, 曷爲久居此圍城之中而不去?」魯仲連曰:「世以鮑焦爲
無從頌而死者, 皆非也. 衆人不知, 則爲一身. 彼秦者, 弃禮義而上首功之國也,
權使其士, 虜使其民. 彼卽肆然而爲帝, 過而爲政於天下, 則連有蹈東海而死耳,
吾不忍爲之民也. 所爲見將軍者, 欲以助趙也.」新垣衍曰:「先生助之將奈何?」
魯連曰:「吾將使梁及燕助之, 齊·楚則固助之矣.」新垣衍曰:「燕則吾請以從矣;
若乃梁者, 則吾乃梁人也, 先生惡能使梁助之?」魯連曰:「梁未睹秦稱帝之害
故耳. 使梁睹秦稱帝之害, 則必助趙矣.」新垣衍曰:「秦稱帝之害何如?」魯連曰:
「昔者, 齊威王嘗爲仁義矣, 率天下諸侯而朝周. 周貧且微, 諸侯莫朝, 而齊獨朝之.
居歲餘, 周烈王崩, 齊後往, 周怒, 赴於齊曰:『天崩地坼, 天子下席. 東藩之臣
因齊後至, 則斮.』齊威王勃然怒曰:『叱嗟, 而母婢也!』卒爲天下笑. 故生則朝周,
死則叱之, 誠不忍其求也. 彼天子固然, 其無足怪.」新垣衍曰:「先生獨不見夫
僕乎? 十人而從一人者, 寧力不勝而智不若邪? 畏之也.」魯仲連曰:「嗚呼! 梁之
比於秦若僕邪?」新垣衍曰:「然.」魯仲連曰:「吾將使秦王烹醢梁王.」新垣衍
怏然不悅, 曰:「噫噫, 亦太甚矣先生之言也! 先生又惡能使秦王烹醢梁王?」

魯仲連曰:「固也, 吾將言之. 昔者九侯·鄂侯·文王, 紂之三公也. 九侯有子而好, 獻之於紂, 紂以爲惡, 醢九侯. 鄂侯爭之彊, 辯之疾, 故脯鄂侯. 文王聞之, 喟然而歎, 故拘之牖里之庫百日, 欲令之死. 曷爲與人俱稱王, 卒就脯醢之地? 齊湣王之魯, 夷維子爲執策而從, 謂魯人曰:『子將何以待吾君?』魯人曰:『吾將以十太牢待子之君.』夷維子曰:『子安取禮而來(待)吾君? 彼吾君者, 天子也. 天子巡狩, 諸侯辟舍, 納筦籥, 攝衽抱机, 視膳於堂下, 天子已食, 乃退而聽朝也.』魯人投其籥, 不果納. 不得入於魯, 將之薛, 假途於鄒. 當是時, 鄒君死, 湣王欲入弔, 夷維子謂鄒之孤曰:『天子弔, 主人必將倍殯棺, 設北面於南方, 然后天子南面弔也.』鄒之羣臣曰:『必若此, 吾將伏劍而死.』固不敢入於鄒. 鄒·魯之臣, 生則不得事養, 死則不得賻襚, 然且欲行天子之禮於鄒·魯, 鄒·魯之臣不果納. 今秦萬乘之國也, 梁亦萬乘之國也. 俱據萬乘之國, 各有稱王之名, 睹其一戰而勝, 欲從而帝之, 是使三晉之大臣不如鄒·魯之僕妾也. 且秦無已而帝, 則且變易諸侯之大臣. 彼將奪其所不肖而與其所賢, 奪其所憎而與其所愛. 彼又將使其子女讒妾爲諸侯妃姬, 處梁之宮. 梁王安得晏然而已乎? 而將軍又何以得故寵乎?」於是新垣衍起, 再拜謝曰:「始以先生爲庸人, 吾乃今日知先生爲天下之士也. 吾請出, 不敢復言帝秦.」秦將聞之, 爲卻軍五十里. 適會魏公子無忌奪晉鄙軍以救趙, 擊秦軍, 秦軍遂引而去. 於是平原君欲封魯連, 魯連辭讓(使)者三, 終不肯受. 平原君乃置酒, 酒酣起前, 以千金爲魯連壽. 魯連笑曰:「所貴於天下之士者, 爲人排患釋難解紛亂而無取也. 即有取者, 是商賈之事也, 而連不忍爲也.」遂辭平原君而去, 終身不復見.

## 2.《戰國策》趙策(3)

秦圍趙之邯鄲. 魏安釐王使將軍晉鄙救趙. 畏秦, 止於蕩陰, 不進. 魏王使客將軍新(辛)垣衍間入邯鄲, 因平原君謂趙王曰:「秦所以急圍趙者, 前與齊湣王爭彊爲帝, 已而復歸帝, 以齊故. 今齊湣王已益弱, 方今唯秦雄天下, 此非必貪邯鄲, 其意欲求爲帝. 趙誠發使尊秦昭王爲帝, 秦必喜, 罷兵去.」平原君猶豫未有所決. 此時魯仲連適游趙, 會秦圍趙. 聞魏將欲令趙尊秦爲帝, 乃見平原君曰:「事將奈何矣?」平原君曰:「勝也何敢言事? 百萬之衆折於外, 今又內圍邯鄲而不能去. 魏王使將軍辛垣衍令趙帝秦. 今其人在是, 勝也何敢言事?」魯連曰:「始吾以君爲天下之賢公子也, 吾乃今然后知君非天下之賢公子也. 梁客辛垣衍安在? 吾請爲君責而歸之.」平原君曰:「勝請召而見之於先生.」平原君遂見辛垣衍曰:「東國有魯連先生, 其人在此, 勝請爲紹介而見之於將軍.」辛垣衍曰:「吾聞魯連先生, 齊國之高士也; 衍, 人臣也, 使事有職. 吾不願見魯連先生也.」平原君曰:

「勝已泄之矣.」辛垣衍許諾. 魯連見辛垣衍而無言. 辛垣衍曰:「吾視居北(此)圍城
之中者, 皆有求於平原君者也. 今吾視先生之玉貌, 非有求於平原君者, 曷爲久
居此圍城之中而不去也?」魯連曰:「世以鮑焦無從容而死者, 皆非也. 今衆人
不知, 則爲一身. 彼秦者, 弃禮義而上首功之國也. 權使其士, 虜使其民. 彼則肆然
而爲帝, 過而遂正於天下, 則連有赴東海而死矣. 吾不忍爲之民也! 所爲見將軍者,
欲以助趙也.」辛垣衍曰:「先生助之奈何?」魯連曰:「吾將使梁及燕助之. 齊·楚
則固助之矣.」辛垣衍曰:「燕則吾請以從矣. 若乃梁, 則吾乃梁人也, 先生惡能
使梁助之耶?」魯連曰:「梁未睹秦稱帝之害故也, 使梁睹秦稱帝之害, 則必助
趙矣.」辛垣衍曰:「秦稱帝之害將奈何?」魯仲連曰:「昔齊威王嘗爲仁義矣, 率
天下諸侯而朝周. 周貧且微, 諸侯莫朝, 而齊獨朝之. 居歲餘, 周烈王崩, 諸侯
皆弔, 齊後往. 周怒, 赴於齊曰:『天崩地坼, 天子下席. 東藩之臣田嬰齊後至,
則斮之.』威王勃然怒曰:『叱嗟, 而母婢也.』卒爲天下笑. 故生則朝周, 死則叱之,
誠不忍其求也. 彼天子固然, 其無足怪.」辛垣衍曰:「先生獨未見夫僕乎? 十人而
從一人者, 寧力不勝, 智不若耶? 畏之也.」魯仲連曰:「然梁之比於秦若僕耶?」
辛垣衍曰:「然.」魯仲連曰:「然吾將使秦王烹醢梁王.」辛垣衍怏然不悅曰:
「嘻, 亦太甚矣, 先生之言也! 先生又惡能使秦王烹醢梁王?」魯仲連曰:「固也,
待吾言之. 昔者, 鬼侯·之鄂侯·文王, 紂之三公也. 鬼侯有子而好, 故入之於紂,
紂以爲惡, 醢鬼侯. 鄂侯爭之急, 辨之疾. 故脯鄂侯. 文王聞之, 喟然而歎, 故拘
之於牖里之車(庫), 百日而欲舍(令)之死. 曷爲與人俱稱帝王, 卒就脯醢之地也?
齊閔王將之魯, 夷維子執策而從, 謂魯人曰:『子將何以待吾君?』魯人曰:『吾將
以十太牢待子之君』, (夷)維子曰:『子安取禮而來待吾君? 彼吾君者, 天子也.
天子巡狩, 諸侯辟舍, 納於筦鍵, 攝衽抱几, 視膳於堂下, 天子已食, 退而聽朝也.』
魯人投其籥, 不果納. 不得入於魯, 將之薛, 假塗於鄒. 當是時, 鄒君死, 閔王欲
入弔. 夷維子謂鄒之孤曰:『天子弔, 主人必將倍殯柩, 設北面於南方, 然後天子
南面弔也.』鄒之羣臣曰:『必若此, 吾將伏劍而死.』故不敢入於鄒. 鄒·魯之臣,
生則不得事養, 死則不得飯含. 然且欲行天子之禮於鄒·魯之臣, 不果納. 今秦
萬乘之國, 梁亦萬乘之國. 俱據萬乘之國, 交有稱王之名, 睹(睹)其一戰而勝,
欲從而帝之, 是使三晉之大臣不如鄒·魯之僕妾也. 且秦無已而帝, 則且變易諸侯
之大臣. 彼將奪其所謂不肖, 而予其所謂賢; 奪其所憎, 而與其所愛. 彼又將使
其子女讒妾爲諸侯妃姬, 處梁之宮, 梁王安得晏然而已乎? 而將軍又何以得故
寵乎?」於是, 辛垣衍起, 再拜謝曰:「始以先生爲庸人, 吾乃今日而知先生爲天下
之士也. 吾請去, 不敢復言帝秦.」秦將聞之, 爲卻軍五十里. 適會魏公子無忌

奪晉鄙軍以救趙擊秦, 秦軍引而去. 於是平原君欲封魯仲連. 魯仲連辭讓者三,
終不肯受. 平原君乃置酒, 酒酣, 起前以千金爲魯連壽. 魯連笑曰:「所貴於天下
之士者, 爲人排患·釋難·解紛亂而無所取也. 即有所取者, 是商賈之人也, 仲連
不忍爲也.」遂辭平原君而去, 終身不復見.

3.《莊子》盜跖篇

世之所謂賢士, 莫若伯夷叔齊. 伯夷叔齊辭孤竹之君而餓死於首陽之山, 骨肉
不葬. 鮑焦飾行非世, 抱木而死. 申徒狄諫而不聽, 負石自投於河, 爲魚鼈所食.
介子推至忠也, 自割其股以食文公, 文公後背之, 子推怒而去, 抱木而燔死. 尾生
與女子期於梁下, 女子不來, 水至不去, 抱梁柱而死. 此六子者, 无異於磔犬流
豕操瓢而乞者, 皆離名輕死, 不念本養壽命者也.


## 137-② 范蠡泛湖
## 오호에 배를 띄워 사라진 범려


《사기史記》에 실려 있다.

범려范蠡가 월왕越王 구천勾踐을 섬기면서, 자신의 고통을 다하고 있는
힘을 다 쓴이 구천과 깊은 모책을 꾸미기 20여 년이었디. 그리히어 미침내
오吳나라를 멸하여 회계會稽의 치욕을 보복하였다. 그러나 그는 큰 명예
아래에는 오래 처할 수 없다고 여겼다. 게다가 구천은 환난을 함께할 수
있지만 편안함을 함께 누릴 수 없는 사람이라 판단하였다.

이에 가벼운 보물과 주옥을 담아 그 자신 집안의 사사로운 무리들과
함께 바다로 배를 띄워 멀리 사라져 다시는 되돌아오지 않았다. 그는
제齊나라로 가서 성명을 바꾸어 스스로 치이자피鴟夷子皮라 하였다. 그리고
바닷가에 은둔하여 농사를 지으며 부자가 수천 만금의 큰 재산을 일구었다.

제나라에서는 그의 그러한 능력을 듣고 그를 재상으로 삼고자 하였다. 그러자 범려는 이렇게 탄식하였다.

"나는 집에서는 수천 만금을 모으고 관직에 나서서는 경상卿相에 올랐다. 이는 포의布衣의 신분으로서 지극한 것이다."

이에 재상의 도장을 물려주고는 다시 그 재산을 모두 친구와 마을 향당鄕黨에 나누어 주었다. 그리고 중한 보물만 품고 몰래 그곳을 떠나 도陶라고 하는 곳에 정착하였다. 그는 그곳은 천하의 중심 교역지로서, 그곳을 거치지 아니하고는 달리 통할 길이 없다고 여겨 크게 부를 일으킬 수 있을 것으로 판단하였다. 그리하여 스스로 도주공陶朱公이라 하였다. 그로부터 얼마 뒤 과연 거만 금의 큰 부자가 되어 천하가 부자를 두고 도주공이라 칭하게 되었다. 그러므로 범려는 세 번 이사에 그 이름을 세 번 모두 이루었던 것이다. 그는 그 도 땅에서 늙어 생을 마쳤다.


《史記》: 范蠡事越王勾踐, 苦身戮力, 與勾踐深謀二十餘年. 竟滅吳, 報會稽之恥. 以爲大名之下, 難以久居. 且勾踐可與同患, 難與處安. 乃裝其輕寶珠玉 與其私徒屬, 乘舟浮海以行, 終不反. 適齊變姓名, 自謂鴟夷子皮. 隱耕于海畔, 父子致産數千萬. 齊人聞其賢以爲相, 蠡嘆曰:「居家致千金居官至卿相. 此布衣之極也.」

乃歸相印, 盡散其財以分與知友鄕黨, 懷其重寶, 間行以去, 止于陶. 以爲此天下之中交易有無之路通, 可以致富. 自謂陶朱公.

居無何, 致貲累巨萬. 天下稱陶朱公. 故范蠡三徙, 成名於天下, 老死于陶.


【范蠡】越나라 대부. 文種과 함께 越王 句踐을 도와 吳나라를 멸한 공신. 그 뒤 월나라를 떠나 陶 땅에 살며 큰 부자가 되어 陶朱公이라고도 부름. 《史記》越王句踐世家 참조.

【勾踐】句踐으로도 표기함. 춘추전국 시대 월나라 군주. 아버지인 仇가 吳王
閤閭를 물리쳤으며 다시 합려의 아들 夫差와 會稽山에서 싸워 패하고 말았음.
이에 臥薪嘗膽 끝에 범려의 도움을 받아 부차를 멸하고 희계의 치욕을
씻었음. '勾踐投醪'[213] 참조.

【鴟夷子皮】'鴟夷'는 술을 담는 말가죽 자루. 吳王 夫差가 신하 伍子胥를
죽여 그 시체를 치이에 넣어 강에 던져 버렸음.

【陶】지금의 山東 濟陰 定陶縣.




## 1. 《史記》越世家

范蠡遂去, 自齊遺大夫種書曰:「蜚鳥盡, 良弓藏; 狡兔死, 走狗烹. 越王爲人長
頸鳥喙, 可與共患難, 不可與共樂. 子何不去?」種見書, 稱病不朝. 范蠡事越王
句踐, 旣苦身勠力, 與句踐深謀二十餘年, 竟滅吳, 報會稽之恥, 北渡兵於淮以
臨齊·晉, 號令中國, 以尊周室, 句踐以霸, 而范蠡稱上將軍. 還反國, 范蠡以爲
大名之下, 難以久居, 且句踐爲人可與同患, 難與處安, 爲書辭句踐曰:「臣聞主憂
臣勞, 主辱臣死. 昔者君王辱於會稽, 所以不死, 爲此事也. 今旣以雪恥, 臣請
從會稽之誅.」句踐曰:「孤將與子分國而有之. 不然, 將加誅于子.」范蠡曰:
「君行令, 臣行意.」乃裝其輕寶珠玉, 自與其私徒屬乘舟浮海以行, 終不反. 於是
句踐表會稽山以爲范蠡奉邑. 范蠡浮海出齊, 變姓名, 自謂鴟夷子皮, 耕于海畔,
苦身戮力, 父子治産. 居無幾何, 致産數十萬. 齊人聞其賢, 以爲相. 范蠡喟然嘆曰:
「居家則致千金, 居官則至卿相, 此布衣之極也. 久受尊名, 不祥.」乃歸相印, 盡散
其財, 以分與知友鄉黨, 而懷其重寶, 閒行以去, 止于陶, 以爲此天下之中, 交易
有無之路通, 爲生可以致富矣. 於是自謂陶朱公. 復約要父子耕畜, 廢居, 候時
轉物, 逐什一之利. 居無何, 則致貲累巨萬. 天下稱陶朱公.

## 2. 《國語》越語(下)

反至五湖, 范蠡辭於王曰:「君王勉之, 臣不復入越國矣.」王曰:「不穀疑子之
所謂者, 何也?」對曰:「臣聞之, 爲人臣者, 君憂臣勞, 君辱臣死. 昔者君王辱於
會稽, 臣所以不死者, 爲此事也. 今事已濟矣, 蠡請從會稽之罰.」王曰:「所不
掩子之惡, 揚子之美者, 使其身無終沒於越國. 子聽吾言, 與子分國; 不聽吾言,
身死, 妻子爲戮.」范蠡對曰:「臣聞命矣. 君行制, 臣行意」遂乘輕舟以浮於五湖,

莫知其所終極. 王命工以良金寫范蠡之狀而朝禮之, 浹日而令大夫朝之, 環會
稽三百里者以爲范蠡地, 曰:「後世子孫, 有敢侵蠡之地者, 使無終沒於越國,
皇天后土·四鄉地主正之.」

## 3.《十八史略》(1)

越既滅吳, 范蠡去之. 遺大夫種書曰:「越王爲人, 長頸烏喙. 可與共患難, 不可
與共安樂. 子何不去?」種稱疾不朝, 或讒:「種且作亂.」賜劍死. 范蠡裝其輕寶
珠玉, 與私從乘舟江湖, 浮海出齊. 變姓名自謂鴟夷子皮, 父子治産, 至數千萬.
齊人聞其賢, 以爲相. 蠡喟然曰:「居家致千金, 居官致卿相. 此布衣之極也. 久受
尊名不祥.」乃歸相印, 盡散其財, 懷重寶閒行, 止於陶, 自謂陶朱公. 貲累鉅萬,
魯人猗頓往問術焉. 蠡曰:「畜五牸.」乃大畜牛羊於猗氏. 十年閒, 貲擬王公,
故天下言富者, 稱陶朱猗頓.

# 138. 文寶緝柳, 溫舒截蒲

### 138-① 文寶緝柳
### 버드나무를 엮어 공부한 손문보


《초국선현전楚國先賢傳》에 실려 있다.

손문보孫文寶가 낙양洛陽에 이르러 태학太學 곁에 작은 집을 얻어 살고 있었다. 먼저 어머니를 편안히 살도록 해 드리고 난 연후에야 태학에 입학하였으며, 버드나무 줄기를 엮어 간책簡冊을 만들어 경서를 베껴 공부하였다.


《楚國先賢傳》: 孫文寶到洛陽, 在太學左右, 得一小屋. 安止母, 然後入學, 編楊柳爲簡, 以寫經.


【楚國先賢傳】 晉나라 張方賢이 편찬한 책.
【孫文寶】 孫敬. 사는 文寶. 속칭 閉戶先生이라 불렸음. 二國시대, 혹 漢末 楚나라 사람으로 洛陽에 이르러 어렵게 공부함. '孫敬閉戶'[005] 참조.

# 138-② 溫舒截蒲
## 부들을 잘라 글씨 연습을 한 노온서

전한前漢의 노온서路溫舒는 자가 군장長君이며 거록鉅鹿 동리東里 사람이다. 그의 아버지는 마을의 감문監門이었으며 온서로 하여금 양을 치게 하였다. 온서는 양을 치면서 못에서 부들을 뽑아, 이를 잘라 글씨 연습용 첩牒을 만들어 이를 묶어 글씨를 베껴 써서 차츰 학문이 나아졌다. 감옥의 소리小吏가 되고자 법률과 법령 공부를 하여, 점차 자리를 옮겨 옥사獄史가 되었다. 이리하여 그 현縣의 의혹 사건이 생기면 모두 그에게 질문을 하는 것이었다. 태수가 그 현에 행차하여 이를 보고 기이하게 생각하고는 결조사決曹史로 임명하였다. 그리고 《춘추春秋》를 배워 대의에 통달하였다. 효렴과孝廉科에 천거되어 산읍승山邑丞이 되었다. 선제宣帝 때에는 벼슬이 임회태수臨淮太守에 올라 치적이 특이하였다.


前漢, 路溫舒字長君, 鉅鹿東里人. 父爲里監門, 使牧羊. 溫舒取澤中蒲截以爲牒, 編用寫書, 稍習善. 求爲獄小吏, 因學律令, 轉爲獄史. 縣中疑事皆問焉. 太守行縣, 見而異之, 署決曹史.

又受《春秋》通大義. 擧孝廉, 爲山邑丞. 宣帝時遷臨淮太守, 治有異迹.


【路溫舒】西漢 때의 法官으로 字는 長君. 昭帝 때에 廷尉가 되어 宣帝가 즉위하자 글을 올렸으며 그 글이 채택되어 臨淮太守에 오름. 《漢書》에 전이 있음.
【律令】'律'은 법의 큰 줄기, '令'은 세부 조목. 법률 규정.
【宣帝】西漢 7대 황제. 이름은 劉詢. B.C.73~B.C.49년 재위함. 武帝의 증손자. 衛太子의 손자.

## 1. 《漢書》 路溫舒傳

路溫舒字長君, 鉅鹿東里人也. 父爲里監門. 使溫舒牧羊, 溫舒取澤中蒲, 截以爲牒, 編用寫書. 稍習善, 求爲獄小吏, 因學律令, 轉爲獄史, 縣中疑事皆問焉. 太守行縣, 見而異之, 署決曹史. 又受春秋, 通大義. 擧孝廉, 爲山邑丞, 坐法免, 復爲郡吏. 元鳳中, 廷尉〈光〉以治詔獄, 請溫舒署奏曹掾, 守廷尉史. 會昭帝崩, 昌邑王賀廢, 宣帝初卽位, 溫舒上書, 言宜尙德緩刑. 其辭曰: "臣聞齊有無知之禍, 而桓公以興; 晉有驪姬之難, 而文公用伯. 近世趙王不終, 諸呂作(難)[亂], 而孝文爲大宗. 繇是觀之, 禍亂之作, 將以開聖人也. 故桓文扶微興壞, 尊文武之業, 澤加百姓, 功潤諸侯, 雖不及三王, 天下歸仁焉. 文帝永思至惪, 以承天心, 崇仁義, 省刑罰, 通關梁, 一遠近, 敬賢如大賓, 愛民如赤子, 內恕情之所安, 而施之於海內, 是以囹圄空虛, 天下太平. 夫繼變化之後, 必有異舊之恩, 此賢聖所以昭天命也. 往者, 昭帝卽世而無嗣, 大臣憂戚, 焦心合謀, 皆以昌邑尊親, 援而立之. 然天不授命, 淫亂其心, 遂以自亡. 深察禍變之故, 乃皇天之所以開至聖也. 故大將軍受命武帝, 股肱漢國, 披肝膽, 決大計, 黜亡義, 立有德, 輔天而行, 然後宗廟以安, 天下咸寧. 臣聞春秋正卽位, 大一統而愼始也. 陛下初登至尊, 與天合符, 宜改前世之失, 正始受(命)之統, 滌煩文, 除民疾, 存亡繼絶, 以應天意. 臣聞秦有十失, 其一尙存, 治獄之吏是也. 秦之時, 羞文學, 好武勇, 賤仁義之士, 貴治獄之吏; 正言者謂之誹謗, 遏過者謂之妖言. 故盛服先生不用於世, 忠良切言皆鬱於胸, 譽諛之聲日滿於耳; 虛美熏心, 實禍蔽塞. 此乃秦之所以亡天下也. 方今天下賴陛下恩厚, 亡金革之危, 飢寒之患, 父子夫妻勠力安家, 然太平未洽者, 獄亂之也. 夫獄者, 天下之大命也, 死者不可復生, 絶者不可復屬. 書曰:「與其殺不辜, 寧失不經」今治獄吏則不然, 上下相毆, 以刻爲明; 深者獲公名, 平者多後患. 故治獄之吏皆欲人死, 非憎人也, 自安之道在人之死. 是以死人之血流離於市, 被刑之徒比肩而立, 大辟之計歲以萬數, 此仁聖之所以傷也. 太平之未洽, 凡以此也. 夫人情安則樂生, 痛則思死. 棰楚之下, 何求而不得? 故囚人不勝痛, 則飾辭以視之; 吏治者利其然, 則指道以明之; 上奏畏卻, 則鍛練而周內之. 蓋奏當之成, 雖咎繇聽之, 猶以爲死有餘辜. 何則? 成練者衆, 文致之罪明也. 是以獄吏專爲深刻, 殘賊而亡極, 媮爲一切, 不顧國患, 此世之大賊也. 故俗語曰:「畫地爲獄, 議不入; 刻木爲吏, 期不對.」此皆疾吏之風, 悲痛之辭也. 故天下之患, 莫深於獄; 敗法亂正, 離親塞道, 莫甚乎治獄之吏. 此所謂一尙存者也. 臣聞烏鳶之卵不毀, 而後鳳凰集; 誹謗之罪不誅, 而後良言進. 故古人有言:「山藪藏疾, 川澤納汙, 瑾瑜

匿惡, 國君含詬.」唯陛下除誹謗以招切言, 開天下之口, 廣箴諫之路, 掃亡秦之失,
尊文武之悳, 省法制, 寬刑罰, 以廢治獄, 則太平之風可興於世, 永履和樂, 與天
亡極, 天下幸甚."上善其言, 遷廣陽私府長. 內史舉溫舒文學高第, 遷右扶風丞.
時, 詔書令公卿選可使匈奴者, 溫舒上書, 願給廝養, 暴骨方外, 以盡臣節. 事下度
遼將軍范明友·太僕杜延年問狀, 罷歸故官. 久之, 遷臨淮太守, 治有異迹, 卒於官.
溫舒從祖父受曆數天文, 以爲漢厄三七之間, 上封事以豫戒. 成帝時, 谷永亦言
如此. 及王莽篡位, 欲章代漢之符, 著其語焉. 溫舒子及孫皆至牧守大官. 贊曰:
春秋魯臧孫達以禮諫君, 君子以爲有後. 賈山自下劘上, 鄒陽·枚乘游於危國,
然卒免刑戮者, 以其言正也. 路溫舒辭順而意篤, 遂爲世家, 宜哉!

## 2.《說苑》貴德篇

孝宣皇帝初卽位, 守廷尉吏路溫舒上書, 言尙德緩刑, 其詞曰:「陛下初卽至尊, 與天
合符, 宜改前世之失, 正始受之統, 滌煩文, 除民疾, 存亡繼絕, 以應天德, 天下幸甚.
臣聞往者秦有十失, 其一尙存, 治獄吏是也; 昔秦之時, 滅文學, 好武勇, 賤仁義之士, 貴治
獄之吏, 正言謂之誹謗, 謁過謂之妖言, 故盛服先王不用於世, 忠良切言, 皆鬱於胸,
譽諛之聲, 日滿於耳, 虛美薰心, 實禍蔽塞, 此乃秦之所以亡天下也. 方今海內賴陛
下厚恩, 無金革之危, 飢寒之患, 父子夫婦戮力安家, 天下幸甚; 然太平之未洽者, 獄亂
之也, 夫獄天下之命, 死者不可生, 斷者不可屬, 書曰:『與其殺不辜, 寧失不經.』今治
獄吏則不然, 上下相驅, 以刻爲明, 深者獲公名, 平者多後患; 故治獄吏皆欲人死, 非憎
人也, 自安之道, 在人之死, 是以死人之血, 流離於市; 被刑之徒, 比肩而立, 大辟之計,
歲以萬數, 此聖人所以傷太平之未洽. 凡以是也, 人情安則樂生, 痛則思死, 捶楚之下, 何求
而不得; 故囚人不勝痛, 則飾誣詞以示之, 吏治者利其然, 則指道以明之, 上奏恐却
則鍛煉而周內之, 蓋奏當之成, 雖皋陶聽之, 猶以爲死有餘罪, 何則? 成鍊之者眾而
文致之罪明也. 是以獄吏專爲深刻, 殘賊而無極, 偷爲一切, 不顧國患, 此世之大賊也,
故俗語云:『畫地作獄, 議不可入; 刻木爲吏, 期不可對.』此皆疾吏之風, 悲痛之辭也.
故天下之患, 莫深於獄, 敗法亂政, 離親塞道, 莫甚乎治獄之吏, 此臣所謂一尙存也.
臣聞鳥鷇之卵不毀, 而後鳳凰集; 誹謗之罪不誅, 而後良言進, 故傳曰:『山藪藏疾,
川澤納汚.』國君含垢, 天之道也. 臣昧死上聞, 願陛下察誹謗, 聽切言, 開天下之口,
廣箴諫之路, 改亡秦之一失, 遵文武之嘉德, 省法制, 寬刑罰, 以廢煩獄; 則太平之風,
可興於世, 福履和樂, 與天地無極, 天下幸甚.」書奏, 皇帝善之. 後卒爲臨淮太守.

## 3.《十八史略》(2)

地節三年, 路溫舒上書言:「秦有十失, 其一尙存, 治獄之吏是也. 俗語曰:『畫地
爲獄, 議不入; 刻木爲吏, 期不對.』此悲痛之辭. 願省法制, 寬刑罰, 則太平可興」
上爲置廷尉平, 獄刑號爲平矣.

# 139. 伯道無兒, 嵇紹不孤

## 139-① 伯道無兒
### 후사가 끊어지는 아픔을 당한 등백도


《진서晉書》에 실려 있다.

등유鄧攸는 자가 백도伯道이며 평양平陽 양릉襄陵 사람이다. 하동태수河東太守가 되었으나 후조後趙의 석륵石勒의 난에 그곳이 함락당하고 말았다. 이에 그는 수레는 부수어 버리고 대신 소와 말에 처자를 태우고 도망쳐 나왔다. 그런데 적군을 만나 그의 소와 말까지 빼앗기게 되자, 할 수 없이 걸어서 자신의 아들과 아우의 아들, 즉 조카 등수鄧綏를 등에 업고 도망을 쳤다. 그는 두 아이를 모두 온전히 살려내기는 불가능하다고 여겨 아내에게 이렇게 제의하였다.

"내 아우는 일찍 죽어 오직 이 한 녀석만 남아 있소. 이치로 이들의 혈통을 끊을 수는 없소. 단지 마땅히 우리 아이를 포기할 수밖에 없구려. 다행히 우리가 살아남는다면 뒤에 아들은 의당 다시 낳을 수 있을 것이오."

아내는 울면서 그의 의견을 따라 자신의 아들을 버리고 말았다. 그런데 아침에 버린 아이가 저녁에 따라오는 것이었다. 이에 이튿날 그 아이를 나무에 매어놓고 떠나 버렸다. 등유는 강동江東에 이르러 벼슬이 상서우복야尙書右僕射에 올랐다. 등유가 아들을 버린 뒤로 아내는 아이를 갖지 못하였다. 그리하여 등유는 강을 건너온 다음 첩을 들여 심히 어여삐 여겼다. 그런데 그에게 가족 관계를 물어보았더니 자신은 북쪽에서 난을 만나 피해 왔다는 것이었다. 그는 부모의 성명을 기억해 내었는데 바로 등유의 조카였다. 등유는 평소 덕행이 있어 이를 듣고 한스럽게 여기고는 드디어 다시는 첩을 두지 않았다. 그는 결국 후사가 없었다. 당시 사람들은 그를 의롭게 여기며 이렇게 안타까워하였다.

"하늘도 무심하시지. 등백도로 하여금 아들이 없게 하다니!"


《晉書》: 鄧攸字伯道, 平陽襄陵人. 爲河東太守, 沒于石勒. 乃斫壞車, 以牛馬負妻子而逃. 又遇賊, 掠其牛馬, 步走, 擔其兒及其弟子綏. 度不能兩全, 乃謂妻曰:「吾弟早亡, 惟有一息. 理不可絶. 止應自棄我兒耳. 幸而得存, 我後當有子」

妻泣而從之, 乃棄之. 朝棄而暮及, 明日, 繫之於樹而去. 至江東, 仕爲尚書右僕射.

攸棄子之後, 妻不復孕. 過江, 納妾, 甚寵之, 訊其家屬, 說是北人遭亂, 憶父母姓名, 乃攸之甥. 攸素有德行, 聞之感恨, 遂不復畜妾. 卒以無嗣.

時人義而哀之曰:「天道無知, 使鄧伯道無兒!」


【鄧攸】 자는 伯道(?~326). 晉나라 때 인물. 平陽人. 河東太守였을 때 石勒의 난을 만나 가족으로 데리고 피난하면서 아들을 버리고 조카를 살린 본 장의 이야기가 유명하며 당시 사람들이 그의 아들 없음을 두고 "天道無知, 使鄧伯道無兒"라 안타까워하였다 함. 元帝 때 吳郡太守를 거쳐 吏部尚書 등을 역임함.《晉書》(90)에 전이 있음.

【石勒】 자는 世龍(274~333). 上黨人으로 羯奴의 후예. 조카 石虎(季龍)와 함께 五胡十六國 중의 後趙를 건립함. 어려서 洛陽으로 팔려와 노예가 되었다가 八王의 난을 틈타 成都王(司馬穎)의 부장이 됨. 그 뒤 흉노족의 劉淵, 劉聰 등과 세력을 다투었으며 晉 成帝 咸和 5년(330)에 칭제하여 연호를 建平이라 함. 그는 文史를 좋아하여 軍中에서도 항상 유생으로 하여금 역사를 읽어 주도록 하여 고금 제왕의 업적을 평가하기도 하였다 함.《晉書》(104-105)에 전이 있음.

【鄧綏】 등유의 조카. 등유가 자신의 아들을 버리고 살려낸 인물.

【甥】 자매의 아들.

【過江】西晉이 永嘉之亂을 만나 남쪽으로 천도하였음을 말함. 西晉 말의
호족의 침입으로 인하여 대 혼란이 일어난 난. 이 난으로 인하여 西晉이
망하고 남으로 내려와 建康에서 東晉을 건국함. 역사적으로 劉聰(劉載. 자는
玄明, ?~318)은 匈奴 사람으로 劉淵의 넷째 아들로 유연이 五胡十六國 중의
漢(前趙. 304~329)을 세우자 유총은 大司馬, 大單于, 錄尚書事 등의 직위를
담당하면서 晉 懷帝 永嘉 4년(310) 유연이 죽자 유총은 태자 劉和를 죽이고
자립하여 제위에 올라 光興 2年(311) 王彌와 劉曜 등으로 하여금 洛陽을
공격하여 懷帝를 포로로 하여 끌고 갔음. 다시 5년 뒤 長安을 함락시켜
愍帝를 포로로 끌고 가 결국 서진이 망하고 말았음.(317) 이를 '永嘉之亂'
이라 하며 뒤에 사마씨(元帝 司馬睿)는 남으로 내려와 建康(지금의 南京)에서
왕실을 이어 이를 동진(317~420)이라 하였음.




## 1. 《晉書》(90) 良吏傳(鄧攸)

鄧攸字伯道, 平陽襄陵人也. 祖殷, 亮直强正. 鍾會伐蜀, 奇其才, 自電池令召爲
主簿. 賈充伐吳, 請殷爲長史.……出爲河東太守, 永嘉末, 沒于石勒. ……石勒
過泗水, 攸乃斫壞車, 以牛馬負妻子而逃. 又遇賊, 掠其牛馬, 步走, 擔其兒及
其弟子綏. 度不能兩全, 乃謂其妻曰:「吾弟早亡, 惟有一息. 理不可絶. 止應自棄
我兒耳. 幸而得存, 我後當有子」妻泣而從之, 乃棄之. 其子朝棄而暮及, 明日,
繫之於樹而去. ……至江東, 攸每有進退, 無喜慍之色. 久之, 遷尚書右僕射.
咸和元年卒, 贈光祿大夫, 加金章紫綬, 祠以小牢. 攸棄子之後, 妻不復孕. 過江,
納妾, 甚寵之, 訊其家屬, 說是北人遭亂, 憶父母姓名, 乃攸之甥. 攸素有德行,
聞之感恨, 遂不復畜妾. 卒以無嗣. 時人義而哀之, 爲之語曰:「天道無知, 使鄧
伯道無兒!」弟子綏服攸喪三年.

## 2. 《世說新語》德行篇

鄧攸始避難, 於道中棄己子全弟子. 旣過江, 取一妾, 甚寵愛; 歷年後, 訊其所由,
妾具說是北人遭亂; 憶父母姓名, 乃攸之甥也. 攸素有德業, 言行無玷, 聞之哀恨,
終身遂不復畜妾.

## 3. 《世說新語》賞譽篇

謝太傅重鄧僕射, 常言:「天地無知, 使伯道無兒!」

### 4. 《晉陽秋》

鄧攸旣棄子, 遂無復繼嗣, 爲有識傷惜.

### 5. 《中興書》

攸棄兒於草中, 兒啼呼追之, 至幕復及. 攸明日繫兒於樹而去, 遂渡江. 至尙書左僕射, 卒. 弟子綏, 服攸齊衰三年.

### 6. 《小學》善行篇「實明倫」

晉右僕射鄧攸, 永嘉末, 沒于石勒. 過泗水, 攸以牛馬, 負妻子而逃. 又遇賊, 掠其牛馬, 步走, 擔其兒及其弟子綏, 度不能兩全, 乃謂其妻曰:「吾弟早亡, 唯有一息, 理不可絶, 止應自棄我兒耳. 幸而得存, 我後當有子.」妻泣而終之, 乃棄其子而去之, 卒以無嗣. 時人義而哀之, 爲之語曰:「天道無知, 使鄧伯道無兒!」弟子綏, 服攸喪三年. 攸棄子之後, 妻不復孕. 過江納妾, 甚寵之, 訊其家屬, 說是北人遭亂. 憶父母姓名, 乃攸之甥. 攸素有德行, 聞之感恨, 遂不復畜妾. 卒以無嗣. 時人義而哀之曰:「天道無知, 使鄧伯道無兒!」


# 139-② 嵇紹不孤
## 고아가 아니라 여긴 혜소


　진晉나라 혜소嵇紹는 자가 연조延祖이다. 그의 아버지 혜강嵇康은 산도山濤와 친한 사이였다. 혜강은 사형을 당하면서 아들 혜소에게 이렇게 말하였다.

　"산도巨源가 있으니 너는 외롭지 않을 것이다."

　뒤에 산도가 그를 비서승秘書丞으로 추천하였다. 그가 처음으로 낙양洛陽에 들어가 어떤 이가 왕융王戎에게 이렇게 말하였다.

　"어제 빽빽이 모인 사람들 중에 처음으로 혜소를 보았는데 우뚝하고 드러난 모습이 마치 야학野鶴이 여러 닭들 속에 있는 것 같더이다."

　배위裴頠 역시 그를 훌륭한 그릇으로 보아 매번 이렇게 말하곤 하였다.

“혜소로 하여금 이부상서吏部尙書 자리에 있게 한다면 천하에 인재를 빠뜨리는 경우가 없을 것이다.”

혜소는 여러 벼슬을 거쳐 시중侍中에 올랐다.

혜제惠帝가 몽진蒙塵을 갈 때 혜소는 행재소行在所로 달려갔다. 그때 황제 병사들은 패배하여 백관과 근위병들이 흩어지고 궤멸하고 말았다. 오직 혜소만은 엄연한 자세로 단면端冕의 복장을 갖춘 채 자신의 몸으로 황제를 보위하고 있었다. 병사들이 임금 수레 앞에서 교전을 벌여 화살이 비 오듯 퍼부었고, 결국 혜소는 황제 곁에서 죽음을 당하고 말았다. 그때 그의 피가 황제의 옷에 튀었으며 황제는 깊이 애도하며 탄식하였다. 일이 마무리되고 좌우가 황제의 옷을 씻으려 하자 황제는 이렇게 말하였다.

“이는 혜시중의 피이다. 씻지 말라!”

원제元帝는 그의 충절을 표창하여 태위太尉를 추증하였으며, 시호를 충목忠穆이라 하고 태뢰太牢로써 제사를 올렸다.


晉, 嵇紹字延祖. 父康與山濤善. 臨誅謂紹曰:「巨源在, 汝不孤矣.」

後濤薦爲秘書丞. 始入洛, 或謂王戎曰:「昨於稠人中始見嵇紹, 昂昂然若野鶴之在鷄群.」

裴頠亦深器之, 每曰:「使延祖爲吏部尙書, 可使天下無復遺才.」 累遷侍中.

及惠帝蒙塵, 馳詣行在所, 王師敗績, 百官及侍衛散潰, 唯紹儼然端冕, 以身捍衛, 兵交御輦, 飛箭雨集, 遂被害於帝側, 血濺御服, 帝深哀嘆之.

及事定, 左右欲浣衣, 帝曰:「此嵇侍中血, 勿去!」

元帝表贈太尉, 諡曰忠穆, 祠太牢.


【嵇紹】字는 延祖(253~304). 嵇康의 아들. 10세에 고아가 되어 어머니를 극진히 섬겼음. 山濤가 武帝에 추천하여 秘書郞이 되었다가 趙王(司馬倫)이 찬위하자 侍中이 되었음. 惠帝가 복위되자 다시 그를 모셨으며 八王之亂 때

임금을 도와 蕩陰에서 싸움. 그 당시 侍衛가 다 무너졌으나 嵇紹만은 끝내
몸으로 임금을 막다가 피를 임금의 옷에 뿌리며 죽음. 일이 끝나고 좌우
신하가 임금의 피 묻은 옷을 씻으려 하자 "이는 嵇侍中의 피다. 씻지 말라"고
함. 元帝 때 忠穆이라 시호를 내림. 《晉書》(89)에 전이 있음.

【父康】嵇康. '叔夜玉山'[028] 참조. 鐘會에 의해 참소를 받아 죽었음. 종회의
인물됨은 '姜維膽斗'[108] 및 '鄧艾大志'[109]를 참조할 것.

【山濤】자는 巨源(205~283). 老莊에 심취하였으며 술을 좋아하였음. 嵇康, 阮籍,
呂安 등과 친하였으며 죽림칠현의 하나. 〈任誕〉편 참조.《晉書》(43)에 전이
있음. '山濤識量'[041] 참조.

【王戎】자는 濬沖(234~305). 王安豐으로도 불림. 王綏의 아버지이며 安豐
縣侯를 역임함. 성격이 인색하였으며 禮敎에 얽매이지 않았음. 阮籍, 山濤,
向秀, 阮咸, 嵇康, 劉伶과 더불어 '竹林七賢'으로 불렸음.《晉書》(43)에 전이
있음. '王戎簡要'[001] 참조.

【稠人】'조'는 '많다·빽빽하다'의 뜻. 빽빽하게 많이 모인 사람을 형용함.

【昂昂然】높고 뛰어난 모양.

【裴頠】자는 逸民(267~300). 司空 裴秀의 막내아들. 학문이 넓고 의술에도
밝았다 함. 〈崇有論〉으로 유명함. 尚書左僕射를 지냈으며 趙王(司馬倫)에게
피살됨. 시호는 成.《晉書》(35)에 전이 있음. '裴頠談藪'[191] 참조.

【惠帝】西晉의 제2대 황제 司馬衷. 武帝 司馬炎의 아들이며 중국 역대이래
가장 백치에 가까운 군주로 널리 알려진 인물. 290~306년 재위함. 皇后
賈南風에게 조종당하여 나라를 혼란으로 몰아넣었음. '晉惠聞蟆'[164] 참조.

【蒙塵】惠帝가 趙王 司馬倫의 난을 피해 잠시 도읍을 떠나 피난했던 일. 이 난은
八王之亂으로써 晉나라 때 諸侯國인 趙나라 임금 司馬倫이 晉 惠帝 永平
元年(291) 惠帝의 황후인 賈后와 楊駿의 정권다툼으로 賈后가 楚王 司馬瑋
와 결탁, 楊駿을 죽이고 汝南王 司馬亮으로 하여금 정치를 보좌하게 하였음.
그러나 뒤에 賈后가 다시 司馬瑋를 시켜 司馬亮을 죽이고 司馬瑋까지 죽이자
趙王 司馬倫이 군대를 일으켰으며, 이에 齊王 司馬冏이 入宮하여 賈后를
죽이자 司馬倫이 稱帝함. 다시 成都王 司馬穎이 군대를 일으켜 司馬倫을
죽이고 惠帝를 복위시켰으며, 그 와중에 長沙王 司馬乂가 다시 司馬冏을
죽였고, 河間王 司馬顒이 司馬乂를 죽였음. 최후로 東海王 司馬越이 起兵
하여 司馬穎과 司馬顒을 죽였으며 이로써 16년간 이어진 八王之亂은 끝이
나게 된 것임.《十八史略》(3)에 "齊王冏鎭許昌, 成都王穎鎭鄴, 河閒王顒鎭關中,

各擧兵討倫, 倫伏誅. 冏輔政, 驕奢擅權. 顒使長沙王乂殺之, 穎亦恃功驕奢,
已而與顒擧兵反, 乂奉帝及穎戰”라 함.

【端冕】 ‘단’은 禮服. ‘면’은 大夫 이상의 관리가 쓰는 禮冠.

【元帝】 晉 元帝. 司馬睿. 316년 西晉이 망하자 建康(南京)에 東晉을 세움. 동진
의 첫 황제. 재위 6년(317~323).《晉書》(6)에 紀가 있음. 廟號는 中宗. 일찍이
琅邪王을 지냈음.

【太牢】 소·양·돼지의 세 가지 희생물을 바치는 최고의 祭祀.




### 1.《晉書》(89) 忠義傳(嵇紹)

嵇紹字延祖, 魏中散大夫康之子也. 十歲而孤, 事母孝謹. 以父得罪, 靖居私門.
山濤領選, 啓武帝曰:「〈康誥〉有言:『父子罪不相及.』嵇紹賢侔郤缺, 宜加
旌命, 請爲祕書郎.」帝謂濤曰:「如卿所言, 乃堪爲丞, 何但郎也?.」乃發詔
徵之, 起家爲祕書丞. 父康與山濤善. 臨誅謂紹曰:「巨源在, 汝不孤矣.」紹始
入洛, 或謂王戎曰:「昨於稠人中始見嵇紹, 昂昂然若野鶴之在鷄群.」戎曰:
「君復未見其父耳.」累遷汝陰太守. 尙書左僕射裴頠亦深器之, 每曰:「使延祖
爲吏部尙書, 可使天下無復遺才矣.」……趙王倫篡位, 署爲侍中. 惠帝復阼,
遂居其職. ……尋而朝廷復有北征之役, 徵紹, 復其爵位. 紹以天子蒙塵, 承詔
馳詣行在所, 値王師敗績于蕩陰, 百官及侍衛散莫不散潰, 唯紹儼然端冕, 以身
捍衛, 兵交御輦, 飛箭雨集, 紹遂被害于帝側, 血濺御服, 帝深哀嘆之. 及事定,
左右欲浣衣, 帝曰:「此嵇侍中血, 勿去!」……東海王越屯許, 路經滎陽, 過紹墓,
哭之悲慟, 刊石立碑, 又表贈官爵. 帝乃遣使冊贈侍中·光祿大夫, 加金章紫綬,
進爵爲侯, 賜墓田一頃, 客十戶, 祠以小牢. 元帝爲丞相, 承制, 以紹死節事重,
而贈禮未副勳德, 更表贈太尉, 祠以太牢. 及帝卽位, 賜諡曰忠穆, 復加太牢之祠.

### 2.《世說新語》容止篇

有人語王戎曰:「嵇延祖卓卓如野鶴之在鷄群.」答曰:「君未見其父耳!」

### 3.《十八史略》(3)

侍中嵇紹, 以身衛帝, 被殺, 血濺帝衣. 穎迎帝入鄴, 左右欲浣帝衣, 帝曰:「嵇侍
中血, 勿浣也.」

# 140. 綠珠墜樓, 文君當爐

## 140-① 綠珠墜樓
### 누각에서 뛰어내린 녹주

《진서晉書》에 실려 있다.

석숭石崇은 자가 계륜季倫이며 발해渤海 남피南皮 사람이다. 위위衛尉가 되었는데 그에게는 아끼는 기생으로 녹주綠珠라는 가녀가 있어 아름답고 빼어났으며 피리를 잘 불었다. 그런데 중서령中書令 손수孫秀가 녹주를 탐내어 사람을 보내어 그 녹주를 찾아오도록 하였다. 석숭은 그때 금곡金谷의 별장에서 바야흐로 양대凉臺에 올라 맑은 물을 구경하고 있었으며, 부인들이 곁에서 모시고 있었다. 손수의 심부름꾼이 와서 그 사실을 고하자, 석숭은 자신이 데리고 있는 비첩 수십 명을 모두 나오도록 하여 그에게 보여 주었다. 모두가 난초와 사향의 향수를 바르고 얇은 비단을 입어 모두가 아름다웠다. 그리고 석숭이 말하였다.

"이들 중에 고르시오."

그러나 심부름꾼은 이렇게 말하는 것이었다.

"명령 받기를 녹주를 지목해 찾아오라 했습니다. 누가 녹주입니까?"

그러자 석숭은 발연히 화를 내었다.

"녹주는 내가 사랑하는 이요. 줄 수 없소!"

손수는 화를 내며 조왕趙王 사마륜司馬倫에게 석숭을 죽이도록 권하면서 드디어 조칙을 고쳐 그를 가두어 버렸다. 석숭은 마침 그날도 누대 위에서 잔치를 열고 있었는데 무장한 병사가 문에 다다랐다. 이에 석숭은 녹주에게 이렇게 말하였다.

"내 지금 너를 놓치지 않으려다가 죄를 얻었구나!"

녹주는 울면서 이렇게 말하였다.

"마땅히 그대 앞에서 죽겠습니다."

그러고는 스스로 누각 아래로 떨어져 목숨을 끊고 말았다.

석숭은 죽음을 당하러 동시東市로 끌려가면서 이렇게 한탄하였다.

"노예 같은 손수의 무리들이 우리 집 재산을 이익인 줄 알고 노리더니."

그러자 끌고 가던 자가 이렇게 말하였다.

"재산이 바로 해악이 된다는 것을 알았다면 어찌 진작 그것을 흩어 버리지 않았소?"

석숭은 아무런 대답을 하지 못한 채 드디어 죽음을 당하고 말았다.


《晉書》: 石崇字季倫, 渤海南皮人. 拜衛尉. 有妓曰綠珠, 美而艶, 善吹笛. 中書令孫秀使人求之. 崇時在金谷別館, 方登凉臺臨淸流, 婦人侍側. 使者以告, 崇盡出其婢妾數十人以示之, 皆蘊蘭麝被羅縠.

曰:「在所擇.」

使者曰:「受命指索綠珠, 不識孰是?」

崇勃然曰:「綠珠吾所愛, 不可得也!」

秀怒, 乃勸趙王倫誅崇, 遂矯詔收之. 崇正宴樓上, 介士到門.

崇謂綠珠曰:「我今爲爾得罪!」

綠珠泣曰:「當致死於君前.」

因自投于樓下而死.

崇詣東市嘆曰:「奴輩利吾家財.」

收者曰:「知財致害, 何不早散之?」

崇不能答, 遂被害.


【石崇】 자는 季倫(249~300). 修武令, 城陽太守 등을 지냈으며 吳나라를 벌한 공으로 安陽鄕侯에 봉해짐. 뒤를 이어 散騎常侍, 侍中, 荊州刺史 등을 역임하였으며 당시 최고의 부자로 金谷園을 지어 온갖 사치와 부를 누렸던 인물.

특히 羊琇, 王愷 등과 사치를 다툰 일화로도 유명함. 潘岳 등과 賈后, 賈謐을 모함하였으며 다시 淮南王(司馬允), 齊王(司馬冏)과 결탁하였다가 趙王(司馬倫) 에게 참살당함. 《晉書》(33)에 전이 있음.

【綠珠】석숭이 아끼던 歌女. 애첩. 그가 뛰어내려 죽은 누각을 綠珠樓라 함.

【孫秀】자는 俊忠(?~301). 趙王 司馬倫에게 발탁되어 그를 도와 난을 일으켰 다가 참살당함.

【金谷】地名. 지금의 河南省 洛陽 서북쪽. 石崇이 園林을 마련하였던 곳으로 유명함. '季倫錦障'[174] 참조.

【蘭麝】난초와 사향의 좋은 향기. 사향은 사향노루의 수컷의 복부에 있는 향낭에서 채취한 향기가 좋은 향료.

【趙王倫】宣帝 桓夫人 소생으로 趙王에 봉해진 司馬倫. 자는 子彛. 벼슬이 相國에 이름. 宣帝의 아홉째 아들. 惠帝 때 모반을 기도하였던 일은 '嵇紹 不孤'[139] 및 '趙倫瘤怪'[240] 참조.


참고 및 관련 자료

## 1.《晉書》(33) 石苞傳(石崇)

石崇字季倫, 生於青州, 故小名齊奴. 少敏惠, 勇而有謀. 苞臨終, 分財物與諸子, 獨不及崇. 其母以爲言, 苞曰:「此兒雖小, 後自能得.」年二十餘, 爲修武令, 有能名. 入爲散騎郎, 遷城陽太守. 伐吳有功, 封安陽鄉侯. 在郡雖有職務, 好學不倦, 以疾自解. 頃之, 拜黃門郎. ……時趙王倫專權, 崇甥歐陽建與倫有隙. 崇有妓曰 綠珠, 美而豔, 善吹笛. 孫秀使人求之. 崇時在金谷別館, 方登凉臺, 臨清流, 婦人侍側. 使者以告. 崇盡出其婢妾數十人以示之, 皆蘊蘭麝, 被羅縠, 曰:「在所 擇.」使者曰:「君侯服御麗則麗矣, 然本受命指索綠珠, 不識孰是?」崇勃然曰: 「綠珠吾所愛, 不可得也!」使者曰:「君侯博古通今, 察遠照邇, 願加三思.」崇曰: 「不然.」使者出而又反, 崇竟不許. 秀怒, 乃勸趙王倫誅崇·建. 崇·建亦潛知其計, 乃與黃門郎潘岳陰勸淮南王允·齊王冏以圖倫·秀. 秀覺之, 遂矯詔收崇及潘岳· 歐陽建等. 崇正宴於樓上, 介士到門. 崇謂綠珠曰:「我今爲爾得罪!」綠珠泣曰: 「當效死於君前.」因自投于樓下而死. 崇曰:「吾不過流徙交·廣耳.」及車載詣 東市, 崇乃歎曰:「奴輩利吾家財.」收者答曰:「知財致害, 何不早散之?」崇不 能答. 崇母兄妻子無少長皆被害, 死者十五人. 崇是年五十二.

## 2.《十八史略》(3)

淮南王允, 率兵討倫, 不克死. 倫殺衛尉石崇, 崇有愛妾綠珠, 倫嬖人孫秀求之,
不與, 秀誣崇奉允爲亂. 收之, 崇曰:「奴輩利吾財耳」收者曰:「知財爲禍, 何不
早散之?」遂被殺.


## 140-② 文君當壚
### 목로주점을 차린 사마상여의 아내 탁문군


　전한前漢의 탁문군卓文君은 촉군蜀郡 임공臨邛의 부자 탁왕손卓王孫의
딸이다. 막 과부가 되었을 때 그는 음악을 좋아하였는데 그때 마침 사마
상여司馬相如와 빈객이 그의 집에 이르러 술을 마시며 음악을 연주하면서
음악으로써 탁문군의 마음을 울리고 있었다. 사마상여는 아무것도 없으
면서 수레와 말을 타고 와서는 조용하고 단아한 모습으로 심히 멋진
모습을 취하였다. 탁문군은 문틈으로 이를 살펴보고 마음이 동하여
사마상여를 좋아하게 되었다. 그러나 아버지가 마땅한 상대로 여기지
않을 것임을 걱정하여 밤에 사마상여에게 도망가 버렸다. 사마상여는
그를 데리고 성도成都 자신의 고향으로 달려갔다. 그의 집은 한갓 사방
벽밖에 없었다. 아버지 탁왕손은 크게 노하였고, 탁문군도 오랫동안 즐거
움을 느끼지 못하였다. 그리하여 사마상여에게 이렇게 말하였다.
　"함께 임공臨邛으로 가서 집을 정하고 형제에게 우선 돈을 꾸면 그나마
생계를 해결할 수 있을 것입니다."
　이에 임공으로 옮겨 수레와 말을 팔아 술집을 사서는 탁문군으로 하여금
술상을 담당하고 사마상여 자신은 독비곤犢鼻褌을 입고 품팔이꾼들과

함께 시장에서 그릇 닦는 잡일을 하였다. 탁왕손은 이를 부끄럽게 여겨 두문불출하였다. 그러나 탁문군의 오빠와 여동생이 탁왕손에게 돌아가며 이렇게 말하였다.

"아들 하나 딸 둘이신데 부족한 것이라면 재산은 아닐 것입니다. 지금 문군이 이미 그 몸을 사마상여에게 허락하고 가버렸습니다. 사마상여도 게으르고 놀기를 좋아하여 그렇게 된 것으로 비록 가난하지만 그의 재주는 족히 의지할 만합니다."

탁왕손은 이에 노비 백 명과 돈 백 만을 문군에게 주어 그들은 다시 성도로 돌아가 논과 택지를 사사 부자가 되었다.

한참 뒤 촉 땅 사람으로 양득의楊得意가 구감狗監이라는 벼슬로 무제武帝를 모시고 있었다. 무제는 사마상여의 〈자허부子虛賦〉라는 작품을 읽고는 내용이 훌륭하다 여기면서 이렇게 말하였다.

"내 어찌 이러한 사람과 동시대에 살 수 없는 것일까!"

양득의가 듣고 이렇게 말하였다.

"저의 고향 사람으로 사마상여라는 자가 있는데, 그의 말에 의하면 자신이 이 부賦를 지었다 하더이다."

무제는 놀라 그를 불러 낭郞으로 삼았다.


前漢, 卓文君蜀郡臨邛富人卓王孫女. 新寡, 好音, 司馬相如與客, 至其家酒酣鼓琴, 而以琴心挑之. 相如從車騎, 雍容閑雅甚都. 文君竊從戶窺之心悅而好之. 恐不得當也, 夜亡奔相如, 相如與馳歸成都. 家徒四壁立. 王孫大怒, 文君久之不樂.

謂長卿曰:「第俱如臨邛, 從昆弟假貸, 猶足以爲生.」

乃之臨邛, 盡賣車騎, 買酒舍, 令文君當壚, 相如自著犢鼻褌, 與庸保雜作滌器於市中. 王孫恥之, 杜門不出.

昆弟諸公更謂王孫曰:「有一男兩女, 所不足者非財也. 今文君旣失身於長卿. 長卿故倦游, 雖貧其人材足依也.」

王孫分與文君僮百人·錢百萬. 歸成都, 買田宅爲富人.

久之蜀人楊得意爲狗監, 侍武帝.

帝讀〈子虛賦〉而善之曰:「朕獨不得與此人同時哉!」

得意曰:「臣邑人司馬相如自言, 爲此賦.」

上驚, 召之以爲郎.


【卓王孫】 탁문군의 아버지로 당시 촉의 부호.

【司馬相如】 자는 長卿(B.C.179~B.C.118). 成都 출신으로 漢代 최고의 賦 작가.
  漢 武帝에게 賦를 올려 宮中詩人으로 활약함. 〈子虛賦〉, 〈上林賦〉, 〈大人賦〉,
  〈諭巴蜀檄〉 등을 남겼으며 본《西京雜記》에는 사마상여에 관한 기록을 비교적
  많이 싣고 있음.《史記》,《漢書》의 司馬相如傳 참조.

【與客至】 사마상여는 臨邛의 令王 吉과 친했다. 어느 날 밤 함께 卓王孫에게
  초빙되었는데 그는 처음에 병을 핑계로 가지 않았음.

【卓文君】 漢代 大富豪인 卓王孫의 딸. 臨邛 땅의 부자 탁왕손이 잔치를 벌이
  면서 사마상여를 불러 彈琴을 시키자 寡婦였던 탁문군이 이를 보고 반해
  그와 함께 성도를 도망하여 술집을 차린 사건은 본《西京雜記》와《史記》,
  《漢書》 등에 모두 실려 있음.

【奔相如】 '奔'은 정식으로 혼례를 올리지 않고 남녀가 함께 도망하여 살림을
  차림을 말함.

【當壚】 '壚'는 목로주점. 흙을 쌓아 화로를 만들어 술 마시는 자리를 마련함을
  말함.

【犢鼻褌】 송아지 코 모양으로 만든 짧은 치마. 하찮은 옷.《史記》司馬相如
  列傳 集解에 韋昭의 말을 인용하여 "今三尺布作形如犢鼻矣. 稱此者, 言其
  無恥也. 今銅印言犢紐, 此其類矣"라 함. '仲容靑雲'[028] 참조.

【庸保】 보증인을 세워 고용된 천한 사람.《史記》에는 '保庸'으로 되어 있음.

【武帝】 西漢 5대 황제 劉徹. 景帝(劉啓)의 아들이며 B.C.140~B.C.87년까지
  54년간 재위함. 대내외적으로 학술, 강역, 문학 등 여러 방면에 걸쳐 많은
  치적을 남겨 강력한 帝國을 건설함.

【子虛賦】 사마상여가 梁나라에 있을 때 지은 작품. 제후의 놀이와 수렵 등을
  노래하며 楚나라의 아름다움을 노래한 것으로 問答體를 사용하고 美辭

麗句를 자유자재로 구사한 것임. 武帝에게 인정을 받은 뒤 다시 〈上林賦〉를
지어 바쳐 郎官에 임명되었음.《文選》(7)에 실려 있음.




## 1.《史記列傳》司馬相如列傳

司馬相如者, 蜀郡成都人也, 字長卿, 少時好讀書, 學擊劍, 故其親名之曰犬子.
相如旣學, 慕藺相如之爲人, 更名相如. 以貲爲郎, 事孝景帝, 爲武騎常侍, 非其
好也. 會景帝不好辭賦, 是時梁孝王來朝, 從游說之士齊人鄒陽·淮陰枚乘·吳莊
忌夫子之徒, 相如見而說之, 因病免, 客游梁. 梁孝王令與諸生同舍, 相如得與
諸生游士居數歲, 乃著《子虛之賦》. 會梁孝王卒, 相如歸, 而家貧, 無以自業.
素與臨邛令王吉相善, 吉曰:「長卿久宦遊不遂, 而來過我.」於是相如往, 舍都亭.
臨邛令繆爲恭敬, 日往朝相如. 相如初尙見之, 後稱病, 使從者謝吉, 吉愈益謹肅.
臨邛中多富人, 而卓王孫家僮八百人, 程鄭亦數百人, 二人乃相謂曰:「令有貴客,
爲具召之.」并召令. 令旣至, 卓氏客以百數. 至日中, 謁司馬長卿, 長卿謝病不
能往, 臨邛令不敢嘗食, 自往迎相如. 相如不得已, 彊往, 一坐盡傾. 酒酣, 臨邛
令前奏琴曰:「竊聞長卿好之, 願以自娛.」相如辭謝, 爲鼓一再行. 是時卓王孫
有女文君新寡, 好音, 故相如繆與令相重, 而以琴心挑之. 相如之臨邛, 從車騎,
雍容閒雅甚都;及飲卓氏, 弄琴, 文君竊從戶窺之, 心悅而好之, 恐不得當也.
旣罷, 相如乃使人重賜文君侍者通殷勤. 文君夜亡奔相如, 相如乃與馳歸成都.
家居徒士壁立. 卓王孫大怒曰:「女至不材, 我不忍殺, 不分一錢也.」人或謂王孫,
王孫終不聽. 文君久之不樂, 曰:「長卿第俱如臨邛, 從昆弟假貸猶足爲生, 何至
自苦如此!」相如與俱之臨邛, 盡賣其車騎, 買一酒舍酤酒, 而令文君當鑪. 相如
身自著犢鼻褌, 與保庸雜作, 滌器於市中. 卓王孫聞而恥之, 爲杜門不出. 昆弟諸
公更謂王孫曰:「有一男兩女, 所不足者非財也. 今文君已失身於司馬長卿, 長卿
故倦游, 雖貧, 其人材足依也. 且又令客, 獨奈何相辱如此!」卓王孫不得已, 分予
文君僮百人, 錢百萬, 及其嫁時衣被財物. 文君乃與相如歸成都, 買田宅, 爲富人.
居久之, 蜀人楊得意爲狗監, 侍上. 上讀《子虛賦》而善之, 曰:「朕獨不得與此人
同時哉!」得意曰:「臣邑人司馬相如自言爲此賦.」上驚, 乃召問相如. 相如曰:
「有是. 然此乃諸侯之事, 未足觀也. 請爲天子游獵賦, 賦成奏之.」上許, 令尙書
給筆札. 相如以「子虛」, 虛言也, 爲楚稱;「烏有先生」者, 烏有此事也, 爲齊難;

「無是公」者, 無是人也, 明天子之義. 故空藉此三人爲辭, 以推天子諸侯之苑囿. 其卒章歸之於節儉, 因以風諫. 奏之天子, 天子大說.

## 2.《漢書》권27 司馬相如傳

司馬相如字長卿, 蜀郡成都人也. 少時好讀書, 學擊劍, 名犬子. 相如旣學, 慕藺相如之爲人也, 更名相如. 以訾爲郎, 事孝景帝, 爲武騎常侍, 非其好也. 會景帝不好辭賦, 是時梁孝王來朝, 從游說之士齊人鄒陽·淮陰枚乘·吳嚴忌夫子之徒, 相如見而說之, 因病免, 客游梁, 得與諸侯游士居, 數歲, 乃著〈子虛之賦〉. 會梁孝王薨, 相如歸, 而家貧無以自業. 素與臨邛令王吉相善, 吉曰:「長卿久宦游, 不遂而困, 來過我.」於是相如往舍都亭. 臨邛令繆爲恭敬, 日往朝相如. 相如初尙見之, 後稱病, 使從者謝吉, 吉愈益謹肅. 臨邛多富人, 卓王孫僮客八百人, 程鄭亦數百人, 乃相謂曰:「令有貴客, 爲具召之. 幷召令.」令旣至, 卓氏客以百數, 至日中請司馬長卿, 長卿謝病不能臨. 臨邛令不敢嘗食, 身自迎相如, 相如爲不得已而强往, 一坐盡傾. 酒酣, 臨邛令前奏琴曰:「竊聞長卿好之, 願以自娛.」相如辭謝, 爲鼓一再行. 是時, 卓王孫有女文君新寡, 好音, 故相如繆與令相重而以琴心挑之. 相如時從車騎, 雍容閒雅, 甚都. 及飮卓氏弄琴, 文君竊從戶窺, 心說而好之, 恐不得當也. 旣罷, 相如乃令侍人重賜文君侍者通殷勤. 文君夜亡奔相如, 相如與馳歸成都. 家徒四壁立. 卓王孫大怒曰:「女不材, 我不忍殺, 一錢不分也!」人或謂王孫, 王孫終不聽. 文君久之不樂, 謂長卿曰:「弟俱如臨邛, 從昆弟假貸, 猶足以爲生, 何至自苦如此!」相如與俱之臨邛, 盡賣車騎, 買酒舍, 乃令文君當盧. 相如身自著犢鼻褌, 與庸保雜作, 滌器於市中. 卓王孫恥之, 爲杜門不出. 昆弟諸公更謂王孫曰:「有一男兩女, 所不足者非財也. 今文君旣失身於司馬長卿, 長卿故倦游, 雖貧, 其人材足依也. 且又令客, 奈何相辱如此!」卓王孫不得已, 分與文君僮百人, 錢百萬, 及其嫁時衣被財物. 文君乃與相如歸成都, 買田宅, 爲富人. 居久之, 蜀人楊得意爲狗監, 侍上. 上讀〈子虛賦〉而善之, 曰:「朕獨不得與此人同時哉!」得意曰:「臣邑人司馬相如自言爲此賦.」上驚, 乃召問相如. 相如曰:「有是. 然此乃諸侯之事, 未足觀, 請爲天子游獵之賦.」上令尙書給筆札, 相如以「子虛」, 虛言也. 爲楚稱;「烏有先生」者, 烏有此事也, 爲齊難;「亡是公」者, 亡是人也, 欲明天子之義. 故虛藉此三人爲辭, 以推天子諸侯之苑囿. 其卒章歸之於節儉, 因以風諫. 奏之天子, 天子大說.

# 141. 伊尹負鼎, 審戚扣角

## 141-① 伊尹負鼎
### 솥을 짊어지고 탕을 찾은 이윤


《사기史記》에 실려 있다.

이윤伊尹이 탕湯에게 가까이하고자 하였으나 말미암을 길이 없었다. 이에 유신씨有莘氏의 잉신媵臣이 되어 솥과 도마를 짊어지고 음식 맛으로 탕의 마음을 사로잡아 드디어 왕도를 성취할 수 있도록 해 주었다.

어떤 이는 이렇게 말하였다.

"이윤은 처사로써 탕이 사람을 시켜 그를 맞아오도록 하였지만, 다섯 번이나 찾아간 연후에야 그는 탕 임금을 따르기로 하였다. 그는 소왕素王과 구주九主의 사실을 이야기하여 탕 임금이 그를 천거하여 국정을 맡겼던 것이다."


《史記》: 伊尹欲干湯而無由. 乃爲有莘氏媵臣, 負鼎俎, 以滋味說湯, 致於王道.

或曰:「伊尹處士. 湯使人聘迎之, 五反然後肯往從湯, 言素王及九主之事, 湯擧任以國政.」


【伊尹】湯을 도와 夏桀을 물리치고 商(殷)의 건국에 큰 공헌을 한 인물.
【湯】殷나라 개국군주. 夏나라 桀을 물리치고 천하를 통일한 임금.
【媵臣】시집갈 때 따라가는 남자 종.
【素王】소박함을 道로 삼은 고대 임금들.

【九主】九王.《史記》殷本紀 司馬貞의《索隱》에는 三皇五帝와 夏의 禹王이라 하였고, 裴駰이《集解》는 劉向《別錄》을 인용하여 法君·專君·授君·勞君· 等君·寄君·破君·國君·三歲社君이라 하였음. 그 외에 馬王堆 漢墓의 帛書 〈伊尹篇〉에는 法君·專授之君·勞君·寄主·破邦之主二·滅社之主二를 들고 있음.




### 1.《史記》殷本紀
伊尹名阿衡. 阿衡欲奸湯而無由, 乃爲有莘氏媵臣, 負鼎俎, 以滋味說湯, 致于 王道. 或曰:「伊尹處士, 湯使人聘迎之, 五反然後肯往從湯, 言素王及九主之事. 湯擧任以國政.」伊尹去湯適夏. 旣醜有夏, 復歸于亳. 入自北門, 遇女鳩·女房, 作女鳩女房.




## 141-② 甯戚扣角
## 쇠뿔을 두드리며 환공을 기다린 영척


《삼제략기三齊略記》에 실려 있다.

제齊 환공桓公이 밤에 집 근처를 출행하였는데, 영척甯戚이 급히 자신이 몰고 온 쇠뿔을 두드리며 큰 소리로 이렇게 노래하는 것이었다.


"남산의 돌, 흰색에 반짝반짝.

태어나서 요堯임금이 순舜에게 선양하는 모습을 직접 보지 못했네.

짧은 베옷에 홑겹의 옷은 겨우 정강이까지만 덮였네.

밤부터 소를 먹여 한밤중이 다가왔네.
길고 긴 이 밤 그 언제 아침이 올꼬?”

환공이 이 노래를 듣고, 그와 말을 나누어 보고 기뻐하며 그를 대부
大夫로 삼았다.


《三齊略記》: 齊桓公夜出近舍, 甯戚疾擊其牛角, 高歌曰:
『南山矸, 白石爛.
生不遭堯與舜禪.
短布單衣適至骭.
從昏飯牛薄夜半.
長夜曼曼何時旦?』
桓公召與語, 說之, 以爲大夫.


【齊桓公】春秋五霸의 하나. 춘추 초기 管仲의 도움을 패업을 이룬 영명한
군주. B.C.685~B.C.643년까지 43년간 재위함.
【甯戚】寧戚, 甯戚 등으로도 표기하며 제 환공에게 발탁되어 큰 공을 세웠던
인물.
【近舍】‘舍’는 군대가 행군할 때 하루에 30리를 가는 것으로 보아 하루 걸어
갈 거리 정도를 뜻함. ‘근사’는 1舍 정도의 가까운 거리.
【生不遭堯與舜禪】周나라 말기인 춘추전국시대에 태어나 요임금이 선양을
한 태평성대를 만나지 못했음을 안타깝게 여긴다는 뜻.


참고 및 관련 자료

1.《說苑》君道篇
齊桓公問於甯戚曰:「筦子今年老矣, 爲棄寡人而就世也, 吾恐法令不行, 人多
失職, 百姓疾怨, 國多盜賊, 吾何如而使姦邪不起, 民足衣食乎?」甯戚對曰:

「要在得賢而任之」桓公曰:「得賢奈何?」甯戚對曰:「開其道路, 察而用之, 尊其位, 重其祿, 顯其名, 則天下之士, 騷然舉足而至矣」桓公曰:「旣以舉賢士而用之矣, 微夫子幸而臨之, 則未有布衣屈奇之士, 踵門而求見寡人者」甯戚對曰:「是君察之不明, 舉之不顯; 而用之疑, 官之卑, 祿之薄也; 且不國之所以不得士者, 有五阻焉: 主不好士, 諂諛在旁, 一阻也; 言便事者, 未嘗見用, 二阻也; 壅塞掩蔽, 必因近習, 然後見察, 三阻也; 訊獄詰窮其辭, 以法過之, 四阻也; 執事適欲, 擅國權命, 五阻也. 去此五阻, 則豪俊竝興, 賢智求處; 五阻不去, 則上蔽吏民之情, 下塞賢士之路; 是故明王聖主之治, 若夫江海無不受, 故長爲百川之主; 明王聖君無不容, 故安樂而長久. 因此觀之, 則安主利人者, 非獨一士也.」桓公曰:「善, 吾將著夫五阻以爲戒本也!」

# 142. 趙壹坎壈, 顔駟蹇剝

## 142-① 趙壹坎壈
### 불우한 삶을 이겨낸 조일

후한後漢의 조일趙壹은 자가 원숙元叔이며 한양漢陽 서현西縣 사람이다. 체모가 우락부락하여 멀리서 보면 심히 장대하였다. 자신의 재능을 믿고 거만하게 굴어 향당鄕黨에서 배척을 받았다. 그리하여 《해빈解擯》이라는 글을 짓기도 하였다. 여러 차례 죄에 걸려들어 거의 죽음에 이를 정도가 되자, 친구들이 구제하여 살아날 수 있었다. 이에 그는 편지를 보내어 그 은혜에 감사함을 표하였고 〈궁조부窮鳥賦〉라는 작품을 지었다.

뒤에 군郡의 추천으로 상계上計가 되어 수도로 가게 되었다.

당시 사도司徒 원봉袁逢이 그의 회계 장부를 받았는데, 계리計吏 수백 명이 모두 뜰에서 사도를 향해 엎드려 절하고 있었는데 조일만은 홀로 길게 읍揖만 할 뿐이었다. 원봉이 이상히 여겨 좌우로 하여금 꾸짖도록 하였다. 그러자 조일은 이렇게 말하는 것이었다.

"옛날 역이기酈食其는 한왕漢王에게 긴 읍의 예만 하였소. 지금 삼공三公 정도에게 읍을 하는 것이 어찌 그리 괴이한 일이라는 거요?"

원봉은 당에서 내려와 그의 손을 잡고 윗자리로 모셨다.

하남윤河南尹 양척羊陟과 원봉이 그를 칭찬하여 천거하자, 그 이름이 수도에 진동하였으며 사대부들이 그의 풍채를 보고 싶어할 정도였다.

뒤에 여러 주군州郡에서 다투어 그를 예로써 초청하였으며, 열 번이나 공부公府의 부름을 받았으나 모두 거절하였다.

당초 원봉이 관상을 잘 보는 자로 하여금 조일의 관상을 보게 했더니 그는 "군리郡吏 정도의 벼슬에 그칠 상"이라 하였는데 결국 그 말 그대로였다.

後漢, 趙壹字元叔, 漢陽西縣人. 體貌魁梧, 望之甚偉.

恃才倨傲, 爲鄕黨所擯. 乃作《解擯》.

屢抵罪, 幾至死, 友人救得免. 乃貽書謝恩, 爲〈窮鳥賦〉.

後擧郡上計到京師. 時司徒袁逢受計. 計吏數百人, 皆拜伏庭中, 壹獨長揖. 逢異之, 令左右讓之.

對曰:「昔酈食其長揖漢王, 今揖三公, 何遽怪哉?」

逢下堂, 執手延置上坐.

河南尹羊陟與逢共稱薦之, 名動京師, 士大夫想望其風采. 後州郡爭致禮命, 十辟公府, 竝不就. 初逢使善相者相壹. 云「仕不過郡吏」, 竟如其言.


【趙壹】 후한 때 인물로 자는 元叔.《後漢書》文苑傳에 전이 있음.

【鄕黨】 고대 行政 단위의 명칭. 5家는 鄰, 25家는 里, 1萬 2천 5百家는 鄕, 5百家는 黨이라 함.

【坎壈】 길이 평탄하지 않음. 불우하여 뜻을 이루지 못함을 표현하는 疊韻 連綿語.

【窮鳥賦】 자신을 가난한 새에 비유하여 도움을 받은 은덕을 노래하기 위해서 지은 작품. 本傳에 실려 있음.

【上計】 州나 郡의 회계를 담당하는 관리로서 1년에 한 번씩 상경하여 조정에 그 회계를 보고하는 임무를 맡은 관리.

【酈食其】 漢나라 초기의 책략가. 高祖를 도와 齊나라를 성별하여 70여 개의 성을 함락시켰으나 뒤에 외교 문제가 얽혀 烹殺을 당함. '酈生長揖'[165] 참조.


참고 및 관련 자료

1.《後漢書》文苑傳(趙壹)

趙壹字元叔, 漢陽西縣人也. 體貌魁梧, 美須豪眉, 望之甚偉. 而恃才倨傲, 爲鄕黨所擯. 乃作《解擯》. 後屢抵罪, 幾至死, 友人救得免. 乃貽書謝恩, 爲〈窮鳥賦〉.

光和元年, 擧郡上計到京師. 時司徒袁逢受計. 計吏數百人, 皆拜伏庭中, 壹獨
長揖. 逢望而異之, 令左右往讓之, 曰:「下郡計吏而揖三公, 何也?」對曰:「昔酈
食其長揖漢王, 今揖三公, 何邊怪哉?」逢則斂衽下堂, 執其手, 延置上坐, 因問
西方事, 大悅. 顧謂坐中曰:「此人漢陽趙元叔也. 朝臣莫有過之者, 吾請爲諸
君分坐.」坐者皆屬觀. 旣出, 往造河南尹羊陟, 不得見. 壹以公卿中非陟無足以
託名者, 乃日往到門, 陟自强許通, 尙臥未起, 壹逕入上堂, 遂前臨之, 曰:「竊伏
西州, 承高風舊矣, 乃今方遇而忽然, 奈何命也!」因擧聲哭, 門下驚, 皆奔入滿側.
陟知其非常人, 乃起, 延與語, 大奇之. 謂曰:「子出矣.」陟明旦大從車騎奉謁
造壹. 時諸計吏多盛飾車馬帷幕, 而壹獨柴車草屛, 露宿其傍, 延陟前坐於車下,
左右莫不歎愕. 陟遂與言談, 至熏夕, 極歡而去, 執其手曰:「良璞不剖, 必有泣血
以相明者矣!」陟乃與袁逢共稱薦之, 名動京師, 士大夫想望其風采. ……州郡爭
致禮命, 十辟公府, 竝不就. 終於家. 初逢使善相者相壹. 云「仕不過郡吏」, 竟如
其言.


# 142-② 顔駟蹇剝
## 힘든 운명의 안사


《한무고사漢武故事》에 실려 있다.

황제가 낭관郎官의 집무실에 이르러 수염과 눈썹이 하얗게 센 늙은
낭관을 보자, 어느 때부터 아직까지 낭관 벼슬을 하고 있는지를 물었다.

그러자 그는 이렇게 대답하는 것이었다.

"저의 성은 안顔이며 이름은 사駟라 합니다. 문제文帝 때 낭관이 되었
습니다. 문제께서 문文을 좋아하셨고 저는 무武를 좋아하였지요. 경제景帝
께서는 늙은이를 좋아하셨지만 그때 저는 아직 어렸습니다. 그런데 지금
폐하께서는 어린것을 좋아하시지만 저는 이미 이렇게 늙고 말았습니다.

이 까닭으로 삼조三朝에 걸쳐 불우했던 것입니다.”

무제는 그 말에 감동하여 그를 회계도위會稽都尉로 발탁하였다.

어떤 본에는 “경제께서는 아름다운 것을 좋아하였지만 저는 추하게 생겼습니다”로 되어 있다.


《漢武故事》曰: 上至郎署舍, 見一老郎鬚眉晧白, 問何時爲之.

對曰:「臣姓顔名駟, 文帝時爲郎. 文帝好文而臣好武. 景帝好老而臣尚少. 陛下好少而臣已老. 是以三朝不遇也.」

上感其言, 擢爲會稽都尉.

一本作「景帝好美臣貌醜.」


【蹇剝】원래 《周易》의 괘 이름. 시대의 운에 불리하여 제대로 뜻을 펴지 못함을 말함.

【漢武故事】漢代 小說의 이름. 한나라 班固가 지었다고 알려졌으나 六朝時代 시대 僞作으로 보고 있음. 武帝의 신비한 고사를 싣고 있음.

【顔駟】漢나라 武帝 때의 관리.

【文帝】孝文帝. 전한 제3대 황제 劉恒. 太宗孝文皇帝. 高祖 劉邦의 庶子로써 薄太后의 아들. B.C.179~B.C.157년 재위함. 한나라 초기 文景之治를 이루어 제국의 기틀을 다짐.

【景帝】西漢 4대 황제. 劉啓. B.C.156~B.C.141년까지 16년간 재위함. 文帝의 아들이며 梁孝土(劉武)의 영. 文景之治를 이루어 한나라 기반을 나심.

【陛下】武帝를 말함.

【三葉】三世. 文帝·景帝·武帝의 3대.




1. 《周易》 蹇卦

蹇: 利西南, 不利東北; 利見大人, 貞吉. 象曰: 蹇, 難也, 險在前也; 見險而能止,知矣哉!「蹇, 利西南」, 往得中也;「不利東北」, 其道窮也.「利見大人」, 往有功也; 當位「貞吉」, 以正邦也. 蹇之時用大矣哉! 象曰: 山上有水, 蹇; 君子以反身修德. 初六, 往蹇, 來譽. 象曰:「往蹇來譽」, 宜待也. 六二, 王臣蹇蹇, 匪躬之故. 象曰:「王臣蹇蹇」, 終无尤也. 九三, 往蹇, 來反. 象曰:「往蹇來反」, 內喜之也. 六四, 往蹇, 來連. 象曰:「往蹇來連」, 當位實也. 九五, 大蹇, 朋來. 象曰:「大蹇朋來」, 以中節也. 上六, 往蹇, 來碩. 吉, 利見大人. 象曰:「往蹇來碩」, 志在內也;「利見大人」, 以從貴也.

### 2.《周易》剝卦

剝: 不利有攸往. 象曰: 剝, 剝也, 柔變剛也.「不利有攸往」, 小人長也. 順而止之, 觀象也; 君子尚小息盈虛, 天行也. 象曰: 山附於地, 剝; 上以厚下安宅. 初六, 剝牀以足, 蔑; 貞凶. 象曰:「剝牀以足」, 以滅下也. 六二, 剝牀以辨, 蔑; 貞凶. 象曰:「剝牀以辨」, 未有與也. 六三, 剝之无咎. 象曰:「剝之无咎」, 失上下也. 六四, 剝牀以膚, 凶. 象曰:「剝牀以膚」, 切近災也. 六五, 貫魚以宮人寵, 无不利. 象曰:「以宮人寵」, 終无尤也. 上九, 碩果不食, 君子得輿, 小人剝廬. 象曰:「君子得輿」, 民所載也;「小人剝廬」, 終不可用也.

# 143. 龔遂勸農, 文翁興學

## 143-① 龔遂勸農
## 농사를 권장한 공수

전한前漢의 공수龔遂는 자가 소경少卿이며 산양山陽 남평南平 양현陽縣 사람이다. 경학에 밝아 관직에 오르게 되었다.

선제宣帝 때에 발해渤海의 이웃 군에 흉년이 들어 도적이 들끓게 되어 군수도 이를 잡거나 제압할 수가 없었다. 황제는 이를 능히 다스릴 수 있는 자를 뽑았는데 공수가 선택되어 발해태수渤海太守가 되었다. 그러나 그때 그는 일흔이 넘은 나이였다. 그가 그 군의 경계에 이르자, 관할 속현에 공문을 보내어 도적 잡는 관리들을 모두 파면시키고, 대신 호미와 갈고리 등 농기구를 가지고 있는 자는 모두 양민良民으로 풀어주되 관리들도 그들에게는 심문을 할 수 없도록 하며, 대신 무기를 소지하고 있는 자는 도적으로 여기도록 하였다. 그리하여 도적이 모두 사라지고 백성은 자신의 농토에서 즐겁게 생업을 이어갈 수 있게 되었다.

공수는 이에 창고를 열어 가난한 이들에게 대여하고 양리良吏를 선발하여 등용시킨 다음, 백성을 위무하고 안정시켜 목축에 힘쓰도록 하였다. 공수는 제齊나라 시역의 풍속이 사치와 말기末技만 좋아하면서 농사에 힘쓰지 않음을 알고, 이에 직접 나서서 검소함을 실천하고 백성들에게 농업과 잠업에 힘쓸 것을 권면하였다. 그리고 백성 중에 도검刀劍을 차고 다니는 자는 그 검을 팔아 소를 사며, 칼은 팔아 송아지를 사도록 하였다. 이리하여 관리와 백성들은 모두 부유하고 충실하게 되었으며 소송도 사라지게 되었다.

뒤에 공수는 조정으로 부름을 받게 되었다. 그런데 의조議曹에 왕생王生이라는 자가 평소 술을 좋아하여 절도가 없었다. 그가 왕생을 따라

수도로 오게 되었다. 마침 공수가 그를 데리고 궁궐로 들어서자 왕생이
이렇게 말하였다.

"천자께서 그대에게 '어떻게 발해를 그렇게 다스렸는가?'라고 물으시면
그저 '모든 것이 성주聖主의 덕분입니다. 이 소신의 힘이 아닙니다'라고만
말하십시오."

공수가 그의 말대로 황제에게 대답을 하자 황제는 웃으면서 이렇게 말
하였다.

"그대는 어디서 그런 덕 있는 어른의 말을 얻어 이렇게 칭하는 것인가?"

그러자 공수가 대답하였다.

"저는 이러한 말을 알지 못합니다. 의조가 저에게 경계시켜 준 것입
니다."

황제는 공수가 늙어 공경公卿의 벼슬은 감당해 낼 수 없다고 여겨 그를
수형도위水衡都尉에 임명하고 왕생을 승丞으로 삼아 공수의 공을 드러
나도록 한 것을 포상하였다고 한다.


前漢, 龔遂字少卿, 山陽南平陽人. 以明經爲官. 宣帝時, 渤海左右
郡歲饑盜賊竝起, 二千石不能禽制. 上選能治者, 以遂爲渤海太守,
年七十餘. 遂至界, 移書勅屬縣, 悉罷逐捕盜賊吏, 諸持鉏鉤田器者,
皆爲良民, 吏毋得問. 持兵者迺爲盜賊. 盜賊悉平, 民安土樂業.
遂乃開倉廩假貧民, 選用良吏, 慰安牧養焉. 遂見齊俗奢侈好末技
不田作, 迺躬率以儉約, 勸民務農桑. 民有帶刀劍者, 使賣劍買牛,
賣刀買犢. 吏民皆富實, 獄訟止息.

後徵遂. 議曹王生素嗜酒亡節度, 從至京師.

會遂引入宮, 王生曰:「天子卽問君:『何以治渤海?』宜曰:『皆聖主
之德, 非小臣之力也』」

遂受其言以對, 上說笑曰:「君安得長者之言而稱之?」

對曰：「臣非知此, 乃議曹敎戒臣也.」

上以遂老不任公卿, 拜水衡都尉, 王生爲丞, 以襃顯遂云.


【龔遂】 西漢 宣帝 때의 관리.(?~B.C.62) 그가 渤海太守였을 때 기근과 도적이 심하게 발호하자 창고를 열고 이를 나누어주면서 농사를 독려하고 도적들에게는 칼을 팔아 소를 사도록 하였음.《漢書》循吏傳 참조.
【宣帝】 西漢 7대 황제. 이름은 劉詢. B.C.73~B.C.49년 재위함. 武帝의 증손자. 衛太子의 손자.
【二千石】 군수를 가리킴. 봉록이 2천 석이기 때문에 군수의 별칭으로 쓰였음.
【王生】 龔遂의 부하 직원.
【水衡都尉】 강의 水路와 灌漑를 담당하는 책임자.




## 1.《漢書》循吏傳(龔遂)

龔遂字少卿, 山陽南平陽人也. 以明經爲官, 至昌邑郎中令, 事王賀. 賀動作多不正, 遂爲人忠厚, 剛毅有大節, 乃諫爭於王, 外責傅相, 引經義, 陳禍福, 至於涕泣, 蹇蹇亡已, 面刺王過, 王至掩耳起走, 曰：「郎中令善媿人.」 及國中皆畏憚焉. ……遂見齊俗奢侈, 好末技, 不田作, 乃躬率以儉約, 勸民務農桑, 令口種一樹楡, 民有帶持刀劍者, 使賣劍買牛, 賣刀買犢, 曰：「何爲帶牛佩犢!」 春夏不得不趨田畝, 秋冬課收斂, 益蓄果實菱茨. 勞來循行, 郡中皆有畜積, 吏民皆富實, 獄訟止息. 數年, 上遣使徵遂, 議曹王生願從. 功曹以爲王生素嗜酒, 亡節度, 不可使. 遂不忍逆, 從至京師. 王生日飮酒, 不視太守. 會遂引入宮, 王生醉, 從後呼, 曰：「明府且止, 願有所白.」 遂還問其故, 王生曰：「天子卽問君何以治渤海, 君不可有所陳對, 宜曰『皆聖主之德, 非小臣之力也』」 遂受其言. 旣至前, 上果問以治狀, 遂對如王生言. 天子說其有讓, 笑曰：「君安得長者之言而稱之?」 遂因前曰：「臣非知此, 乃臣議曹敎戒臣也.」 上以遂年老不任公卿, 拜爲水衡都尉, 議曹王生爲水衡丞, 以襃顯遂云. 水衡典上林禁苑, 共張宮館, 爲宗廟取牲, 官職親近, 上甚重之, 以官壽卒.

2. 《幼學瓊林》

劉昆宰江陵, 昔日反風滅火; 龔遂守渤海, 令民賣刀買牛.

3. 《十八史略》(2)

北海太守朱邑, 以治行第一, 入爲太司農. 渤海太守龔遂, 入爲水衡都尉. 先是
渤海歲饑, 盜起, 選遂爲太守, 召見問:「何以治盜?」遂對曰:「海濱遐遠, 不沾
聖化, 其民飢寒, 而吏不恤. 使陛下赤子, 盜弄兵於潢池中耳. 今欲使臣勝之邪?
將安之也?」上曰:「選用賢良, 固欲安之.」遂曰:「治亂民如治亂繩, 不可急也.
願無拘臣以文法, 得便宜從事.」上許焉. 乘傳至渤海界, 郡發兵迎, 遂皆遣還,
移書罷捕. 諸持田器者爲良民, 持兵者乃爲盜. 遂單車至府, 盜聞卽時解散. 民有
持刀劍者, 使賣劍買牛, 賣刀買犢, 曰:「何爲帶牛佩犢?」勞來巡行, 郡中皆有
蓄積, 獄訟止息, 至是召入.


# 143-② 文翁興學
## 시골 교육을 진흥시킨 문옹


전한前漢의 문옹文翁은 여강廬江 서현舒縣 사람이다. 어려서부터 학문을
좋아하였으며 《춘추春秋》에 통달하였다. 경제景帝 말에 그는 촉군태수
蜀郡守가 되었다. 그는 인애를 베풀고 교육으로써 다스리기를 좋아하였다.

그는 촉 지방은 편벽하고 누추한 곳으로 만이蠻夷의 풍속을 지키고
있다고 여겨 이들을 개화시키고자 유도하였다. 이에 그곳 군현郡縣의
낮은 관리로서 개화되고 민첩하며 재능이 있는 자를 선발하여 자신이
직접 가르치고 독려하며 수도로 보내어 박사博士의 수업을 받도록 하였다.

몇 년 뒤 촉에서 간 생도들은 모두가 성취를 거두고 귀환하여 높은 직위에 올랐으며, 더러는 군수郡守나 자사刺史에까지 오른 자가 있었다. 그는 나아가 성도成都 시중에 학관學官을 열어 관할 현의 자제를 모집하여 학관자제學官弟子로 삼고, 그들의 부역을 면제하고 요역의 순서까지 바꾸어 주었다. 이리하여 성적이 높은 자는 구현의 관리로 보임하고, 그 다음 성적을 얻은 자는 집에 돌아가 효제孝悌를 실천하며 열심히 농사를 짓도록 하였다. 그리고 현을 순시할 때마다 학관의 생도들 중에 경서經書에 밝고 행동에 수양을 얻은 자를 함께 데리고 가서, 그들로 하여금 교령敎令을 전파하며 안방까지 들어가 가르치고 깨우치도록 하였다. 이에 그곳 관리와 백성들은 이들의 이러한 활동을 보고 영광으로 여겨 서로 다투어 학관제자가 되려 하였으며 부잣집에서는 돈을 내놓으면서까지 그러한 자격을 얻고자 하였다. 이로 말미암아 촉 지역은 크게 교화되었고 서울에서 공부한 이들은 제로齊魯 지역에 비길 정도였다.

무제武帝가 이에 천하의 군국郡國에 모두 학교學校를 세우도록 영을 내렸는데 이는 바로 문옹에서 시작된 것이었다. 문옹이 촉에서 생을 마치자, 관리와 백성들은 그를 위해 사당을 세우고 해마다 제사가 끊이지 않고 있다. 지금에 이르도록 파촉巴蜀 지역 사람들이 문아文雅함을 좋아하는 것은 모두 문옹의 교화 덕분이다.


前漢, 文翁, 盧江舒人. 少好學, 通《春秋》. 景帝末爲蜀郡守. 仁愛好敎化, 見蜀地辟陋, 有蠻夷風, 欲誘進之. 乃選郡縣小吏開敏有材者, 親自飭厲遣詣京師, 受業博士. 數歲蜀生皆成就還歸, 爲右職, 官有至郡守刺史者.

又修起學官於成都市中, 招下縣子弟, 爲學官弟子, 爲除更繇, 高者以補郡縣吏, 次爲孝悌力田. 每行縣, 益從學官諸生明經飭行者與俱, 使傳敎令出入閨閤. 吏民見而榮之, 爭欲爲學官弟子, 富人至出錢以求之. 由是大化蜀地, 學於京師者比齊魯焉. 武帝乃令天下郡國皆立學校, 自立翁始.

　文翁終於蜀, 吏民爲立祠堂, 歲時祭祀不絶. 至今巴蜀好文雅,
文翁之化也.


【文翁】 한나라 景帝 때 지방의 鄕學을 처음 일으킨 인물.《漢書》에 전이 있음.
【景帝】 西漢 4대 황제. 劉啓. B.C.156~B.C.141년까지 16년간 재위함. 文帝의
　아들이며 梁孝王(劉武)의 형. 文景之治를 이루어 한나라 기반을 다짐.
【飭厲】 ‘飭’은 ‘勅’, ‘厲’는 ‘勵’와 같음. 타이르고 격려하여 교화함.
【齊魯】 공자와 맹자의 유풍을 이어받아 학자가 많고 유학이 번성한 고장.
【巴蜀】 蜀 지방에 巴郡이 있어 이를 함께 일컫는 말.
【武帝】 西漢 5대 황제 劉徹. 景帝(劉啓)의 아들이며 B.C.140~B.C.87년까지
　54년간 재위함. 대내외적으로 학술, 강역, 문학 등 여러 방면에 걸쳐 많은
　치적을 남겨 강력한 帝國을 건설함.




### 1. 《漢書》文翁傳

文翁, 廬江舒人也. 少好學, 通《春秋》, 以郡縣吏察擧. 景帝末, 爲蜀郡守, 仁愛
好敎化. 見蜀地辟陋有蠻夷風, 文翁欲誘進之, 乃選郡縣小吏開敏有材者張叔等
十餘人親自飭厲, 遣詣京師, 受業博士, 或學律令. 減省少府用度, 買刀布蜀物,
齎計吏以遺博士. 數歲, 蜀生皆成就還歸, 文翁以爲右職, 用次察擧, 官有至郡守
刺史者. 又修起學官於成都市中, 招下縣子弟以爲學官弟子, 爲除更繇, 高者以
補郡縣吏, 次爲孝弟力田. 常選學官僮子, 使在便坐受事, 每出行縣, 益從學官
諸生明經飭行者與俱, 使傳敎令, 出入閨閤. 縣邑吏民見而榮之, 數年, 爭欲爲
學官弟子, 富人至出錢以求之. 繇是大化, 蜀地學於京師者比齊魯焉. 至武帝時,
乃令天下郡國皆立學校官, 自文翁爲之始云.

## 144. 晏御揚揚, 五鹿嶽嶽

### 144-① 晏御揚揚
### 의기양양한 안자의 마부


《사기史記》에 실려 있다.

안평중晏平仲 안영晏嬰이 제齊나라 재상으로서 출근준비를 할 때에, 그 마부의 아내가 문틈으로 자신 남편의 행동을 엿보았다. 그의 남편은 재상의 마부로서 수레의 큰 지붕을 덮고 네 필 말을 채찍질하면서 의기가 양양하여 심히 자득自得한 모습이었다. 이윽고 그가 돌아오자, 그의 처는 떠나겠다고 청하는 것이었다. 남편이 그 이유를 묻자 아내는 이렇게 말하였다.

"안자께서는 키라고 해봐야 여섯 자가 안 되지만, 제나라의 재상의 신분으로 제후들에게 그 이름이 드날리고 있습니다. 제가 그의 출근하는 모습을 보았더니 지념志念이 깊어 언제나 남에게 자신을 낮추시는 자였습니다. 그런데 지금 그대는 키가 8자에 남의 마부인 주제에 그 품고 있는 뜻은 스스로 만족하는 모습입니다. 저는 이 까닭으로 떠나겠다고 하는 것입니다."

이 일이 있고 나서 그의 남편은 자신을 억눌러 겸손한 모습을 갖추게 되었다. 안자가 괴이히 여겨 물어보았더니 마부는 사실을 일러주는 것이었다. 안자는 그를 추천하여 대부大夫로 삼아 주었다.


《史記》: 晏平仲嬰爲齊相出, 其御之妻從門閒而闚其夫, 其夫爲相御, 擁大蓋, 策駟馬, 意氣揚揚, 甚自得也. 旣而歸, 其妻請去. 夫問其故, 妻曰:「晏子長不滿六尺, 身相齊國, 名顯諸侯. 妾見其出, 志念深矣, 常有以自下者. 今子長八尺, 乃爲人僕御, 然子之意,自以爲足. 妾是以求去也.」

　其後夫自抑損. 晏子怪問之, 御以實對, 晏子薦以爲大夫.


【晏平仲嬰】晏嬰. 춘추시대 齊나라의 영명한 재상.《晏子春秋》에 그의 일화가
　실려 있음. '晏嬰脫粟'[045] 참조.
【御】마부.
【六尺】안자의 키가 매우 작았음을 말함.




1.《史記》管晏列傳

晏子爲齊相, 出, 其御之妻從門閒而闚其夫. 其夫爲相御, 擁大蓋, 策駟馬, 意氣
揚揚, 甚自得也. 旣而歸, 其妻請去. 夫問其故. 妻曰:「晏子長不滿六尺, 身相
齊國, 名顯諸侯. 今者妾觀其出, 志念深矣, 常有以自下者. 今子長八尺, 乃爲人
僕御, 然子之意自以爲足, 妾是以求去也.」其後夫自抑損. 晏子怪而問之, 御以
實對. 晏子薦以爲大夫.

2.《晏子春秋》內篇 雜上

晏子爲齊相, 出, 其御之妻, 從門閒而闚其夫爲相御, 擁大蓋, 策駟馬, 意氣揚揚,
甚自得也. 旣而歸, 其妻請去. 夫問其故, 妻曰:「晏子長不滿六尺, 身相齊國,
名顯諸侯. 今者, 妾觀其出, 志念深矣, 常有以自下者. 今子長八尺, 迺爲人僕御;
然子之意, 自以爲足, 妾是以求去也.」其後, 夫自抑損. 晏子怪而問之, 御以實對,
晏子薦以爲大夫.

3.《列女傳》(2) 賢明篇『齊相御妻』

齊相晏子僕御之妻也, 號曰「命婦」. 晏子將出, 命婦窺其夫爲相御, 擁大蓋, 策駟
馬, 意氣洋洋, 甚自得也. 旣歸, 其妻曰:「宜矣, 子之卑且賤也.」夫曰:「何也?」
妻曰:「晏子長不滿三尺, 身相齊國, 名顯諸侯, 今者: 吾從門間觀其志氣, 恂恂
自下, 思念深矣. 今子身長八尺, 乃爲之僕御耳! 然子之意, 洋洋若自族者, 妾是
以去也.」其夫謝曰:「請自改何如?」妻曰:「是懷晏子之志, 而加以八尺之長也.
夫躬仁義, 事明主, 其名必揚矣. 且吾聞寧榮於義而賤, 不虛驕以貴.」於是其夫
乃深自責, 學道謙遜, 常若不足. 晏子怪而問其故, 具以實對. 於是晏子賢其能

納善自改, 升諸景公以爲大夫, 顯其妻以爲命婦. 君子謂命婦知善故賢. 人之所
以成者, 其道博矣: 非特師傳朋友, 相與切磋也, 妃匹亦居多焉. 詩曰: 『高山仰止,
景行行止.』言當常嚮爲其善也. 頌曰: 『齊相御妻, 匡夫以道. 明言驕恭, 恂恂
自效. 夫改易行, 學問靡已. 晏子升之, 列於君子.』

### 4.《十八史略》(1)『齊』

自桓公八世, 至景公, 有晏子者事之, 名嬰, 字平仲, 以節儉力行重於齊, 一狐裘
三十年, 豚肩不掩豆, 齊國之士, 待以擧火者七十餘家, 晏子出, 其御之妻, 從門
閒窺, 其夫擁大蓋策駟馬, 意氣揚揚自得, 旣而歸, 妻請去曰: 「晏子身相齊國,
名顯諸侯, 觀其志, 嘗有以自下, 子爲人僕御, 自以爲足, 妾是以求去也.」御者
乃自抑損, 晏子怪而問之, 以實對, 薦爲大夫.


# 144-② 五鹿嶽嶽
## 우뚝 솟은 오록충종


　　전한前漢이 **오록충종**五鹿充宗은 자기 군맹君孟이다. 당시 소부少府가 되어
귀함과 사랑을 받았다. 양구씨梁丘氏의 《역易》을 익혔다. 선제宣帝 때부터
사람들은 양구씨의 학설을 훌륭히 여겼고, 원제元帝 역시 이를 좋아하여
그 학설과 종래의 학설의 차이를 알고 싶어하였다. 그리하여 오록충종
으로 하여금 여러 학자들과 《역》의 대하여 토론하도록 하였다.

　　오록충종은 귀한 권세를 타고 구변도 있어 여러 학자들은 누구도 그와
대항하지 못한 채 모두가 병을 핑계로 그 모임에 나서려 하지 않았다.
그러자 어떤 이가 주운朱雲이라는 사람을 추천하였다. 그가 불려 들어오자

그는 옷깃을 잡아들고 당堂에 올라서는 머리를 쳐들고 토론의 청하는데 그 목소리는 좌우를 진동하였다. 이윽고 논란이 벌어지자 연이어 오록군을 통박하기에 이르렀다. 여러 학자들은 이를 보고 이렇게 말하였다.

"오록충종이 우뚝 높지만 주운이 그 뿔을 꺾었네."

그리하여 주운은 박사博士가 되었다.


前漢, 五鹿充宗字君孟. 時爲少府貴幸. 爲梁丘易. 自宣帝時善梁丘氏說, 元帝好之, 欲考其異同, 令充宗與諸易家論. 充宗乘貴辯口, 諸儒莫能與抗, 皆稱疾不敢會. 有薦朱雲者, 召入, 攝襦登堂, 抗首而請. 音動左右. 旣論難, 連拄五鹿君.

諸儒爲之語曰:「五鹿嶽嶽, 朱雲折其角.」

遂爲博士.


【五鹿充宗】五鹿은 複姓. 자는 君孟. 梁丘賀의 《易》과 《齊論語》를 전수한 인물로 언변에 뛰어 났음. 元帝 때에 신임을 받아 石顯 등과 결탁 京房을 파직시킴. 그 뒤 尙書令, 少府 등의 관직에 올랐으나 자신도 참훼를 입고 玄菟太守로 폄직됨. 저서로 《周易略說》이 있었으나 전하지 않음. 朱雲과 학문적인 논쟁을 벌인 일로 유명함. 관련 기록으로 《漢書》藝文志, 朱雲傳, 佞幸傳, 京房傳 등을 볼 것.
【宣帝】西漢 7대 황제. 이름은 劉詢. B.C.73~B.C.49년 재위함. 武帝의 증손자. 衛太子의 손자.
【梁丘】梁丘賀. 京房으로부터 《역》을 배워 성취시켰던 학자.
【元帝】서한 제8대 황제. 劉奭. 宣帝 劉詢의 아들이며 B.C.48~B.C.33년 재위함.
【朱雲】자는 游. 西漢 때의 魯(지금의 山東省 남부) 땅 출신. 뒤에 平陵(지금의 陝西省 咸陽市)으로 옮겨 살았음. 처음 任俠을 좋아하였으나 나이 40에 《周易》, 《論語》를 공부하여 元帝 때 五鹿充宗과 《周易》에 대한 토론을 벌여 博士가 됨. 성격이 강직하여 벼슬에 물러나 제자를 가르침. 《漢書》에 傳이 있음. '朱雲折檻'[205] 참조.

## 1.《漢書》朱雲傳

朱雲字游, 魯人也, 徙平陵. 少時通輕俠, 借客報仇. 長八尺餘, 容貌甚壯, 以勇力聞. 年四十, 乃變節從博士白子友受《易》, 又事前將軍蕭望之受《論語》, 皆能傳其業. 好倜儻大節, 當世以是高之. 是時, 少府五鹿充宗貴幸, 爲《梁丘易》. 自宣帝時善梁丘氏說, 元帝好之, 欲考其異同, 令充宗與諸《易》家論. 充宗乘貴辯口, 諸儒莫能與抗, 皆稱疾不敢會. 有薦雲者, 召入, 攝襒登堂, 抗首而請, 音動左右. 旣論難, 連拄五鹿君, 故諸儒爲之語曰:「五鹿嶽嶽, 朱雲折其角.」繇是爲博士.

## 2.《西京雜記》(2)

長安有儒生曰惠莊, 聞朱雲折五鹿充宗之角, 乃嘆息曰:「繭栗犢反能爾邪? 吾終恥溺死溝中」遂裹糧從雲. 雲與言, 莊不能對, 逡巡而去, 拊心謂人曰:「吾口不能劇談, 而此中多有.」

# 145. 蕭朱結綬, 王貢彈冠

## 145-① 蕭朱結綬
### 도장 끈을 서로 묶은 소육과 주박


　전한前漢의 소육蕭育은 자가 차군次君이며 동해東海 난릉蘭陵 사람이다. 애제哀帝 때 광록대부光祿大夫와 집금오執金吾의 벼슬을 지냈다. 젊어서 진함陳咸, 주박朱博과 친구로 사귀어 당시 세상에 널리 알려져 있었다. 그에 앞서 왕양王陽과 공우貢禹의 사귐이 세상에 널리 알려져 있었다. 그 때문에 장안長安에는 이러한 말이 퍼져 있었다.
　"소육과 주박은 도장 끈으로 묶였고, 왕양과 공우는 갓의 먼지를 털었도다."
　이는 그들이 서로의 추천을 거쳐 현달하였다는 뜻이다.


　前漢, 蕭育字次君, 東海蘭陵人. 哀帝時, 爲光祿大夫·執金吾. 少與陳咸·朱博爲友, 著聞當世. 往者有王陽·貢禹, 故長安語曰: 「蕭·朱結綬, 王·貢彈冠」 言其相薦達也.


【蕭育】전한 때의 인물로 자는 次君. 哀帝 때 光祿大夫를 역임함.《漢書》蕭望之傳 참조. 陳咸, 朱博과의 우정으로도 유명함.
【哀帝】西漢 제10대 황제. 이름은 劉欣. 元帝(劉奭)의 둘째 아들 劉康의 아들로 제위에 오름. B.C.32~B.C.1년 재위함.
【執金吾】관직 이름. '金'은 兵器로. '吾'는 禦. 항상 무기를 가지고 비상시를 대비한다는 뜻.

【陳咸】 蕭育의 친구.
【朱博】 前漢 哀帝 때의 인물로 자는 子元. 杜陵 사람으로 御史大夫를 거쳐
  丞相에 오름.《漢書》에 전이 있음.
【王陽】 王吉을 가리킴. 자는 子陽. 서한시대 인물로 諫大夫에 오름.《漢書》
  (42)에 전이 있음. 자가 子陽이어서 王陽으로 부른 것. ‘王陽囊衣’[269] 참조.
【貢禹】 자는 少翁, 역시 서한시대 인물로 王吉과의 우정으로 널리 알려진
  인물.《漢書》(42)에 기록이 전함.
【結綬】 ‘綬’는 관직의 印章을 차는 끈. 인장과 그 끈을 차고 임관하는 것.




1.《漢書》蕭望之傳(蕭育)

育字次君, 少以父任爲太子庶子. 元帝卽位, 爲郎, 病免, 後爲御史. 大將軍王
鳳以育名父子, 著材能, 除爲功曹, 遷謁者, 使匈奴副校尉. 後爲茂陵令, 會課,
育第六. 而漆令郭舜殿, 見責問, 育爲之請, 扶風怒曰:「君課第六, 裁自脫,
何暇欲爲左右言?」及罷出, 傳召茂陵令詣後曹, 當以職事對. 育徑出曹, 書佐
隨牽育, 育案佩刀曰:「蕭育杜陵男子, 何詣曹也!」遂趨出, 欲去官. 明旦, 詔召入,
拜爲司隷校尉. 育過扶風府門, 官屬掾史數百人拜謁車下. 後坐失大將軍指
免官. 復爲中郎將使匈奴. 歷冀州·青州兩郡刺史, 長水校尉, 泰山太守, 入守
大鴻臚. 以鄂名賊梁子政阻山爲害, 久不伏辜, 育爲右扶風數月, 盡誅子政等.
坐與定陵侯淳于長厚善免官. 哀帝時, 南郡江中多盜賊, 拜育爲南郡太守. 上以
育耆舊名臣, 乃以三公使車載育入殿中受策, 曰:「南郡盜賊羣輩爲害, 朕甚
憂之. 以太守威信素著, 故委南郡太守, 之官, 其於爲民除害, 安元元而已, 亡拘
於小文.」加賜黃金二十斤. 育至南郡, 盜賊靜. 病去官, 起家復爲光祿大夫執
金吾, 以壽終於官. 育爲人嚴猛尙威, 居官數免, 稀遷. 少與陳咸·朱博爲友,
著聞當世. 往者有王陽·貢公, 故長安語曰「蕭·朱結綬, 王·貢彈冠」, 言其相薦
達也. 始育與陳咸俱以公卿子顯名, 咸最先進, 年十八爲左曹, 二十餘御史中丞.
時朱博尙爲杜陵亭長, 爲咸·育所攀援, 入王氏. 後遂並歷刺史郡守相, 及爲
九卿, 而博先至將軍上卿, 歷位多於咸·育, 遂至丞相. 育與博後有隙, 不能終,
故世以交爲難.

## 145-② 王貢彈冠
### 관을 털고 벼슬을 기다린 왕길과 공우의 우정

전한시대 왕길王吉은 자가 자양子陽으로 낭야琅邪 고우皐虞 사람이다.
어려서 학문을 좋아하였고 경학에 밝아 선제宣帝 때 간대부諫大夫에 올랐다.
그와 같은 군郡 출신인 공우貢禹와 친구였으며, 이 때문에 세상에는
"왕양이 관직에 오르자 공우는 관을 털었다"라 하였는데, 이는 그가 자신을
추천해 줄 것이라 기대하였음을 말한 것이다. 공우는 자가 소옹少翁으로
경학에 밝고 행동이 고결한 것으로 널리 소문이 나 있었으며, 벼슬은
어사대부御史大夫에 올랐다.


前漢, 王吉字子陽, 琅邪皐虞人. 少好學明經, 宣帝時爲諫大夫.
與同郡貢禹爲友, 世稱『王陽在位貢公彈冠』, 言其取舍同也. 禹字
少翁, 以明經潔行著聞. 仕至御史大夫.


【王吉】 자는 子陽. 서한시대 인물로 諫大夫에 오름.《漢書》(42)에 전이 있음.
【琅邪】 '琅琊'로도 표기하며 지금의 山東 동남부 지역의 행정 구역.
【宣帝】 西漢 7대 황제. 이름은 劉詢. B.C.73~B.C.49년 재위함.
【貢禹】 자는 少翁, 역시 서한시대 인물로 王吉과의 우정으로 널리 알려진
　　인물.《漢書》(42)에 기록이 전함.
【彈冠】 걸어두었던 갓의 먼지를 털고 벼슬길에 나설 준비를 함. 왕길과 서로
　　먼저 벼슬길에 오르면 추천해 주기로 한 약속을 믿었던 것임.
【取舍】 사람이 벼슬길에 나서고 물러나고 하는 것을 두 사람이 똑같이 할
　　것을 약속했음을 말함.

## 1.《漢書》(42) 王吉傳

王吉字子陽, 琅邪皋虞人也. 少時[好]學明經, 以郡吏擧孝廉爲郞, 補若盧右丞, 遷雲陽令. 擧賢良爲昌邑中尉, 而王好遊獵, 驅馳國中, 動作亡節, 吉上疏諫. ……始吉少時學問, 居長安. 東家有大棗樹垂吉庭中, 吉婦取棗以啖吉. 吉後知之, 乃去婦. 東家聞而欲伐其樹, 鄰里共止之, 因固請吉令還婦. 里中爲之語曰: 「東家有樹, 王陽婦去; 東家棗完, 去婦復還.」其厲志如此. 吉與貢禹爲友, 世稱 「王陽在位, 貢公彈冠」, 言其取舍同也. 元帝初卽位, 遣使者徵貢禹與吉. 吉年老, 道病卒, 上悼之, 復遣使者弔祠云.

## 2.《幼學瓊林》

王陽在位, 貢禹彈冠以待薦; 杜伯非罪, 左儒寧死不徇君.

# 146. 龐統展驥, 仇覽棲鸞

## 146-① 龐統展驥
### 천리마의 능력을 전개할 방통

《촉지蜀志》에 실려 있다.

방통龐統은 자가 사원士元이며 양양襄陽 사람이다. 어려서 순박하면서 우둔하여 누구도 그를 논의에 올리지 않았다. 사마휘司馬徽가 사람을 알아보는 식견이 있어 방통을 칭하여 남주南州의 선비들 중에 으뜸이 될 인물이라 칭하였다. 이로써 점차 그 이름이 드러나게 되었다.

선주先主 유비劉備가 형주荊州를 점령하였을 때 방통은 종사從事로서 뇌양령未陽令의 직위로 그곳을 수비하고 있었다. 그 현縣을 제대로 다스리지 못하여 관직에서 쫓겨나고 말았다.

오吳나라 장수 노숙魯肅이 선주에게 이러한 편지를 보내었다.

"방사원은 백 리 정도를 다스릴 인물이 아닙니다. 그로 하여금 치중治中이나 별가別駕의 임무를 맡긴다면 비로소 그는 천리마와 같은 재능을 펼칠 수 있을 것입니다."

제갈량諸葛亮 역시 선주에게 그를 추천하는 말을 하여, 선주는 그를 치중종사治中從事로 삼고 친히 제갈량 다음으로 대우하였다. 그리하여 결국 제갈량과 함께 군사중랑장軍師中郎將으로 임명하였다.

《蜀志》: 龐統字士元, 襄陽人. 少時樸鈍, 未有議者. 司馬徽有知人鑒, 稱統當爲南州士之冠冕, 由是漸顯. 先主領荊州, 統以從事守未陽令. 在縣不治, 免官.

吳將魯肅遺先主書曰:「龐士元非百里才也. 使處治中別駕之任, 始當展其驥足耳」

　諸葛亮亦言之於先主, 先主以爲治中從事, 親待亞於亮. 遂竝爲軍師中郞將.


【龐統】 자는 士元(177~214). 諸葛亮과 병칭되는 군사가. 18세에 司馬德操를 찾아가 제갈공명에게 추천되어 伏龍, 鳳雛 로 불림. 그 뒤 劉備에 의해 軍師中郞將이 되었으며, 214년 낙양을 공격할 때 流矢에 맞아죽음. 關內侯에 봉해졌으며 시호는 靖侯.《三國志》(37)에 전이 있음.

【司馬徽】 司馬德操. 司馬徽(?~208). 字는 德操. 龐統이 그를 劉備에게 추천하여 이름이 나기 시작하였음.《三國志》蜀書 龐統傳을 참고할 것. ‘司馬稱好’[080] 참조.

【劉備】 삼국시대 蜀漢의 군주. 자는 玄德. 시호는 昭烈帝. 221~223년 재위함. ‘備失匕箸’[243], ‘孔明臥龍’[002], ‘諸葛顧廬’[147] 등 참조.

【魯肅】 吳나라의 장수.

【百里才】 사방 백리는 縣을 말한다. 縣令을 할 만한 재능을 말함.

【展其驥足】 ‘전’은 펴다. ‘기’는 천리를 담당하는 駿馬. 준마가 다리를 벌려서 달리는 것과 같이 큰 재능을 행사하는 것을 말함.

【諸葛亮】 자는 孔明(191~234). 한말 陽都人. 은거하여 스스로 밭을 갈며 자신을 管仲과 樂毅에 비교하여 사람들이 그를 臥龍先生이라 불렀음. 뒤에 蜀漢 劉備의 三顧草廬로 불려가 天下三分之策을 정하고 유비를 도와 荊州와 益州를 차지하여 吳, 蜀, 魏 삼국정립을 이구있음. 유비의 유촉에 의해 그 아들 劉禪을 도와〈出師表〉를 쓰고 북벌을 시도했으나 五丈原에서 생을 마침. 죽은 뒤 武鄕侯에 봉해졌으며 시호는 忠武.《三國志》(35)에 전이 있음. ‘孔明臥龍’[002] 및 ‘諸葛顧廬’[147], ‘亮遺巾幗’[243] 등 참조.

【軍師中郞將】 중랑장으로 군사를 통솔하여 정벌을 담당하는 사람.

1. 《三國志》(37) 蜀志 龐統傳

龐統字士元, 襄陽人. 少時樸鈍, 未有識者. 潁川司馬徽有知人之鑒士元弱冠往見徽, 徽菜桑樹上, 坐士元樹下, 共語, 自晝至夜. 徽異之, 曰:「生, 當爲南州士人之冠冕!」由是漸顯.

2. 《襄陽記》

士元, 德公之從子也. 年少未有識者, 唯德公重之. 年十八, 使往見德操; 與語, 歎曰; 德公識知人, 實盛德也!」後劉備訪世事於德操; 德操曰:「俗士豈識時務? 此間自有伏龍鳳雛 謂諸葛孔明與士元也.

3. 《世說新語》言語篇

南郡龐士元, 聞司馬德操在潁川, 故二千里候之. 至, 遇德操采桑, 士元從車中謂曰:「吾聞丈夫處世, 當帶金佩紫; 焉有屈洪流之量, 而執絲婦之事?」德操曰:「子且下車. 子適知邪徑之速, 不慮失道之迷. 昔伯成耦耕, 不慕諸侯之榮; 原憲桑樞, 不易有官之宅; 何有坐則華屋, 行則肥馬, 侍女數十, 然後爲奇? 此乃許父所以慷慨, 夷齊所以長歎! 雖有竊秦之爵, 千駟之富, 不足貴也.」士元曰:「僕生出邊垂, 寡見大義; 若不一叩洪鍾, 伐雷鼓, 則不識其音響也.」

4. 《十八史略》(3)

劉備初用龐統爲末陽令, 不治. 魯肅遺備書曰:「士元非百里才. 使爲治中別駕, 乃得展其驥足耳.」備用之. 勸取益州. 備留關羽守荊州, 引兵泝流, 自巴入蜀, 襲劉璋, 入成都. 備旣得益州, 孫權使人從備求荊州. 備不肯還, 遂爭之, 已而分荊州.

## 146-② 仇覽棲鸞
## 가시나무에 살 수 없는 난새와 같은 구람

후한後漢의 구람仇覽은 자가 계지季智이다. 일명 구향仇香이라고도 하며 진류陳留 고성考城 사람이다. 포정蒲亭의 정장亭長이 되어 사람들의 생업을 권장하였다. 그리고 농사철이 끝나면 자제들을 학당에 보내어 공부를 시키고 그들 중 경박하고 놀기를 좋아하며 제멋대로 구는 자는 모두 농사나 잠업의 노역을 시켰으며, 궁한 자나 과부들은 식량을 풀어 구휼하였다. 그랬더니 만 1년 만에 교화가 크게 이루어졌다.

그가 처음 그곳에 이르렀을 때 진원陳元이라는 사람이 있었다. 그는 홀로 어머니를 모시고 살고 있었는데, 그의 어머니가 구람에게 와서 자식이 불효함을 고발하였다. 구람은 직접 구람의 집으로 가서 모자와 함께 술을 마시면서 인륜과 효행이 무엇인지를 진술하고 화와 복의 관계를 들어 비유하였다. 그리하여 진원은 마침내 효자로 바뀌었다. 향읍鄕邑에서는 이에 이런 속담이 생겨났다.

"부모님은 어디 계신가? 바로 우리 집안에 계시지.

나는 시효鴟梟가 되어 낳아주신 양친을 먹여드려야지."

당시 고성령考城令이던 왕환王渙은 행정에 있어서 엄혹하고 무섭게 다루는 것을 숭상하고 있었다. 그러다가 구람이 덕으로써 백성을 다스린 다는 말을 듣고 구람을 자신의 주부主簿로 심으면서 이렇게 말하였다.

"주부께서는 진원의 과실을 듣고 죄를 주지 않고 교화로써 하였다고 하던데 새매가 작은 새를 쫓듯 해야 한다는 것에 모자란 것이 아닌가?"

그러자 구람이 말하였다.

"정치를 매로 여기는 것은 난새나 봉황으로 여기느니만 못합니다."

그러자 왕환은 그를 보내주며 이렇게 말하였다.

"탱자나무 가시에는 난새나 봉황이 앉을 자리가 되지 못하는군요. 사방 백 리밖에 되지 않는 좁은 땅이 어찌 그대 같은 대현大賢이 갈 길이겠는가!"

그리하여 학자금을 마련하여 그를 태학太學에 가서 공부하도록 하였다. 그가 학문을 마치고 고향으로 돌아오자, 주군州郡에서 동시에 그를 불렀지만 그는 병을 핑계로 모두 사양하였다.


後漢, 仇覽字季智, 一名香, 陳留考城人. 爲蒲亭長, 勸人生業. 農畢乃令子弟就學, 剽輕遊恣者, 皆役以田桑. 賑卹窮寡, 朞年大化. 初到, 有陳元者, 獨與母居, 而母詣覽告元不孝. 覽親到元家, 與其母子飮, 因爲陳人倫孝行, 譬以禍福之言, 元卒成孝子.

鄕邑爲之諺曰:「父母何在, 在我庭. 化我鴟梟哺所生.」

時考城令王渙政尙嚴猛, 聞覽以德化人, 署爲主薄, 謂曰:「主薄聞陳元之過, 不罪而化之, 得毋少鷹鸇之志邪?」

覽曰:「以爲鷹鸇, 不若鸞鳳.」

渙謝遣曰:「枳棘非鸞鳳所棲, 百里豈大賢之路!」

以奉資, 勉入太學. 學畢歸鄕里, 州郡竝請, 皆以疾辭.


【仇覽】일명 仇香. 자는 季智. 효성이 있었으며 蒲亭의 長이 되었을 때 교화를 널리 편 고사로 유명함. 《後漢書》循吏傳 참조.

【哺所生】'反哺之孝'를 말함. 까마귀는 효성이 지극하여 늙은 어미를 위해 먹이를 물어다 준다고 믿었음.

【鷹鸇之志】엄혹하고 무서운 새. 《左傳》文公 18년에 "季文子使大史克對曰:「先大夫臧文仲敎行父事君之禮, 行父奉以周旋, 弗敢失墜, 曰:「見有禮於其君者, 事之, 如孝子之養父母也; 見無禮於其君者, 誅之, 如鷹鸇之逐鳥雀也.」先君周公制周禮曰:「則以觀德, 德以處事, 事以度功, 功以食民.」"라 함.

【陳元】인명. 구람이 다스리던 蒲亭의 백성.

【王渙】당시 考城의 縣令. 仇覽을 천거하여 자신의 主簿로 삼음.

【鸞鳳】천하가 태평할 때 나타난다는 봉황새.

【枳棘】'枳'는 탱자나무. '棘'은 가시나무. 鸞鳳과 같은 靈鳥는 그러한 곳에 깃들지 않음.

## 1. 《後漢書》 循吏傳(仇覽)

仇覽字季智, 一名香, 陳留考城人也. 少爲書生淳默, 鄕里無知者. 年四十, 縣召補吏, 選爲蒲亭長, 勸人生業, 爲制科令, 至於果菜爲限, 雞豕有數, 農事旣畢, 乃令子弟群居, 還就黌學, 其剽輕遊恣者, 皆役以田桑, 嚴設科罰, 躬助喪事, 賑卹窮寡, 朞年大化. 覽初到亭, 人有陳元者, 獨與母居, 而母詣覽告元不孝. 覽驚曰:「吾近日過舍, 廬落整頓, 耕耘以時. 此非惡人, 當是教化未及至耳. 母守寡養孤, 苦身投老, 柰何肆忿於一朝, 欲致子以不義乎?」母聞感悔, 涕泣而去. 覽乃親到元家, 與其母子飮, 因爲陳人倫孝行, 譬以禍福之言, 元卒成孝子. 鄕邑爲之諺曰:「父母何在, 在我庭. 化我鴟梟哺所生.」時考城令王渙政尙嚴猛, 聞覽以德化人, 署爲主簿, 謂覽曰:「主簿聞陳元之過, 不罪而化之, 得毋少鷹鸇之志邪?」覽曰:「以爲鷹鸇, 不若鸞鳳.」渙謝遣曰:「枳棘非鸞鳳所棲, 百里豈大賢之路! 今日太學曳長裾, 飛名譽, 皆主簿後耳. 以一月奉爲資, 勉卒景行」……覽學畢歸鄕里, 州郡並請, 皆以疾辭. 雖在宴居, 必以禮自整. 妻子有過, 輒免冠自責. 妻子庭謝, 候覽冠, 乃敢升堂. 家人莫見喜怒聲色之異. 後徵方正, 遇疾而卒.

## 2. 《十八史略》(3)

陳留仇香, 名覽, 年四十, 爲蒲亭長. 民有陳元, 母告元不孝. 香親到其家, 爲陳人倫, 感悟卒爲孝子. 考城令王奐, 署香爲主簿, 謂曰:「陳元不罰而化之, 得無少鷹鸇之志邪?」香曰:「以爲鷹鸇不若鸞鳳.」奐曰:「枳棘非鸞鳳所栖, 百里非大賢之路.」乃資香入太學. 常自守. 泰就房見之, 起拜床下曰:「君泰之師也.」不應徵辟而卒.

# 147. 諸葛顧廬, 韓信升壇

## 147-① 諸葛顧廬
### 제갈량과 삼고초려

《촉지蜀志》에 실려 있다.

제갈량諸葛亮이 선주先主 유비劉備의 재상이었다. 선주는 병이 위독해지자, 제갈량을 불러 이렇게 뒷일을 부탁하였다.

"그대는 재능이 조비曹조의 열 배나 되니 틀림없이 나라를 안정시켜 끝내 대사를 결정할 수 있을 것이오. 내 아들은 그대가 보기에 보필할 만하면 보필하시고, 만약 재능이 없다고 판단되면 그대가 이 나라를 차지하시오."

제갈량은 울면서 이렇게 말하였다.

"저는 감히 고굉股肱의 힘을 다하며 충정忠貞의 절의를 쏟아 죽음으로써 계속하여 보필해 나갈 것입니다."

유비는 다시 후주後主 유선劉禪을 불러 이렇게 조칙을 내렸다.

"너는 승상과 함께 하여 그의 의견을 따르되 마치 아버지를 모시듯이 하라."

이로부터 일의 크고 작음에 관계없이 모두가 제갈량에 의해 결정되었다.

일찍이 제갈량이 후주에게 〈출사표出師表〉를 상소하였는데 그 대략은 다음과 같다.

"저는 본래 포의의 몸으로써 남양南陽에 직접 농사를 짓고 있었습니다. 진실로 이 난세에 생명을 보전하면 그뿐, 제후에게 이름이 알려지기를 구한 적은 없었습니다. 그런데 선제先帝께서 저를 비루하다 여기지 아니하시고 외람되이 몸을 굽혀 저를 찾아 초려草廬로 세 번이나 오셔서 당세의 일에 대하여 자문을 구하셨었습니다."

뒤에 제갈량은 항상 목우木牛와 유마流馬를 만들어 군량을 운반하였다.
그리고 무공武功의 오장원五丈原을 근거로 사마선왕司馬宣王과 위남渭南에서
하여 서로 백여 일이나 대치하고 있다가 군영에서 생을 마치고 말았다.
그때 나이 쉰넷이었으며, 시호를 추무후忠武侯라 하였다. 제갈량은 손익
損益을 계산하는 데에 아주 뛰어났다. 연노連弩, 목우, 유마 등은 모두가
그가 창안해 낸 것이며 병법서를 추론하고 발전시켜 팔진도八陣圖의 포진법
을 만들었는데, 모두가 그 요체에 맞았다고 한다.


《蜀志》: 諸葛亮相先主, 先主病篤, 召亮屬以後事, 謂曰:「君才十倍
曹丕. 必能安國, 終定大事. 若嗣子可輔輔之, 如其不才, 君可自取」

亮涕泣曰:「臣敢竭股肱之力, 効忠貞之節, 繼之以死」

又謂詔勅後主曰:「汝與丞相從事, 事之如父」

自是事無巨細, 皆決於亮. 嘗上疏, 其略曰:「臣本布衣, 躬耕於
南陽. 苟全性命於亂世, 不求聞達於諸侯. 先帝不以臣卑鄙, 猥自
枉屈, 三顧臣於草廬之中, 諮臣以當世之事」

後常以木牛·流馬運粮, 據武功五丈原, 與司馬宣王對於渭南,
相持百餘日, 卒于軍. 年五十四, 諡忠武侯. 亮長於巧思損益, 連弩·
木牛·流馬, 皆出其意, 推演兵法作八陣圖, 咸得其要云.


【諸葛亮】자는 孔明(191~234). 한말 陽都人. 은거하여 스스로 밭을 갈며
자신을 管仲과 樂毅에 비교하여 사람들이 그를 臥龍先生이라 불렀음. 뒤에
蜀漢 劉備의 三顧草廬로 불려가 天下三分之策을 정하고 유비를 도와 荊州와
益州를 차지하여 吳, 蜀, 魏 삼국정립을 이루었음. 유비의 유촉에 의해 그
아들 劉禪을 도와 〈出師表〉를 쓰고 북벌을 시도했으나 五丈原에서 생을
마침. 죽은 뒤 武鄕侯에 봉해졌으며 시호는 忠武. 《三國志》(35)에 전이 있음.
'亮遺巾幗'[243] 참조.
【先主】蜀漢의 첫 임금인 劉備. 자는 玄德. '備失匕箸'[243] 참조.

【曹丕】魏文帝 曹丕(187~226). 자는 子桓. 曹操의 둘째 아들. 아버지 曹操가 죽고 魏王을 습봉하여 漢나라 丞相이 됨. 延康 元年(220)에 禪讓을 받아 황제가 되었으며 연호를 黃初로 바꾸고 국호를 魏나라로, 洛陽을 도읍으로 정함. 재위 7년에 죽었으며 시호는 文皇帝. 문장에도 뛰어나《典論》을 지었으며 그 중 〈論文〉은 문학 이론과 비평의 유명한 글로 평가받고 있음. 그 외에 〈燕歌行〉은 현존 최초의 7언시로 알려짐.《三國志》(2)에 紀가 있음. 《魏志》에 "帝諱丕. 字子桓, 受漢禪"이라 함. '魏儲南館'[245] 참조.

【劉禪】삼국 蜀의 제2대 황제. 後主라 칭함. 劉備의 아들이며 諸葛亮의 도움을 받았으나 나라가 망하고 말았음. 223~263년 재위함.

【股肱】수족과 같은 중요한 신하를 뜻함.

【上疏】〈出師表〉를 가리킴.

【司馬宣王】司馬懿. 자는 仲達. 宣王은 諡號. '晉宣狼顧'[026] 및 '梁遺巾幗' [243] 참조.

【八陳圖】제갈량이 창안한 포진법. '陳'은 '陣'과 같음.




## 1.《三國志》(35) 蜀志 諸葛亮傳

章武三年春, 先主於永安病篤, 召亮於成都, 屬以後事, 謂亮曰:「君才十倍曹丕, 必能安國, 終定大事. 若嗣子可輔, 輔之; 如其不才, 君可自取」亮涕泣曰: 「臣敢竭股肱之力, 效忠貞之節, 繼之以死!」先主又爲詔敕後主曰:「汝與丞相從事, 事之如父.」建興元年, 封亮武鄕侯, 開府治事. 頃之, 又領益州牧. 政事無巨細, 咸決於亮. 南中諸郡, 並皆叛亂, 亮以新遭大喪, 故未便加兵, 且遣使聘吳, 因結和親, 遂爲與國.

## 2.〈出師表〉(諸葛亮)

先帝創業未半, 而中道崩殂. 今天下三分, 益州疲弊. 此誠危急存亡之秋也. 然侍衛之臣, 不懈於内, 忠志之士, 忘身於外者, 蓋追先帝之殊遇, 欲報之於陛下也. 誠宜開張聖聽, 以光先帝遺德, 恢弘志士之氣. 不宜妄自菲薄, 引喻失義, 以塞忠諫之路也. 宮中府中, 俱爲一體. 陟罰臧否, 不宜異同. 若有作奸犯科, 及爲忠善者, 宜付有司, 論其刑賞, 以昭陛下平明之理. 不宜偏私, 使内外異法也. 侍中侍郎, 郭攸之費褘董允等, 此皆良實, 志慮忠純. 是以先帝簡拔, 以遺陛下. 愚以爲,宮中之事, 事無大小, 悉以咨之, 然後施行, 必能裨補闕漏, 有所廣益. 將軍向寵, 性行淑均, 曉暢軍事. 試用於昔日, 先帝稱之曰能. 是以衆議, 擧寵爲督. 愚以爲, 營中之事, 事無大小, 悉以咨之, 必能使行陣和睦, 優劣得所也. 親賢臣, 遠小人, 此先漢所以興隆也. 親小人, 遠賢臣, 此後漢所以傾頹也. 先帝在時, 每與臣論此事, 未嘗不歎息痛恨於桓靈也. 侍中尙書長史參軍, 此悉貞亮死節之臣. 願陛下親之信之, 則漢室之隆, 可計日而待也. 臣本布衣, 躬耕南陽. 苟全性命於亂世, 不求聞達於諸侯. 先帝不以臣卑鄙, 猥自枉屈, 三顧臣於草廬之中, 咨臣以當世之事. 由是感激, 遂許先帝以驅馳. 後値傾覆, 受任於敗軍之際, 奉命於危難之間. 爾來二十有一年矣. 先帝知臣謹愼. 故臨崩寄臣以大事也. 受命以來, 夙夜憂嘆, 恐託付不效, 以傷先帝之明. 故五月渡瀘, 深入不毛. 今南方已定, 兵甲已足. 當獎率三軍, 北定中原. 庶竭駑鈍, 攘除姦凶, 興復漢室, 還于舊都. 此臣所以報先帝, 而忠陛下之職分也. 至於斟酌損益, 進盡忠言, 則攸之禕允之任也. 願陛下託臣以討賊興復之效. 不效則治臣之罪, 以告先帝之靈. 若無興德之言, 責攸之禕允等之咎, 以彰其慢. 陛下亦宜自謀 以諮諏善道, 察納雅言, 深追先帝遺詔. 臣不勝受恩感激, 今當遠離, 臨表涕泣, 不知所云.

3. 〈後出師表〉(諸葛亮)

先帝慮漢賊不兩立, 王業不偏安. 故託臣以討賊也. 以先帝之明, 量臣之才. 固知臣伐賊, 才弱敵强也. 然不伐賊, 王業亦亡. 惟坐而待亡, 孰與伐之. 是故託臣而弗疑也. 臣受命之日, 寢不安席, 食不甘味. 思惟北征, 宜先入南. 故五月渡瀘, 深入不毛, 并日而食. 臣非不自惜也. 顧王業 不可得偏安於蜀都. 故冒危難, 以奉先帝之遺意. 而議者謂爲非計. 今賊適疲於西, 又務於東. 兵法 乘勞. 此進趨之時也. 謹陳其事如左. 高帝明并日月, 謀臣淵深. 然涉險被創, 危然後安. 今陛下未及高帝. 謀臣不如良平. 而欲以長策取勝, 坐定天下. 此臣之未解一也. 劉繇王朗各據州郡, 論安言計, 動引聖人, 群疑滿腹, 衆難塞胸. 今歲不戰, 明年不征, 使孫策坐大, 遂并江東. 此 臣之未解二也. 曹操智計殊絶於人. 其用兵也, 髣髴孫吳. 然困於南陽, 險於烏巢, 危於祁連, 偪於黎陽, 幾敗北山, 殆死潼關. 然後偽定一時爾. 況臣才弱, 而欲以不危而定之. 此臣之未解三也. 曹操五攻昌霸不下. 四越巢湖不成. 任用李服, 而李服圖之. 委任夏侯, 而夏侯敗亡. 先帝每稱操爲能, 猶有此失. 況臣駑下. 何能必勝. 此臣之未解四也. 自臣到漢中, 中間朞年耳. 然喪趙雲陽群馬玉閻芝丁立白壽劉郃鄧銅等, 及曲長屯將七十餘人, 突將無前, 賨叟靑羌, 散騎武騎一千餘人. 此皆數十年之內, 所糾合, 四方之精銳, 非一州之所有. 若復數年, 則損三分之二也. 當何以圖敵. 此臣之未解五也. 今民窮兵疲. 而事不可息. 事不可息, 則住與行, 勞費正等, 而不及蚤圖之, 欲以一州之地與賊持久. 此臣之未解六也. 夫難平者事也. 昔先帝敗軍於楚. 當此時, 曹操拊手謂, 天下已定. 然後先帝東連吳越, 西取巴蜀, 舉兵北征. 夏侯授首. 此操之失計, 而漢事將成也. 然後吳更違盟, 關羽毀敗. 秭歸蹉跌, 曹丕稱帝. 凡事如是難可逆見. 臣鞠躬盡瘁, 死而後已. 至於成敗利鈍, 非臣之明所能逆覩也.

## 4.《十八史略》(3)

瑯琊諸葛亮, 寓居襄陽隆中, 每自比管仲·樂毅. 備訪士於司馬徽, 徽曰:「識時務者在俊傑. 此閒自有伏龍·鳳雛. 諸葛孔明·龐士元也.」徐庶亦謂備曰:「諸葛孔明臥龍也.」備三往乃得見亮. 問策, 亮曰:「操擁百萬之衆, 挾天子令諸侯, 此誠不可與爭鋒. 孫權據有江東, 國險而民附, 可與爲援, 而不可圖. 荊州用武之國, 益州險塞, 沃野千里, 天府之土. 若跨有荊益, 保其巖阻, 天下有變, 荊州之軍向宛洛. 益州之衆出秦川, 孰不簞食壺漿, 以迎將軍乎?」備曰:「善!」與亮情好日密, 曰:「孤之有孔明, 猶魚之有水也.」

## 5.《十八史略》(3)

漢丞相亮, 率諸軍北伐魏, 臨發上疏曰:「今天下三分, 益州疲弊, 此危急存亡之秋也. 宜開張聖聽, 不宜塞忠諫之路. 宮中府中, 俱爲一體, 陟罰臧否, 不宜異同. 若有作姦犯科, 及忠善者, 宜付有司, 論其刑賞, 以昭平明之治. 親賢臣遠小人, 此先漢所以興隆也; 親小人遠賢臣, 此後漢所以傾頹也. 臣本布衣, 躬畊南陽, 苟全性命於亂世, 不求聞達於諸侯. 先帝不以臣卑鄙, 猥自枉屈, 三顧臣於草廬之中, 諮臣以當世之事. 由是感激, 許先帝以驅馳. 先帝知臣謹慎, 臨崩, 寄以大事. 受命以來, 夙夜憂懼, 恐付託不效, 以傷先帝之明. 故五月渡瀘, 深入不毛, 今南方已定. 兵甲已足, 當獎率三軍, 北定中原, 興復漢室, 還于舊都. 此臣所以報先帝, 而忠陛下之職分也.」遂屯漢中.

## 6.《十八史略》(3)

亮嘗推演兵法, 作八陣圖. 至是懿案行其營壘, 歎曰:「天下奇材也.」

## 147-② 韓信升壇
## 단을 만들어 한신을 높여 준 유방

전한前漢의 한신韓信은 회음淮陰 사람이다. 집은 가난하고 특별한 행적도 없어 추천되거나 선발되어 관리가 될 수도 없었다. 뒤에 그는 항우項羽를 따라나서 낭중郎中이 되어 자주 묘책으로써 항우에게 등용되기를 구했지만 항우는 그를 써주지 않았다. 이에 그는 한漢나라 유방劉邦에게로 도망하였다. 한왕漢王은 그를 치속도위治粟都尉로 삼을 뿐 그의 기이함은 알아보지 못하였다. 한신은 자주 소하蕭何와 말을 나누었는데 소하는 그를 기이한 존재로 여기고 있었다. 한신은 임금이 자신을 등용하지 않을 것임을 헤아린 다음 결국 다시 사라지고 말았다. 그러자 소하가 그를 뒤쫓아 이틀만에야 다시 데리고 올 수 있었다. 그러자 임금이 소하를 이렇게 나무랐다.

"여러 장수급으로서 도망한 자가 십여 명이나 되는데, 공은 그때는 전혀 그들을 뒤쫓지 아니하더니 한신이 도망하자 그를 뒤쫓았으니 이는 거짓된 것이 아니오?"

소하는 이렇게 말하였다.

"여러 장수들이야 쉽게 구할 수 있습니다. 그러나 한신이라면 나라의 선비로서 쌍을 이룰 자가 없습니다. 왕께서 반드시 천하를 다투고자 하신다면 한신이 없이는 그 일을 계획할 자가 없을 것입니다."

이에 날짜를 택해 재계齋戒하고, 단壇과 장소를 설치하고 예를 갖추어 그를 대장大將으로 임명하였다. 그러자 여러 군사들이 모두 놀랐다. 뒤에 그는 초왕楚王으로 봉해져 하비下邳를 도읍으로 하였으나, 모반을 꾀하다가 겨우 사면되어 회음후淮陰侯가 되었다. 그러나 끝내 여후呂后에게 참수당하고 말았다.


前漢, 韓信淮陰人. 家貧無行, 不得推擇爲吏. 後屬項羽爲郎中, 數以策干羽, 羽弗用, 亡歸漢. 漢王以爲治粟都尉, 上未之奇. 數與蕭何語, 何奇之. 信度上不用卽亡. 何追之, 居一二日來謁.

　上罵曰:「諸將亡以十數, 公無所追, 追信詐也?」

　何曰:「諸.將易得, 至如信國士無雙. 王必欲爭天下, 非信無可與計事者」

　於是擇日齋戒, 設壇場具禮, 拜爲大將. 諸軍皆驚. 後封楚王, 都下邳. 謀反, 赦爲淮陰侯. 卒爲呂后所斬.


【韓信】漢나라 淮陰 출신. 張良(留侯)·蕭何와 더불어 漢興三傑로 불림. 뒤에 淮陰侯로 봉해졌으며, 모반을 꾀하다가 죽음을 당하였음.《史記》淮陰侯列傳 참조. '漂母進食'[162] 참조.

【項羽】項籍. 秦末 24세에 봉기하여 천하를 호령한 霸王.《史記》項羽本紀에 "項籍者, 下相人也. 字羽. 初起時, 年二十四"라 하였음. 그는 楚 義帝를 假王으로 세워 놓고, 자신이 天下를 휘어잡자 스스로를 西楚霸王이라 하였음.《史記》項羽本紀 참조.

【劉邦】漢 高祖 劉邦. 자는 季. 沛郡 豐邑 출신으로 秦나라 말 義兵을 일으켜 項羽와 결전 끝에 漢 帝國을 설립함. 太祖高皇帝. 漢 帝國을 세운 임금. B.C.202~B.C.195년 재위.《史記》高祖本紀 참조.

【蕭何】蕭相國(?~B.C.193). 沛縣(현재는 江蘇省內에 있음) 사람으로 秦 말기에 劉邦을 도와 병사를 일으켜 공을 세움. 후에 유방은 漢王이 되고 소하는 丞相이 되었으며 高帝 11년에 승상을 相國으로 개칭함.《史記》蕭相國世家 참조.

【諸將亡以十】漢王이 南鄭으로 부임하자 휘하 장군들 중에는 고향이 그리워 많은 사람이 달아났음.

【下邳】縣 이름. 지금의 江蘇省 睢寧縣.

【呂后】高祖 劉邦의 아내. 高皇后.




1.《史記》淮陰侯列傳

信數與蕭何語, 何奇之. 至南鄭, 諸將行道亡者數十人, 信度何等已數言上, 上不我用, 卽亡. 何聞信亡, 不及以聞, 自追之. 人有言上曰:「丞相何亡.」上大怒,如失左右手. 居一二日, 何來謁上, 上且怒且喜, 罵何曰:「若亡, 何也?」何曰:「臣不敢亡也, 臣追亡者.」上曰:「若所追者誰何?」曰:「韓信也.」上復罵曰:「諸將亡者以十數, 公無所追;追信, 詐也.」何曰:「諸將易得耳. 至如信者, 國士無雙. 王必欲長王漢中, 無所事信;必欲爭天下, 非信無所與計事者. 顧王策安所決耳.」王曰:「吾亦欲東耳, 安能鬱鬱久居此乎?」何曰:「王計必欲東, 能用信, 信卽留;不能用, 信終亡耳.」王曰:「吾爲公以爲將.」何曰:「雖爲將, 信必不留.」王曰:「以爲大將.」何曰:「幸甚.」於是王欲召信拜之. 何曰:「王素慢無禮, 今拜大將如呼小兒耳, 此乃信所以去也. 王必欲拜之, 擇良日, 齋戒, 設壇場, 具禮, 乃可耳.」王許之. 諸將皆喜, 人人各自以爲得大將. 至拜大將, 乃韓信也, 一軍皆驚.

## 2.《漢書》韓信傳

韓信, 淮陰人也. 家貧無行, 不得推擇爲吏, 又不能治生爲商賈, 常從人寄食. 其母死無以葬, 乃行營高燥地, 令傍可置萬家者. 信從下鄉南昌亭長食, 亭長妻苦之, 乃晨炊蓐食. 食時信往, 不爲具食. 信亦知其意, 自絕去. 至城下釣, 有一漂母哀之, 飯信, 竟漂數十日. 信謂漂母曰:「吾必重報母.」母怒曰:「大丈夫不能自食, 吾哀王孫而進食, 豈望報乎!」淮陰少年又侮信曰:「雖長大, 好帶刀劍, 怯耳.」衆辱信曰:「能死, 刺我; 不能, 出跨下.」於是信孰視, 俛出跨下. 一市皆笑信, 以爲怯. ……信至國, 召所從食漂母, 賜千金. 及下鄉亭長, 錢百, 曰:「公, 小人, 爲德不竟.」召辱己少年令出跨下者, 以爲中尉, 告諸將相曰:「此壯士也. 方辱我時, 寧不能死? 死之無名, 故忍而就此.」

## 3.《十八史略》(2)

項梁渡淮, 信從之. 又數以策干項羽, 不用, 亡歸漢, 爲治粟都尉. 數與蕭何語, 何奇之, 王之南鄭, 將士皆謳歌思歸, 多道亡. 信度何已數言, 王不用, 旣亡去. 何自追之, 人曰:「丞相何亡.」王怒, 如失左右手, 何來謁, 王罵曰:「若亡何也?」何曰:「追韓信.」王曰:「諸將亡以十數, 公無所追, 追信詐也.」何曰:「諸將易得耳, 信國士無雙, 王必欲長王漢中, 無所事信, 必欲爭天下, 非信無可與計事者.」王曰:「吾亦欲東耳, 安能鬱鬱久居此乎?」何曰:「計必東, 能用信, 信卽留, 不然信終亡耳.」王曰:「吾爲公以爲將.」何曰:「不留也.」王曰:「以爲大將.」何曰:「幸甚. 王素慢無禮, 拜大將如呼小兒, 此信所以去.」乃設壇場具禮, 諸將皆喜, 人人自以爲得大將, 至拜乃韓信也, 一軍皆驚. 王遂用信計, 部署諸將, 留蕭何收巴蜀租, 給軍粮食. 信引兵從故道出, 襲雍王章邯. 邯敗死, 塞王司馬欣·翟王董翳皆降.

# 148. 王裒柏慘, 閔損衣單

## 148-① 王裒柏慘
### 아버지 죽음을 애통히 여겨 잣나무를 안고 운 왕부

《진서晉書》에 실려 있다.

왕부王裒는 자가 위원偉元이며 성양城陽 영릉營陵 사람이다. 어려서 고상한 절조를 세웠으며 박학다능하였다. 그의 아버지 왕의王儀가 문제文帝의 사마司馬였는데 죽음을 당하고 말았다. 왕부는 아버지가 비명에 죽은 것을 애통해하며 한 번도 서쪽을 향해 앉은 적이 없었다. 이는 조정의 신하가 되지 않겠음을 보인 것이다. 그는 은거하여 교수敎授 생활을 하면서 아버지 묘 곁에 움막을 짓고 아침저녁으로 항상 묘소에 이르러 무릎 꿇고 절하였으며 그 곁의 잣나무를 붙잡고 비통한 울음을 터뜨려 결국 그 나무가 말라 죽고 말았다.

그의 어머니는 우레 소리를 몹시 두려워하였다. 어머니가 죽고 나서 우레가 치면 그는 문득 어머니 묘에 이르러 이렇게 말하였다.

"아들 왕부가 여기 있습니다!"

그는 《시詩》〈요아편蓼莪篇〉의 '애닯도다, 우리 부모. 나를 낳아 온갖 고생 다 하셨네'라는 구절에 이를 때면 문득 세 번씩 눈물을 쏟지 않은 적이 없었다. 그리하여 그에게 학업을 닦는 문인들은 함께 〈요아편蓼莪篇〉을 없애 버렸다. 집이 가난하여 스스로 농사를 지었으며 식구 수를 헤아려 그만큼만 농토를 마련하였고 자신의 몸에 맞추어 입을 만큼만의 누에를 쳤다. 그리하여 혹 그를 도와 주고자 하는 자가 있어도 허락하지 아니하였다.

구본舊本에는 부裒자를 포褒자로 썼는데 이는 오류이다.

《晉書》: 王裒字偉元, 城陽營陵人. 少立操尙, 博學多能. 其父儀爲文帝司馬見殺. 裒痛父非命, 未嘗西向而坐, 示不臣朝廷也. 隱居敎授. 廬于墓側, 旦夕常至墓所拜跪, 攀柏悲號. 涕淚著樹, 樹爲之枯.

母性畏雷, 母沒, 每雷輒到墓曰:「裒在此!」

及讀《詩》至『哀哀父母, 生我劬勞』, 未嘗不三復流涕. 門人受業者, 竝廢〈蓼莪〉之篇. 家貧, 躬耕, 計口而田, 度身而蠶. 或有助之者, 不聽.

舊本: 裒作褒非.


【王裒】晉나라 때 인물. 자는 偉元. 王儀의 아들.《晉書》孝友傳에 전이 있음.
【其父儀爲文帝司馬見殺】司馬昭(文帝)가 魏나라 총독이 되어 吳를 공격하여 패하고 말았음. 사마소가 그 책임 소재를 묻자 王儀가 감히 사마소를 지목하여 결국 사마소에게 죽음을 당하고 말았음.
【蓼莪之篇】《詩經》小雅 蓼莪篇. 부모가 죽은 뒤에 부모에게 효도를 다하고자 하나 때가 늦었음을 한스러워하는 내용임.


참고 및 관련 자료

1.《晉書》(88) 孝友傳(王裒)

王裒字偉元, 城陽營陵人也. 祖修, 有名魏世. 父儀, 高亮雅直, 爲文帝司馬. 東關之役, 帝問於衆曰:「近日之事, 誰任其咎?」儀對曰:「責在元帥.」帝怒曰:「司馬欲委罪於孤邪!」遂引出斬之. 裒少立操尙, 行己以禮. 身長八尺四寸, 容貌絶異, 音聲淸亮, 辭氣雅正, 博學多能, 痛父非命, 未嘗西向而坐, 示不臣朝廷也. 於是隱居敎授, 三徵七辟皆不就. 廬于墓側, 旦夕常至墓所拜跪, 樊柏悲號, 涕淚箸樹, 樹爲之枯. 母性畏雷, 母沒, 每雷, 輒到墓曰:「裒在此.」及讀詩至'哀哀父母, 生我劬勞', 未嘗不三復流涕, 門人受業者竝廢蓼莪之篇. 家貧, 躬耕, 計口而田, 度身而蠶. 或有助之者, 不聽. 諸生密爲刈麥, 裒遂棄之. 知舊有致遺者, 皆不受.

門人爲本縣所役, 告袞求屬令, 袞曰:「卿學不足以庇身, 吾德薄不足以蔭卿, 屬之何益! 且吾不執筆已四十年矣.」乃步擔乾飯, 兒負鹽豉草屬, 送所役生到縣, 門徒隨從者千餘人. 安丘令以爲詣己, 整衣出迎之. 袞乃下道至士牛旁, 磬折而立, 云:「門生爲縣所役, 故來送別.」人執手涕泣而去. 令卽放之, 一縣以爲恥.

## 2. 《搜神記》(11)「王裒泣墓」

王裒字偉元, 城陽營陵人也. 父儀, 爲文帝所殺. 裒廬於墓側, 旦夕常至墓所拜跪, 攀柏悲號. 涕泣著樹, 樹爲之枯. 母性畏雷, 母沒, 每雷, 輒到墓曰:「裒在此.」

## 3. 《二十四孝》聞雷泣墓

魏, 王裒, 事母至孝. 母存日, 性畏雷, 旣卒, 殯葬於山林. 每遇風雨, 聞阿香. 響震之聲, 卽奔墓所拜跪. 泣告曰:「裒在此, 母親勿懼.」有詩爲頌. 詩曰:『慈母怕聞雷, 冰魂宿夜臺. 阿香時一震, 到墓繞千廻.』

## 4. 《詩經》小雅 蓼莪篇

蓼蓼者莪, 匪莪伊蒿. 哀哀父母, 生我劬勞. 蓼蓼者莪, 匪莪伊蔚. 哀哀父母, 生我勞瘁. 缾之罄矣, 維罍之恥. 鮮民之生, 不如死之久矣. 無父何怙, 無母何恃. 出則銜恤, 入則靡至. 父兮生我, 母兮鞠我. 拊我畜我, 長我育我, 顧我復我, 出入腹我. 欲報之德, 昊天罔極. 南山烈烈, 飄風發發. 民莫不穀, 我獨何害. 南山律律, 飄風弗弗. 民莫不穀, 我獨不卒.

## 5. 《小學》善行篇「實明倫」

王裒, 字偉元, 父儀爲魏安東將軍司馬昭司馬, 東關之敗, 昭問於衆曰:「近日之事, 誰任其咎?」對曰:「責在元帥.」昭怒曰:「司馬, 欲委罪於孤耶?」遂引出斬之. 裒痛父非命, 於是, 隱居教授, 三徵七辟, 皆不就. 廬于墓側, 旦夕, 常至墓所, 拜跪, 攀栢悲號, 涕淚著樹, 樹爲之枯. 讀《詩》之『哀哀父母, 生我劬勞』, 未嘗不三復流涕. 門人受業者, 並廢〈蓼莪〉之篇. 家貧躬耕, 計口而田, 度身而蠶. 或有密助之者, 裒皆不聽. 及司馬氏簒魏, 裒終身未嘗西向而坐, 以示不臣于晉.

## 6. 기타 참고자료

王隱《晉書》. 敦煌本《孝子傳》.

## 148-② 閔損衣單
### 갈대꽃 홑겹 옷의 민손

구주舊注에 말하였다.

민손閔損은 자가 자건子騫이며 일찍 어머니를 잃었다. 아버지는 후처를 맞아들여 두 아들을 낳았다. 민손은 지극한 효성을 다하여 조금도 게으름이 없었음에도 계모는 그를 아주 미워하여 자신이 낳은 아들에게는 솜으로 옷을 해 입히고, 민손은 갈대꽃으로 솜을 삼아 옷을 해 입히는 것이었다.

추운 겨울에 아버지가 민손에 수레를 몰도록 하였는데, 몸이 추위로 너무 떨어 그만 수레 맬 끈을 놓치고 말았다. 아버지는 질책하였지만 민손은 그 이유를 말하지 아니하였다. 아버지가 자세히 살펴본 다음에야 그 사실을 알고 계모를 내쫓으려 하였다. 그러자 민손은 울면서 아버지께 이렇게 아뢰었다.

"어머니가 계시면 한 아들이 춥지만, 어머니가 떠나면 세 아들이 홑옷을 입어야 합니다."

아버지는 그를 훌륭하다 여겨 계모를 내쫓지 않았으며, 계모 역시 회개하여 세 아들을 공평하게 대하여 드디어 자애로운 어머니가 되었다.

舊注云: 閔損字子騫. 早喪母, 父娶後妻, 生二子. 損至孝不怠, 母疾惡之, 所生子以綿絮衣之, 損以蘆花絮. 父冬月令損御車. 體寒失靷. 父責之, 損不自理. 父察知之, 欲遣後母.

損泣啓父曰:「母在一子寒, 母去三子單」

父善之而止. 母亦悔改, 待三子平均, 遂成慈母.

【閔損】閔子騫. 孔子 제자.《史記》의 仲尼弟子列傳에 "孝哉閔子騫, 人不間於
　其父母昆弟之言"이라 함.
【蘆花絮】갈대의 흰 꽃을 솜으로 대신 사용함.《孝子傳》(《事文類聚》〈後集〉5)
　에는 "以蘆花衣之, 以代絮"라 하였음.




1.《二十四孝》單衣順母

周, 閔損, 字子騫. 早喪母, 父娶後母, 生二子, 衣以棉絮, 妒損. 衣以蘆花. 一日.
父令損御車, 體寒失鞭, 父察知其故. 欲出後母. 損曰:「母在一子單, 母去三子寒」
後母聞之, 卒悔改. 系詩爲頌. 詩曰:『閔氏有賢郎, 何曾怨後娘. 車前留母在,
三子免風霜.』

2.《史記》仲尼弟子列傳

孔子曰:「孝哉閔子騫! 人不閒於其父母昆弟之言.」不仕大夫, 不食汙君之祿.
「如有復我者, 必在汶上矣.」

# 149. 蒙恬製筆, 蔡倫造紙

## 149-① 蒙恬製筆
### 처음 붓을 만든 몽염


《초학기初學記》에 실려 있다.

《박물지博物志》에 "몽염蒙恬이 붓을 처음 만들었다"라 하였다. 또한 《상서尚書》 중후편中侯篇에는 "검은 거북이 그림을 지고 나왔다. 이에 주공周公이 붓을 들어 당시의 문자로 그 거북 등에 글씨를 썼다"라 하였다. 그런가 하면 《예기禮記》〈곡례曲禮〉에는 "역사를 기록하는 자는 붓을 지참한다"라 하였다. 이러한 기록에 의하면 진秦나라 이전에 이미 붓이 있었던 것이다. 대체로 여러 나라들이 아직 그 이름을 정하지 못하였으나, 진나라만은 유독 그 이름을 가지고 있었던 것이며, 몽염이 이를 개선하여 지금의 붓으로 만든 것이리라. 그 때문에 《설문說文》에는 "초楚나라에서는 률聿이라 하고, 오吳나라 말로는 불률不律이라 하며, 연燕나라 지방에서는 불拂이라 부르고, 진나라 지역에서는 필筆이라 부른다"라 한 것이다.

구주舊注에서는 《박물지》를 인용하여 "몽염은 진나라 장군이며 붓을 제조하였는데 이로써 붓이 시작된 것이다"라 하였으나, 지금의 《박물지》에는 이런 기록이 실려 있지 않다.


《初學記》云:《博物志》:「蒙恬造筆.」

又《尚書》〈中侯〉:「玄龜負圖出, 周公援筆, 以時文寫之.」

〈曲禮〉云:「史載筆.」

此則秦之前已有筆矣. 蓋諸國或未之名, 而秦獨得其名, 恬更爲之損益耳.

故《說文》曰:「楚謂之聿, 吳謂之不律, 燕謂之拂, 秦謂之筆也」
舊注引《博物志》云:「蒙恬爲秦將, 製筆自此始」 今本無之.


【初學記】당나라의 徐堅 등이 지은 책. 經史와 文章의 요체를 종류별로 모아 놓은 類書의 일종.
【博物志】晉나라 張華가 지은 책.
【蒙恬】진나라 때의 장군 이름.
【尙書中侯】緯書의 하나.
【周公】周 武王의 아우 주공 旦(姬旦).
【說文】《說文解字》. 漢나라 許愼이 지은 문자 해설서. 266-2 참조.
【聿】拂音과 같음. '필'로도 나며 '筆'과 같음. 그 다음의 '不律'은 反切로 '붓'의 발음이 나며 지금의 우리말 '붓'은 여기에서 비롯된 것임.




1. 《初學記》(《藝文類聚》 58에도 인용되어 있음)

博物志曰:「蒙恬造筆」

2. 《博物志》 佚文(《藝文類聚》 58)

蒙恬造筆.

3. 《古文眞寶》〈毛穎傳〉 韓愈

毛穎者, 中山人也. 其先明目示, 佐禹治東方土, 養萬物有功. 因封於卯地, 死爲十二神. 嘗曰:「吾子孫神明之後, 不可與物同. 當吐而生」 已而果然. 明目示八世孫, 䤡. 世傳當殷時, 居中山, 得神仙之術, 能匿光使物, 竊姮娥騎蟾蜍, 入月, 其後代, 遂隱不仕云. 居東郭者曰䨲, 狡而善走, 與韓盧爭能, 盧不及, 盧怒, 與宋鵲, 謀而殺之, 醢其家. 秦始皇時, 蒙將軍恬, 南伐楚, 次中山, 將大獵以懼楚, 召左右庶長與軍尉, 以連山筮之, 得天與人文之兆. 筮者賀曰:「今日之獲, 不角不牙, 衣褐之徒, 缺口而長鬚, 八竅而趺居, 獨取其髦, 簡牘是資, 天下其同書. 秦其遂兼諸侯乎!」 遂獵, 圍毛氏之族, 拔其豪, 載穎而歸, 獻俘于章臺宮, 聚其族而加束縛焉, 秦皇帝使恬, 賜之湯沐而封諸管城, 號曰「管城子」, 日見親寵任事. 穎爲人強記而便敏, 自結繩之代, 以及秦事, 無不纂錄, 陰陽卜筮占相醫方族氏

山經地志字書圖畵九流百家天人之書, 及至浮圖老子外國之說, 皆所詳悉, 又通
於當代之務, 官府簿書市井貨錢注記, 惟上所使, 自秦皇帝及太子扶蘇胡亥丞
相斯中車府令高, 下及國人, 無不愛重. 又善隨人意, 正直邪曲功拙, 一隨其人,
雖見廢棄, 終黙不洩, 惟不喜武士, 然見請, 亦時往. 累拜中書令, 與上益狎, 上嘗
呼爲中書君. 上親決事, 以衡石自程, 雖宮人, 不得立左右, 獨穎與執燭者常侍,
上休方罷. 穎與絳人陳玄, 弘農陶泓, 及會稽楮先生, 友善, 相推致, 其出處必偕.
上召穎, 三人者不待詔, 輒俱往, 上未嘗怪焉, 後因進見, 上將有任使, 拂拭之,
因免冠謝, 上見其髮禿, 又所摹畵, 不能稱上意. 上嘻笑曰:「中書君, 老而禿,
不任吾用. 吾嘗謂君中書, 君今不中書邪?」對曰:「臣所謂盡心者.」因不復召,
歸封邑, 終于管城. 其子孫甚多, 散處中國夷狄, 皆冒管城, 惟居中山者, 能繼
父祖業. 太史公曰:「毛氏有兩族, 其一姬姓, 文王之子. 封於毛, 所謂魯衛毛聃
者也, 戰國時, 有毛公毛遂, 獨中山之族, 不知其本所出, 子孫最爲蕃昌, 春秋
之成, 見絶於孔子, 而非其罪. 及蒙將軍, 拔中山之豪, 始皇封諸管城, 世遂有名,
而姬姓之毛無聞. 穎始以俘見, 卒見任使, 秦之滅諸侯, 穎與有功, 賞不酬勞,
以老見疏, 秦眞少恩哉!」


## 149-② 蔡倫造紙
## 종이를 처음 만든 채륜


　　후한後漢의 환관宦官이었던 채륜蔡倫은 자가 경중敬仲이다. 화제和帝 때에
중상시中常侍로 전임되어 상방령尙方令의 직무를 겸하였다. 그는 비검秘劒과
그 외에 여러 가지 기구를 만드는 일을 감독하였는데, 정밀하고 공교하며
견고하지 세밀하지 않음이 없어 후세에 법이 되었다. 자고로 서계書契는
흔히 죽간竹簡을 묶어 사용하였으며, 비단을 사용하여 기록하는 것을
일러 지紙라 하였다. 그러나 비단은 값이 비쌌고, 죽간은 무거워 둘 모두
사람이 쓰기에 불편하기는 마찬가지였다.

　채륜은 이에 쓰기 편한 것을 만들 생각을 하고 나무껍질과 삼의 머리 부분 및 해진 옷감, 어망 등을 사용하여 지紙를 만들어 이를 임금에게 올렸다. 황제는 그 기능을 훌륭히 여겨 이로부터 그것을 사용하지 않는 경우가 없었다. 그 때문에 천하 모두가 그가 만든 것을 채후지蔡侯紙라 부르게 된 것이다.


　後漢, 宦者蔡倫字敬仲. 和帝時轉中常侍, 加尙方令. 監作祕劒及諸器械, 莫不精工堅密, 爲後世法. 自古書契多編以竹簡. 其用縑帛者謂之爲紙. 縑貴而簡重, 竝不便於人.

　倫乃造意, 用樹膚麻頭及敝布魚網以爲紙, 奏上之.

　帝善其能, 自是莫不從用. 故天下咸稱「蔡侯紙」.


【蔡倫】 후한 때의 환관으로 자는 敬仲. 화제 때 종이를 발명한 것으로 유명함. 《後漢書》에 전이 있음.
【和帝】 동한의 제4대 황제 劉肇. A.D.89~105년 재위함.
【麻頭】 마(삼베)의 줄기 끝 부분. 布로 사용할 실을 뽑을 수 없는 부분.
【蔡侯紙】 채륜은 뒤에 侯에 봉해졌기 때문에 '채후'라 한 것임.


참고 및 관련 자료

### 1. 《後漢書》 蔡倫傳

蔡倫字敬仲, 桂陽人也. 以永平末始給事宮掖, 建初中, 爲小黃門. 及和帝卽位, 轉中常侍, 豫參帷幄. 倫有才學, 盡心敦愼, 數犯嚴顔, 匡弼得失. 每至休沐, 輒閉門絶賓, 暴體田野. 後加位尙方令. 永元九年, 監作祕劒及諸器械, 莫不精工堅密, 爲後世法. 自古書契多編以竹簡, 其用縑帛者謂之爲紙. 縑貴而簡重, 並不便於人. 倫乃造意, 用樹膚·麻頭及敝布·魚網以爲紙. 元興元年奏上之, 帝善其能, 自是莫不從用焉, 故天下咸稱「蔡侯紙」.

# 150. 孔伋縕袍, 祭遵布被

### 150-① 孔伋縕袍
### 온포를 입고 사는 공급


《설원說苑》에 실려 있다.

자사(子思, 孔伋)가 위衛나라에 살면서 겉옷도 없는 옷을 입고 살면서 스무 날에 아홉 끼로 끼니를 이어가고 있었다. 전자방田子方이 이를 듣고 사람을 시켜 호백구狐白裘를 보내 주었다. 그러면서 그가 받지 않을 것을 걱정하여 짐짓 이렇게 말하였다.

"나는 남에게 물건을 빌려주면 이를 잊어버리기 일쑤이며 남에게 준 물건은 버린 것으로 여깁니다."

과연 자사가 이를 받지 않자 전자방이 물었다.

"나는 소유한 것이 있고 그대는 아무것도 없는데 어찌 받지 않습니까?"

자사는 이렇게 대답하였다.

"내伋 듣기로 '마구 주는 것은 물건을 구렁텅이에 버리는 것만 못하다'라 하였소. 내 비록 가난하기는 하나 차마 이 몸을 구렁텅이로 여길 수는 없소. 이 까닭으로 감히 받지 않는 것입니다."


《說苑》曰: 子思居於衛, 縕袍無表, 二旬九食.

田子方聞之, 使人遺狐白裘, 恐其不受, 因謂之曰:「吾假人遂忘之, 吾與人如棄之.」

子思辭而不受, 子方曰:「我有子無, 何故不受?」

子思曰:「伋聞之:『妄與不如遺棄物於溝壑.』伋雖貧, 不忍以身爲溝壑. 是以不敢當!」

【子思】孔伋의 字. 孔子의 손자.
【縕袍】헌 솜 따위를 넣어 만든 도포. 매우 가난함을 뜻함.
【田子方】子夏의 門下生이며 魏文侯가 매우 존경하였던 인물. '田方簡傲'
 [209] 참조.
【狐白裘】여우의 겨드랑이 아래에 있는 하얀 털로 만든 가죽 옷. 매우 비싸고
귀한 옷으로 여겼음.




1. 《說苑》立節篇

子思居於衛, 縕袍無表, 二旬而九食. 田子方聞之, 使人遺狐白之裘, 恐其不受,
因謂之曰:「吾假人, 遂忘之; 吾與人也, 如棄之.」子思辭而不受, 子方曰:「我有
子無, 何故不受?」子思曰:「伋聞之, 妄與不如遺棄物於溝壑, 伋雖貧也, 不忍
以身爲溝壑, 是以不敢當也.」


## 150-② 祭遵布被
### 베로 만든 이불뿐인 제준


후한後漢의 제준祭遵은 자가 제손弟孫이며 영천潁川 영양潁陽 사람이다.
젊어서 경서經書를 읽기 좋아하였으며, 집안이 부유하였으나 공경스럽고
검소하게 살았다. 광무제光武帝를 따라 하북河北을 평정하여 정로장군征虜
將軍에 임명되었다. 재준은 사람됨이 청렴하고 검약했으며 소심하여 자신을
이겨 공무를 받들었다. 위로부터 받는 상이나 하사품은 사졸들에게 모두
나누어 주어 집에는 사사로운 재물이라고는 없었다. 옷도 다듬은 가죽

바지와 베로 만든 이불이 전부였으며, 부인의 치마도 가장자리를 손질하지 아니한 채 그대로였다. 임금은 이로써 그를 중히 여겼다. 그가 죽자 임금은 불쌍히 여기며 애도함이 특히 심하여 수레에 소복을 장식하고 찾아가 예를 상례를 마친 다음에는 친히 태뢰太牢로 제사를 올렸다. 이윽고 장례를 마치자 다시 수레를 타고 그의 무덤에까지 이르러 남아 있던 부인과 가족들을 위로해 주었다.

그 뒤 조회 때에는 황제는 매번 이렇게 탄식하였다.

"어찌하면 나라를 걱정하며 공무를 다하던 정로장군 제준과 같은 이를 얻을 수 있을까?"

천자로부터 그리움을 입기가 이와 같았던 것이다.


後漢, 祭遵字弟孫, 潁川潁陽人. 少好經書, 家富給而恭儉. 從光武平河北, 拜征虜將軍. 遵爲人廉約小心, 克己奉公, 賞賜盡與士卒, 家無私財. 身衣韋袴布被, 夫人裳不加緣. 帝以是重焉. 及卒愍悼尤甚, 車駕素服臨之, 喪禮成, 親祠以太牢. 旣葬, 車駕復臨其墳, 存見夫人室家.

其後會朝, 帝每嘆曰:「安得憂國奉公如祭征虜乎?」

其見思如此.


【祭遵】 후한 때의 인물로 자는 弟孫. 光武帝 劉秀를 따라 河北을 평정하고 征虜將軍에 봉해짐. 《後漢書》에 전이 있음.
【光武帝】 世祖光武皇帝. 光武帝. A.D.25~57년 재위. 東漢(後漢)의 첫 황제. 劉秀. 자는 文叔. 長沙 定王 劉發의 후손. 漢 景帝가 유발을 낳고, 유발이 春陵節侯 劉買를 낳았으며 뒤에 封地가 南陽 白水鄕으로 옮겨져 그곳을 春陵이라 하고 가문을 이루었음. 그리고 유매의 막내아들이 劉外였으며 그가 劉回를 낳았고, 유회가 南頓令 劉欽을 낳았으며 유흠이 유수를 낳았음. 이가 동한을 일으켜 낙양에 도읍을 하여 유씨 왕조를 이은 것이며 이를 東漢(後漢)이라 부름.

【小心】마음을 세심하게 써서 행동을 조심함. 조심함.《詩經》大雅 蒸民에 "小心翼翼 古訓是式"이라 함.
【大牢】소·양·돼지와 같은 제물을 바치는 최고의 제사나 향연.



## 1.《後漢書》祭遵傳

祭遵字弟孫, 潁川潁陽人也. 少好經書. 家富給, 而遵恭儉, 惡衣服. 喪母, 負土起墳. 嘗爲部吏所侵, 結客殺之. 初, 縣中以其柔也, 旣而皆憚焉. 帝乃下升章以示公卿. 至葬, 車駕復臨, 贈以將軍·侯印綬, 朱輪容車, 介士軍陳送葬, 諡曰成侯. 旣葬, 車駕復臨其墳, 存見夫人室家. 其後會朝, 帝每歎曰:「安得憂國奉公之臣如祭征虜者乎!」遵之見思若此.

# 151. 周公握髮, 蔡邕倒屣

### 151-① 周公握髮
### 머리를 감다가 거머쥐고 선비를 만난 주공

《사기史記》에 실려 있다.

무왕武王이 붕어하자 주공周公이 성왕成王을 도와 섭정하면서 자신의 아들 백금伯禽을 봉지 노魯나라로 대신 보내면서 이렇게 경계시켰다.

"나는 문왕의 아들이요, 무왕武王의 아우요, 성왕의 숙부이다. 나는 천하에서 역시 천한 신분이 아니다. 그러나 나는 한 번 머리를 감다가도 세 번이나 머리카락을 쥐고, 한 번 밥을 먹는 중간에도 세 번이나 먹던 밥을 중지하고 일어나 선비를 대하였다. 그러면서도 도리어 천하에 어진 사람을 놓치면 어쩌나 걱정을 하였다. 네가 노나라에 가거든 나라 사람들에게 거만함이 없도록 신중을 기하라."

《史記》曰: 武王崩, 周公相成王, 而使其子伯禽代就封於魯.

戒之曰:「我文王之子, 武王之弟, 成王之叔父. 我於天下亦不賤矣. 然我一沐三握髮, 一飯三吐哺, 起以待士. 猶恐失天下之賢人. 子之魯, 愼無以國驕人.」

【武王】 주나라 文王의 아들. 姬發.

【周公】 姬旦. 주나라 武王(姬昌)의 아들이며 文王의 아우. 주나라 초기 문물 제도를 제정한 聖人이며 魯나라를 봉지로 받음.

【成王】 姬誦. 무왕의 아들이며 주공 단의 조카. 주나라 3대 임금. 어려서 왕이 되어 주공의 섭정을 받았음.

【伯禽】 주공의 아들. 주공이 魯나라에 봉을 받았으나, 성왕을 보필하느라 직접 갈 수가 없어 아들 백금을 대신 보낸 것임.

【一沐三握髮, 一飯三吐哺】 ‘吐哺握髮’이라 하며 훌륭한 사람을 놓치지 않기 위하여 노심초사함을 비유함.


### 참고 및 관련 자료

**1.《史記》魯周公世家**

於是卒相成王, 而使其子伯禽代就封於魯. 周公戒伯禽曰:「我文王之子, 武王之弟, 成王之叔父, 我於天下亦不賤矣. 然我一沐三捉髮, 一飯三吐哺, 起以待士, 猶恐失天下之賢人. 子之魯, 愼無以國驕人.」

**2.《韓詩外傳》(3)**

周公踐天子之位, 七年, 布衣之士所贄而師者十人, 所友見者十二人, 窮巷白屋先見者四十九人, 時進善百人, 教士千人, 宮朝者萬人. 成王封伯禽於魯, 周公誠之曰:「往矣! 子無以魯國驕士. 吾, 文王之子, 武王之弟, 成王之叔父也, 又相天下, 吾於天下, 亦不輕矣. 然一沐三握髮, 一飯三吐哺, 猶恐失天下之士. 吾聞德行寬裕, 守之以恭者榮; 土地廣大, 守之以儉者安; 禄位尊盛, 守之以卑者貴; 人衆兵強, 守之以畏者勝; 聰明睿智, 守之以愚者善; 博聞强記, 守之以淺者智. 夫此六者, 皆謙德也. 夫貴爲天子, 富有四海, 由此德也; 不謙而失天下, 亡其身者, 桀紂是也; 可不愼歟? 故易有一道, 大足以守天下, 中足以守其國家, 近足以守其身, 謙之謂也. 夫天道虧盈而益謙, 地道變盈而流謙, 鬼神害盈而福謙, 人道惡盈而好謙. 是以衣成則必缺袂, 宮成則必缺隅, 屋成則必加拙, 示不成者, 天道然也. 易曰:「謙·亨, 君子有終, 吉.」詩曰:「湯降不遲, 聖敬日躋.」誠之哉! 其無以魯國驕士也.」

**3.《荀子》堯問篇**

吾語女:「我, 文王之爲子, 武王之爲弟, 成王之爲叔父, 吾於天下不賤矣! 然而吾所執贄而見者十人, 還贄而相見者三十人, 貌執之士者百有餘人, 欲言而請畢事者千有餘人, 於是, 吾僅得三士焉, 以正吾身, 以定天下. 吾所以得三士者, 亡於十人與三十人中, 乃在百人與千人之中. 故上士吾薄爲之貌, 下士吾厚爲之貌, 人人皆以我爲越逾好士, 然故士至. 士至而後見物, 見物而後知其是非之所在. 戒之哉! 女以魯國驕人, 幾矣! 夫仰禄之士猶可驕也, 正身之士不可驕也. 彼正身之士, 舍貴而爲賤, 舍富而爲貧, 舍佚而爲勞, 顏色黎黑而不失其所. 是以天下之紀不息, 文章不廢也.」

4.《尙書大傳》梓材

伯禽封於魯, 周公曰:「於乎! 吾與女族倫, 吾文王之爲子也, 武王之爲弟也, 今王之爲叔父也, 吾於天下豈卑賤也? 豈乏士也? 所執質而見者十三, 委質而相見者三十, 其未執質之士百, 我欲盡智得情者千人. 而吾僅得三人焉, 以正吾身, 以定天下. 是以敬其見者則隱者出矣. 謹諸! 乃以魯而驕人可哉! 尸祿之士, 猶可驕也, 正身之士, 去貴而委賤, 去富而爲貧, 面目黑而不失其所. 是以文不滅而章不敗也. 愼哉! 女乃以魯國而驕豈可哉!」

5.《說苑》敬愼篇

昔成王封周公, 周公辭不受, 乃封周公子伯禽於魯, 將辭去, 周公戒之曰:「去矣! 子其無以魯國驕士矣. 我, 文王之子也, 武王之弟也, 今王之叔父也; 又相天子, 吾於天下亦不輕矣. 然嘗一沐而三握髮, 一食而三吐哺, 猶恐失天下之士. 吾聞之曰: 德行廣大而守以恭者榮, 土地博裕而守以儉者安, 祿位尊盛而守以卑者貴, 人衆兵强而守以畏者勝, 聰明叡智而守以愚者益, 博聞多記而守以淺者廣; 此六守者, 皆謙德也. 夫貴爲天子, 富有四海, 不謙者先天下亡其身, 桀紂是也, 可不愼乎! 故易曰, 有一道, 大足以守天下, 中足以守國家, 小足以守其身, 謙之謂也. 「夫天道毀滿而益謙, 地道變滿而流謙, 鬼神害滿而福謙, 人道惡滿而好謙」是以衣成則缺衽, 宮成則缺隅, 屋成則加錯; 示不成者, 天道然也. 易曰:「謙·亨, 君子有終吉.」詩曰:「湯降不遲, 聖敬日躋.」其戒之哉! 子其無以魯國驕士矣.」

6.《說苑》尊賢篇

周公攝天子位七年, 布衣之士, 執贄所師見者十二人, 窮巷白屋所先見者四十九人, 時進善者百人, 教士者千人, 官朝者萬人. 當此之時, 誠使周公驕而且怯, 則天下賢士至者寡矣, 苟有至者, 則必貪而尸祿者也, 尸祿之臣, 不能存君矣.

7.《說苑》君道篇

成王封伯禽爲魯公, 召而告之曰:「爾知爲人上之道乎? 凡處尊位者必以敬, 下順德規諫, 必開不諱之門, 撝節安靜以籍之, 諫者勿振以威, 毋格其言, 博采其辭, 乃擇可觀. 夫有文無武, 無以威下, 有武無文, 民畏不親, 文武俱行, 威德乃成; 旣成威德, 民親以服, 淸白上通, 巧佞下塞, 諫者得進, 忠信乃畜.」伯禽再拜受命而辭.

8. 《說苑》君道篇

周公踐天子之位布德施惠, 遠而逾明, 十二牧, 方三人, 出擧遠方之民, 有饑寒而不得衣食者, 有獄訟而失職者, 有賢才而不擧者, 以入告乎天子, 天子於其君之朝也, 揖而進之曰:「意朕之政教有不得者與! 何其所臨之民有饑寒而不得衣食者, 有獄訟而失職者, 有賢才而不擧者?」其君歸也, 乃召其國大夫, 告用天子之言, 百姓聞之皆喜曰:「此誠天子也! 何居之深遠而見我之明也, 豈可欺哉!」故牧者所以辟四門, 明四目, 達四聰也, 是以近者親之, 遠者安之. 詩曰:「柔遠能邇, 以定我王.」此之謂矣.

9. 《十八史略》(1) 周

武王崩, 太子誦立, 是爲成王. 成王幼, 周公位冢宰攝政.

10. 《十八史略》(1) 魯

魯: 姬姓. 周公子伯禽之所封也. 周公誨成王, 王有過則撻伯禽. 伯禽就封, 公戒之曰:「我文王之子, 武王之弟, 今王之叔父. 然我一沐三握髮, 一食三吐哺. 起以待士, 猶恐失天下賢人. 子之魯, 愼無以國驕人.」


151-② 蔡邕倒屣
# 나막신을 거꾸로 신고 달려나간 채옹


후한後漢의 채옹蔡邕은 자가 백개伯喈이며 진류陳留 어현圉縣 사람이다. 젊어서 박학하였고, 사장辭章과 산술數術, 천문天文에 밝았으며, 음률音律에도 오묘한 연주 실력이 있었다. 한가하게 살면서 옛것을 즐기면서 살아 당세 사람들과는 교류를 하지 않았다. 뒤에 중랑장中郞將이 되어 헌제獻帝가

서쪽으로 옮겨가자 왕찬王粲도 옮겨 장안長安으로 이사를 왔었는데, 채옹은 왕찬을 보고는 기이한 자임을 알아차렸다. 당시 채옹은 재능과 학식이 뛰어나 널리 알려져 있어 조정에서 귀하고 중한 인물이었다. 그의 집에는 항상 그를 찾아온 손님들의 말이 골목을 메웠으며, 집안에는 빈객이 자리를 가득 메웠다. 그런데 어느 날 왕찬이 찾아와 문 앞에 있다는 말을 듣고, 채옹은 나막신을 거꾸로 신고 달려나가 맞이하는 것이었다. 왕찬이 방안으로 이르자, 나이는 어렸고 용모도 키가 작았다. 자리에 앉았던 이들이 이를 보고 모두가 놀라워하였다. 이에 채옹은 이렇게 설명하였다.

"이는 왕공王公의 손자로서 특이한 재주가 있어 나는 이만 못하다. 우리 집에 있는 모든 서적과 문장은 의당 모두 이 사람에게 주어야 할 정도이다."

왕찬의 증조부는 왕공王龔이며, 그의 조부는 왕창王暢으로 모두 삼공三公의 지위에 올랐다.


後漢, 蔡邕字伯喈, 陳留圉人. 少博學, 好辭章·數術·天文, 妙操音律. 閑居翫古, 不交當世. 後爲中郎將. 獻帝西遷, 王粲徙長安. 邕見而奇之. 時邕才學顯著, 貴重朝廷. 常車騎塡巷, 賓客盈坐. 聞粲在門, 倒屣迎之.

粲至, 年旣幼弱, 容狀短小, 一坐盡驚, 邕曰:「此王公之孫, 有異才, 吾不如也. 吾家書籍文章, 盡當與之.」

粲曾祖龔, 祖暢, 皆爲三公.


【蔡邕】 자는 伯喈(132~192). 박학하고 文學에도 뛰어났었음. 漢나라 靈帝 때 楊賜 등과 六經의 문자를 확정하여 太學門 앞에 六經碑를 세움. 董卓에게 동조하여 中郞將이 되었으나 동탁이 패하자 그에 연좌되어 옥사함. 辭章과 音律, 書法 등에 모두 뛰어났으며 저술로 《獨斷》을 남김. 《後漢書》(60)에 전이 있음.

【獻帝西遷】獻帝는 동한 마지막 황제 劉協. 189~220년 재위함. 曹氏 부자에게 휘둘려 제대로 皇權을 행사하지 못하였으며 결국 220년 曹丕(魏 文帝)에게 제위를 선양하여 漢나라가 종말을 고함. 初平 원년(190), 董卓이 낙양의 궁전과 종묘를 불태우고 천자의 수레와 가마를 장안으로 옮겼음.《十八史略》(3)에 "孝獻皇帝: 名協, 九歲爲董卓所立. 關東州郡, 起兵討卓, 推袁紹爲盟主. 卓燒洛陽宮廟, 遷都長安"이라 함.

【王粲】자는 仲宣(177~217). 어려서 蔡邕의 칭찬을 받아 17세에 司徒辟, 黃門侍郎을 지냈으며 西京에 난이 일자 荊州로 가서 劉表에게 의탁함. 그러나 유표는 왕찬이 못생긴 것을 두고 중히 여기지 않음. 왕찬은 유표의 아들 劉琮을 曹操에게 항복하도록 권하였으며 이로써 조조에게 발탁되어 丞相掾이 되었으며 關內侯에 봉해짐. 魏나라가 들어서자 왕찬은 나라의 제도와 문물을 제정하였으며, 建安七子 중의 하나가 됨. 王弼의 조부이며 문장에도 뛰어나 60여 편의 글이 있으며 그 중 〈七哀詩〉와 〈登樓賦〉가 가장 유명함.《三國志》(21)에 전이 있음. '王粲覆棋'[235] 및 '仲宣獨步'[192] 참조.

【倒屣】너무 급하여 신(나막신)을 거꾸로 신은 채 달려나감.

【王龔】왕찬의 증조부.

【王暢】왕찬의 조부.



## 1.《後漢書》蔡邕

蔡邕字伯喈, 陳留圉人也. 六世祖勳, 好黃老, 平帝時爲郿令. 王莽初, 授以厭戎連率. 勳對印綬仰天歎曰:「吾策名漢室, 死歸其正. 昔曾子不受季孫之賜, 況可事二姓哉?」遂攜將家屬, 逃入深山, 與鮑宣·卓茂等同不仕新室. 父稜, 亦有淸白行, 諡曰貞定公. 邕性篤孝, 母常滯病三年, 邕自非寒暑節變, 未嘗解襟帶, 不寢寐者七旬ㄴ 母卒, 廬于冢側, 動靜以禮. 有菟馴擾其室傍, 又木生連理, 遠近奇之, 多往觀焉. 與叔父從弟同居, 三世不分財, 鄉黨高其義. 少博學, 師事太傅胡廣. 好辭章·數術·天文, 妙操音律.

## 152. 王敦傾室, 紀瞻出妓

### 152-① 王敦傾室
### 왕실을 기울게 할 왕돈

《진서晉書》에 실려 있다.

왕돈王敦은 자가 처중處仲이며 젊어서 기인奇人으로 품평을 받았다. 무제武帝의 딸 양성공주襄城公主에게 장가를 들어 부마도위駙馬都尉가 되었다. 명제明帝 초기에 고숙姑孰을 진수하게 되었을 때, 스스로 양주목揚州牧이 되어 반역을 모의하다가 병으로 죽어 할관육시割棺戮尸를 당하였다.

그에 앞서 석숭石崇은 사치와 호방으로써 남에게 뽐내었다. 화장실에 항상 십여 명의 비녀를 대기시켜 줄 세워 놓았는데, 모두가 자색이 뛰어났으며, 거기에 갑전분甲煎粉과 침향즙沈香汁 등 향내나는 화장품까지 갖추어 두었다. 게다가 화장실에 가는 자는 모두가 나올 때는 새 옷으로 갈아입고 나오도록 되어 있었다. 빈객들은 흔히 옷을 갈아입는 것을 부끄럽게 여겼지만, 왕돈은 벗을 것을 벗고 새 옷을 갈아입으면서 의지와 표정이 조금도 거리낌이 없었다. 여러 비녀들이 이를 보고 이렇게 수군거렸다.

"이러한 손님이라면 틀림없이 능히 반역을 일으킬 자로다!"

또 일찍이 마구 여색에 빠져 몸조차 피폐해 가자 좌우에서 이를 간언하였다. 왕돈은 이렇게 말하였다.

"이는 매우 쉬운 일이지!"

그러고는 후합後閤을 열고 비첩 수십 명을 내쫓으며 모두 석방해 버렸다.

당시 사람들은 이처럼 기이한 행동에 탄복하였다.

《晉書》: 王敦字處仲. 少有奇人之目. 尚武帝女襄城公主, 拜駙馬都尉.

明帝初, 移鎭姑孰, 自領揚州牧, 謀逆病死, 割棺戮尸.

初石崇以奢豪矜物. 厠上常有十餘婢侍列, 皆有容色, 置甲煎粉·

沈香汁. 有如厠者, 皆易新衣而出. 客多羞脫衣, 而敦脫故著新, 意色無怍.

群婢曰:「此客必能作賊!」

又嘗荒恣於色, 體爲之弊, 左右諫之.

敦曰:「此甚易耳!」

乃開後閤, 驅諸婢妾數十人, 並放之, 時人嘆異.


【王敦】자는 處仲(266~324). 어릴 때는 阿黑이라 부름. 王含의 아우이며
王導의 종제로 八王之亂 때 공을 세워 散騎常侍, 侍中, 靑州刺史, 鎭東
大將軍 등을 지냄. 西晉이 망하자 司馬睿를 옹립하여 황제로 삼음. 뒤에
明帝 때 난을 일으켰다가 軍中에서 죽음.《晉書》(98)에 전이 있음.
【武帝】晉 武帝. 司馬炎. 西晉의 개국군주. 司馬昭의 長子. 자는 安世. 咸熙 2年
(265)에 魏나라로부터 禪讓의 형식으로 나라를 이어받아 晉나라를 세우고 洛陽을
도읍으로 함. 재위 26년(265~290). 廟號는 世祖.《晉書》(3)에 紀가 있음.
【明帝】晉 明帝. 東晉의 2대 황제. 司馬紹. 元帝 司馬睿의 아들. 323~326년 재위함.
【石崇】자는 季倫(249~300). 어릴 때의 자는 齊奴. 修武令, 城陽太守 등을 지냈
으며 吳나라를 벌한 공으로 安陽鄕侯에 봉해짐. 뒤를 이어 散騎常侍, 侍中,
荊州刺史 등을 역임하였으며, 당시 최고의 부자로 河南에 金谷園을 지어
온갖 사치와 부를 누렸던 인물. 특히 羊琇, 王愷 등과 사치를 다툰 일화로도
유명함. 潘岳 등과 賈后, 賈謐을 모함하였으며 다시 淮南王(司馬允), 齊王(司馬冏)
과 결탁하였다가 趙王(司馬倫)에게 참살당함.《晉書》(33)에 전이 있음.
【甲煎紛·沈香汁】훌륭한 분과 향료 등 화장품.




1.《晉書》(98) 王敦傳

王敦字處仲, 司徒導之從父兄也. 父基, 治書侍御史. 敦少有奇人之目, 尚武帝

女襄城公主, 拜駙馬都尉, 除太子舍人. ……及帝崩, 太寧元年, 敦諷朝廷徵己, 明帝乃手詔徵之(語在明帝紀). 又使兼太常應詹拜授加黃鉞, 班劍武賁二十人, 奏事不名, 入朝不趨, 劍履上殿. 敦移鎭姑孰, 帝使侍中阮孚齎牛酒犒勞, 敦稱疾不見, 使主簿受詔. 以王導爲司徒, 敦自爲揚州牧. ……有司議曰: 「王敦滔天作逆, 有無君之心, 宜依崔杼·王淩故事, 剖棺戮尸, 以彰元惡.」於是發瘞出尸, 焚其衣冠, 踞而刑之. ……石崇以奢豪矜物. 厠上常有十餘婢侍列, 皆有容色, 置甲煎粉·沈香汁, 有如厠者, 皆易新衣而出. 客多羞脫衣, 而敦脫故著新, 意色無怍. 群婢相謂曰: 「此客必能作賊!」又嘗荒恣於色, 體爲之弊, 左右諫之, 敦曰: 「此甚易耳!」乃開後閣, 驅諸婢妾數十人, 並放之, 時人歎異焉.

### 2.《世說新語》汰侈篇

石崇厠, 常有十餘婢侍列, 皆麗服藻飾, 置甲煎粉·沈香汁之屬, 無不畢備; 又與新衣箸令出, 客多羞不能如厠. 王大將軍往, 脫故衣, 箸新衣, 神色傲然. 群婢相謂曰: 「此客必能作賊!」


## 152-② 紀瞻出妓
### 기녀들을 모두 풀어 준 기첨


구주舊注에 인용된 《세실신어世說新語》에 실려 있다.

왕도王導가 주의周顗 및 여러 조정 대신들과 함께 상서尙書 기첨紀瞻의 집에 가서 기생들의 놀이를 구경하였다. 기첨에게는 아주 아끼는 첩이 있었는데, 능히 새로운 유행가를 잘 불렀다. 주의는 이 첩과 수작을 부리며 말을 나누었는데, 조금도 부끄러워하는 기색이 없었다. 유사有司가 주의는 황폐한 일에 탐닉하였다고 상소를 올렸으나, 임금은 조서를 내려 이를 허물 삼지 않겠다고 용서해 주었다. 지금의 《세설신어》에는 이러한 내용이 실려 있지 않다.

舊注引《世說》云: 王導與周顗及諸朝士, 詣尙書紀瞻家, 觀妓. 瞻有愛妾, 能作新聲. 顗問答之, 顔無怍色. 有司奏顗耽荒, 詔原之. 今本無載.


【王導】王丞相(276~339). 자는 茂弘. 어릴 때 자는 阿龍. 王敦의 從弟. 서진이 망하자 王敦과 함께 司馬睿를 황제로 추대하여 東晉을 세움. 그 공으로 丞相이 되었으며 號를 '仲父'라 하였음. 천하의 권세를 잡아 당시 "王與馬, 共天下"라 하였음. 元帝와 明帝, 成帝를 차례로 즉위시켰으며, 남방 세족의 도움으로 강남에서의 동진 정권을 안정시킴.《晉書》(65)에 전이 있음. '王導公忠'[004] 참조.

【周顗】자는 伯仁(269~322). 周浚의 장자. '三日僕射'와 王敦 기병 때 피살될 때 "我雖不殺伯仁, 伯仁由我而死"의 고사를 남김.《晉書》(69)에 전이 있음. '周嵩狼抗'[007] 및 '周侯山嶷'[054] 참조.

【紀瞻】晉나라 때의 명사.《晉書》(68)에 전이 있음.

【觀妓】기생의 춤을 관람하는 풍습. 唐詩〈五日觀妓〉의 萬楚 시에 "西施謾道浣春紗, 碧玉今時鬪麗華. 眉黛奪將萱草色, 紅裙妬殺石榴花. 新歌一曲令人艶, 醉舞雙眸斂鬢斜. 誰道五絲能續命, 却知今日死君家"라 함.

【新聲】新曲, 新歌, 流行歌를 뜻함.

【今本無載】지금의《世說新語》任誕篇 본문에는 보이지 않으나 注에는 실려 있음. 참고란을 볼 것.




1.《世說新語》任誕篇

有人譏周僕射:「與親友言戲, 穢雜無檢節.」周曰:「吾若萬里長江, 何能不千里一曲?」

2.《晉紀》鄧粲

王導與周顗及朝士, 詣尙書紀瞻觀伎; 瞻有愛妾, 能爲新聲; 顗於衆中欲通其妾, 露其醜穢, 顔無怍色. 有司奏免顗官, 詔特原之.

## 153. 暴勝持斧, 張網埋輪

### 153-① 暴勝持斧
### 부월을 잡고 도적 토벌에 나선 폭승지

　전한前漢의 폭승지暴勝之는 자가 공자公子이다. 무제武帝 말에 군국郡國에 도적이 무리지어 일어나자, 폭승지는 직지사자直指使者가 되어 비단실로 수놓은 옷을 입고 부월을 가지고 출정하여, 도적을 쫓아 잡으면서 각 군국의 업무를 독려하여 동쪽 바다에까지 이르렀다. 그리고 병력을 일으켜 명령에 따르지 않는 자를 주벌하여, 그 위세가 주군州郡에 널리 떨쳤다.


　前漢, 暴勝之字公子. 武帝末, 郡國盜賊群起. 勝之爲直指使者, 衣繡衣持斧, 逐捕盜賊, 督課郡國, 東至海. 以軍興誅不從命者, 威振州郡.


【暴勝之】漢 武帝 때 도적을 토벌하는 임무를 맡았었음.《漢書》雋不疑傳에 함께 전이 실려 있음.
【武帝】西漢 5대 황제 劉徹. 景帝(劉啓)의 아들이며 B.C.140~B.C.87년까지 54년간 재위함. 대내외적으로 학술, 강역, 문학 등 여러 방면에 걸쳐 많은 치적을 남겨 강력한 帝國을 건설함.
【郡國】한나라 때의 통제제도로 周나라 封建制와 秦始皇의 郡縣制를 절충한 것. 郡은 중앙집권식의 임명직이며 國은 황실 劉氏를 봉하여 나라를 세웠음.
【斧】斧鉞. 장군이나 지휘자의 권위를 위한 의식용 도끼.

【直指使者】漢 武帝가 특별히 설치한 관직. 수놓은 비단옷을 입고 부월을 가지고 도적 무리를 쫓아 토벌하는 임무를 맡았음.

【州郡】州는 큰 도시. 郡은 郡國. 여기서는 전국에 그 위세가 떨쳤음을 말함.



1.《漢書》雋不疑傳

雋不疑字曼倩, 勃海人也. 治春秋, 爲郡文學, 進退必以禮, 名聞州郡. 武帝末, 郡國盜賊羣起, 暴勝之爲直指使者, 衣繡衣, 持斧, 逐捕盜賊, 督課郡國, 東至海, 以軍興誅不從命者, 威振州郡. 勝之素聞不疑賢, 至勃海, 遣吏請與相見. 不疑冠進賢冠, 帶櫑具劍, 佩環玦, 襃衣博帶, 盛服至門上謁. 門下欲使解劍, 不疑曰:「劍者君子武備, 所以衛身, 不可解. 請退.」吏白勝之. 勝之開閣延請, 望見不疑容貌尊嚴, 衣冠甚偉, 勝之躧履起迎. 登堂坐定, 不疑據地曰:「竊伏海瀕, 聞暴公子威名舊矣, 今乃承顔接辭. 凡爲吏, 太剛則折, 太柔則廢, 威行施之以恩, 然後樹功揚名, 永終天祿.」勝之知不疑非庸人, 敬納其戒, 深接以禮意, 問當世所施行. 門下諸從事皆州郡選吏, 側聽不疑, 莫不驚駭. 至昏夜, 罷去. 勝之遂表薦不疑, 徵詣公車, 拜爲靑州刺史.


## 153-② 張綱埋輪
### 수레바퀴를 묻어버리고 떠난 장망


　후한後漢의 장망張綱은 자가 문기文紀이며 건위犍爲 무양武陽 사람이다. 젊어서 경학經學에 밝았으며 어사御史로 발탁되었다. 당시 순제順帝는 모든 정치를 환관에게 맡겨 식견이 있는 사람들은 위기의식을 느끼고 있었다. 장망도 이에 격한 느낌을 가진 채 개연히 탄식하였다.

"더럽고 악한 것들이 조정에 가득하구나. 능히 내 몸 분격하여 명을 받들고 나서서 국가의 재난을 싹 쓸어버리지 못한다면 비록 살아 있다 해도 내 바라던 바는 아니다."

한안漢安 초년, 나라에서는 여덟 사신을 지방으로 보내어 풍속을 살펴보도록 하였는데, 그들은 모두가 늙은 선비로서 이름이 높았고 경력도 높은 자리를 역임한 분들이었다. 그런데 장망만은 나이도 어리고 관직과 등급도 가장 미미한 신분이었다. 나머지 일곱이 조정으로부터 명을 받은 지방의 감찰대상 부서로 출발하였지만, 장망은 홀로 타고 갈 수레를 낙양洛陽의 도정都亭이라는 곳에 묻어버리고는 이렇게 말하였다.

"시랑豺狼 같은 큰 도적이 길을 막고 있는데 어찌 호리狐狸 같은 하찮은 도적이 어떻다고 물으러 갈 수 있으랴!"

그러고는 드디어 대장군大將軍 양기梁冀 등이 임금이 없다는 듯이 횡포를 부리는 일 15가지 죄상을 들어 임금에게 올렸다. 이에 경사京師는 발칵 뒤집혀 떨었다. 당시 양기의 여동생이 황후皇后였으며, 여러 양씨들의 인척과 친족이 조정에 가득하던 시기였다. 순제는 비록 장망의 말이 사실임을 알았지만 차마 그의 의견을 들어줄 수는 없었다.

그는 광릉태수廣陵太守로 삶을 마쳤다.


後漢, 張網字文紀, 犍爲武陽人. 少明經學, 辟爲御史. 時順帝委縱宦官, 有識危心.

網常感激, 慨然歎曰:「穢惡滿朝. 不能奮身出命, 掃國家之難, 雖生吾不願也.」

漢安初, 遣八使徇行風俗, 皆者儒知名, 多歷顯位. 唯網年少, 官次最微.

餘人受命之部, 而網獨埋其車輪於洛陽都亭曰:「豺狼當路, 安問狐狸!」

遂奏大將軍梁冀等無君之心十五事, 京師震竦.

時冀妹爲皇后, 諸梁姻族滿朝, 帝雖知言直, 不忍用. 終廣陵太守.

【張網】 후한 때 인물로 자는 文紀. 廣陵太守를 지냄.《後漢書》張皓傳에 함께
  실려 있음.

【漢安】 후한 順帝(劉保)의 연호. 142~143년까지.

【八使】 漢安 원년(142년)에 杜喬·周擧·郭遵·馮羨·欒巴·張網·周栩·劉班을
  파견해 지방을 순회 감독하도록 하였음.

【耆儒】 耆老와 大儒. 나라의 원로를 말함.

【梁冀】 字는 伯卓. 順帝·桓帝 皇后의 오빠로 大將軍이 되었음. 심하게 횡포를
  부리자 質帝가 그를 跋扈將軍이라 불렀음. 梁冀는 뒤에 質帝를 독살하고
  (146년) 桓帝를 세우고 나서 20여 년 간 정권을 농단하자, 桓帝가 참다못해
  單超 등과 공모하여 梁冀를 체포, 梁冀는 자살하고 族滅당하였음. '梁冀
  跋扈'[007] 참조.


참고 및 관련 자료

1.《後漢書》張皓(張晧)傳 張綱

綱字文紀. 少明經學. 雖爲公子, 而厲布衣之節. 擧孝廉不就, 司徒辟高第爲
(侍)御史. 時順帝委縱宦官, 有識危心. 綱常感激, 慨然歎曰:「穢惡滿朝, 不能
奮身出命埽國家之難, 雖生吾不願也.」退而上書曰:「《詩》曰『不愆不忘, 率由
舊章.』尋大漢初隆, 及中興之世, 文·明二帝, 德化尤盛. 觀其理爲, 易循易見,
但恭儉守節, 約身尙德而已. 中官常侍不過兩人, 近倖賞賜裁滿數金, 惜費重人,
故家給人足. 夷狄聞中國優富, 任信道德, 所以姦謀自消而和氣感應. 而頃者以來,
不遵舊典, 無功小人皆有官爵, 富之驕之而復害之, 非愛人重器, 承天順道者也.
伏願陛下少留聖思, 割損左右, 以奉天心.」書奏不省. 漢安元年, 選遣八使徇行
風俗, 皆耆儒知名, 多歷顯位, 唯綱年少, 官次最微. 餘人受命之部, 而綱獨埋
其車輪於洛陽都亭, 曰:「豺狼當路, 問狐貍!」遂奏曰:「大將軍冀, 河南尹不疑,
蒙外戚之援, 荷國厚恩, 以芻蕘之資, 居阿衡之任, 不能敷揚五敎, 翼讚日月, 而專
爲封豕長蛇, 肆其貪叨, 甘心好貨, 縱恣無底, 多樹諂諛, 以害忠良. 誠天威所不赦,
大辟所宜加也. 謹條其無君之心十五事, 斯皆臣子所切齒者也.」書御, 京師震竦.
時冀妹爲皇后, 內寵方盛, 諸梁姻族滿朝, 帝雖知綱言直, 終不忍用. 時廣陵賊
張嬰等衆數萬人, 殺刺史·二千石, 寇亂揚徐閒, 積十餘年, 朝廷不能討. 冀乃諷
尙書, 以綱爲廣陵太守, 因欲以事中之. 前遣郡守, 率多求兵馬, 綱獨請單車之職.

旣到, 乃將吏卒十餘人, 徑造嬰壘, 以慰安之, 求得與長老相見, 申示國恩. 嬰初大驚, 旣見綱誠信, 乃出拜謁. 綱延置上坐, 問所疾苦. 乃譬之曰:「前後二千石多肆貪暴, 故致公等懷憤相聚. 二千石信有罪矣, 然爲之者又非義也. 今主上仁聖, 欲以文德服叛, 故遣太守, 思以爵祿相榮, 不願以刑罰相加, 今誠轉禍爲福之時也. 若聞義不服, 天子赫然震怒, 荊·揚·兗·豫大兵雲合, 豈不危乎? 若不料彊弱, 非明也; 弃善取惡, 非智也; 去順效逆, 非忠也; 身絶血嗣, 非孝也; 背正從邪, 非直也; 見義不爲, 非勇也: 六者成敗之幾, 利害所從, 公其深計之.」嬰聞, 泣下, 曰:「荒裔愚人, 不能自通朝廷, 不堪侵枉, 遂復相聚偸生, 若魚遊釜中, 喘息須臾閒耳. 今聞明府之言, 乃嬰等更生之(晨)[辰]也. 旣陷不義, 實恐投兵之日, 不免孥戮.」綱約之以天地, 誓之以日月, 嬰深感悟, 乃辭還營. 明日, 將所部萬餘人與妻子面縛歸降. 綱乃單車入嬰壘, 大會, 置酒爲樂, 散遣部衆, 任從所之; 親爲卜居宅, 相田疇; 子弟欲爲吏者, 皆引召之. 人情悅服, 南州晏然. 朝廷論功當封, 梁冀遏絶, 乃止. 天子嘉美, 徵欲擢用綱, 而嬰等上書乞留, 乃許之. 綱在郡一年, 年四十六卒. 百姓老幼相携, 詣府赴哀者不可勝數. 綱自被疾, 吏人咸爲祠祀祈福, 皆言「千秋萬歲, 何時復見此君」. 張嬰等五百餘人制服行喪, 送到犍爲, 負土成墳. 詔曰:「故廣陵太守張綱, 大臣之苗, 剖符統務, 正身導下, 班宣德信, 降集劇賊張嬰萬人, 息干戈之役, 濟蒸庶之困, 未升顯爵, 不幸早卒. 嬰等縗杖, 若喪考妣, 朕甚愍焉!」拜綱子續爲郎中, 賜錢百萬.

## 2.《十八史略》(3)

以皇后父梁商爲大將軍, 商死, 以其子冀爲大將軍, 不疑爲河南尹. 遣使者八人, 分行州郡. 張綱獨埋其車輪於洛陽都亭曰:「豺狼當道, 安問狐狸?」劾奏冀·不疑, 無君之心十五事. 上知綱言直, 而不能用. 冀欲中傷之, 廣陵賊張嬰, 寇亂揚徐閒十餘年, 乃以綱爲廣陵太守, 綱單車徑詣嬰壘門, 請與相見, 譬曉之. 嬰等萬餘人降, 綱入壘宴, 散遣任所之. 南州晏然. 在郡卒, 嬰等爲之制服行喪.

# 154. 靈運曲笠, 林宗折巾

## 154-① 靈運曲笠
### 사령운의 곡병립

《세설신어世說新語》에 실려 있다.

사령운謝靈運은 곡병립曲柄笠이라는 모자를 즐겨 쓰고 다녔다. 그러자 은사隱士 공순지孔淳之가 이렇게 말하였다.

"그대는 고원高遠함을 실현하겠다는 희망을 품고 계시면서 어찌 이러한 비뚤어진 모자를 벗어 던지지 못하십니까?"

사령운은 이렇게 대답하였다.

"자신의 그림자를 두려워하지 않겠다고 하는 자는 아직도 그 마음속에 능히 그러한 두려움을 잊지 못하고 있기 때문이오."

《남사南史》에는 이렇게 실려 있다.

"사령운은 진晉나라 거기장군車騎將軍 사현謝玄의 손자이다. 널리 배우고 많은 책을 섭렵하여 그 문장의 아름다움이 안연지顔延之와 더불어 강좌江左의 제일이었다. 선조의 작위를 이어받아 강락공康樂公에 봉해져 세칭 사강락謝康樂이라 하였다. 그가 영가태수永嘉太守가 되었을 때, 그 군에는 유명한 산수山水가 있어 평소 자연을 사랑하던 터라 마음대로 자연 속을 돌아다녔다. 그의 족제族弟 사혜련謝惠連은 열 살에 능히 문장을 지었다. 사령운은 그를 칭찬하여 이렇게 말한 적이 있었다.

"매번 문장을 지으면서 사혜련을 대하면 문득 좋은 구절을 얻을 수 있다."

일찍이 영가 서당西堂에서 시상을 생각하던 중 하루가 다하도록 지어 내지를 못하고 있었다. 그런데 홀연히 꿈에 사혜련이 나타나 이윽고 "연못 가에 봄풀이 솟아나네池塘生春草"라는 구절을 얻게 되어 크게 훌륭한 시구라고 여겼다. 그리하여 항상 "이 구절은 신이 도와준 것이다. 내가 읊은 것이 아니다"라 하였다.

　뒤에 그는 시중侍中에 올랐다가 관직에서 물러나 산을 찾고 고개를 오르며 반드시 깊은 골짜기 높은 산을 찾았다. 그는 산을 오르면서 항상 목극木屐이라는 등산화를 신었다. 임천내사臨川內史로 다시 벼슬을 시작하였으나, 반역할 뜻을 품어 광주廣州로 옮겨져 기시棄市 형에 처해지고 말았다.

　사령운의 시와 글씨는 모두가 독특하고 절묘하여 매번 문장을 지으면 이를 스스로 베껴두었다. 송宋 문제文帝는 이를 '이보二寶'라 칭하였다.


　《世說新語》: 謝靈運好戴曲柄笠, 孔隱士謂曰:「卿欲希心高遠, 何不能遺曲蓋之貌?」

　謝答曰:「將不畏影者, 未能忘懷.」

　《南史》: 謝靈運晉車騎將軍玄之孫. 學博覽群書, 文章之美與顏延之爲江左第一. 襲封康樂公, 世稱謝康樂. 爲永嘉太守. 郡有名山水, 素所愛好, 肆意遊遨. 族弟惠連十歲能屬文.

　靈運嘉賞之云:「每有篇章, 對惠連輒得佳語.」

　嘗於永嘉西堂思詩, 竟日不就. 忽夢見惠連, 卽得『池塘生春草』. 大以爲工, 常云:「此語有神助, 非吾語也.」

　後爲侍中, 免官, 尋山陟嶺, 必造幽峻, 登躡常著木屐. 起爲臨川內史. 有逆志, 徙廣州棄市.

　靈運詩書, 皆兼獨絶, 每文章手自寫之. 宋文帝稱爲『二寶』.


　【謝靈運】 (385~433). 劉宋시대의 大文豪로 山水詩의 대가. 謝玄의 손자 康樂公을 습봉받아 謝康樂이라고도 칭함. 永嘉太守 등 여러 벼슬을 거쳐 물러난 뒤 王弘之 등과 山水를 찾아다니며 詩를 씀. 〈撰征賦〉, 〈山居賦〉를 지었으며 《宋書》(67)와 《南史》(19)에 傳이 있음.

【曲柄笠】굽은 덮개가 있는 형상의 모자. 삿갓. 曲蓋笠이라고도 함. 사령운 자신은 그림자 같은 외형의 곡병립 때문에 남에게 어떻게 보이든 개의치 않는다는 의미.

【曲蓋】周 武王이 殷 紂王을 토벌할 때 큰 바람이 불어 덮개가 날아가자 太公望이 그때를 기념하여 그 모양과 비슷하게 모자를 만들어 썼다 함. 이를 '곡개'라 함.

【孔】孔淳之. 자는 彦深. 孔愉의 손자이며 孔粲의 아들. 벼슬을 버리고 上虞縣 으로 은거하여 가족도 찾을 수 없었다 함.《宋書》(93)에 전이 있음.

【畏影】《莊子》漁父篇의 고사를 들어 재치있게 대답한 것.《莊子》漁父篇에 "人有畏影惡迹而去之走者, 擧足愈數而迹愈多, 走愈疾而影不離身, 自以爲尙遲, 疾走不休, 絶力而死. 不知處陰以休影, 處靜以息迹, 愚亦甚矣!"라 하여 자신의 그림자를 두려워하는 남자의 이야기를 빗댄 것임.

【惠連】謝惠連. 사령운의 조카이며 역시 문학에 뛰어난 재질을 가지고 있었음.

【木屐】나무로 만든 등산용 나막신. "躡履也 上山則去其前齒 下山去其後齒" 라는 주가 있음. 중국에서는 등산화를 사령운이 최초로 발명했다 하며 이 목극을「謝公屐」이라 함.


참고 및 관련 자료

1.《世說新語》言語篇

謝靈運好戴曲柄笠, 孔隱士謂曰:「卿欲希心高遠, 何不能遺曲蓋之貌?」謝答曰: 「將不畏影者未能忘懷?」

2.《南史》(19) 謝靈運傳 및 謝惠連傳.

謝靈運, 安西將軍弈之曾孫而方明從子冶. 靈運少好學, 博覽群書, 文章之美, 與顏延之爲江左第一. 咸稱謝康樂也. 出爲永嘉太守. 郡有名山水, 靈運素所愛好. 出守旣不得志, 遂肆意遊遨, 遍歷諸縣. 靈運旣東, 與族弟惠連·東海何長瑜· 潁川荀雍·泰山羊璿之以文章賞會, 共爲山澤之游, 時人謂之四友. 惠連幼有奇才, 不爲父方明所知.(謝靈運傳)

方明子惠連, 十歲能屬文, 族兄靈運嘉賞之云:「每有篇章, 對惠連輒得佳語.」 嘗於永嘉西堂思詩, 竟日不就. 忽夢見惠連, 卽得『池塘生春草』. 大以爲工, 常云: 「此語有神助, 非吾語也.」(謝惠連傳)

3. 《古今注》崔豹

曲蓋, 蓋太公所作也. 武王伐紂, 大風折蓋, 太公因折蓋之形而制曲蓋焉.

4. 《十八史略》(4)

宋謝靈運以罪誅. 靈運好爲山澤之遊, 從者數百人. 伐木開徑, 百姓驚擾, 或表其有異志. 爲臨川內史 有司糾之, 被收, 靈運興兵逃逸, 作詩曰:「韓亡子房奮, 秦帝魯連恥.」追討摛之, 徙廣州, 已而棄市.


# 154-② 林宗折巾
## 두건의 한 귀퉁이를 꺾어 쓴 곽림종


후한後漢의 곽태郭泰는 자가 임종林宗으로 추천으로 부름을 받았으나 응하지 않았다. 성품이 밝고 사람을 잘 파악하였으며 선비들을 장려하고 훈계하기를 좋아하였다. 그는 용모가 장대하였으며, 품이 넉넉한 옷과 넓은 띠를 두른 채 여러 군국郡國을 주유周游하였다. 일찍이 그는 진陳나라와 양梁나라 사이를 가다가 비를 만나자, 두건의 한 귀퉁이가 기울어졌다. 당시 사람들은 고의로 두건 한 귀퉁이를 꺾어 쓴 것으로 여겨 그러한 두건을 '임종건林宗巾'이라 하였다. 사람들이 그를 우러러보기가 이와 같았던 것이다. 어떤 이가 범방范滂에게 물었다.

"곽림종은 어떤 사람입니까?"

범방은 이렇게 말하였다.

"은거하여 살면서도 친척을 버린 적이 없고, 곧은 행동이지만 세속을 끊지도 않는다. 천자도 그를 신하로 삼을 수 없고, 제후도 그를 친구로 삼을 수 없는 인물이며, 그 외의 것은 나도 알 수 없다."

곽림종은 비록 남을 잘 평가하였지만, 위험한 말로 그 사람을 논하지는 않았다. 그 때문에 환관이 정치를 휘어잡고 있던 때였지만 그는 상해를 입지 않았다. 즉 당고黨錮의 사건이 일어나자, 많은 명사들이 피해를 입었지만, 오직 곽림종과 원굉袁閎만은 그 재앙에 걸려들지 않았던 것이다. 그는 문을 닫고 제자들을 가르쳐 그를 따르는 제자들이 수천 명이나 되었다. 그가 죽자 사방의 선비들 천여 명이 모여 그의 장례에 참가하였다. 뜻을 같이한 이들이 함께 그를 위해 비석을 세우면서 채옹蔡邕이 그 비문을 쓰게 되었다. 그러자 채옹은 노식盧植에게 이렇게 말하였다.

"내 많은 비석을 써 주었으나 모두가 덕만 칭송하였던 것을 부끄럽게 여기고 있소. 그런데 지금 곽유도郭有道에게만은 아무리 그의 덕을 칭찬하는 말을 써넣어도 부끄럽지 않을 것이오."

곽림종이 선발하여 장려한 선비들은 모두 그가 감식한 그대로였다.




後漢, 郭泰字林宗. 辟擧不應. 性明知人, 好獎訓士類. 容貌魁偉, 襃衣博帶, 周遊郡國. 嘗於陳梁間行遇雨, 巾一角墊. 時人乃故折巾一角, 以爲林宗巾. 其見慕如此.

或問范滂曰:「林宗何如人?」

滂曰:「隱不違親, 貞不絶俗. 天子不得臣, 諸侯不得友, 不知其他.」

林宗雖善人倫, 而不爲危言覈論. 故宦官擅政, 而不能傷. 及黨事起, 名士多被害, 惟林宗·袁閎得免. 閉門敎授, 弟子以千數.

及卒, 四方之士千餘人會葬. 同志者共刻石立碑, 蔡邕爲其文.

謂盧植曰:「吾爲碑銘多矣, 皆有慙德. 唯郭有道無愧色耳.」

其獎拔士人, 皆如所鑒.

【郭泰】郭太(127~169). 자는 林宗. 經典에 博通하여 제자가 천여 명에 이르렀
으며 당시 학문을 조종으로 추앙받았음. 뒤에 范曄이 《後漢書》를 쓰면서
자신의 아버지(范泰)의 이름을 피휘하여 ‘郭太’로 표기하였음. 《後漢書》(68)에
전이 있음. 李元禮(李膺)가 극찬하였던 인물. ‘林宗折巾’[154] 및 ‘李郭仙舟’
[050] 등 참조.

【范滂】자는 孟博(137~069). 동한 汝南人. 효렴으로 천거되어 청조사가 되었
으며 워낙 강직하여 그가 군에 들어서면 관리들이 피할 정도였다 함. 《後
漢書》(67)에 전이 있음. ‘宗資主諾’[273] 및 ‘成瑨坐嘯’[273] 참조. 八顧(郭泰·
宗慈·巴肅·夏馥·范滂·尹勳·蔡衍·羊陟) 중의 하나.

【黨事】黨錮의 禍. 後漢 靈帝 때 환관들의 전횡을 비판했던 李膺·范滂 등
700여 명이 투옥된 사건. ‘元禮模楷’[063] 참조. 《十八史略》(3)에 “會成瑨與
太原守劉瓆, 於赦後案殺宦官之黨. 徵下獄, 將棄市. 山陽守翟超, 以張儉爲督郵,
破宦官蹟制冢宅. 東海相黃浮, 亦收宦官家屬犯法者殺之. 宦官訴寃, 皆得罪.
蕃屢爭之, 上不聽. 宦官敎人上書, 告李膺:「養太學遊士, 共爲部黨, 誹訕朝廷,
疑亂風俗.」上震怒, 下郡國逮捕黨人. 案經三府, 蕃卻不肯署. 上愈怒, 下膺等北
寺獄. 辭連杜密·陳寔·范滂等二百餘人. 使者追捕四出, 蕃又極諫, 上策免之.
朝廷震慄, 莫敢復爲黨人言者. 賈彪曰:「吾不西行, 大難不解.」乃入洛陽, 說皇后
父竇武, 上疏解之. 膺等獄辭, 又多引宦官子弟. 宦官乃懼, 白上赦黨人二百餘人.
皆歸田里, 書名三府, 禁錮終身”라 함.

【袁閎】혹 袁閬으로도 표기하며 자는 奉高. 동한 때 愼陽 사람으로 후진을
추천하기를 즐겨하였다 함. 黃憲과 陳蕃 등이 모두 그에 의해 추천을
받음.

【蔡邕】자는 伯喈(132~192). 박학하고 文學에도 뛰어났었음. 漢나라 靈帝 때
楊賜 등과 六經의 문자를 확정하여 太學門 앞에 六經碑를 세움. 董卓에게
동조하여 中郞將이 되었으나 동탁이 패하자 그에 연좌되어 옥사함. 辭章과
音律, 書法 등에 모두 뛰어났으며 저술로 《獨斷》을 남김. 《後漢書》(60)에
전이 있음. ‘蔡邕倒屣’[151] 참조.

【盧植】자는 子幹. 후한 때 학자. 《後漢書》에 전이 있음. ‘盧植音鐘’[108]
참조.

【郭有道】郭太(郭泰)를 가리킴. 擧士科目인 有道科를 거쳤으므로 이렇게 부른
것임.

## 1.《後漢書》郭太

郭太字林宗, 太原界休人也. 家世貧賤. 早孤, 母欲使給事縣廷. 林宗曰:「大丈夫焉能處斗筲之役乎?」遂辭. 就成皋屈伯彦學, 三年業畢, 博通墳籍. 善談論, 美音制. 乃游於洛陽. 始見河南尹李膺, 膺大奇之, 遂相友善, 於是名震京師. 後歸鄉里, 衣冠諸儒送至河上, 車數千兩. 林宗唯與李膺同舟而濟, 衆賓望之, 以爲神仙焉. 司徒黃瓊辟, 太常趙典舉有道. 或勸林宗仕進者, 對曰:「吾夜觀乾象, 晝察人事, 天之所廢, 不可支也.」遂並不應. 性明知人, 好獎訓士類. 身長八尺, 容貌魁偉, 褒衣博帶, 周遊郡國. 嘗於陳梁閒行遇雨, 巾一角墊, 時人乃故折巾一角, 以爲「林宗巾」. 其見慕皆如此. 或問汝南范滂曰:「郭林宗何如人?」滂曰:「隱不違親, 貞不絶俗, 天子不得臣, 諸侯不得友, 吾不知其它.」後遭母憂, 有至孝稱. 林宗雖善人倫, 而不爲危言覈論, 故宦官擅政而不能傷也. 及黨事起, 知名之士多被其害, 唯林宗及汝南袁閎得免焉. 遂閉門敎授, 弟子以千數. 建寧元年, 太傅陳蕃·大將軍竇武爲閹人所害, 林宗哭之於野, 慟. 既而歎曰:「『人之云亡, 邦國殄瘁』.『瞻烏爰止, 不知于誰之屋』耳.」明年春, 卒于家, 時年四十二. 四方之士千餘人, 皆來會葬. 同志者乃共刻石立碑, 蔡邕爲其文, 既而謂涿郡盧植曰:「吾爲碑銘多矣, 皆有慙德, 唯郭有道無愧色耳.」其獎拔士人, 皆如所鑒. 後之好事, 或附益增張, 故多華辭不經, 又類卜相之書. 今錄其章章效於事者, 著之篇末.

# 155. 屈原澤畔, 漁父江濱

## 못가에 서성이는 굴원과 강가의 어부

《사기史記》에 실려 있다.

굴원屈原은 이름이 평平이며 초楚나라의 왕실과 동성同姓으로 회왕爲懷王의 좌도左徒가 되었다. 널리 듣고 많이 익혀 치란治亂에 밝았으며 사령辭令도 아름답게 작성하였다. 그리하여 왕도 그를 아주 신임하고 있었다. 그런데 상관대부上官大夫는 그와 같은 반열이면서 왕과 총애를 다투어 마음속으로 굴원의 재능을 시기하며 해치려 하고 있었다. 이에 굴원을 헐뜯게 되었고 왕도 결국 노하여 굴원을 멀리하게 되었다.

뒤에 진秦나라 소왕昭王이 자신의 초나라 회왕懷王과 만나 회담을 열기를 제의하자 굴원이 이렇게 반대하였다.

"진나라는 호랑이나 이리 같은 나라이니 가지 않느니만 못합니다."

그러나 회왕의 어린 아들 자란子蘭이 왕에게 갈 것을 권하여 왕은 갔다가 그만 진나라에서 죽고 말았다.

회왕의 맏아들 경양왕頃襄王이 들어서자 자란을 영윤令尹으로 삼았다. 사란과 상관내부는 굴원의 난섬을 왕에게 늘어놓았고 왕은 노하여 굴원을 멀리 보내고 말았다. 굴원은 강가에 이르러 머리를 풀어헤치고 시를 읊으며 못가를 거닐었다. 그 안색은 초췌하였고 모습은 바짝 말라 있었다.

이를 본 강가에서 고기잡던 어부가 물었다.

"그대는 삼려대부三閭大夫가 아니오? 어찌 이런 지경에 이르렀소?"

그러자 굴원이 대답하였다.

"온 세상이 모두 혼탁한데 나 하나만 맑고, 모든 사람들이 모두 취했는데 나 하나만 깨어 있소. 그 때문에 추방당한 것이라오."

어부가 말하였다.

"무릇 성인聖人이라면 사물에 응어리진 채 막혀 있지 않아 세태의 추이에 함께 하지요. 세상을 다 들어 혼탁하다면 어찌 그 흐름을 따라가면서 물결을 일으켜 일러주지 않습니까? 또 모든 사람이 다 취하여 있다면 어찌 그 술지게미라도 먹고 그 덜 익은 술이라도 마시지 않습니까? 무슨 이유로 좋은 구슬이라 혼자만 품고 혼자만 그렇게 꽉 쥔 채 스스로 추방당하려 자초하십니까?"

굴원이 말하였다.

"내 듣기로 새롭게 머리를 감은 자는 반드시 관을 털고 쓰는 법이요, 새롭게 몸을 씻은 자는 반드시 그 옷을 털고 입는 법이라 하였소. 어찌 능히 이 깨끗한 몸으로써 다른 때 묻은 물건을 그대로 뒤집어쓰겠소? 차라리 상수湘水로 달려가 물고기 배에 내 몸을 장사지내고 말지언정 어찌 다시 이 희고 흰 깨끗한 몸으로 세상의 먼지와 티끌을 뒤집어쓸 수 있겠소이까?"

이에 〈회사懷沙〉라는 부賦를 짓고 돌을 품은 채 멱라수汨羅水에 스스로 몸을 던져 죽어 버렸다.

그로부터 백 년 뒤 가의賈誼가 장사왕長沙王 태부太傅가 되어 상수를 지나다가 〈조굴원부弔屈原賦〉라는 글을 써서 강에 던져 굴원을 애도하였다.


《史記》: 屈原名平, 楚之同姓, 爲懷王左徒. 博聞强志, 明於治亂, 嫺於辭令. 王甚任之. 上官大夫與之同列, 爭寵而心害其能, 因讒之, 王怒而疏平.

後秦昭王欲與懷王會.

平曰:「秦虎狼之國, 不如無行」

懷王稚子子蘭勸王行, 王死於秦.

長子頃襄王立, 以子蘭爲令尹. 子蘭使上官大夫短原於王, 王怒而遷之. 原至江濱, 被髮行吟澤畔, 顔色憔悴, 形容枯槁.

漁父問曰:「子非三閭大夫歟? 何故至此?」

原曰:「擧世混濁而我獨淸, 衆人皆醉而我獨醒. 是以見放.」

漁父曰:「夫聖人不凝滯於物, 而能與世推移. 擧世混濁, 何不隨其流而揚其波? 衆人皆醉, 何不餔其糟啜其醨? 何故懷瑾握瑜, 而自令見放爲?」

原曰:「吾聞之. 新沐者必彈冠, 新浴者必振衣. 誰能以身之察察, 受物之汶汶者乎? 寧赴湘流而葬乎江魚腹中耳, 又安能以皓皓之白, 而蒙世之塵埃乎?」

乃作〈懷沙〉之賦, 懷石自投汨羅以死.

後百餘年, 賈生爲長沙王太傅, 過湘水, 投書以弔之.


【屈原】 전국시대 초나라의 시인이며 정치가. 三閭大夫. 懷王 때 궁중에서 참훼를 입어 멱라수에 투신함. 지금의 端午節 고사를 남기기도 함. 〈離騷〉로 유명하며 남방 문학의 시조로 추앙받음. 《史記》 屈原賈生列傳 참조.
【懷王】 전국시대 楚나라 군주. B.C.328~B.C.299년까지 30년간 재위함. 昏闇하여 張儀의 사기에 넘어가 진나라로 간 다음 그곳에서 잡혀 죽음.
【上官大夫】 '上官'은 邑 이름. 그곳의 대부가 되어 성씨로 삼은 것임.
【秦昭王】 전국시대 秦나라 군주. B.C.306~B.C.251년까지 56년간 재위함.
【頃襄王】 전국시대 楚나라 군주. 회왕을 이어 왕위에 오름. B.C.298~B.C.263년까지 36년간 재위함.
【三閭大夫】 楚나라 왕의 친족인 昭氏, 屈氏, 景氏의 三族을 담당하는 장관.
【醨】 묽은 술, 술에서 술맛을 거른 후의 즙.
【汨羅】 長沙郡 羅縣에 있는 汨水라는 물.
【賈誼】 (B.C.200~B.C.168) 西漢시대의 政論家이며 文學家. 文帝 초에 博士가 되어 大中大夫에 올랐으나 죄를 짓고 長沙로 쫓겨남. 그때 屈原과 자신을 비교하여 〈弔屈原賦〉를 지었으며 司馬遷은 이의 공통점을 살려 〈屈原賈生列傳〉으로 묶음. '賈誼忌鵩'[020] 참조.

## 1. 《史記》屈原賈生傳

屈原者, 名平, 楚之同姓也. 爲楚懷王左徒. 博聞彊志, 明於治亂, 嫺於辭令. 入則與王圖議國事, 以出號令; 出則接遇賓客, 應對諸侯. 王甚任之. 上官大夫與之同列, 爭寵而心害其能. 懷王使屈原造爲憲令, 屈平屬草稿未定. 上官大夫見而欲奪之, 屈平不與, 因讒之曰:「王使屈平爲令, 衆莫不知, 每一令出, 平伐其功, 以爲非我莫能爲也.」王怒而疏屈平. 屈平疾王聽之不聰也, 讒諂之蔽明也, 邪曲之害公也, 方正之不容也, 故憂愁幽思而作離騷. 離騷者, 猶離憂也. 夫天者, 人之始也; 父母者, 人之本也. 人窮則反本, 故勞苦倦極, 未嘗不呼天也; 疾痛慘怛, 未嘗不呼父母也. 屈平正道直行, 竭忠盡智以事其君, 讒人間之, 可謂窮矣. 信而見疑, 忠而被謗, 能無怨乎? 屈平之作離騷, 蓋自怨生也. 國風好色而不淫, 小雅怨誹而不亂. 若離騷者, 可謂兼之矣. 上稱帝嚳, 下道齊桓, 中述湯武, 以刺世事. 明道德之廣崇, 治亂之條貫, 靡不畢見. 其文約, 其辭微, 其志絜, 其行廉, 其稱文小而其指極大, 舉類邇而見義遠. 其志絜, 故其稱物芳. 其行廉, 故死而不容自疏. 濯淖汙泥之中, 蟬蛻於濁穢, 以浮游塵埃之外, 不獲世之滋垢, 皭然泥而不滓者也. 推此志也, 雖與日月爭光可也. 屈平既絀, 其後秦欲伐齊, 齊與楚從親, 惠王患之, 乃令張儀詳去秦, 厚幣委質事楚, 曰:「秦甚憎齊, 齊與楚從親, 楚誠能絶齊, 秦願獻商·於之地六百里.」楚懷王貪而信張儀, 遂絶齊, 使使如秦受地. 張儀詐之曰:「儀與王約六里, 不聞六百里.」楚使怒去, 歸告懷王. 懷王怒, 大興師伐秦. 秦發兵擊之, 大破楚師於丹·淅, 斬首八萬, 虜楚將屈匄, 遂取楚之漢中地. 懷王乃悉發國中兵以深入擊秦, 戰於藍田. 魏聞之, 襲楚至鄧. 楚兵懼, 自秦歸. 而齊竟怒不救楚, 楚大困. 明年, 秦割漢中地與楚以和. 楚王曰:「不願得地, 願得張儀而甘心焉.」張儀聞, 乃曰:「以一儀而當漢中地, 臣請往如楚.」如楚, 又因厚幣用事者臣靳尚, 而設詭辯於懷王之寵姬鄭袖. 懷王竟聽鄭袖, 復釋去張儀. 是時屈平既疏, 不復在位, 使於齊, 顧反, 諫懷王曰:「何不殺張儀?」懷王悔, 追張儀不及. 其後諸侯共擊楚, 大破之, 殺其將唐昧. 時秦昭王與楚婚, 欲與懷王會. 懷王欲行, 屈平曰:「秦虎狼之國, 不可信, 不如毋行.」懷王稚子子蘭勸王行:「奈何絶秦歡!」懷王卒行. 入武關, 秦伏兵絶其後, 因留懷王, 以求割地. 懷王怒, 不聽. 亡走趙, 趙不內. 復之秦, 竟死於秦而歸葬. 長子頃襄王立, 以其弟子蘭爲令尹. 楚人既咎子蘭以勸懷王入秦而不反也. 屈平既嫉之. 雖放流, 睠顧楚國, 繫心懷王, 不忘欲反, 冀幸君之一悟, 俗之一改也. 其存君興國而欲反覆之, 一篇之中三致志焉. 然終無可柰何, 故不可以反, 卒以此見懷王之終不悟也. 人君無愚智賢不肖, 莫不欲求忠以自爲, 舉賢以自佐, 然亡國破家相隨屬, 而聖君治國累世而不見者, 其所謂忠者不忠, 而所謂賢者不賢也. 懷王以不知忠臣之分, 故內惑於鄭袖, 外欺於張儀, 疏屈平而信上官大夫·令尹子蘭. 兵挫地削, 亡其六郡, 身客死於秦, 爲天下笑. 此不知人之禍也. 易曰:「井泄不食, 爲我心惻, 可以汲. 王明, 並受其福.」王之不明, 豈足福哉! 令尹子蘭聞之大怒, 卒使上官大夫短屈原於頃襄王, 頃襄王怒而遷之. 屈原至於江濱, 被髮行吟澤畔. 顏色憔悴, 形容枯槁. 漁父見而問之曰:「子非三閭大夫歟? 何故而至此?」屈原曰:「舉世混濁而我獨淸, 衆人皆醉而我獨醒, 是以見放.」漁父曰:「夫聖人者, 不凝滯於物而能與世推移. 舉世混濁, 何不隨其流而揚其波? 衆人皆醉, 何不餔其糟而啜其醨? 何故懷瑾握瑜而自令見放爲?」屈原曰:「吾聞之: 新沐者必彈冠, 新浴者必振衣, 人又誰能以身之察察, 受物之汶汶者乎! 寧赴常流而葬乎江魚腹中耳, 又安能以晧晧之白而蒙世俗之溫蠖乎!」於是懷石遂自(投)[沈]汨羅以死.

## 2.《古文眞寶》漁父辭

屈原旣放, 游於江潭, 行吟澤畔. 顏色憔悴, 形容枯槁. 漁父見而問之曰:「子非三閭大夫與? 何故至於斯?」屈原曰:「舉世皆濁, 我獨淸; 衆人皆醉, 我獨醒. 是以見放.」漁父曰:「聖人不凝滯於物, 而能與世推移. 世人皆濁, 何不淈其泥而揚其波? 衆人皆醉, 何不餔其糟而歠其醨? 何故深思高舉, 自令放爲?」屈原曰:「吾聞之. 新沐者必彈冠, 新浴者必振衣. 安能以身之察察, 受物之汶汶者乎? 寧赴湘流葬於江魚之腹中, 安能以皓皓之白, 而蒙世俗之塵埃乎?」漁父莞爾而笑, 鼓枻而去. 乃歌曰:「滄浪之水淸兮, 可以濯吾纓; 滄浪之水濁兮, 可以濯吾足!」遂去不復與言.

## 3.《十八史略》(1)

秦昭王, 與懷王盟于黃棘, 旣而遺書懷王:「願與君王會武關.」屈平不可, 子蘭勸王行, 秦人執之以歸. 楚人立其子頃襄王. 懷王卒於秦, 楚人憐之, 如悲親戚. 初屈平爲懷王所任, 以讒見疏, 作離騷以自怨. 至頃襄王時, 又以譖遷江南, 遂投汨羅以死.

## 156.  魏勃掃門, 潘岳望塵

### 156-① 魏勃掃門
### 매일 아침 조참의 문 앞을 청소한 위발

전한前漢의 위발魏勃은 어릴 때 제齊나라 상국 조참曹參을 만나고자
하였으나, 집이 가난하여 스스로 통할 수는 없었다. 이에 그는 항상 이른
아침 상국 사저의 사인舍人 집 앞을 쓸곤 하였다. 사인이 이를 괴이히 여겨
특별히 문지기를 시켜 그에게 물어 보도록 하였다.
　위발은 이렇게 말하였다.
　"원컨대 상국을 한 번 뵙고자 하나 방법이 없었습니다. 그 때문에 그대를
위하여 이렇게 청소를 하고 있는 것입니다."
　이에 사인은 위발을 조참에게 안내하여 만날 수 있도록 해 주었고
조참은 그를 사인으로 삼았다.


前漢, 魏勃, 小時欲求見齊相曹參, 家貧無以自通, 乃常獨早掃
齊相舍人門外, 舍人怪之, 因特令閽者而問之.
　勃曰:「願見相君無因. 故爲子爲掃.」
　於是舍人見勃曹參, 因以爲舍人.


【魏勃】西漢의 인물. 曹參의 舍人이 됨.
【曹參】漢初 高祖 劉邦과 같은 고향으로 유방이 군사를 일으키자 따라
　나서서 많은 공을 세웠으며 平陽侯에 봉해짐. 뒤에 齊王 劉肥의 재상을 거쳐
　蕭何의 뒤를 이어 상국에 오름.《史記》曹相國世家 참조. '曹參趣裝'[043] 참조.

【閽者】문지기. 특히 대궐의 문을 지키며 안내와 보고를 맡은 사람.
【無因】말미암을 기회가 없음.




1.《漢書》燕靈王建(劉建)

灌嬰在滎陽, 聞魏勃本教齊王反, 旣誅呂氏, 罷齊兵, 使使召責問魏勃. 勃曰:
「失火之家, 豈暇先言丈人後救火乎!」因退立, 股戰而栗. 恐不能言者, 終無他語.
灌將軍孰視, 笑曰:「人謂魏勃勇, 妄庸人耳, 何能爲乎!」乃罷勃. 勃父以善鼓
琴見秦皇帝. 及勃少時, 欲求見齊相曹參, 家貧無以自通, 乃常獨早埽齊相舍人
門外. 舍人怪之, 以爲物而司之, 得勃. 勃曰:「願見相君無因, 故爲子埽, 欲以
求見.」於是舍人見勃, 曹參因以爲舍人. 壹爲參御言事, 以爲賢, 言之悼惠王.
王召見, 拜爲内史. 始悼惠王得自置二千石. 及悼惠王薨, 哀王嗣, 勃用事重於相.


# 156-② 潘岳望塵
## 수레 뒤의 먼지에 대고 절을 한 반악


진晉나라 반악潘岳 황문시랑黃門侍郎이 되었다. 그는 경박하고 조급하며
세상의 이익을 향해 달려가는 성격이었다. 위위衛尉 석숭石崇 등과 가밀賈謐
에게 아첨하며 섬겨 매번 그의 외출을 기다렸다가 석숭과 함께 문득
그의 지나간 수레의 먼지를 바라보며 절을 할 정도였다. 가밀은 그러한
그들을 가까이하였고, 이러한 자들을 '이십사우二十四友'라 불렀는데,
반악이 그 우두머리였다. 가밀은 민회태자愍懷太子를 억울하게 모함한 글과
《진서晉書》 한단限斷의 문제를 다룬 글은 모두가 반악이 써준 것이었다.

이에 앞서 반악은 낭야내사琅邪內史로 있었을 때, 손수孫秀가 소사小史로써 반악을 보좌하고 있었다. 손수는 교활하고 음험한 일을 스스로 즐겨하던 자였다. 반악은 그의 사람됨을 미워하여 여러 차례 매질을 하며 그에게 모욕을 주었고, 손수는 항상 이 일에 원한을 품고 있었다. 그러던 터에 조왕趙王 사마륜司馬倫이 정권을 보좌하면서 손수가 그의 중서령中書令이 되었다. 그러자 손수는 드디어 반악과 석숭이 역란을 모의하고 있다고 무고하여 두 사람이 함께 주살되었다.

가밀은 한수韓壽의 아들로서 가충賈充의 부인 곽괴郭槐가 양자로 삼은 자였다. 당시 가후賈后는 음학淫虐하였고, 가밀은 국사에 참여하고 있어, 그 권세가 마치 임금과 맞먹을 정도였다.


晉, 潘岳爲黃門侍郞. 性輕躁, 趨世利. 與衛尉石崇等, 諂事賈謐, 每候其出, 與崇輒望塵而拜, 謐與之親善, 號『二十四友』, 岳爲其首.

謐構愍懷太子之文及《晉書》限斷, 皆岳之辭也.

初岳爲琅邪內史, 孫秀爲小史給岳, 而狡黠自喜. 岳惡其爲人, 數撻辱之. 秀常銜忿. 及趙王倫輔政, 秀爲中書令, 遂誣岳及石崇謀爲亂, 同被誅.

謐韓壽子, 賈充婦郭槐養爲子. 時賈后淫虐, 謐干預國事, 權侔人主.


【潘岳】자는 安仁(247~300). 文學에 뛰어났던 인물. 〈悼亡詩〉로 유명함.《文選》
  (23·57) 참조.《晉書》(55)에 전이 있음.
【石崇】자는 季倫(249~300). 修武令, 城陽太守 등을 지냈으며 吳나라를 벌한
  공으로 安陽鄕侯에 봉해짐. 뒤를 이어 散騎常侍, 侍中, 荊州刺史 등을 역임
  하였으며 당시 최고의 부자로 金谷園을 지어 온갖 사치와 부를 누렸던 인물.
  특히 羊琇, 王愷 등과 사치를 다툰 일화로도 유명함. 潘岳 등과 賈后, 賈謐
  을 모함하였으며 다시 淮南王(司馬允), 齊王(司馬冏)과 결탁하였다가 趙王
  (司馬倫)에게 참살당함.《晉書》(33)에 전이 있음.

【賈謐】賈充의 막내딸이 賈午의 아들이며, 趙王 司馬倫이 賈后를 폐위시키면서 賈謐을 부르자 賈謐이 서쪽 鐘 밑으로 숨었다가 그곳에서 참살당하였음.

【二十四友】潘岳·石崇·歐陽建·陸機·陸雲·繆徵·杜斌·摯虞·諸葛詮·王粹·杜育·鄒棲·左思·崔基·劉瓌·和郁·周恢·索秀·陳眕·郭彰·許猛·劉訥·劉輿·劉琨 등 스물네 사람을 가리킴.

【構愍懷太子之文】太子가 아버지인 武帝를 죽이려고 기도했다고 꾸민 글을 말함. 태자는 惠帝의 큰아들.

【晉書限斷】西晉의 연호는 泰始 원년으로 시작해야 한다는 설. 荀勗이 魏나라의 正始에서 시작해야 한다고 하였지만, 반악의 의견에 따르게 된 것임.

【孫秀】趙王 司馬倫의 중서령을 지냈던 인물.

【趙王】司馬倫. 宣帝 桓夫人 소생으로 趙王에 봉해졌음. 자는 子彝. 벼슬이 相國에 이름. 宣帝의 아홉째 아들. 惠帝 때 모반을 기도하였던 일은 '嵇紹不孤'[139] 및 '趙倫瘤怪'[240] 참조.

【韓壽】賈謐의 아버지. 한수가 가충의 막내딸 賈午와 정을 통하여 가밀을 낳았음. 뒤에 가충의 後嗣가 되어 가씨로 성을 바꾸었음. '韓壽竊香'[212] 참조.

【賈充】字는 公閭(217~282), 三國時代 賈逵의 아들. 魏에서 벼슬하여 司馬氏의 속관이 되었음. 西晉 초기에 司空·侍中·尙書令·太尉 등 요직은 지냈으며, 晉律을 제정함. 두 딸이 齊王妃와 太子妃가 되어 정권을 독단하였으며, 臨潁侯·魯郡公에 봉해졌음. 죽은 후 太宰에 추증됨. 《晉書》(卷40)에 그 傳이 실려 있음.

【郭槐】가충의 후취로 廣城君이라 불림. 그들 사이에 賈南風이 났으며, 이가 惠帝의 비가 되어 가혹한 짓을 함. '郭槐自屈'[060] 참조.

【賈后】賈充의 딸. 이름은 南風. 惠帝의 皇后. 악독하고 교활하였음, '南風擲孕'[198] 참조.

참고 및 관련 자료

1. 《晉書》(55) 潘岳傳

尋爲著作郎, 轉散騎侍郎, 遷給事黃門侍郎. 岳性輕躁, 趨世利. 與石崇等諂事賈謐, 每候其出, 與崇輒望塵而拜. 構愍懷之文, 岳之辭也. 謐『二十四友』,

岳爲其首. 謐《晉書》限斷, 亦岳之辭也. 其母數誚之曰:「爾當知足, 而乾沒不已乎?」而岳終不能改. ……初, 芘爲琅邪內史, 孫秀爲小史給岳, 而狡黠自喜. 岳惡其爲人, 數撻辱之. 秀常銜忿. 及趙王倫輔政, 秀爲中書令. 岳於省內秀曰:「孫令猶憶疇昔周旋不?」答曰:「中心藏之, 何日忘之?」岳於是自知不免. 俄而秀遂誣岳及石崇·歐陽建謀奉淮南王允·齊王冏爲亂, 誅之, 夷三族. 岳將詣市, 與母別曰:「負阿母!」初被收, 俱不相知, 石崇已送在市, 岳後至, 崇謂之曰:「安仁, 卿亦復爾邪!」岳曰:「可謂白首同所歸.」岳〈金谷詩〉云:「投分寄石友, 白首同所歸.」乃成其讖. 岳母及兄侍御史釋·弟燕令豹·司徒掾據·據弟詵, 兄弟之子, 已出之女, 無長幼一時被害, 唯釋子伯武逃難得免. 而豹女與其母相抱號呼不可解, 會詔原之.

# 157. 京房推律, 翼奉觀性

## 157-① 京房推律
### 음률에 얽매어 성을 바꾼 경방

전한前漢의 경방京房은 자가 군명君明이며 동군東郡 돈구頓丘 사람이다. 《역易》을 익히고자 양梁나라 사람 초연수焦延壽에게 사사하였다. 초연수는 이렇게 말하였다.

"나의 도를 터득하여 자신의 몸을 망칠 자는 경방이로다."

초연수의 이론은 재변災變을 맞히는 데에 뛰어나, 60괘卦를 나누어 각기 그 해당하는 날짜에 일어날 일을 알아내었는데, 풍우風雨와 한온寒溫을 살펴 각각 그 점에 증험이 되었던 것이다. 그런데 경방은 이를 사용하여 더욱 정밀하였다. 그는 종률鐘律을 좋아하여 음성音聲을 변별하기에도 뛰어났다.

효원제孝元帝 때에 그는 효렴과孝廉科를 거쳐 낭郎이 되었다. 그러나 석현石顯, 오록충종五鹿充宗과 틈이 생겨 위군태수魏郡太守로 나갔다. 경방은 스스로 자신이 자주 대신들의 비리를 따져 논의거리로 삼았음을 알고 있던 터라, 임금의 좌우에서 멀리 떠나지 않기를 바랐는데 먼 지방의 태수로 옮겨가자 이에 봉사封事를 올려 재이災異를 거론하였다. 이윽고 석현이 이를 임금에게 보고하였다.

"경방은 정치를 비방하며 모든 악을 천자에게 돌리고 과오를 속여 제후왕에게 뒤집어씌우고 있습니다."

그리하여 그는 기시棄市의 형벌에 처해지고 말았다.

경방은 본성이 이씨李氏였으나 음률을 추단하여 스스로 고쳐 경씨京氏로 정한 자였다.

前漢, 京房字君明, 東郡頓丘人. 治《易》事梁人焦延壽.

壽曰:「得我道以亡身者, 京生也.」

其說長於災變. 分六十卦, 更直日用事, 以風雨寒溫爲候, 各有占驗. 房用之尤精. 好鍾律知音聲.

孝元時以孝廉爲郎. 與石顯·五鹿充宗有隙, 出爲魏郡太守. 房自知數以論議爲大臣所非, 不欲遠離左右. 及爲太守憂懼, 乃上封事言災異.

旣而顯告:「房非謗政治, 歸惡天子, 註誤諸侯王.」

遂棄市.

房本姓李, 推律自定爲京氏.


【京房】字는 君明(B.C.77~37). 本姓은 李. 漢 元帝 때 博士가 되어 魏郡太守를 역임함. 西漢 今文《易》의 창시자.《京氏易傳》3卷이 전함.《漢書》(88)에 그 傳이 실려 있음.

【分六十卦】한 卦 六爻(주역을 이루는 괘 하나하나를 6개의 가로로 그은 획. 음양이 뒤섞여 사물의 변화를 나타낸다)가 있고, 이것이 6일에 해당하여 60괘는 1년 360일이 된다. 易卦는 모두 64괘이기 때문에 나머지 4괘를 震·離·兌·坎이라 하고, 方伯監司의 관리라고 한다. 진·리·태·감을 사용한 이유는 夏至·冬至·秋分·春分이라는 특별한 날에 해당하기 때문이다. 이 4일은 4時의 기후를 담당하는 중요한 날로 震은 春, 離는 夏, 兌는 秋, 坎은 冬을 각각 담당하기 때문에 方伯監司라 이름 붙였음.

【候】候伺·占候·'점을 치다'의 뜻. 본문의 끝에 "孟康曰: 分卦直日之法, 一爻主一日, 以六十卦, 爲三百六十日, 餘四卦震離兌坎爲方伯監司之官, 所以用震離兌坎者, 是二至二分. 用事之日, 又是四時各專王之氣, 各卦主時, 其占法各以其日觀其善惡也"라는 주석이 있음. 이를 근거로 위에 주석을 달았음.

【孝元】元帝. 西漢 제8대 황제. 劉奭. 宣帝 劉詢의 아들이며 B.C.48~B.C.33년 재위함.

【石顯】당시 권력을 부리던 인물로《十八史略》(2)에 "顯威權日盛, 與中書僕射牢梁, 少府五鹿允宗, 結爲黨友. 諸附倚者得寵位. 民歌之曰:「牢邪石邪? 五鹿客邪? 印何纍纍, 綬若若邪?」"라 함.

【五鹿充宗】五鹿은 複姓. 자는 君孟. 梁丘賀의 《易》과 《齊論語》를 전수한
인물로 언변에 뛰어났음. 元帝 때에 신임을 받아 石顯 등과 결탁 京房을
파직시킴. 그 뒤 尙書令, 少府 등의 관직에 올랐으나 자신도 참훼를 입고
玄菟太守로 폄직됨. 저서로 《周易略說》이 있었으나 전하지 않음. 朱雲과
학문적인 논쟁을 벌인 일로 유명함. 관련 기록으로 《漢書》藝文志, 朱雲傳,
佞幸傳, 京房傳 등을 볼 것. '五鹿嶽嶽'[144] 참조.
【封事】보안을 위하여 봉하여 바치는 글.




### 1. 《漢書》(88) 京房傳

京房字君明, 東郡頓丘人也. 治《易》, 事梁人焦延壽. 延壽字贛. 贛貧賤, 以好
學得幸梁王, 王共其資用, 令極意學. 旣成, 爲郡史, 察擧補小黃令. 以候司先
知姦邪, 盜賊不得發. 愛養吏民, 化行縣中. 擧最當遷, 三老官屬上書願留贛,
有詔許增秩留, 卒於小黃. 贛常曰:「得我道以亡身者, 必京生也.」其說長於災變,
分六十四卦, 更直日用事, 以風雨寒溫爲候: 各有占驗. 房用之尤精, 好鍾律,
知音聲. 初元四年以孝廉爲郎. 永光·建昭間, 西羌反, 日蝕, 又久靑亡光, 陰霧
不精. 房數上疏, 先言其將然, 近數月, 遠一歲, 所言屢中, 天子說之. 數召見問,
房對曰:「古帝王以功擧賢, 則萬化成, 瑞應者, 末世以毁譽取人, 故功業廢而
致災異. 宜令百官各試其功, 災異可息.」詔使房作其事, 房奏考功課吏法. 上令
公卿朝臣與房會議溫室, 皆以房言煩碎, 令上下相司, 不可許. 上意鄕之. 時部
刺史奏事京師, 上召見諸刺史, 令房曉以課事, 刺史復以爲不可行. 唯御史大夫
鄭弘·光祿大夫周堪初言不可, 後善之. 是時中書令石顯顓權. 縣友人五鹿充
宗爲尙書令, 與房同經, 論議相非. 二人用事, 房嘗宴見, 問上曰:「幽厲之君何
以危? 所任者何人也?」上曰:「君不明, 而所任者巧佞.」房曰:「知其巧佞而用
之邪, 將以爲賢也?」上曰:「賢之.」房曰:「然則今何以知其不賢也?」上曰:
「以其時亂而君危知之.」房曰:「若是, 任賢必治, 任不肖必亂, 必然之道也. 幽厲
何不覺寤而更求賢, 曷爲卒任不肖以至於是?」上曰:「臨亂之君各賢其臣, 令皆
覺寤, 天下安得危亡之君?」房曰:「齊桓公·秦二世亦嘗聞此君而非笑之, 然則
任豎刁·趙高, 政治日亂, 盜賊滿山, 何不以幽厲卜之而覺寤乎?」上曰:「唯有道
者能以往知來耳.」房因免冠頓首, 曰:「《春秋》紀二百四十二年災異, 以視萬世
之君. 今陛下卽位已來, 日月失明, 星辰逆行, 山崩泉涌, 地震石隕, 夏霜冬雷,
春凋秋榮, 隕霜不殺, 水旱螟蟲, 民人飢疫, 盜賊不禁, 刑人滿市, 《春秋》所記

災異盡備. 陛下視今爲治邪, 亂邪?」上曰:「亦極亂耳. 尚何道!」房曰:「今所任用者誰與?」上曰:「然幸其瘝於彼, 又以爲不在此人也.」房曰:「夫前世之君亦皆然矣. 臣恐後之視今, 猶今之視前也.」上良久乃曰:「今爲亂者誰哉?」房曰:「明主宜自知之.」上曰:「不知也; 如知(之), 何故用之?」房曰:「上最所信任, 與圖事帷幄之中進退天下之士者是矣.」房指謂石顯, 上亦知之, 謂房曰:「已諭.」房罷出, 後上令房上弟子曉知考功課吏事者, 欲試用之. 房上中郎任良·姚平,「願以爲刺史, 試考功法, 臣得通籍殿中, 爲奏事, 以防雍塞.」石顯·五鹿充宗皆疾房, 欲遠之, 建言宜試以房爲郡守. 元帝於是以房爲魏郡太守, 秩八百石, 居得以考功法治郡. 房自請, 願無屬刺史, 得除用它郡人, 自第吏千石已下, 歲竟乘傳奏事. 天子許焉. 房自知數以論議爲大臣所非, 内與石顯·五鹿充宗有隙, 不欲遠離左右, 及爲太守, 憂懼. 房以建昭二年二月朔拜, 上封事曰:「辛酉以來, 蒙氣衰去, 太陽精明, 臣獨欣然, 以爲陛下有所定也. 然少陰倍力而乘消息. 臣疑陛下雖行此道, 猶不得如意, 臣竊悼懼. 守陽平侯鳳欲見未得, 至己卯, 臣拜爲太守, 此言上雖明下猶勝之效也. 臣出之後, 恐必爲用事所蔽, 身死而功不成, 故願歲盡乘傳奏事, 蒙哀見許. 乃辛巳, 蒙氣復乘卦, 太陽侵色, 此上大夫覆陽而上意疑也. 己卯·庚辰之間, 必有欲隔絶臣令不得乘傳奏事者.」房未發, 上令陽平侯鳳承制詔房, 止無乘傳奏事. 房意愈恐, 去至新豐, 因郵上封事曰:「臣[前]以六月中言《遯卦》不効, 法曰:『道人始去, 寒, 涌水爲災.』至其七月, 涌水出. 臣弟子姚平謂臣曰:『房可謂知道, 未可謂信道也. 房言災異, 未嘗不中, 今涌水已出, 道人當逐死, 尚復何言?』臣曰:『陛下至仁, 於臣尤厚, 雖言而死, 臣猶言也.』平又曰:『房可謂小忠, 未可謂大忠也. 昔秦時趙高用事, 有正先者, 非刺高而死, 高威自此成, 故秦之亂, 正先趣之.』今臣得出守郡, 自詭效功, 恐未効而死. 惟陛下毋使臣塞涌水之異, 當正先之死, 爲姚平所笑.」房至陝, 復上封事曰:「乃丙戌小雨, 下亥蒙氣去, 然少陰幷力而乘消息, 戊子益甚, 到五十分, 蒙氣復起. 此陛下欲正消息, 雜卦之黨幷力而爭, 消息之氣不勝. 彊弱安危之機不可不察. 己丑夜, 有還風, 盡辛卯, 太陽復侵色, 至癸巳, 日月相薄, 此邪陰同力而太陽爲之疑也. 臣前白九年不改, 必有星亡之異. 臣願出任良試考功, 臣得居内, 星亡之異可去. 議者知如此於身不利, 臣不可蔽, 故云使弟子不若試師. 臣爲刺史又當奏事, 故得云爲刺史恐太守不與同心, 不若以爲太守, 此其所以隔絶臣也. 陛下不違其言而遂聽之, 此乃蒙氣所以不解, 太陽亡色者也. 臣去朝稍遠, 太陽侵色益甚, 唯陛下毋難還臣而易逆天意. 邪說雖安于人, 天氣必變, 故人可欺, 天不可欺也, 願陛下察焉.」房去月餘, 竟徵下獄. 初, 淮陽憲王舅張博從房受學, 以女妻房. 房與相親, 每朝見, 輒爲博道其語, 以爲上意欲用房議,而羣臣惡其害己, 故爲衆所排. 博曰:「淮陽王上親弟, 敏達好政, 欲爲國忠. 今欲令王上書求入朝, 得佐助房.」房曰:「得無不可?」博曰:「前楚王朝薦士, 何爲不可?」房曰:「中書令石顯·尙書令五鹿君相與合同, 巧佞之人也, 事縣官十餘年; 及丞相韋侯, 皆久亡補於民, 可謂亡功矣. 此尤不欲行考功者也. 淮陽王卽朝見, 勸上行考功, 事善; 不然, 但言丞相·中書令任事久而不治, 可休丞相, 以御史大夫鄭弘代之, 遷中書令置他官, 以鉤盾令徐立代之, 如此, 房考功事得施行矣.」博具從房記諸所說災異事, (固)[因]令房爲淮陽王作求朝奏草, 皆持束與淮陽王. 石顯微司具知之, 以房親近, 未敢言. 及房出守郡, 顯告房與張博通謀, 非謗政治, 歸惡天子, 註誤諸侯王, 語在《憲王傳》. 初, 房見道幽厲事, 出爲御史大夫鄭弘言之. 房·博皆棄市, 弘坐免爲庶人. 房本姓李, 推律自定爲京氏, 死時年四十一.

## 2.《十八史略》(2)

建昭二年, 殺魏郡太守京房. 房學易於焦延壽, 延壽嘗曰:「得我道以亡身者, 京生也.」爲郎屢言災異, 有驗. 嘗宴見言事, 意指石顯, 顯奏出之, 尋徵下獄棄市.


## 157-② 翼奉觀性
# 오행의 율로 성품을 관찰한 익봉


전한前漢의 익봉翼奉은 자가 소군少君이며 동해東海 하비下邳 사람이다. 경술經術에 밝았으며 율력律歷과 음양陰陽의 점치기를 좋아하였다. 원제元帝가 즉위하여 그를 불렀다. 그는 이렇게 봉사封事를 올렸다.

"치도治道의 요체는 아랫사람의 사악함과 정직함을 아는 데에 있습니다."

그리하여 진시辰時와 객주客主의 사정邪正이 있음을 말하였다. 그 내용은 대략 다음과 같다.

"육합六合과 오행五行을 잘 참작하면 남의 인성을 알 수 있고 그 사람의 사정을 알 수 있다. 그의 성품을 볼 때는 역(歷, 曆)으로써 하고 그의 정서를 살핌에는 율律로써 한다. 의당 명석한 군주만이 홀로 할 수 있는 것이다."

그는 관직이 간대부諫大夫에 올랐다.

前漢, 翼奉字少君, 東海下邳人. 明經術, 好律歷陰陽之占. 元帝卽位, 徵之.

上封事曰:「治道要務, 在知下之邪正.」

於是有辰時客主邪正之語.

其略曰:「參之六合五行, 則可以見人性知人情. 觀性以歷, 觀情以律. 明主所宜獨用.」

官至諫大夫.


【翼奉】 전한 때 인물로 자는 少君. 律曆과 陰陽, 占術에 밝았으며 諫大夫에 오름.《漢書》에 전이 있음.
【下邳】 縣 이름. 지금의 江蘇省 睢寧縣.
【律歷陰陽之占】 律歷은 律曆의 오기임. '律'은 12方位, '曆'은 日時. 일시를 써서 방위를 교차시켜 陰陽 二氣의 변화를 고려하여 점치는 것
【元帝】 서한 제8대 황제. 劉奭. 宣帝 劉詢의 아들이며 B.C.48~B.C.33년 재위함.
【辰時客主邪正之語】 '辰'은 12支를 해(日)에 배합한 말. '時'는 12지를 시각에 배합한 칭호.
【六合】 上下와 東西南北.
【五行】 木火土金水.
【歷】 '曆'과 같음.




1.《漢書》翼奉傳

翼奉字少君, 東海下邳人也. 治《齊詩》, 與蕭望之·匡衡同師. 三人經術皆明, 衡爲後進, 望之施之政事, 而奉惇學不仕, 好律曆陰陽之占. 元帝初卽位, 諸儒薦之, 徵待詔宦者署, 數言事宴見, 天子敬焉.

# 158. 甘寧奢侈, 陸凱貴盛

## 158-① 甘寧奢侈
### 지극한 사치에 빠진 감녕

《오지吳志》에 실려 있다.

감녕甘寧은 자가 흥패興霸이며 파군巴郡 임강臨江 사람이다. 어려서 기력이 있었으며 유협游俠을 좋아하였다. 이에 경박한 소년들을 불러모아 자신이 그 우두머리 노릇을 하였다.

손권孫權에게 벼슬하여 공을 세워 절충장군折衝將軍이 되었다.

《오서吳書》에는 이렇게 기록되어 있다.

감녕은 경솔한 협기로 사람을 죽이기도 하였고, 도망다니는 자를 숨겨 주기도 하여 그 이름이 군에 알려졌다. 그는 출입하면서 땅에서는 수레를 깔아놓고 그 위를 걷고 물에서는 가벼운 배를 연결하여 타고 다녔으며, 시종侍從들에게조차 비단 무늬 옷을 입혔으며, 휘장은 주옥으로 장식하였으며, 항상 비단실로 배를 묶어두었다가 떠날 때는 이를 베어 그대로 버리는 등 사치를 뽐내었다.

〈강표전江表傳〉네는 이렇게 기록하였다.

조공(曹公, 曹操)이 유수濡須 땅으로 진출하여 깅에 이드러 밀에세 물을 먹이고 있었다. 그때 손권이 무리를 이끌고 조조와 대응하면서 감녕으로 하여금 선발대 감독을 맡겨 밤에 위魏나라 군영으로 잠입하도록 칙령을 내렸다. 감녕은 건장한 병사 백여 명을 선발하여 지름길로 조조의 군영으로 향하였다. 수십 명의 목을 잘라 버렸다. 북군北軍이 놀라 당황하자 손권은 이렇게 말하였다.

"조조孟德에게 장료張遼가 있다면 나에게는 감녕興霸이 있으니 족히 상대할 만하지."

《吳志》: 甘寧字興霸, 巴郡臨江人. 少有氣力, 好游俠, 招合輕薄少年, 爲之渠帥. 仕孫權, 以功拜折衝將軍.

《吳書》曰: 寧輕俠殺人, 藏舍亡命, 聞於郡中. 其出入, 步則陳車騎, 水則連輕舟, 侍從被文綉, 幃帳以珠玉爲飾, 常以繒錦維舟, 去或割棄, 以示奢也.

〈江表傳〉曰: 曹公出濡須, 臨江飮馬. 權率衆應之, 使寧爲前部督, 勑使夜入魏軍. 寧選健兒百餘人, 徑詣曹公營下, 踰壘入營, 斬數十級. 北軍驚駭. 權曰:「孟德有張遼, 孤有興霸. 足相敵也.」

【甘寧】 삼국 오나라 때의 인물로 자는 興霸. 유협으로 이름을 떨쳤으며 조조의 군사를 물리친 일로 유명함.《三國志》에 전이 있음.

【渠帥】 우두머리·대장을 뜻함.

【孫權】 자는 仲謀(182~252). 삼국 吳나라 大帝. 仲謀. 江東에 손씨 집안이 이루어놓은 세력을 바탕으로 강동 6군을 점거하고 222년에 吳王으로 책봉을 받은 다음 229년에 자립하여 帝를 칭하며 국호를 吳라 하였으며 즉시 武昌에서 建業으로 수도를 옮겨 삼국시대를 열었음. 재위 23년 만에 죽어 그 아들 孫亮이 뒤를 이음.《三國志》(47)에 전이 있음.

【吳書·江表傳】《吳志》의 주를 그대로 옮긴 것임.

【曹公出濡須】《江表傳》에는 이다음에 "號步騎四十萬, 臨江飮馬. 權率衆七萬應之, 使寧領三千人, 魏前都督. 權密勑寧, 使夜人魏軍. ……"로 되어 있음.

【濡須】 강 이름.

【孟德】 曹操의 字. 魏武帝(155~220). 어릴 때는 阿瞞으로 불렸음. 沛國 출신으로 기지와 변화는 물론 문장에도 뛰어났었으며, 曹丕의 아버지로 한말 세력을 키워 魏나라를 건립하는 기초를 세움. 아들 조비가 獻帝로부터 선양을 받아 武帝로 추존함.《孫子略解》,《兵書接要》,《曹操集》 등이 있음.《三國志》(1)에 紀가 있음. 시문에 능하여 아들인 曹丕, 曹植과 함께 '三曹'로 불림.

【張遼】 삼국시대 魏나라 인물로 자는 文遠. 무섭기로 이름난 사람. '張遼止啼'[083] 참조.

1.《三國志》(55) 吳志 甘寧傳

甘寧字興霸, 巴郡臨江人也. 少有氣力, 好游俠, 招合輕薄少年, 爲之渠帥. 群聚相隨, 挾持弓弩, 負毦帶鈴, 民聞鈴聲, 卽知是寧. 人與相逢, 及屬城長吏, 接待隆厚者乃與交歡; 不爾, 卽放所將奪其資貨, 於是長吏界中有所賊害, 作其發負, 至二十餘年. ……仕孫權, 以功拜折衝將軍.

注:《吳書》曰: 寧輕俠殺人, 藏舍亡命, 聞於郡中. 其出入, 步則陳車騎, 水則連輕舟, 侍從被文繡, 所如光道路, 住止常以繒錦維舟, 去或割棄, 以示奢也.

注:〈江表傳〉曰: 曹公出濡須, 號步騎四十萬, 臨江飲馬. 權率衆七萬應之, 使寧領三千人爲前部督. 權密敕寧, 使夜入魏軍. 寧乃選手下健兒百餘人, 徑詣曹公營下, 使拔鹿角, 踰壘入營, 斬數十級. 北軍驚駭鼓譟, 擧火如星, 寧已還入營, 作鼓吹, 稱萬歲. 因夜見權, 權喜曰:「足以驚駭老子否? 聊以觀卿膽耳.」卽賜絹千疋, 刀百口. 權曰:「孟德有張遼, 孤有興霸. 足相敵也.」停住月餘, 北軍便退.


# 158-② 陸凱貴盛
## 귀한 신분에 번성한 육개의 집안


《오지吳志》에 실려 있다.

육개陸凱는 자가 경풍敬風이며 오吳나라 사람으로 승상丞相 육손陸遜의 족자族子이다. 그는 손호孫皓 때에 승상이 되었다.

《세설신어世說新語》에는 이렇게 기록되어 있다.

손호가 육개에게 물었다.

"그대 종족으로서 조정에 올랐던 사람은 몇이나 되오?"

그는 이렇게 대답하였다.

"재상이 둘이요 후侯가 다섯이며 장군이 10여 명이 됩니다."

손호가 말하였다.

"풍성하군요!"

그러자 육개는 이렇게 말하였다.

"임금이 어질고 신하가 충성된 것이 나라로서 풍성한 것입니다. 그리고 아비가 자애롭고 아들이 효성스러운 것이 가정으로서 풍성한 것입니다. 지금 정치는 황폐하고 백성은 피폐하여 나라가 망할까 겁이 납니다. 이러한 때에 저의 집안이 풍성하다고 어찌 감히 말할 수 있겠습니까?"


《吳志》: 陸凱字敬風, 吳人, 丞相遜族子, 孫皓時爲丞相.

《世說》曰: 皓問凱:「卿一宗在朝有幾人?」

答曰:「二相五侯, 將軍十餘人.」

皓曰:「盛哉!」

凱曰:「君賢臣忠, 國之盛也. 父慈子孝, 家之盛也. 今政荒民弊, 覆亡是懼. 臣何敢言盛?」


【陸凱】 자는 敬風. 오나라 사람으로 승상 陸遜의 친족. 建忠尉와 左丞相을 지냈음. 陸退의 고조이며 육개의 아들 陸仰은 이부랑, 그 손자 陸伊는 주부였음. 陸退는 張憑의 사위. 光祿大夫를 지냄.

【陸遜】 陸凱의 친족으로 丞相을 지냈음.

【孫皓】 孫晧로도 표기함. 자는 元宗(243~284). 혹은 이름은 彭祖, 자는 皓宗이라고도 함. 吳의 마지막 임금. 孫權의 孫子이며 孫和의 아들. 처음 烏程侯에 봉해졌다가 孫休(景帝)가 죽자 제위에 오름. 황음무도하여 민심을 잃고 晉 武帝 咸寧 6년(280)에 나라가 망하여 歸命侯에 封해짐. 《三國志》(48)에 전이 있음.

【卿一宗】 吳郡의 陸氏는 江南에서 이름 있는 가문이었음.

【今政荒民弊】 孫皓는 吳나라의 마지막 군주.

1. 《三國志》吳志(61) 陸凱

陸凱字敬風, 吳郡吳人, 丞相遜族子也. 黃武初爲永興·諸暨長, 所在有治迹, 拜建武都尉, 領兵. …孫晧立, 遷鎭西大將軍, 都督巴丘, 領荊州牧, 進封嘉興侯. 孫晧與晉平, 使者丁忠自北還, 說晧弋陽可襲, 凱諫止. 寶鼎元年, 遷左丞相.

2. 《世說新語》規箴篇

孫晧問丞相陸凱曰:「卿一宗在朝有幾人?」陸答曰:「二相·五侯·將軍十餘人.」 晧曰:「盛哉!」陸曰:「君賢臣忠, 國之盛也; 父慈子孝, 家之盛也. 今政荒民弊, 覆亡是懼, 臣何敢言盛?」

# 159.  干木當義, 於陵辭聘

## 159-① 干木當義
### 예를 표하기에 마땅한 단간목의 의로움


《회남자淮南子》에 실려 있다.

단간목段干木이 녹을 사양하고 집에서 지내고 있었다. 위魏 문후文侯가 그가 사는 마을을 지나면서 식軾의 예를 표하는 것이었다. 이에 그 마부가 물었다.

"단간목은 벼슬 없는 포의지사布衣之士입니다. 임금께서 그 마을을 향해 식의 예를 표하시니 너무하신 것 아닙니까?"

그러자 문후가 설명하였다.

"단간목은 권세나 이익을 향해 내닫지 않으며, 군자의 도를 품고 있어 그 때문에 궁벽한 골목에 은거하고 있지만, 그 성망이 천리에 퍼져나가고 있는 것이다. 그런데 과인이 감히 식의 예를 표하지 않을 수 있겠는가? 단간목은 덕으로써 빛을 내고, 과인은 권세로써 빛을 내고 있으며, 단간목은 의義를 부유함으로 삼고 있고, 나는 재물로써 부유함을 삼고 있다. 권세는 덕만큼 높지 못한 것이며, 재물은 의만큼 높지 않은 것이다. 단간목은 비록 내가 가지고 있는 권세와 재물로 바꾸자고 해도 그렇게 하지 않을 것이다."


《淮南子》曰: 段干木辭祿而處家. 魏文侯過其間而軾之.

其僕曰:「干木布衣之士. 君軾其間, 不已甚乎?」

文侯曰:「干木不趨勢利, 懷君子之道, 隱處窮巷, 聲施千里. 寡人敢勿軾乎? 干木光于德, 寡人光于勢; 干木富于義, 寡人富于財.

勢不若德尊, 財不若義高. 干木雖以己易寡人弗爲.」

【淮南子】한나라 회남왕 유안이 문객들을 모아 편찬한 책.
【段干木】전국 초기 魏나라 文侯가 숭앙했던 인물.
【魏文侯】전국 초기 위나라 군주. B.C.445~B.C.396년까지 50년간 재위함.
【軾】수레의 앞의 횡목을 잡고 허리를 굽혀 예를 표하는 것.
【布衣】아무런 벼슬이 없는 일반 평민임을 말함.



## 1.《淮南子》修務訓

段干木辭祿而處家, 魏文侯過其閭而軾之. 其僕曰:「君何爲軾?」文侯曰:「段干木在, 以軾.」其僕曰:「段干木布衣之士, 君軾其閭, 不已甚乎?」文侯曰:「段干木不趨勢利, 懷君子之道, 隱處窮巷, 聲施千里. 寡人敢勿軾乎! 段干木光於德, 寡人光於勢; 段干木富於義, 寡人富於財. 勢不若德尊, 財不若義高. 干木雖以己易寡人不爲. 吾日悠悠慙於影, 子何以輕之哉!」其後秦將起兵伐魏, 司馬庾諫曰:「段干木賢者, 其君禮之, 天下莫不知, 諸侯莫不聞. 舉兵伐之, 無乃妨於義乎?」

## 2.《高士傳》中卷

段木者, 晉人也. 少貧且賤, 心志不遂. 乃治清節遊西河, 師事卜子夏與田子方·李克·翟璜·吳起等. 居于魏, 皆爲將, 唯干木守道不仕. 魏文侯欲見, 就造其門, 段干木踰墻而避文侯. 文侯以客禮待之. 出過其廬而軾, 其僕問曰:「干木, 布衣也. 君軾其廬, 不已甚乎?」文侯曰:「段干木, 賢者也. 不移勢利, 懷君子之道. 隱處窮巷, 聲馳千里, 吾敢不軾乎? 干木先乎德; 寡人先乎勢; 干木富乎義; 寡人富乎財. 勢不若德貴, 財不若義高. 又請爲相不肯, 後卑己. 固請見.」文侯立倦不敢息. 夫文侯名過齊桓公者, 蓋能尊段干木, 敬卜子夏, 友田子方故也.

## 3.《呂氏春秋》下賢篇

魏文侯見段干木, 立倦而不敢息. 反見翟黃, 踞於堂而與之言. 翟黃不說. 文侯曰:「段干木官之則不肯, 祿之則不受. 今女欲官則相位, 欲祿則上卿, 旣受吾實, 又責吾禮, 無乃難乎?」

4. 《說苑》尊賢篇

魏文侯見段干木, 立倦而不敢息; 及見翟黃, 距堂而與之言, 翟黃不說. 文侯曰:「段干木, 官之則不肯, 祿之則不受; 今汝欲官則相至, 欲祿則上卿; 旣受吾賞, 又責吾禮, 毋乃難乎?」

5. 《十八史略》(1)

桓子之孫, 曰文侯斯者, 以周威烈王命爲侯. 以卜子夏·田子方爲師, 過段干木之閭必式, 四方賢士多歸之.




## 159-② 於陵辭聘
## 초빙을 사절한 오릉중자


《고열녀전古列女傳》에 실려 있다.

초왕楚王이 오릉자종於陵子終이 어질다는 말을 듣고 그를 재상으로 삼고자 하여 사람을 시켜 금 백 일鎰을 가지고 찾아가 초빙해 오도록 하였다.

자종이 들어가 아내에게 이렇게 말하였다.

"왕이 나를 재상으로 삼고자 하오. 오늘 재상이 된다면 내일부터는 네 필 말이 끄는 수레에 나를 호위하는 기마병이 줄을 이을 것이요, 식사는 내 앞에 사방 열 자나 되는 상에 펼쳐질 것이오. 어떻소?"

그러자 처는 이렇게 말하였다.

"무릇 그대는 짚신을 삼아 먹을 것을 대고 있소. 줄 물건이 아니면 더 이상 관여하지 마십시오. 그리고 왼쪽에는 거문고가 있고 오른쪽에는 읽을 책이 있으니 즐거움이 또한 그 가운데에 있습니다. 무릇 네 필 말을 엮고 기마들이 줄을 선다 해도 편안함이란 그저 무릎을 용납할 정도의 공간이면 족한 것이요, 음식이 열 자 큰 상으로 앞에 펼쳐진다 해도 달게 먹는 음식이란 그저 고기 한 점이면 됩니다. 지금 무릎을 용납하는 편안함과 고기 한 점 맛은 거기서도 똑같은 것일 텐데 그러면서 초나라의 근심 전체를 가슴에 안고 산다면 그것이 옳은 일이겠소? 난세에는 해害도 많은 법, 저는 선생께서 생명을 제대로 보존하지 못할까 두렵소이다.”

이에 자종은 나가 사자에게 사양하고는 드디어 아내와 함께 도망하여 남의 정원 물주는 일을 하면서 살았다.

《고사전高士傳》에는 이렇게 말하였다.

진중자陳仲子는 자가 자종子終이며 제齊나라 사람이다. 어머니와 형을 떠나 아내를 데리고 초나라로 가서 오릉於陵에 살며 스스로 호를 오릉중자於陵仲子라 하였다.




《古列女傳》: 楚王聞於陵子終賢, 欲以爲相, 使使者持金百鎰往聘之.

子終入謂妻曰:「王欲以我爲相. 今日爲相, 明日結駟連騎, 食方丈於前. 可乎?」

妻曰:「夫子織屨以爲食. 非與物無治也. 左琴右書, 樂亦在其中矣. 夫結駟連騎, 所安不過容膝. 食方丈於前, 所甘不過一肉. 今以容膝之安, 一肉之味 而懷楚國之憂, 其可乎? 亂世多害. 妾恐先生之不保命也.」

於是子終出謝使者, 遂相與逃, 而爲人灌園.

《高士傳》曰: 陳仲子字子終, 齊人. 辭母兄將妻適楚, 居於陵, 自號於陵仲子.

【古列女傳】 지금의 《列女傳》 劉向이 편찬함. 漢나라까지의 여성들의 전기를 母儀, 賢明, 仁智, 貞順, 節義, 變通, 嬖孽 등 일곱 가지로 나누어 정리하였으며 속집 1권이 첨가되어 있음. 뒤에 《열녀전》이라는 이름의 책이 각 정사에도 들어있고 그 외의 같은 이름의 책이 나와 유향의 이 책을 구별하여 《古列女傳》이라 함.

【於陵子終】 陳仲子. 오릉중자(於陵仲子). 《孟子》에 滕文公에 그의 일화와 절개가 자세히 실려 있음.

【食方丈】 자리 앞에 좋은 음식을 사방 열 자나 되게 차려 놓음.

【織屨】 '구'는 麻로 만든 신발. 마를 짜서 만든 신발.

【樂亦在其中】 《論語》 述而篇의 "子曰:「飯疏食飲水, 曲肱而枕之, 樂亦在其中"이라 함.

【容膝】 무릎을 용납할 정도의 좁은 방. 가난한 선비의 극히 작은 방을 말함. 陶淵明의 〈歸去來辭〉에 "倚南窗以寄傲, 審容膝之易安"이라 함.




### 1. 《列女傳》 賢明傳 楚於陵妻

楚於陵子終之妻也. 楚王聞於陵子終賢, 欲以爲相, 使使者持金百鎰往聘迎之, 於陵子終曰:「僕有箕帚之妾, 請入與計之.」卽入, 謂其妻曰:「楚王欲以我爲相, 遣使者持百金來. 今日爲相, 明日結駟連騎, 食方丈於前, 可乎?」妻曰:「夫子織屨以爲食, 非與物無治也. 左琴右書, 樂亦在其中矣. 夫結駟連騎, 所安不過容膝; 方丈於前, 所甘不過一肉. 今以容膝之安, 一肉之味, 而懷楚國之憂, 其可乎? 亂世多害, 妾恐先生之不保命也.」於是子終出謝使者而不許也, 遂相與逃而爲人灌園. 君子謂:「於陵妻爲有德行.」詩云:『愷愷良人, 秩秩德音.』此之謂也. 頌曰:『於陵處楚, 王使聘焉. 入與妻謀, 懼世亂煩. 進往遇害, 不若身安. 左琴右書, 爲人灌園.』

### 2. 《高士傳》(皇甫謐) 仲卷 陳仲子

陳仲子者, 齊人也. 其兄戴爲齊卿, 食祿萬鍾, 仲子以爲不義, 將妻子適楚, 居於陵. 自謂於陵仲子. 窮不苟求不義之食. 不食遭歲饑乏糧, 三日乃匍匐而食井上李實之蟲者, 三咽而能視. 身自織屨, 妻擘纑以易衣食. 楚王聞其賢, 欲以爲相. 遣使持金百鎰至於陵聘仲子. 仲子入謂妻曰:「楚王欲以我爲相. 今日爲相, 明日結駟連騎, 食方丈於前, 意可乎?」妻曰:「夫子左琴右書, 樂在其中矣. 結駟連騎, 所安不過容膝; 食方丈於前, 所甘不過一肉. 今以容膝之安·一肉之味, 而懷楚國之憂, 亂世多害, 恐先生不保命也.」於是出謝使者, 遂相與逃去, 爲人灌園.

### 3. 《韓詩外傳》(9)

楚莊王使使齎金百斤, 聘北郭先生. 先生曰:「臣有箕帚之使, 願入計之.」卽謂婦人曰:「楚欲以我爲相, 今日相, 卽結駟列騎, 食方丈於前, 如何?」婦人曰:「夫子李以織屨爲食. 食粥冕履, 無怵惕之憂者, 何哉? 與物無治也. 今如結駟列騎, 所安不過容膝; 食方丈於前, 所甘不過一肉. 以容膝之安, 一肉之味, 而殉楚國之憂, 其可乎?」於是遂不應聘, 與婦去之. 詩曰:『彼美淑姬, 可與晤言.』

### 4. 《孟子》滕文公(下)

匡章曰:「陳仲子豈不誠廉士哉? 居於陵, 三日不食, 耳無聞, 目無見也. 井上有李, 螬食實者過半矣, 匍匐往將食之, 三咽, 然後耳有聞, 目有見.」孟子曰:「於齊國之士, 吾必以仲子爲巨擘焉. 雖然, 仲子惡能廉? 充仲子之操, 則蚓而後可者也. 夫蚓, 上食槁壤, 下飮黃泉. 仲子所居之室, 伯夷之所築與? 抑亦盜跖之所築與? 所食之粟, 伯夷之所樹與? 抑亦盜跖之所樹與? 是未可知也.」…(중략)…是尙爲能充其類也乎? 若仲子者, 蚓而後充其操者也.」

### 5. 《戰國策》齊策(四)

齊王使使者問趙威后. 書未發, 威后問使者曰:「歲亦無恙耶? 民亦無恙耶? 王亦無恙耶?」使者不說, 曰:「臣奉使使威后, 今不問王, 而先問歲與民, 豈先賤而後尊貴者乎?」威后曰:「不然. 苟無歲, 何以有民? 苟無民, 何以有君? 故有問舍本而問末者耶?」乃進而問之曰:「齊有處士曰鍾離子, 無恙耶? 是其爲人也, 有糧者亦食, 無糧者亦食; 有衣者亦衣, 無衣者亦衣. 是助王養其民也, 何以至今不業也? 葉陽子無恙乎? 是其爲人, 哀鰥寡, 卹孤獨, 振困窮, 補不足. 是助王息其民者也, 何以至今不業也? 北宮之女嬰兒子無恙耶? 徹其環瑱, 至老不嫁, 以養父母. 是皆率民而出於孝情者也, 胡爲至今不朝也? 此二士弗業, 一女不朝, 何以王齊國, 子萬民乎? 於陵子仲尙存乎? 是其爲人也, 上不臣於王, 下不治其家, 中不索交諸侯. 此率民而出於無用者, 何爲至今不殺乎?」

# 160. 元凱傳癖, 伯英草聖

### 160-① 元凱傳癖
### 원개의 《좌전》에 대한 편벽증


《진서晉書》에 실려 있다.

두예杜預는 자가 원개元凱이다. 이윽고 공을 세운 뒤에는 조용히 일이 없게 되었다. 이에 경적을 탐독하고 생각하여 《춘추좌씨경전집해春秋左氏經傳集解》를 짓고, 또한 많은 가문들의 족보를 참고하여 《석례釋例》를 지었으며, 그 외에도 《맹회도盟會圖》·《춘추장력春秋長歷》 등을 지어 일가의 학문을 구비하였다. 이는 거의 늙을 때까지 작업하여 겨우 완성한 것이다. 그리고 다시 《여기찬女記讚》을 찬술하였다. 당시 논자들은 "두예의 문장은 의롭고 질박하며 정직하다"라 평하였다. 그럼에도 세인들은 이를 소중하게 여기지 않았다. 오직 비서감祕書監 지우摯虞만은 이를 높이 여겨 이렇게 칭찬하였다.

"좌구명左丘明이 《춘추》를 기본으로 하여 《국어國語》라는 〈외전外傳〉을 짓자, 《좌전》이 드디어 그 나름대로 홀로의 가치로써 행해지게 되었다. 《석례》도 본래 《전傳》으로 설정된 것으로, 그 나름대로 새롭게 밝힌 것이 있으니, 어찌 《좌전》만이 그렇겠는가? 이 책도 홀로 그 가치를 가지고 널리 퍼질 것이다."

당시 왕제王濟는 말을 감정하는 데에 밝았으며, 그러한 일을 심히 좋아하였다. 그런가 하면 화교和嶠는 재산을 모으는 데 자못 흥취를 느끼고 있었다. 이를 두고 두예는 이렇게 칭찬한 적이 있었다.

"왕제는 말에 대해 편벽증을 가지고 있고, 화교는 재산에 대해 편벽증을 가지고 있구나."

그러자 무제武帝가 이를 듣고 물었다.

"그대는 어떤 편벽증이 있소?"

두예는 이렇게 대답하였다.

"저는 《좌전》에 대하여 편벽증이 있습니다."

그가 사예교위司隷校尉의 벼슬로 생을 마치자, 특진特進의 지위를 주고 정남대장군征南大將軍의 직함을 추증하였다.

당초 두예는 후세에 이름 남기기를 좋아하여 늘 이렇게 말하곤 하였다.

"높은 언덕도 변하여 골짜기가 되고 깊은 골짜기도 언덕이 되도다."

그리하여 돌로 비석을 만들어 자신의 공훈과 업적을 새긴 다음, 하나는 현산峴山 아래에 묻고 하나는 현산 꼭대기에 묻은 다음 이렇게 말하였다.

"어찌 단정하겠는가! 후세에 언덕이 골짜기가 되지 않는다고!"


《晉書》: 杜預字元凱. 旣立功之後, 從容無事. 乃耽思經籍, 爲《春秋左氏經傳集解》, 又參考衆家譜第, 謂之《釋例》, 又作《盟會圖》·《春秋長曆》, 備成一家之學. 比老乃成. 又撰《女記讚》.

當時論者謂:「預文義質直.」

世人未之重, 唯祕書監摯虞賞之曰:「左丘明本爲《春秋》作傳, 而《左傳》遂自孤行. 《釋例》本爲《傳》設. 而所發明, 何但《左傳》? 故亦孤行.」

時王濟解相馬, 又甚愛之. 而和嶠頗聚斂.

預嘗稱:「濟有馬癖, 嶠有財癖.」

武帝聞之謂曰:「卿有何癖?」

對曰:「臣有《左傳》癖.」

終司隷校尉. 位特進, 贈征南大將軍.

初預好爲後世名, 常言:「高岸爲谷, 深谷爲陵.」

刻石爲二碑, 紀其勳績, 一沈峴山之下, 一立峴山之上, 曰:「焉知此後不爲陵谷乎!」

【杜預】자는 元凱(222~284). 京兆 杜陵人. 杜恕의 아들이며 杜甫의 선대. 河南尹, 度支尚書, 荊州都督 등을 거쳐 羊祜가 죽자 뒤를 이어 鎭南大將軍이 됨. 치적이 훌륭하여 당시 백성과 조정에서는 그를 '杜父', '杜武庫'라 불렀음. 太康 원년에 吳를 평정한 공로로 當陽侯에 봉해짐. 經學에도 밝아 《春秋左傳經傳集解》를 남김. 《三國志》(16)와 《晉書》(34)에 전이 있음. '杜預建橋' [074] 참조.

【春秋左氏經傳集解】《左傳》을 經文의 年別로 分篇하여 풀이한 두예의 해석서.

【春秋長曆】춘추시대 당시의 曆日을 배열하고 고증한 책.

【摯虞】자는 仲治(?~311). 長安人. 皇甫謐의 제자이며 秘書監, 太常卿을 지냄. 《晉書》(51)에 전이 있음. '摯仲辭翰'[040] 참조.

【傳】經書를 설명한 책. 〈春秋三傳〉과 같은 체제의 책.

【王濟】자는 武子(240?~285?). 王渾의 아들. 《易》과 《老莊》에 밝아 裴楷와 이름을 날렸으며 武帝의 딸 常山公主의 남편. 侍中을 역임함. 말에 대해서 잘 알았다고 함. 王愷와 사치와 호기를 다툰 일로도 유명함. 中書郎, 驍騎 將軍, 侍中 등을 역임함. 《晉書》(42)에 전이 있음. 왕제는 太原 晉陽 출신 이었음. '武子金埒'[120] 참조.

【和嶠】자는 長輿. 惠帝가 즉위하여 太子少傅를 거쳐 尚書令을 지냈으며 당시 부자로서 매우 인색하였다 함. 《晉書》(45)에 전이 있음. '和嶠專車' [033] 참조.

【武帝】晉 武帝. 司馬炎. 西晉의 개국군주. 司馬昭의 長子. 자는 安世. 咸熙 2年(265)에 魏나라로부터 禪讓의 형식으로 나라를 이어받아 晉나라를 세우고 洛陽을 도읍으로 함. 재위 26년(265~290). 廟號는 世祖. 《晉書》(3)에 紀가 있음.

【財癖】《晉書》에는 '錢癖'으로 되어 있음.

【特進】제후나 王公, 또는 장군 등 특별한 功勳이 있는 사람에게 주는 지위로 三公의 아래.

【峴山】襄陽에 있는 산. 산꼭대기와 산 아래에 묻은 것은 지형이 변하더라도 자신의 비석은 없어지지 않도록 한 것임. 《晉書》에는 "一沈萬山之下, 一立 峴山之上"으로 되어 있음.

1. 《晉書》(34) 杜預傳

杜預字元凱, 京兆杜陵人也. 祖畿, 魏尚書僕射. 父恕, 豫州刺史. 預博學多通, 明於興廢之道. 常言:「德不可以企及, 立功立言, 可庶幾也.」初, 其父與宣帝不相能, 遂以幽死, 故預久不得調. 文帝嗣立, 預尚文帝妹高陸公主, 起家拜尚書郞, 襲祖爵豐樂亭侯. ……預好爲後世名, 常言:「高岸爲谷, 深谷爲陵.」刻石爲二碑, 紀其勳績, 一沈萬山之下, 一立峴山之上, 曰:「焉知此後不爲陵谷乎!」……旣立功之後, 從容無事. 乃耽思經籍, 爲《春秋左氏經傳集解》, 又參攷衆家譜第, 謂之《釋例》, 又作《盟會圖》·《春秋長曆》, 備成一家之學. 比老乃成. 又撰《女記讚》. 當時論者謂:「預文義質直.」世人未之重, 唯祕書監摯虞賞之, 曰:「左丘明本爲《春秋》作傳, 而《左傳》遂自孤行.《釋例》本爲《傳》設, 而所發明, 何但《左傳》? 故亦孤行.」時王濟解相馬, 又甚愛之. 而和嶠頗聚斂, 預嘗稱:「濟有馬癖, 嶠有錢癖.」武帝聞之, 謂預曰:「卿有何癖?」對曰:「臣有《左傳》癖.」

2. 《三國志》(16) 魏書 杜畿傳(杜預) 참조.


## 160-② 伯英草聖
### 초성으로 불린 백영 장지


후한後漢의 장지張芝는 자가 백영伯英이며 돈황敦煌 주천酒泉 사람으로 초서草書에 능하였다. 위항衛恒이 이렇게 평하였다.

"장제章帝 때 제齊나라 재상 두도杜度가 글씨를 잘 썼으며, 뒤에는 최원崔瑗, 최식崔寔이 역시 글씨에 뛰어났다. 두도의 글씨는 글자의 획을 덜어 심히 안정되어 있으나, 서체書體가 미약하고 야윈 모습이다. 그에 비해 최씨의 글씨는 필세筆勢가 있으나, 글자의 결구가 작고 거칠다. 장지는 이 두 사람의 특징을 정교하게 변화시켰다. 그는 집안 비단 옷감도 모두 글씨 연습을 한 뒤에 이를 잿물로 빨아 다시 쓸 정도였다. 그런가 하면 못에 이르러 글씨 연습을 하였는데 그 못의 물이 모두 검어질 정도라 하였다. 그가 붓을 움직이면 반드시 법칙이 있었는데, 그를 일러 총총불가忽忽不暇라 하였다. 그의 초서는 작은 조각 하나라도 버려지는 것이 없이 세상에는 그 글씨를 그토록 보배로 여겼던 것이다.

위중장韋仲將은 그를 '초성草聖'이라 불렀다.


後漢, 張芝字伯英, 敦煌酒泉人. 善草書. 衛恒曰:「章帝時, 齊相 杜度號善作篇. 後有崔瑗·崔寔, 亦皆稱工. 杜氏殺字甚安, 而書 體微瘦. 崔氏甚得筆勢, 而結字小疎. 伯英因而轉精甚巧. 凡家之 衣帛, 必書而後練之. 臨池學書池水盡黑. 下筆必爲楷則, 號忽忽 不暇. 草書寸紙不見遺, 世尤寶其書. 韋仲將謂之『草聖』.


【張芝】 자는 伯英(?~192). 東漢의 뛰어난 서예가. 敦煌(지금의 甘肅省) 출신
　으로 주로 弘農의 華陰(지금의 陝西省)에서 활동하였음. 집이 가난하여 집
　안의 모든 옷감은 먼저 글씨 연습을 한 후에 다시 사용하였다는 일화를
　남겼음. 章草에 뛰어났으나 뒤에 崔瑗, 杜度의 필법을 익히고 다시 새로
　풍조를 이룬 楷法을 결합하여 章草의 점획과 파책(波磔)을 줄여 '今草'를
　창안하여 그 體勢와 氣脈이 한 획에 연속되는 글씨체를 만들었음. 三國의
　韋誕이 이를 예찬하여 '草聖'이라 칭함. 王羲之는 이의 서법을 매우 중시하였
　으며 왕희지의 草書는 거의 이 張芝의 영향을 받은 것으로 알려졌음. 저서
　로는 《筆心論》이 있었으나 지금 전하지 않으며 〈淳化閣帖〉에 그의 작품
　몇 편이 전하고 있으나 진품이 아닌 것으로 의심을 받고 있음. 《後漢書》
　張渙傳 참조.

【衛恒】西晉 때 河東 安邑 사람. 자는 巨山(?~291). 衛瓘의 아들이며 衛玠의
아버지. 太子舍人을 거쳐 黃門郞에 오름. 동한 張芝의 서법을 익혀 草書,
章草, 隷書, 散隷 등에 뛰어났음. 뒤에 아버지와 함께 賈后에게 죽음을
당하고 말았음. 저서에 《四體書勢》가 있으며 이는 書藝學에 중요한 문헌
으로 평가받고 있음. 시호는 蘭陵貞世子.《晉書》에 전이 있음.

【章帝】肅宗孝章皇帝. 東漢 제3대 황제 劉炟. 明帝 劉莊의 아들이며 A.D.76~
88년 재위함.

【杜度·崔瑗】崔瑗은 東漢 涿郡 安平 사람으로 자는 子玉. 賈逵의 제자로
曆數와 文辭에 뛰어나 일찍이 濟北相 등을 역임하기도 하였음. 章草를 杜度
에게 배워 점획이 매우 공교하여 王隱은 그를 「草賢」이라 불렀음. 한편 그는
小篆에도 뛰어나 《平子碑》를 남겼으며 著書로는 《草書勢》와 《篆書勢》등
57편이 있음. 杜度는 東漢 京兆 杜陵 사람으로 본명은 杜操. 자는 伯虔.
齊相을 지냈으며 章草에 뛰어났음. 韋誕은 그를 두고 「傑有骨力, 而字畫
微瘦」라 평하였음. 建初(76~80년) 연간에 章帝가 그의 작품을 좋아하여
草書로 奏書를 올릴 것을 허가하기도 하였음. 역사상 章草로 이름을 날린
최초의 인물임. 崔瑗은 판본에 따라 崔煖, 혹 崔瓘으로 표기되어 있음.

【崔寔】〈四庫全書〉에는 崔實로 되어 있음.

【練之】‘練’은 모시나 명주 등을 잿물에 삶아 부드럽게 하는 공정.

【臨池學書】벼루의 물이 적어 쉽게 말라 연못에 임하여 그 물로 벼루에
부어 글씨 연습에 힘썼음을 말함.

【悤悤不暇】몹시 다급하게 굴어 한가할 틈이 없음.

【韋仲將】韋誕. 字는 仲將. 三國時代 魏明帝 및 齊王 曹芳의 侍中을 지냄.
楷書大字에 능하여 위나라 보물의 題字를 거의 모두 그가 썼음.

【草聖】草書의 大家. 伯英이 草書가 晉나라 때 衛瓘과 索靖 두 사람으로
부터 많은 영향받았음을 말함. ‘瓘靖二妙’[022] 참조.


참고 및 관련 자료

1.《後漢書》張奐傳 張芝

長子芝, 字伯英, 最知名. 芝及弟昶, 字文舒, 並善草書, 至今稱傳之. 初, 奐爲
武威太守, 其妻懷孕, 夢帶奐印綬登樓而歌. 訊之占者, 曰:「必將生男, 復臨

茲邦, 命終此樓.」旣而生子猛, 以建安中爲武威太守, 殺刺史邯鄲商, 州兵圍之急, 猛恥見擒, 乃登樓自燒而死, 卒如占云. 論曰: 自鄭鄕之封, 中官世盛, 暴恣數十年閒, 四海之內, 莫不切齒憤盈, 願投兵於其族. 陳蕃·竇武奮義草謀, 徵會天下, 名士有識所共聞也, 而張奐見欺豎子, 揚戈以斷忠烈. 雖恨毒在心, 辭爵謝咎.《詩》云:「啜其泣矣, 何嗟及矣!」

## 2.《太平廣記》에 인용된《書斷》

崔瑗字子玉, 安平人. 曾祖蒙, 父駰. 子玉官至濟北相, 文章蓋世, 善章草書. 師於杜度, 媚趣過之. 點畫精微, 神變無礙. 利金百鍊, 美玉天姿. 可謂氷寒於水也. 袁昂云:「如危峯阻日, 孤松一枝.」王陰謂之'草賢'. 章草入神, 小篆入妙.

## 3.《太平廣記》에 인용된《書斷》과《書評》

○ 張芝字伯英. 性好書, 凡家之衣帛, 皆書而後練. 尤善章草, 又善隸書. 韋仲將謂之'草聖'. 又云:「崔氏之肉, 張氏之骨.」其章草急就章字, 皆一筆而成. 伯英章草行入神, 隸書入妙.(《書斷》)

○ 伯英書, 如漢武愛道, 憑虛欲仙.(袁昂《書評》)

## 4.《太平廣記》에 인용된《書斷》과《書法錄》

○ 魏韋誕子仲將, 京兆人, 太僕之子, 官至侍中. 伏膺於張伯英, 兼邯鄲淳之法. 諸書並善, 題署尤精. 明帝凌雲臺初成, 令仲將題牓, 高下異好, 宜就點正之. 因危懼, 以戒子孫, 無爲大字楷法. 袁昂云:「如龍拏虎據, 劍拔弩張.」張茂先云:「京兆韋誕·誕子熊·穎川鍾繇·繇子會, 並善隸書. 初, 靑龍中, 洛陽許鄴三都, 宮觀始就, 詔令仲將大爲題署, 以爲永制. 給御筆墨, 皆不任用, 因奏蔡邕自矜能書, 兼斯·喜之法, 非紈素不妄下筆. 夫欲善其事, 必利其器. 若用張芝筆·左伯紙·及臣墨, 兼此三者, 又得臣手. 然後可以逞徑丈之勢, 方寸千言. 然草跡之妙, 亞乎索靖也. 嘉平五年卒, 年七十五. 仲將八分隸書章飛白入妙, 小篆入能. 兄康子元將, 工書. 子熊子少李, 亦善書. 時人云:「名父之子, 克有二事.」世所美焉.(《書斷》)

○ 又云:「魏明帝凌雲臺成, 誤先釘牓, 未題署. 以籠成誕, 轆轤長絙引上, 使就牓題, 去地二十五丈, 誕危懼, 誡子孫, 絶此楷法.(《書法錄》)

## 5. 衛恒 이하는《晉書》衛恒傳을 볼 것.

# 161. 馮異大樹, 千秋小車

## 161-① 馮異大樹
### 대수장군 풍이

후한後漢의 풍이馮異는 자가 공손公孫이며 영천潁川 보성父城 사람이다. 독서를 좋아하였으며, 《좌씨춘추左氏春秋》와 《손자병법孫子兵法》에 통달하였다. 한漢나라가 왕망을 성토하여 군사를 일으켰을 때, 그는 군郡의 연掾이라는 낮은 관리로서 부성현父城縣을 지키고 있었다. 광무제光武帝 때 그는 사예司隸였는데, 광무제가 도적들을 토벌하는 길에 부성현을 지나게 되자, 그는 즉시 성문을 열고 그를 맞이하였다. 그리하여 광무제는 그를 주부主簿로 삼았다. 왕랑王郎이 기병하자 광무제는 계현薊縣에서 동남쪽으로 피하여 내달리고 있었다. 그들이 요양饒陽의 무루정無蔞亭에 이르러 날씨는 춥고 배고픔과 피로에 지쳤을 때 풍이가 콩죽을 바쳤다. 이튿날 아침 광무제는 이렇게 말하였다.

"어제 그대에게 콩죽을 얻어먹고 배고픔과 추위가 모두 풀렸다오."

그들이 남궁南宮에 이르렀을 때는 큰 비바람을 만나 광무제는 길 가 집에 들어가 옷을 말리고 있었다. 이때에도 풍이는 보리밥과 토끼 어깨 살코기를 올렸다. 그리하여 호타하滹沱河를 건너고 나서 다시 그를 편장군偏將軍에 발탁하였다.

풍이는 사람됨이 겸손하고 자신을 자랑하지 아니하였다. 여러 장군들과 길에서 마주치게 되면 곧바로 수레에서 내려 길을 피해 주었으며, 나고들 때의 행동도 모두 의표에 맞아 군대 내에서는 그를 가장 '똑바른 사람'으로 불리었다. 매번 막사에 있을 때 여러 장수들이 앉아서 공을 논할 때면 풍이는 항상 홀로 나무 아래 숨어 있어 군대 내에서 그를 '대수장군大樹將軍'이라 불렀다.

한단邯鄲의 왕랑을 깨뜨리고 다시 부대를 장수들에게 나누어 주어 각기 배속될 때 군사들은 모두가 이렇게 말하였다.

"대수장군에게 배속되기를 원합니다."

광무제는 이로써 그를 더욱 신임하게 되었다.

뒤에 광무제는 그를 양하후陽夏侯로 봉하고 정서대장군征西大將軍의 직함을 주었으며, 진보珍寶와 의복, 돈과 비단을 하사하면서 이렇게 조칙을 내렸다.

"창졸지간에 무루정에서는 콩죽을 구해 왔으며, 호타하에서는 보리밥을 구해 왔었다. 그 두터운 뜻을 오랫동안 갚지 못하고 있었다."

풍이는 머리를 조아리며 감사의 예를 표하였다.


後漢, 馮異字公孫, 潁川父城人. 好讀書, 通《左氏春秋》·《孫子兵法》. 漢兵起 以郡掾守父城. 光武爲司隷, 道經父城, 卽開門迎, 光武署爲主簿. 及王郎起, 光武自薊東南馳, 至饒陽無蔞亭, 天寒衆飢疲, 異上豆粥.

明旦光武曰:「昨得公孫豆粥, 飢寒俱解.」

及至南宮, 遇大風雨, 光武入道傍舍燎衣, 異進麥飯菟肩. 因渡滹沱河, 還拜偏將軍.

爲人謙退不伐, 行與諸將軍相逢, 輒引車避道, 進止皆有表識. 軍中號爲整齊. 每所止舍, 諸將並坐論功, 異常獨屛樹下. 軍中號曰『大樹將軍』.

及破邯鄲, 乃更部分諸將, 各有配隷, 軍士皆言:「願屬大樹將軍.」

光武以此多之.

後封陽夏侯, 拜征西大將軍, 賜珍寶衣服錢帛.

詔曰:「倉卒無蔞亭豆粥, 滹沱河麥飯, 厚意久不報.」

異稽首謝.

【馮異】자는 公孫. 후한 때 光武帝 劉秀의 정벌 전쟁에 온갖 고생을 하며 공을 세운 인물. 《後漢書》에 전이 있음.

【光武帝】世祖光武皇帝. 光武帝. A.D.25~57년 재위. 東漢(後漢)의 첫 황제. 劉秀. 자는 文叔. 長沙 定王 劉發의 후손. 漢 景帝가 유발을 낳고, 유발이 春陵節侯 劉買를 낳았으며 뒤에 封地가 南陽 白水鄕으로 옮겨져 그곳을 春陵이라 하고 가문을 이루었음. 그리고 유매의 막내아들이 劉外였으며 그가 劉回를 낳았고, 유회가 南頓令 劉欽을 낳았으며 유흠이 유수를 낳았음. 이가 동한을 일으켜 낙양에 도읍을 하여 유씨 왕조를 이은 것이며 이를 東漢(後漢)이라 부름.

【孫子】周나라의 孫武. 또 그 사람이 지은 兵書.

【王郞】王郞. 이름은 昌. 邯鄲을 점거하고 漢 成帝의 아들이라고 꾸며 병사를 일으켰기 때문에 여러 나라의 군사들이 속아서 일시에 따랐던 것임. 蓟縣도 왕랑의 세력 판도였기 때문에 광무제는 그 곳을 탈출했던 것임.

【菟肩】'冤肩'이 아닌가 함.

【滹沱河】山西省에서 발원되어 河北省으로 들어가 天津까지 흐르는 물 이름.

【邯鄲】전국시대 趙나라의 도읍이었던 곳. 지금의 河北省 邯鄲市.




## 1. 《後漢書》 馮異

馮異字公孫, 潁川父城人也. 好讀書, 通《左氏春秋》·《孫子兵法》. 漢兵起, 異以郡掾監五縣, 與父城長苗萌共城守, 爲王莽拒漢. 光武略地潁川, 攻父城不下, 中兵巾車鄕. 畢聞出行屬縣, 爲漢兵所執. 時異從兄孝及同郡丁綝·呂晏, 並從光武, 因共薦異, 得召見. 異曰: 「異一夫之用, 不足爲彊弱. 有老母在城中, 願歸據五城, 以効功報德.」 光武曰「善」. 異歸, 謂苗萌曰: 「今諸將皆壯士屈起, 多暴橫, 獨有劉將軍所到不虜掠. 觀其言語擧止, 非庸人也, 可以歸身」 苗萌曰: 「死生同命, 敬從子計」 光武南還宛, 更始諸將攻父城者前後十餘輩, 異堅守不下; 及光武爲司隸校尉, 道經父城, 異等卽開門奉牛酒迎. 光武署異爲主簿, 苗萌爲從事. 異因薦邑子銚期·叔壽·段建·左隆等, 光武皆以爲掾史, 從至洛陽. 更始數欲遣光武徇河北, 諸將皆以爲不可. 是時左丞相曹竟子詡爲尙書, 父子用事, 異勸光武厚結納之. 及度河北, 詡有力焉. 自伯升之敗, 光武不敢顯其悲戚,每獨居, 輒不御酒肉, 枕席有涕泣處. 異獨叩頭寬譬哀情. 光武止之曰:「卿勿妄言」異復因閒進說曰:「天下同苦王氏, 思漢久矣. 今更始諸將從橫暴虐, 所至; 虜掠, 百姓失望, 無所依戴. 今公專命方面, 施行恩德. 夫有桀紂之亂, 乃見湯武之功; 人久飢渴, 易爲充飽. 宜急分遣官屬, 徇行郡縣, 理冤結, 布惠澤」光武納之. 至邯鄲, 遣異與銚期乘傳撫徇屬縣, 錄囚徒, 存鰥寡, 亡命自詣者除其罪, 陰條二千石長吏同心及不附者上之. 及王郎起, 光武自薊東南馳, 晨夜草舍, 至饒陽無蔞亭. 時天寒烈, 衆皆飢疲, 異上豆粥. 明旦, 光武謂諸將曰:「昨得公孫豆粥, 飢寒俱解」及至南宮, 遇大風雨, 光武引車入道傍空舍, 異抱薪, 鄧禹熱火, 光武對竈燎衣. 異復進麥飯菟肩. 因復度虖沱河至信都, 使異別收河閒兵. 還, 拜偏將軍. 從破王郎, 封應侯. 異爲人謙退不伐, 行與諸將相逢, 輒引車避道. 進止皆有表識, 軍中號爲整齊. 每所止舍, 諸將並坐論功, 異常獨屏樹下, 軍中號曰「大樹將軍」. 及破邯鄲, 乃更部分諸將, 各有配隸. 軍士皆言願屬大樹將軍, 光武以此多之. 別擊破鐵脛於北平, 又降匈奴于林闟頓王, 因從平河北. 六年春, 異朝京師. 引見, 帝謂公卿曰:「是我起兵時主簿也. 爲吾披荊棘, 定關中」既罷, 使中黃門賜以珍寶·衣服·錢帛. 詔曰:「倉卒無蔞亭豆粥, 虖沱河麥飯, 厚意久不報」異稽首謝曰:「臣聞管仲謂桓公曰『願君無忘射鉤, 臣無忘檻車.』齊國賴之. 臣今亦願國家無忘河北之難, 小臣不敢忘巾車之恩」後數引讌見, 定議圖蜀, 留十餘日, 令異妻子隨異還西.

## 2.《十八史略》(3)

至南宮遇大風雨, 入道傍空舍. 馮異抱薪鄧禹熱火, 秀對竈燎衣. 異復進麥飯. 至下博城西, 惶惑不知所之. 有白衣老人, 指曰:「努力, 信都爲長安城守, 去此八十里」秀卽馳赴之, 時郡縣皆已降王郎, 獨信都太守任光, 和戎太守邳肜不肯. 光出聞秀至大喜, 肜亦來會. 發旁縣得精兵, 移檄討王郎. 郡縣還復響應, 秀引兵拔廣阿.

## 3.《十八史略》(3)

馮異自長安入朝, 上謂公卿曰:「是我起兵時主簿也, 爲吾披荊棘定關中」詔勞異曰:「倉卒蕪蔞亭豆粥, 滹沱河麥飯, 厚意久不報」

## 161-②　千秋小車
### 작은 수레를 타고 궁중을 드나든 차천추

전한前漢의 차천추車千秋는 본래의 성은 전씨田氏였으며 고침랑高寢郎이었다. 그때 마침 위태자衛太子가 강충江充에게 참훼를 입자, 천자의 군사를 동원하여 그를 죽인 사건으로 아버지 무제의 노여움을 산 일이 발생하였다. 한참 뒤 무제武帝는 자못 태자가 잘못한 것이 없이 억울함을 당하였음을 알게 되었다. 차천추는 이를 급한 변고로 여겨 이러한 소송건을 올렸다.

"아들로서 아버지의 병권을 마구 사용했다면, 그 죄는 태형笞刑에 해당합니다. 그런데 천자의 아들로서 사람을 죽인 과오를 저질렀다면, 그 죄는 어디에 해당합니까? 제가 꿈을 꾸었는데, 머리가 하얀 노인이 나타나 저에게 이러한 문제를 거론하도록 일러주었습니다."

무제는 그 말에 느낀 바가 있어 차천추를 불러 앞으로 나오도록 하였다. 차천추는 키가 8척 남짓 되었으며 생긴 모습도 심히 훌륭하였다. 무제가 그를 보고 즐거워하며 이렇게 말하였다.

"부자 사이의 일이란 다른 사람이 거론하기 어려운 것이 있다. 그런데 그대가 그렇지 않음을 분명히 말하였다. 이는 고묘高廟의 신령께서 그대로 하여금 나를 깨우치도록 한 것이니 그대는 의당 나의 보좌가 되어야 한다."

그리고 즉시 그를 대홍려大鴻臚에 앉혔다가 몇 달 뒤 승상丞相으로 승진시키고 부민후富民侯에 봉히였다. 차천추는 다른 재능이나 학술을 가진 것이 없었으며, 게다가 자랑할 만한 공로를 세운 것도 아니었다. 다만 한마디 말로써 천자를 깨우치도록 한 것일 뿐이다. 그런데 열흘, 한 달 만에 재상을 거쳐 후侯에 봉해졌던 것이다. 이러한 일은 세상에 있어본 적이 없었다.

차천추가 늙어 나이가 들자, 무제는 그를 우대하여 조회에 올 때는 작은 수레를 타고 궁중에 들어올 수 있도록 하였다. 그 때문에 그를 차승상車丞相이라 불렀다.

前漢, 車千秋, 本姓田氏, 爲高寢郞. 會衛太子爲江充所譖敗, 久之武帝頗知太子寃.

千秋上急變訟曰:「子弄父兵, 罪當笞. 天子之子過誤殺人, 當何罪哉? 臣嘗夢見一白頭翁, 敎臣言.」

上大感寤, 召千秋至前. 千秋長八尺餘, 體貌甚麗.

帝見而說之, 謂曰:「父子之間人所難言, 公獨明其不然. 此高廟神靈使公敎我, 公當爲吾輔佐.」

立拜大鴻臚, 數月爲丞相, 封富民侯.

千秋無他材能術學, 又無伐閱功勞, 特以一言寤意, 旬月取宰相封侯, 世未嘗有.

初千秋年老, 上優之, 朝見得乘小車入宮殿中. 故因號曰車丞相.


【車千秋】본명은 田千秋.《漢書》에 전이 있음.
【敗】太子가 武帝에게 죽음을 당한 사건. 衛太子와 江充이 불화했던 일은 ‘丙吉牛喘’[126]의 巫蠱의 주를 볼 것.
【江充】漢 武帝의 신하. 趙國人. 武帝의 총애를 받아 水衡都尉를 지냈음. 武帝 征和 3年(B.C.91)의 巫蠱事件 때 衛太子를 모함하다가 죽음을 당함.
【武帝】西漢 5대 황제 劉徹. 景帝(劉啓)의 아들이며 B.C.140~B.C.87년까지 54년간 재위함. 대내외적으로 학술, 강역, 문학 등 여러 방면에 걸쳐 많은 치적을 남겨 강력한 帝國을 건설함.
【子弄父兵】태자가 천자의 명령이라고 하여 무기고의 무기를 내고 장락궁의 병졸을 사용하였음을 말함.
【高廟】漢 高祖 劉邦의 위패를 모신 祠堂.




1.《漢書》車千秋

車千秋, 本姓田氏, 其先齊諸田徙長陵. 千秋爲高寢郞. 會衛太子爲江充所譖敗,

久之, 千秋上急變訟太子冤, 曰:「子弄父兵, 罪當笞; 天子之子過誤殺人, 當何
罪哉! 臣嘗夢見一白頭翁教臣言.」是時, 上頗知太子惶恐無他意, 乃大感寤, 召見
千秋. 至前, 千秋長八尺餘, 體貌甚麗, 武帝見而說之, 謂曰:「父子之間, 人所
難言也, 公獨明其不然. 此高廟神靈使公教我, 公當遂爲吾輔佐.」立拜千秋爲
大鴻臚. 數月, 遂代劉屈氂爲丞相, 封富民侯. 千秋無他材能術學, 又無伐閱功勞,
特以一言寤意, 旬月取宰相封侯, 世未嘗有也. 後漢使者至匈奴, 單于問曰:「聞漢
新拜丞相, 何用得之?」使者曰:「以上書言事故.」單于曰:「苟如是, 漢置丞相,
非用賢也, 妄一男子上書卽得之矣.」使者還, 道單于語. 武帝以爲辱命, 欲下之吏.
良久, 乃貰之. 然千秋爲人敦厚有智, 居位自稱, 踰於前後數公. 初, 千秋始視事,
見上連年治太子獄, 誅罰尤多, 羣下恐懼, 思欲寬廣上意, 尉安衆庶. 乃與御史·
中二千石共上壽頌德美, 勸上施恩惠, 緩刑罰, 玩聽音樂, 養志和神, 爲天下自
虞樂. 上報曰:「朕之不德, 自左丞相與貳師陰謀逆亂, 巫蠱之禍流及士大夫.
朕日一食者累月, 乃何樂之聽? 痛士大夫常在心, 旣事不咎. 雖然, 巫蠱始發,
詔丞相·御史督二千石求捕, 廷尉治, 未聞九卿廷尉有所鞫也. 曩者, 江充先治甘
泉宮人, 轉至未央椒房, 以及敬聲之疇·李禹之屬謀入匈奴, 有司無所發, 今丞相
親掘蘭臺蠱驗, 所明知也. 至今餘巫頗脫不止, 陰賊侵身, 遠近爲蠱, 朕媿之甚,
何壽之有? 敬不舉君之觴! 謹謝丞相·二千石各就館. 書曰:『毋偏毋黨, 王道蕩蕩.』
毋有復言.」後歲餘, 武帝疾, 立皇子鉤弋夫人男爲太子, 拜大將軍霍光·車騎將
軍金日磾·御史大夫桑弘羊及丞相千秋, 並受遺詔, 輔道少主. 武帝崩, 昭帝初
卽位, 未任聽政, 政事壹決大將軍光. 千秋居丞相位, 謹厚有重德. 每公卿朝會,
光謂千秋曰:「始與君侯俱受先帝遺詔. 今光治內, 君侯治外, 宜有以教督, 使光
毋負天下.」千秋曰:「唯將軍留意, 卽天下幸甚.」終不肯有所言. 光以此重之.
每有吉祥嘉應, 數襃賞丞相. 訖昭帝世, 國家少事, 百姓稍益充實. 始元六年,
詔郡國舉賢良文學士, 問以民所疾苦, 於是鹽鐵之議起焉. 千秋爲相十二年,
薨, 諡曰定侯. 初, 千秋年老, 上優之, 朝見, 得乘小車入宮殿中, 故因號曰
「車丞相」. 子順嗣侯, 官至雲中太守, 宣帝時以虎牙將軍擊匈奴, 坐盜增鹵獲自殺,
國除. 桑弘羊爲御史大夫八年, 自以爲國家興權筦之利, 伐其功, 欲爲子弟得官,
怨望霍光, 與上官桀等謀反, 遂誅滅.

# 162. 漂母進食, 孫鍾設瓜

## 162-① 漂母進食
### 빨래하는 아줌마의 밥을 얻어먹은 한신

전한前漢의 한신韓信은 집이 가난하여 한 때 하향下鄉 남창정南昌亭 정장亭長 집에서 밥을 얻어먹고 있었다. 정장의 처는 그를 귀찮게 여겨 아침 일찍 침상의 자리에서 밥을 먹어 버렸다. 아침 식사시간이 되어 한신이 찾아갔더니 밥을 주지 않는 것이었다. 한신은 스스로 왕래를 끊고 떠나 성 아래에서 낚시를 하며 시간을 보냈다. 그때 빨래를 하러 온 부인 하나가 그를 애처롭게 여겨 한신에게 수십 일을 밥을 먹여 주었다. 한신은 고맙게 여겨 "내 반드시 아주머니에게 중한 보답을 하겠소"라고 다짐하였다.

그러자 그 아주머니는 이렇게 핀잔을 주었다.

"대장부가 자신의 먹을거리 하나 해결 못하기에 내 왕손王孫이 애처로워 먹여 준 것뿐인 데 무슨 보답을 바라겠는가?"

회음淮陰의 소년들이 다시 그를 모욕하여 많은 이들이 한신에게 이렇게 망신을 주었다.

"그 차고 있는 칼로 나를 찔러보아라. 그렇게 할 수 없으면 내 가랑이를 지나가라."

한신은 한참을 노려보다가 몸을 굽혀 그 가랑이를 지나갔다. 그러자 그 도시 전체가 한신은 겁쟁이라고 비웃었다.

한신이 초왕楚王이 되어 그 빨래 아줌마를 불러 천금을 하사하였다. 그리고 하향의 정장에게는 백금을 내려주면서 이렇게 말하였다.

"그대는 소인이오. 덕을 베풀면서 끝마무리를 제대로 하지 못하였소."

그리고 다시 자신에게 모욕을 주었던 소년을 불러 중위로 삼고는 여러 장상將相들에게 이렇게 고하였다.

"이는 장사壯士였다. 바야흐로 나를 모욕할 때 내 어찌 죽이고 싶지
않았겠는가? 죽인다 해서 내가 명예를 얻는 것도 아니었기 때문이었다. 그
순간을 참았기 때문에 지금 내가 있게 된 것이다."


前漢, 韓信家貧, 嘗從下鄕南昌亭長食. 亭長妻苦之, 迺晨炊蓐食.
食時信往, 不爲具食. 信自絶去, 至城下釣. 有一漂母, 哀之, 飯信
數十日.
　信曰:「吾必重報母.」
　母曰:「大丈夫不能自食, 吾哀王孫而進食. 豈望報乎?」
　准陰少年又侮信, 衆辱信曰:「能死刺我, 不能出跨下.」
　信孰視, 俛出跨下. 一市皆笑以爲怯.
　及信爲楚王, 召漂母賜千金, 及下鄕亭長錢百. 曰:「公小人. 爲德
不竟.」
　召辱己少年以爲中尉, 告諸將相曰:「此壯士也. 方辱我時, 寧不
能死, 死之無名. 故忍而就此.」


【韓信】漢나라 准陰 出身. 張良(留侯)·蕭何와 더불어 漢興三傑로 불림. 뒤에
　准陰侯로 봉해졌으며 모반을 꾀하다가 죽음을 당하였음.《史記》准陰侯
　列傳 참조. '韓信升壇'[147] 참조.
【漂母】빨래를 하는 부인.
【王孫】한신이 멸망한 韓나라 왕실의 일족이었음을 말함.
【跨下】'과'는 '胯·股'와 사타구니. 혹은 바짓가랑이.《史記》에는 '袴'로 되어
　있음.

## 1.《史記》淮陰侯列傳

淮陰侯韓信者, 淮陰人也. 始爲布衣時, 貧無行, 不得推擇爲吏, 又不能治生商賈, 常從人寄食飮, 人多厭之者. 常數從其下鄕南昌亭長寄食, 數月, 亭長妻患之, 乃晨炊蓐食. 食時信往, 不爲具食. 信亦知其意, 怒, 竟絶去. 信釣於城下, 諸母漂, 有一母見信飢, 飯信, 竟漂數十日. 信喜, 謂漂母曰:「吾必有以重報母.」母怒曰:「大丈夫不能自食, 吾哀曰孫而進食, 豈望報乎!」淮陰屠中少年有侮信者, 曰:「若雖長大, 好帶刀劍, 中情怯耳.」衆辱之曰:「信能死, 刺我;不能死, 出我袴下.」於是信孰視之, 俛出袴下, 蒲伏. 一市人皆笑信, 以爲怯. 信至國, 召所從食漂母, 賜千金. 及下鄕南昌亭長, 賜百錢, 曰:「公, 小人也, 爲德不卒.」召辱己之少年令出胯下者以爲楚中尉. 告諸將相曰:「此壯士也. 方辱我時, 我寧不能殺之邪?殺之無名, 故忍而就於此.」

## 2.《漢書》韓信傳

韓信, 淮陰人也. 家貧無行, 不得推擇爲吏, 又不能治生爲商賈, 常從人寄食. 其母死無以葬, 乃行營高燥地, 令傍可置萬家者. 信從下鄕南昌亭長食, 亭長妻苦之, 乃晨炊蓐食. 食時信往, 不爲具食. 信亦知其意, 自絶去. 至城下釣, 有一漂母哀之, 飯信, 竟漂數十日. 信謂漂母曰:「吾必重報母.」母怒曰:「大丈夫不能自食, 吾哀王孫而進食, 豈望報乎!」淮陰少年又侮信曰:「雖長大, 好帶刀劍, 怯耳.」衆辱信曰:「能死, 刺我; 不能, 出跨下.」於是信孰視, 俛出跨下. 一市皆笑信, 以爲怯. ……信至國, 召所從食漂母, 賜千金. 及下鄕亭長, 錢百, 曰:「公, 小人, 爲德不竟.」召辱己少年令出跨下者, 以爲中尉, 告諸將相曰:「此壯士也. 方辱我時, 寧不能死?死之無名, 故忍而就此.」

## 3.《十八史略》(2)

初淮陰韓信, 家貧釣城下. 有漂母, 見信餓, 飯信, 信曰:「吾必厚報母.」母怒曰:「大丈夫不能自食, 吾哀王孫而進食, 豈望報乎?」淮陰屠中少年, 有侮信者, 因衆辱之曰:「若雖長大好帶劍, 中情怯耳, 能死刺我, 不能, 出我胯下.」信熟視之, 俛出胯下蒲伏, 一市人皆笑信怯.

## 162-② 孫鍾設瓜
### 남을 위해 참외를 차려놓은 손종


《유명록幽冥錄》에 실려 있다.

손종孫鍾은 젊어 집이 가난하여 참외를 심는 일로 생업을 삼았는데, 참외가 익자 어떤 세 사람이 와서 참외를 달라고 구걸하는 것이었다. 손종은 이들을 데리고 자신의 오두막으로 들어가 참외와 식사를 제공하였다. 식사를 마치자 그들은 손종에게 이렇게 말하는 것이었다.

"그대의 후한 은혜를 입었습니다. 지금 그대 부모를 위한 장지를 알려 드리겠소. 대대로 봉후封侯의 높은 벼슬을 하게 해드리고자 합니다. 그리고 몇 대를 지나 천자天子가 되도록 해 드리고자 합니다."

그러고는 이렇게 말을 이었다.

"나는 사명신司命神입니다. 그대는 산을 백 걸음 정도 내려가되 뒤를 돌아다보면 안 됩니다."

손종은 60보 정도 내려가서 그만 뒤를 돌아다보고 말았는데, 그러자 그들은 함께 흰 학이 되어 날아가 버리는 것이었다. 손종은 드디어 그곳을 어머니 무덤을 삼아 장례를 치렀다. 그러자 무덤 위에 기운이 올라 하늘에 닿는 것이었다. 손종은 뒤에 손견孫堅을 낳았고 손견은 손권孫權을 낳았으며, 손권은 손량孫亮과 손화孫和, 손휴孫休를 낳았고, 손화는 손호孫皓를 낳아 대대로 오吳나라 황제를 거쳤으니, 진晉나라에게 망하면서 귀명후歸命侯로 강등되고 말았다.


《幽冥錄》: 孫鍾少時家貧, 種瓜, 瓜熟. 有三人, 來乞瓜. 鍾引入菴中, 設瓜及飯.

飯訖謂鍾曰:「蒙君厚惠. 今示子葬地, 欲得世世封侯, 欲爲數代天子」

又曰:「我司命也. 君下山百步, 勿反顧.」

鍾下六十來步回看, 竝爲白鶴飛去.

鍾遂於此葬母, 冢上有氣屬天. 鍾後生堅, 堅生權, 權生亮及和·休, 和生皓, 爲晉所滅, 降爲歸命侯.


【幽冥錄】남조 宋나라의 劉義慶이 지었다는 책.《幽明錄》이라고도 함.

【孫鍾】삼국 吳나라 大帝 孫權 집안의 조상. '孫鐘'으로도 표기함.

【司命】사람 목숨의 장단이나 일생 화복을 점치는 하늘의 신. 별자리 이름이기도 함. 司命星, 司命神이라 함. 司中과 함께 司命은 文昌宮의 제5, 제4의 별자리.《史記》天官書에 "斗魁戴匡六星曰文昌宮, 一曰上將, 二曰次將, 三曰貴相, 四曰司命, 五曰司中, 六曰司祿"이라 함.

【孫堅】孫鍾의 아들. 字는 文臺. 漢末의 吳郡 當春 사람. 長沙太守를 지냈으며 그의 아들 孫權이 吳를 세우고 나서 武烈皇帝로 추존하였음.

【孫權】자는 仲謀(182~252). 삼국 吳나라 大帝. 仲謀. 江東에 손씨 집안이 이루어놓은 세력을 바탕으로 강동 6군을 점거하고 222년에 吳王으로 책봉을 받은 다음 229년에 자립하여 帝를 칭하며 국호를 吳라 하였으며 즉시 武昌에서 建業으로 수도를 옮겨 삼국시대를 열었음. 재위 222~252년까지 23년의 재위 끝에 죽어 그 아들 孫亮이 뒤를 이음.《三國志》(47)에 전이 있음.

【孫亮】삼국 오나라의 제2대 임금. 廢帝(少帝). 252~258년 재위함. 字는 子明. 孫權의 둘째아들. 孫綝에 의해 會稽王으로 강등되자 자결하고 말았음.

【孫和】孫亮의 아우.

【孫休】吳나라 제3대 군주 景帝. 258~264년 재위함.

【孫皓】孫晧로도 표기함. 자는 元宗(243~284). 혹은 이름은 彭祖, 자는 皓宗이라고도 함. 吳의 마지막 임금. 孫權의 孫子이며 孫和의 아들. 처음 烏程侯에 봉해졌다가 孫休(景帝)가 죽자 제위에 오름. 황음무도하여 민심을 잃고 晉 武帝 咸寧 6년(280)에 나라가 망하여 歸命侯에 封해짐.《三國志》(48)에 전이 있음.

【歸命侯】帝에서 侯로 강등되었음. 이는 60보에 뒤를 돌아다보았기 때문에 5대에서 그 영화가 끝난 것임을 뜻함.

### 1.《搜神記》佚文

孫鍾, 富春人. 與母居, 至孝篤信. 種瓜爲業, 忽有三年少來乞瓜, 爲鍾定墓地. 出門悉化爲白鶴.(《藝文類聚》87)

한편 注에 孫鍾은 『孫權祖也』라 하였으며,《宋書》符瑞志(上)에 다음과 같이 실려 있음.

『孫堅之祖名鍾, 家在吳郡富春, 獨與母居. 性至孝, 遭歲荒, 以種瓜爲業. 忽有三少年詣鍾乞瓜, 鍾厚待之. 三人謂鍾曰:「此山下善. 可作冢, 葬之, 當出天子. 君可下山百步許, 顧見我去, 卽可葬也.」鍾去三十步, 便反顧, 見三人並乘鶴飛去. 鍾死, 卽葬其地.』

### 2.《搜神記》(10)

孫堅夫人吳氏, 孕而夢月入懷, 已而生策. 及權在孕, 又夢日入懷. 以告堅曰:「妾昔懷策, 夢月入懷. 今又夢日, 何也?」堅曰:「日月者, 陰陽之精, 極貴之象. 吾子孫其興乎?」

# 163. 壺公謫天, 薊訓歷家

## 163-① 壺公謫天
### 하늘에서 귀향 온 호공

후한後漢의 여남汝南 비장방費長房은 시연市掾이라는 낮은 직책이었다. 시중에 어떤 노옹이 약을 팔고 있었다. 그는 병 하나를 가게 머리에 매달아 놓고 장사가 끝나면 문득 뛰어올라 그 병 속으로 들어가는 것이었다. 시장 사람들 누구도 이를 발견하지 못하였는데 비장방만은 누각 위에서 이를 보고 이상히 여겼다. 그리하여 그를 찾아가 재배하며 술과 포脯를 바쳤다. 노인은 비장방이 자신을 신선이라 여기고 있음을 알고 이렇게 말하였다.

"그대는 내일 다시 찾아오시오."

비장방이 이튿날 아침 그 노인을 찾아가자, 노인은 그를 데리고 함께 그 병 속으로 들어갔는데, 그 속에는 다만 옥당玉堂이 엄중하고 아름다웠으며 좋은 술과 맛좋은 안주가 그 속에 가득 펼쳐져 있는 것이었다. 함께 마시기를 끝내고 다시 병 속에서 나오자, 노인은 남에게 이 사실을 들려주어서는 안 된다고 약속을 하였다. 뒤에 노인은 비장방이 내려다보던 누각으로 가서 비장방에게 이렇게 말하는 것이었다.

"나는 신선이다. 과오를 저질러 상제로부터 견책을 받아 이렇게 인간 세상에 내려온 것이다. 지금 떠나야 할 때가 왔다. 능히 나를 따라 올라가겠는가? 이 누각 아래 약간의 술이 있으니 이 세상과의 이별 술잔을 그대와 들고자 한다."

비장방이 사람을 시켜 그 아래 술을 가져오게 했더니 무거워 들 수가 없다는 것이었다. 다시 10명을 시켜 이를 들도록 하였으나 역시 들어올릴 수가 없었다. 노인은 이를 듣고 웃으면서 누각 아래로 내려가 한 손가락

으로 들어올리는 것이었다. 그 술그릇을 보았더니 겨우 한 되쯤 되는
것이었는데, 두 사람이 종일 마셔도 술이 없어지지 않았다.


後漢, 汝南費長房, 爲市掾. 市中有老翁賣藥. 懸一壺於肆頭, 及
市罷, 輒跳入壺中. 市人莫之見, 唯長房於樓上覩之異焉. 因往再
拜奉酒脯, 翁知長房之意其神也.
謂曰:「子明日可更來.」
長房旦日復詣翁, 翁與俱入壺中. 唯見玉堂嚴麗, 旨酒甘肴, 盈衍
其中. 共飮畢而出, 翁約不聽與人言之.
後乃就樓上候長房曰:「我神仙之人, 以過見責, 今當去, 能相隨乎?
樓下有少酒, 與卿爲別.」
長房使人取之, 不能勝, 又令十人扛之, 猶不擧. 翁聞笑而下樓,
以一指提上, 視器如一升許, 二人終日飮不盡.


【費長房】東漢의 汝南人으로 方術에 뛰어났던 人物.《後漢書》方術傳에
그 傳이 실려 있음. 본 장은 '長房縮地'[225]로 이어짐. '桓景登高'[219] 참조.
【玉堂】신선 세계의 궁궐이나 가옥.


참고 및 관련 자료

1.《神仙傳》(9) 壺公
壺公者, 不知其姓名. 今世所有《召軍符》, 召鬼神治病《王府符》凡二十餘卷, 皆出
於壺公, 故摠名爲《壺公符》. 汝南費長房爲市掾時, 忽見公從遠方來, 入市賣藥,
人莫識之. 其賣藥口不二價, 治百病皆愈, 語買藥者曰:「服此藥必吐出某物, 某日
當愈.」皆如其言. 得錢日收數萬, 而隨施與市道貧乏飢凍者, 所留者甚少. 常懸
一空壺於坐上, 日入之後, 公輒轉足跳入壺中, 人莫知所在, 唯長房於樓上見之,
知其非常人也. 長房乃日日自掃除公座前地, 及供饌物, 公受而不謝. 如此積久,

長房不懈亦不敢有所求. 公知長房篤信, 語長房曰:「至暮無人時更來.」長房如其言而往. 公語長房曰:「卿見我跳入壺中時, 卿便隨我跳, 自當得入.」長房承公言爲試, 展足不覺已入. 既入之後, 不復見壺, 但見樓觀五色, 重門閣道, 見公左右侍者數十人. 公語長房曰:「我仙人也. 呑天曹職, 所統供事不勤, 以此見謫, 蹔還人間耳. 卿可教, 故得見我」長房不坐, 頓首自陳:「肉人無知, 積劫厚, 幸謬見哀愍, 猶如剖棺布氣, 生枯起朽, 但見臭穢頑弊, 不任驅使. 若見憐念, 百生之厚幸也.」公曰:「審爾大佳, 勿語人也.」公後詣長房於樓上曰:「我有少酒, 汝相共飲之.」酒在樓下, 長房遣人取之, 不能舉, 益至數十人, 莫能得上. 長房白公, 公乃自下, 以一指提上, 與長房共飲之. 酒器不過如蜂大, 飲之, 至旦不盡. 公告長房曰:「我某日當去, 卿能去否?」長房曰:「思去之心, 不可復言. 惟欲令親屬不覺不知, 當作何計?」公曰:「易耳.」乃取一青竹杖與長房, 戒之曰:「卿以竹歸家, 使稱病, 後日卽以此竹杖置臥處, 嘿然便來.」長房如公所言. 而家人見此竹是長房死了, 哭泣殯之. 長房隨公去, 恍惚不知何所之. 公獨留之於羣虎中, 虎磨牙張口, 欲噬長房, 長房不懼. 明日, 又內長房石室中, 頭上有大石, 方數丈, 茅繩懸之, 諸蛇並往嚙繩欲斷, 而長房自若. 公往撰之曰:「子可教矣.」乃命噉溷, 溷臭惡非常, 中有蟲長寸許, 長房色難之. 公乃嘆謝遣之曰:「子不得仙也. 今以子爲地上主者, 可壽數百餘歲.」爲傳封符一卷付之, 曰:「帶此可舉諸鬼神. 嘗稱使者, 可以治病消災.」長房憂不能到家, 公以竹杖與之曰:「但騎此到家耳.」長房辭去, 騎杖忽然如睡, 已到家, 家人謂之鬼. 具述前事, 乃發視棺中惟一竹杖, 乃信之. 長房以所騎竹杖投葛陂中, 視之, 乃青龍耳. 長房自謂去家一日, 推之已一年矣. 長房乃行符收鬼治病, 無不愈者. 每與人同坐共語, 而目瞋訶遣. 人問其故, 曰:「怒鬼魅之犯法耳.」汝南郡中常有鬼怪, 歲輒數來, 來時導從威儀, 如太守入府, 打鼓周行內外匝, 乃還去, 其以爲患. 後長房詣府君, 而正值此鬼來到府門前. 府君馳入, 獨留長房. 鬼知之不敢前, 欲去, 長房厲聲呼使捉前來. 鬼乃下車, 把版伏庭中, 叩頭乞得自改. 長房呵曰:「汝死老鬼, 不念溫涼, 無故導從唐突官府, 君知當死否?」急復令還就人形, 以一札符付之, 令送與葛陂君. 鬼叩頭流涕, 持札去. 使以追視之, 以札立陂邊, 以頸繞札而死. 東海大旱三年. 長房後到東海, 見其民請雨, 謂之曰:「東海君有罪, 吾前繫於葛陂, 今當赦之.」令其作雨, 於是卽有大雨. 長房曾與人共行, 見一書生, 黃巾被裘, 無鞍騎馬, 下而叩頭. 長房曰:「促還他馬, 赦汝罪.」人問之, 長房曰:「此貍耳, 盜社公馬也.」又嘗與客坐, 使至市市鮓, 頃刻而還. 或一日之間, 人見在千里之外者數處.

## 2.《太平廣記》(권12) 壺公

壺公者, 不知其姓名也. 今世所有召軍符·召鬼神治病玉府符, 凡二十餘卷, 皆出自公. 故總名壺公符. 時汝南有費長房者, 爲市掾, 忽見公從遠方來, 入市賣藥, 人莫識之. 賣藥口不二價, 治病皆愈. 語買人曰:「服此藥必吐某物. 某日當愈.」事無不效. 其錢日收數萬, 便施與市中貧乏饑凍者, 唯留三五十. 常懸一空壺於屋上, 日入之後, 公跳入壺中, 人莫能見. 唯長房樓上見之, 知非常人也. 長房乃日日自掃公座前地, 及供饌物, 公受而不辭. 如此積久. 長房尤不懈, 亦不敢有所來. 公知長房篤信, 謂房曰:「至暮無人時更來.」長房如其言卽往. 公語房曰:「見我跳入壺中時, 卿便可效我跳, 自當得入.」長房依言, 果不覺已入. 入後不復是壺, 唯見仙宮世界, 樓觀重門閣道. 公左右侍者數十人, 公語房曰:「我仙人也. 昔處天曹, 以公事不勤見責, 因謫人間耳. 卿可敎, 故得見我.」長房下座頓首曰:「肉人無知, 積罪却厚. 辛謬見哀憫. 猶入剖棺布氣, 生枯起朽. 但恐臭穢頑弊, 不任驅使, 若見哀憐. 百生之厚幸也.」公曰:「審爾大佳, 勿語人也.」公後詣長房於樓上曰:「我有少酒, 相就飮之.」酒在樓下, 長房使人取之, 不能擧盎, 至數十人莫能得上. 乃白公, 公乃下, 以一指提上. 與房共飮之. 酒器如拳許大, 飮之至暮不竭. 告長房曰:「我某日當去, 卿能去乎?」房曰:「欲去之心, 不可復言. 欲使親眷不覺知去, 當有何許?」公曰:「易耳.」乃取一靑竹杖與房, 戒之曰:「卿以竹歸家, 便可稱病. 以此竹杖置卿所臥處, 默然便來.」房如公言, 去後. 家人見房已死, 屍在牀, 乃向竹杖耳, 乃哭泣葬之. 房詣公, 恍惚不知何所. 公乃留房於群虎中, 虎磨牙張口欲噬房, 房不懼. 明日, 又內於石室中. 頭上有一方石, 廣數丈, 以茅綯懸之. 又諸蛇來嚙繩, 繩卽欲斷, 而長房自若. 公至. 撫之曰:「子可敎矣.」又令長房啗屎, 兼蛆長寸許, 異常臭惡. 房難之. 公乃歎謝遣之曰:「自不得仙道也. 賜子爲地上主者. 可得壽數百歲.」爲傳封符一卷付之, 曰:「帶此可主諸鬼神. 常稱使者, 可以治病消災.」房憂不得到家, 公以一竹杖與之曰:「但騎此, 得到家耳.」房騎竹杖辭去, 忽如睡覺, 已到家. 家人謂是鬼. 具述前事, 乃發棺視之, 唯一竹杖, 方信之. 房所騎竹杖, 棄葛陂中, 視之乃靑龍耳. 初去至歸謂一日. 推問家人, 已一年矣. 房乃行符, 收鬼治病, 無不愈者. 每與人同坐共語, 常呵責嗔怒, 問其故, 曰:「嗔鬼耳.」時汝南有鬼怪, 歲輒數來郡中, 來時從騎如太守, 入府打鼓, 周行內外, 爾乃還去, 甚以爲患. 房因詣府廳事, 正值此鬼來到府門前. 府君馳入, 獨留房. 鬼知之, 不敢前. 房大叫呼曰:「便捉前鬼來.」乃下車伏庭前, 叩頭乞曰:「改過.」房呵之曰:「汝死老鬼, 不念溫良. 無故導從, 唐突官府. 自知合死否?」急復眞形, 鬼須臾成大鼈. 如車輪, 頭長丈餘. 房又令復人形, 房以一札符付之, 令送與葛陂君. 鬼叩頭流涕, 持札去. 使人追視之, 乃見符札入陂邊. 鬼以頭繞樹而死. 房後到東海, 東海大旱三年. 謂請雨者曰: 「東海神君前來淫葛陂夫人, 吾係之, 辭狀不測, 脫然忘之. 遂致久旱, 吾今當救之.」令其行雨, 即便有大雨. 房有神術, 能縮地脈, 千里存在, 目前宛然, 放之復舒如舊也.

## 3. 《太平廣記》(권293) 費長房

費長房能使鬼神, 後東海君見葛陂君, 淫其夫人. 於是長房勅繫三年, 而東海大旱. 長房至東海, 見其請雨. 乃勅葛陂君出之, 即大雨也.

## 4. 《仙佛奇蹤》(권2) 費長房

費長房, 汝南人. 曾爲市掾, 有老翁賣藥于市, 懸一壺於肆頭. 及市罷, 輒跳入壺中, 市人莫之見. 惟長房於樓上覩之, 異焉. 因往再弄, 翁曰:「子明日更來.」長房旦日果往, 翁乃與俱入壺中, 但見玉堂廠麗, 旨酒甘肴盈衍其中. 共飲畢, 而出翁, 囑不可與人言. 後乃就長房樓上曰:「我仙人也. 以過見責, 今事畢, 當去子. 寧能相隨乎! 樓下有少酒與卿爲別.」長房使十人扛之, 猶不能舉. 翁笑而以一指提上, 視器, 如有一升許, 而二人飲之, 終日不盡. 長房心欲求道, 而念家人爲憂. 翁知, 乃斷一青竹, 使懸之舍. 後家人見之, 長房也. 以爲縊死. 大小驚號, 遂殯殮之. 長房立其傍, 而衆莫之見, 於是隨翁入山, 踐荊棘於群虎之中, 留使獨處. 長房亦不恐, 又臥長房於空室, 以朽索懸萬斤石於其上, 衆蛇競來齧, 索欲斷. 長房亦不移, 翁還, 撫之曰:「子可教也」復使食糞, 糞中有三蟲, 臭穢特甚, 長房意惡之, 翁曰:「子幾得道, 恨於此, 不成, 奈何?」長房辭歸, 翁與一竹杖曰:「騎此任所之, 頃刻至矣. 至當以杖投葛陂中」長房乘杖, 須臾來歸. 自謂:「去家適經旬日而已. 十餘年矣.」即以杖投陂, 顧視則龍也. 家人謂其死久, 驚訝不信. 長房曰:「往日所葬, 竹杖耳.」乃發塚剖棺, 杖猶存焉. 遂能醫療衆病, 鞭笞百鬼. 又嘗食客, 而使使至宋市鮓, 須臾還乃飯. 桓景嘗學于長房, 一日謂景曰:「九月九日, 汝家有大災, 可作絳囊盛茱萸, 繫臂上, 登高山, 飲菊花酒, 禍可消」景如其言, 舉家登山, 夕還, 見牛羊鷄犬, 皆暴死焉.

## 5. 《後漢書》方術傳 費長房

# 같은 시간에 집집마다 찾아간 계자훈

《신선전神仙傳》에 실려 있다.

계자훈薊子訓은 제齊나라 사람이다. 효렴과孝廉科에 추천을 받아 낭중郎中이 되었으며, 다시 도위都尉에 올랐다. 사람들은 그가 도술을 가지고 있는지 몰랐으며, 그의 향리에서는 항상 믿음과 양보로써 남을 대하였다. 그는 나이가 3백이 넘었으면서도 안색은 늙지 않았다. 일찍이 이웃 아이를 한 번 안아보고 싶다고 건네받다가 그만 아이를 떨어뜨려 아이가 죽고 말았다. 아이의 집에서는 평소 계자훈을 존중하고 있던 터라 원망도 하지 못한 채 즉시 아이를 묻어 버렸다. 20여 일이 지난 뒤 계자훈이 밖에서 아이를 안고 들어오는 것이었다. 집안 사람들이 놀라 귀신일 것이라 두려워 하였지만, 계자훈이 가고 난 다음 아이의 무덤을 파보았더니 진흙만 남아 있을 뿐이었다.

또 백발이 무성한 노인들과 계자훈이 하룻밤 함께 담화를 나누고 나자, 그들 머리가 모두 검게 변하는 것이었다. 이러한 소문이 퍼지자 거울의 귀인들은 그 누구 하나 마음을 비우고 그를 한번 만나보자 다투어 계자훈을 초청하지 않는 이가 없었다. 그리하여 태학太學에 모인 여러 생도들이 계자훈을 초청하자 계자훈은 이렇게 약속하였다.

"내 몇 월 머칠에 그곳으로 가겠노라."

그 날짜가 되자 계자훈은 아침밥을 먹을 때 출발하여 정오에 그곳에 닿았는데 반나절도 안 되어 천여 리의 먼 길을 간 것이었다. 이에 서생들을 만나자 물었다.

"누가 나를 보고자 하십니까? 그대들 누구에게나 다 말씀해 드리겠습니다. 내 오늘 정오에 각자의 집으로 찾아가겠습니다."

그리하여 정오가 되자, 계자훈은 과연 23곳의 각자 집을 방문하였다. 여러 귀인들은 모두가 기꺼워하며 이렇게 말하였다.

"우리집에 제일 먼저 오신 것이다."

이튿날 서로 모여 물었는데 각기 말한 계자훈의 의복과 얼굴이 모두 같았다. 그러나 그가 어떤 말을 하였는가에 대해 알아보았더니 각기 주인이 자문한 내용에 따라 달랐다는 것이다. 이에 원근 각지 사람들은 놀랍고 경이로운 일이라 여겼다.

계자훈은 떠나면서 푸른 노새를 타고 동문東門을 나서서 들길을 천천히 가고 있었다. 여러 귀인들이 말을 타고 달려갔지만 따라 잡을 수가 없었다. 반나절을 달려도 그와의 거리 1리쯤을 더 이상 좁힐 수가 없었다. 이에 따라가기를 포기하고 중단하고 말았다.


《神仙傳》: 薊子訓齊人. 擧孝廉, 除郎中, 又爲都尉. 人莫知其有道, 在鄕里常以信讓與人, 三百餘年顏色不老. 曾求抱隣舍嬰兒, 誤墮地死. 兒家素尊子訓, 卽埋之. 二十餘日, 子訓自外來, 抱兒還之. 家恐是鬼, 子訓旣去, 掘視所埋, 但泥而已.

又諸老人髮白者, 子訓與對坐, 共語宿昔, 皆還黑. 京師貴人莫不虛心欲見, 爭請子訓. 比居太學, 諸生爲請子訓.

子訓曰:「吾某月日當往.」

到期, 子訓以食時發, 日中到. 未半日, 行千餘里.

乃見書生問:「誰欲見我? 卿盡語之. 吾日中當往.」

到日中, 子訓果往二十三處.

諸貴人喜自謂:「先詣之.」

明日相參問, 各言子訓衣服顏色如一. 而所論說, 隨主人所諮不同, 遠近驚異.

子訓去, 乘靑騾, 出東門陌上, 徐徐行. 諸貴人走馬逐不能行, 半日而相去常一里許, 乃止.

【神仙傳】晉나라 葛洪이 지은 책. 신선 84명의 전기가 실려 있음.
【薊子訓】東漢 때의 人物.《神仙傳》에는 "薊達, 字子訓"이라 함.《歷世眞仙
　通鑑》에 "二百餘歲, 顔色不老"라 하였으며 曹操가 선비들을 모은 명단
　에도 薊子訓이 들어 있음.《博物志》및《後漢書》列傳 참조.
【青騾】푸른 색을 띤 노새. 수나귀와 암말의 교배종.


## 참고 및 관련 자료

### 1.《神仙傳》(7)

薊達, 字子訓, 齊國臨淄人, 李少君之邑人也. 少仕州郡, 擧孝廉, 除郎中, 又從軍
拜駙馬都尉. 晚悟治世俗綜理官無益於年命也, 乃從少君學治病作醫法. 漸久,
見少君有不死之道, 遂以弟子之禮, 事少君而師焉. 少君亦以子訓用心專, 知可
成就, 漸漸告之以道家事, 因敎令胎息·胎食·住年·止白之法. 行之二百餘年,
顔色不老. 在鄕里與人信讓從事, 性好淸淨, 常閒居讀《易》, 時作小小文疏, 皆有
意義. 少君晚又授子訓無常子大幻化之術, 按事施行, 皆効. 曾見比舍家抱一兒,
從求抱之, 失手而墮地, 卽死. 其家素尊敬之, 不敢有悲哀之色而埋之, 謂此兒
命應不成人. 行已積日, 轉不能復, 思之. 子訓因還外抱兒還家, 家人恐是鬼,
乞不復用. 子訓曰:「但取, 無苦, 故是汝兒也.」兒識其母, 喜笑欲往母, 乃取之,
意猶不了. 子訓卽去, 夫婦共往掘視, 所埋死兒空器中, 有泥兒長六寸許耳. 此兒
遂長大. 又諸老人髮必白者, 子訓但與之對坐共語, 宿昔之間, 則明旦皆髮黑矣,
亦無所施爲, 爲黑可期一年二百日也. 亦復有不使人髮黑者, 蓋神幻之大變者也.
京師貴人聞之, 莫不虛心欲見子訓, 而無緣致之. 子訓比居有年少爲太學生,
於是諸貴人共呼語之·「卿所以勤苦讀書者, 欲以課試規富貴耳? 但爲吾一致
薊子訓來, 能使卿不勞而達.」書生許諾, 乃歸, 親事子訓, 朝夕灑掃, 立侍左右,
如此且二百日. 子訓語書生曰:「卿非學道者, 何能如此?」書生曰:「忝鄕里末流,
長幼之道自當爾.」子訓曰:「何以不道實而作虛飾邪? 吾以具知卿意. 諸貴人
欲得見我, 我亦何惜一行之勞, 而不使卿得榮位乎! 便可還語諸人, 吾某月某日
當往.」書生甚喜, 到京師, 具向諸貴人說此意. 到期日, 子訓未行. 書生父母憂之,
往視子訓, 子訓曰:「恐我不行也, 不使卿兒失信, 當發以食時去所居」書生父母
相謂曰:「薊先生雖不如期至, 要是往也, 定後日.」書生歸, 推計之, 子訓以其日
中時到京師, 是不能半日行千餘里. 旣至, 書生往, 見之子訓, 子訓問書生曰:

「誰欲見我者?」書生曰:「欲見先生者甚多, 不敢枉屈, 但乞知先生所止, 自當來也.」子訓曰:「不須使來, 吾尚千餘里來寧, 復與諸人計此邪? 卿今日使人人盡語之, 使各絶賓客, 吾日中當往, 臨時自當擇所先詣.」書生如其言語貴人, 貴人各灑掃, 到日中子訓往. 凡二十三處, 便有二十三子訓, 各在一處. 諸貴人各各喜, 自謂子訓先詣之, 定明日相參問. 同時各有一子訓, 其衣服顏色皆如一, 而論說隨主人諸問, 各各答對不同耳. 主人竝爲設酒食之具, 以餉子訓, 皆各家家盡禮飲食之. 於是遠近大驚, 諸貴人竝欲詣之. 子訓謂書生曰:「諸人謂我當有重瞳八采, 故欲見我. 我亦無所道, 我不復往便爾, 去矣.」適出門, 諸貴人冠蓋塞道, 到門. 書生言:「適去東陌上乘青騾者是也.」於是各各走馬逐之, 望見其騾徐徐而行, 各走馬逐之不及. 如此行半日, 而常相去一里許, 不可及也, 乃各罷還. 子訓旣少君鄉里弟子, 微密謹愼, 思證道奧, 隨時明匠, 將足甄綜衆妙矣.

## 2. 《博物志》(5)

魏王所集方士名: 上黨王眞. 隴西封君達. 甘陵甘始. 魯女生. 譙國華佗字元化. 東郭延年. 唐雪. 冷壽光. 河南卜式. 張貂. 薊子訓. 汝南費長房. 鮮奴辜. 魏國軍吏河南麴聖卿. 陽城郄儉字孟節. 廬江左慈字元放. 右十六人, 魏文帝·東阿王·仲長統所說, 皆能斷穀不食, 分形隱沒, 出入不由門戶. 左慈能變形, 幻人視聽, 壓刻鬼魅, 皆此類也. 《周禮》所謂怪民, 《王制》稱挾左道者也.

## 3. 《搜神記》(1)

薊子訓, 不知所從來. 東漢時, 到洛陽, 見公卿數十處. 皆持斗酒片脯候之. 曰:「遠來無所有, 示致微意.」坐上數百人, 飲啖終日不盡. 去後皆見白雲起, 從旦至暮. 時有百歲公說:「小兒時, 見訓賣藥會稽市, 顏色如此.」訓不樂住洛, 遂遁去. 正始中, 有人於長安東霸城, 見與一老公共摩娑銅人, 相謂曰:「適見鑄此, 已近五百歲矣!」見者呼之曰:「薊先生小住.」並行應之. 視若遲徐, 而走馬不及.

## 4. 《後漢書》卷82(下) 方術列傳·薊子訓傳

薊子訓者, 不知所由來也. 建安中, 客在濟陰宛句. 有神異之道. 嘗抱鄰家嬰兒, 故失手墮地而死, 其父母驚號怨痛, 不可忍聞, 而子訓唯謝以過誤, 終無它說. 遂埋藏之. 後月餘, 子訓乃抱兒歸焉. 父母大恐, 曰:「死生異路, 雖思我兒, 乞不用復見也.」兒識父母, 軒渠笑悅, 欲往就之, 母不覺攬取, 乃實兒也. 雖大喜慶, 心猶有疑, 乃竊發視死兒, 但見衣被, 方乃信焉. 於是子訓流名京師, 士大夫皆承風向慕之. 後乃駕驢車, 與諸生俱詣許下. 道過滎陽, 止主人舍, 而所駕之驢

忽然卒僵, 蛆蟲流出, 主遽白之. 子訓曰:「乃爾乎?」方安坐飯, 食畢, 徐出以
杖扣之, 驢應聲奮起, 行步如初, 卽復進道. 其追逐觀者常有千數. 旣到京師,
公卿以下候之者, 坐上恆數百人, 皆爲設酒脯, 終日不匱. 後因遁去, 遂不知所止.
初去之日, 唯見白雲騰起, 從旦至暮, 如是數十處. 時有百歲翁, 自說童兒時見子
訓賣藥於會稽市, 顔色不異於今. 後人復於長安東霸城見之, 與一老公共摩挲
銅人, 相謂曰:「適見鑄此, 已近五百歲矣!」顧視見人而去, 猶駕昔所乘驢車也.
見者呼之曰:「薊先生小住.」並行應之, 視若遲徐, 而走馬不及, 於是而絶.

## 5.《藝文類聚》(78)

薊子訓, 不知所來. 到洛, 見公卿數十處, 皆持斗酒片脯候之. 曰:「遠來無所有,
示致微意.」坐上數百人, 飮啖終日不盡. 去後, 數十處皆白雲起, 從旦至暮. 時有
百歲公, 說小兒時, 見訓賣藥會稽市, 顔色如此. 訓不樂住洛, 遂遁去. 正始中,
長安東霸城中, 有見之者, 與一老公. 摩娑銅人曰:「適見鑄此, 已近五百歲.」

## 6.《藝文類聚》(1) 天部 雲

薊子訓到洛, 見公卿數十處, 後數十處皆有雲起.

## 7.《太平廣記》(12) 薊子訓

薊子訓者, 齊人也. 少嘗仕州郡. 舉孝廉, 除郎中, 又從軍, 除駙馬都尉. 人莫知
其有道. 在鄉里時, 唯行信讓. 與人從事, 如此三百餘年, 顔色不老. 人怪之, 好事
者追隨之, 不見其所常服藥物也. 性好淸澹, 常閒居讀易. 小小作文, 皆有意義.
見比屋抱嬰兒, 訓求抱之, 失手墮地. 兒卽死, 隣家素尊敬子訓, 不敢有悲哀之色.
乃埋瘞之. 後二十餘日, 子訓往問之曰:「復思兒否?」隣曰:「小兒相命, 應不合
成人. 死已積日, 不能復思也.」子訓因出外, 抱兒還其家. 其家謂是死, 不敢受.
子訓曰:「但取之無苦, 故是汝本兒也.」兒識其母, 見而欣笑, 欲母取之, 抱, 猶疑
不信, 子訓旣去. 夫婦共往視所埋兒, 棺中唯有一泥兒, 長六七寸, 此兒遂得長成.
諸老人鬚髮畢白者. 子訓但與之對坐共語, 宿昔之間, 明旦皆黑矣. 京師貴人聞之,
莫不虛心謁見, 無緣致之. 有年少與子訓隣居, 爲太學生. 諸貴人作計, 共呼
太學生謂之曰:「子勤苦讀書, 欲規富貴. 但召得子訓來, 使汝可不勞而得矣.」
生許諾. 便歸事子訓, 灑掃供侍左右數百日. 子訓知意, 謂生曰:「卿非學道, 馮能
如此?」生尙諱之, 子訓曰:「汝何不以實對, 妄爲虛飾? 吾已具知卿意. 諸貴人
欲見我. 我豈一行之勞, 而使卿不獲榮位乎? 汝可還京, 吾某日當往.」生甚喜,
辭至京, 與貴人具說, 某日子訓當到. 至期未發, 生父母來詣子訓. 子訓曰:「汝恐
吾忘, 使汝兒失信不仕邪? 吾今食後卽發. 半日乃行二千里.」旣至, 生急往拜迎.

子訓問曰:「誰欲見我?」生曰:「欲見先生者甚多, 不敢枉屈. 但知先生所至,
當自來也.」子訓曰:「吾千里不倦, 豈惜寸步乎? 欲見者, 語之令各絕賓客. 吾明
日當各詣宅.」生如言告諸貴人, 各自絕客灑掃, 至時子訓果來. 凡二十三家, 各有
一子訓, 諸朝士各謂子訓先到其家. 明日至朝, 各問子訓何時到宅, 二十三人所
見皆同時, 所服飾顏貌無異. 唯所言話, 隨主人意答, 乃不同也. 京師大驚異,
其神變如此. 諸貴人並欲詣子訓, 子訓謂生曰:「諸貴人謂我重瞳八采, 故欲
見我. 今見我矣, 我亦無所能論道. 吾去矣.」適出門, 諸貴人冠蓋塞路而來. 生具
言適去矣, 東陌上乘騾者是也. 各走馬逐之不及, 如此半日, 相去常一里許, 終不
能及. 遂各罷還. 子訓至陳公家, 言曰:「吾明日中時當去.」陳公問:「遠近行乎?」
曰:「不復更還也.」陳公以葛布單衣一送之. 至時, 子訓乃死. 屍僵, 手足交胸上,
不可得伸, 狀如屈鐵. 屍作五香之芳氣, 達於巷陌, 其氣甚異. 乃殯之棺中, 未得出.
棺中嗡然作雷霆之音, 光照宅宇. 坐人頓伏良久, 視其棺蓋, 乃分裂飛於空中,
棺中無人. 但遺一隻履而已. 須臾, 聞陌上有人馬簫鼓之聲, 徑東而去, 乃不復見.
子訓去後, 陌上數十里, 芳香百餘日不歇也.

# 164.  劉玄刮席, 晉惠聞蟆

## 164-① 劉玄刮席
### 자리만 긁고 대답을 못하는 갱시제 유현


후한後漢의 유현劉玄은 자가 성공聖公이며 광무제光武帝 유수劉秀의 족형
族兄이다. 왕망王莽 말기에 평림平林의 진목陳牧 등이 무리를 취합하여
평림병平林兵이라 하였다. 유현은 그들에게 가서 합세하였다. 그들이 왕망의
군사를 깨뜨리자 그들은 유현을 갱시장군更始將軍이라 불렀다. 무리가 비록
많았지만, 많은 부분에서 통일을 이루지 못하다가 드디어 갱시를 공동
으로 옹립하여 천자天子로 삼았다. 갱시는 제위에 오르자 남면하여 여러
신하들의 조회를 받았다. 그러나 그는 평소 나약하고 겁이 많아 부끄
러워하면서 땀을 줄줄 흘릴 뿐 손을 들고는 말을 하지 못하였다.

그들이 처음으로 완성宛城을 도읍으로 삼아 입성하였다. 그때 한나라
병사들이 왕망을 주벌하여 왕망의 머리가 전달되어 완성에 이르러 시장에
걸리게 되었다. 이리하여 북쪽으로 낙양洛陽을 도읍으로 하였다가 뒤에
다시 장안長安으로 옮겼다.

그에 앞서 왕망이 패하였을 때 오직 미앙궁未央宮만이 불에 타고 그 나머지
궁궐들은 훼손됨이 없었다. 그리하여 관부官府와 시장, 마을은 옛날 세도를
그대로 하여 고치지 않았다. 갱시는 이윽고 장안에 이르러 장락궁長樂宮을
거처로 삼았다. 조회를 위해 앞 전각에 오르자 낭리郎吏들이 그 뜰에
차례에 맞추어 줄을 지어 있었다. 그러나 갱시는 부끄러움을 감추지 못한
채 고개를 숙이고 자리만 긁고 감히 바라보지 못하는 것이었다.

뒤에 적미병赤眉兵이 관중關中으로 들어왔을 때 갱시는 결국 살해당하고
말았다.

後漢, 劉玄字聖公, 光武族兄. 王莽末, 平林陳牧等聚衆, 號平林兵, 聖公往從之. 及破莽軍, 號聖公爲更始將軍. 衆雖多無所統一, 遂共立更始爲天子.

更始卽帝位, 南面朝群臣, 素懦弱, 羞愧流汗, 擧手不能言.

初入都宛城. 時漢兵誅王莽, 傳首詣宛, 懸於市, 遂北都洛陽, 後遷長安.

初莽敗, 惟未央宮被焚, 餘宮館無所毁, 官府市里, 不改於舊. 更始旣至, 居長樂宮. 升前殿, 郎吏以次列庭中. 更始羞怍, 俛首刮席, 不敢視. 後赤眉賊入關見殺.


【劉玄】更始帝. 후한 말 혼란기에 일어섰던 劉氏의 일족으로 자는 聖公. 光武帝 劉秀의 족형. 平林軍에 가담하자 그들이 그를 更始將軍으로 부르며 뒤에 그를 옹립하여 更始帝로 추대함. 그러나 지극히 나약하여 나라를 세우지 못한 채 赤眉兵에게 長安에서 죽음을 당하고 말았음. 《後漢書》에 전이 있음.

【光武帝】世祖光武皇帝. 光武帝. A.D.25~57년 재위. 東漢(後漢)의 첫 황제. 劉秀. 자는 文叔. 長沙 定王 劉發의 후손. 漢 景帝가 유발을 낳고, 유발이 春陵節侯 劉買를 낳았으며, 뒤에 封地가 南陽 白水鄕으로 옮겨져 그곳을 春陵이라 하고 가문을 이루었음. 그리고 유매의 막내아들이 劉外였으며 그가 劉回를 낳았고, 유회가 南頓令 劉欽을 낳았으며 유흠이 유수를 낳았음. 이가 동한을 일으켜 낙양에 도읍하여 유씨 왕조를 이은 것이며, 이를 東漢(後漢)이라 부름.

【王莽】字는 巨君(B.C.45~23). 漢 元皇后의 조카. 어려서 고아가 되어 독서 끝에 성망을 얻었음. 뒤에 太傅가 되어 安漢公에 봉해졌으며, 平帝가 죽은 후 겨우 두 살인 孺子 嬰을 옹립하고 자신은 攝皇帝가 되었다가 初始 元年(A.D.8) 정권을 찬탈, '新'을 세워 '西漢'의 종말을 고함. 그러나 천하의 혼란이 일어나 地皇 4年(23)에 劉玄·赤眉軍·綠林軍에게 살해되고 말았음. 《漢書》(99)에 그 傳이 있음.

【平林軍】후한 말 王莽을 성토하여 荊州에서 일어섰던 군대.

【未央宮·長樂宮】漢나라 왕실의 궁전 이름.

【赤眉賊】동한 말 山東 琅琊의 樊崇이 굶주린 백성을 일으켜 泰山 일대에서 난을 일으켰으며, 자신들의 표지로 눈썹을 붉은색을 칠하도록 하여 적미군이라 불렀음.




### 1.《後漢書》劉玄

劉玄字聖公, 光武族兄也. 弟爲人所殺, 聖公結客欲報之. 客犯法, 聖公避吏於平林. 吏繫聖公父子張. 聖公詐死, 使人持喪歸春陵, 吏乃出子張, 聖公因自逃匿. 王莽末, 南方飢饉, 人庶羣入野澤, 掘鳧茈而食之, 更相侵奪. 新市人王匡·王鳳爲平理諍訟, 遂推爲渠帥, 衆數百人. 於是諸亡命馬武·王常·成丹等往從之; 共攻離鄉聚, 臧於綠林中, 數月閒至七八千人. 地皇二年, 荊州牧某發奔命二萬人攻之, 匡等相率迎擊於雲杜, 大破牧軍, 殺數千人, 盡獲輜重, 遂攻拔竟陵. 轉擊雲杜·安陸, 多略婦女, 還入綠林中, 至有五萬餘口, 州郡不能制. 是時光武及兄伯升亦起春陵, 與諸部合兵而進. 四年正月, 破王莽前隊大夫甄阜·屬正梁丘賜, 斬之, 號聖公爲更始將軍. 衆雖多而無所統一, 諸將遂共議立更始爲天子. 二月辛巳, 設壇場於淯水上沙中, 陳兵大會. 更始卽帝位, 南面立, 朝羣臣. 素懦弱, 羞愧流汗, 擧手不能言. 於是大赦天下, 建元曰更始元年. 悉拜置諸將, 以族父良爲國三老, 王匡爲定國上公, 王鳳成國上公, 朱鮪大司馬, 伯升大司徒, 陳牧大司空, 餘皆九卿·將軍. 五月, 伯升拔宛. 六月, 更始入都宛城, 盡封宗室及諸將, 爲列侯者百餘人.

### 2.《十八史略》(2)

漢宗室劉縯, 及弟秀, 起兵春陵, 新市平林兵皆附之. 明年, 諸將共立劉玄爲皇帝, 玄春陵戴侯買之後, 與縯秀同高祖. 時在平林軍中, 號更始將軍. 諸將貪其懦弱立之. 南面立朝羣臣, 以手刮席, 羞愧流汗, 不能言. 大赦改元更始, 都于宛.

## 164-② 晉惠聞蟆

## 두꺼비 울음소리를 듣고
## 이상한 질문을 하는 혜제

진晉나라 혜제惠帝가 당초 태자太子가 되었을 때, 조정에서는 모두가 그의 지능이 정사를 감당해내지 못할 것임을 알고 있었다. 아버지 무제武帝 역시 이를 알고 있었으며, 일찍이 상서尚書의 일을 결정해야 할 문제를 시켜 보았더니 아무런 대답을 할 수 없었으나, 그의 아내 가비賈妃가 좌우를 보내고 대신 초안을 만들어 대답함으로써 겨우 모면할 수 있었다. 그가 드디어 황제의 자리에 오르자 모든 정치가 아랫사람들에게 나오게 되어 나라의 기강은 크게 무너지고 뇌물이 공공연히 성행하였다. 세도 있는 집안은 그 귀한 신분을 이용해 남을 능멸하여 충신과 현인은 길이 막히고 말았으며, 참언하고 사악한 짓을 하는 자가 출세를 하여 서로 자신들끼리 추천하여 조정을 차지하고 말았다. 이에 천하에서는 이를 가리켜 호시互市라 하였다. 혜제가 한번은 화림원華林園에 나갔는데, 두꺼비 우는 소리를 듣고 좌우에게 이렇게 묻는 것이었다.

"이들이 우는 것은 관官을 위해서 우는 것인가, 아니면 사私를 위해서 우는 것인가?"

그러자 혹자가 이렇게 대답해 주었다.

"관의 땅에 있는 놈은 관을 위해서 울고, 사인의 땅에 있는 놈은 사를 위해서 울지요."

다시 천하에 흉년과 난이 일어나 백성들이 굶어죽어 가자, 혜제는 이렇게 말하였다.

"먹을 것이 없다면서 어찌 사슴고기를 먹지 않는가?"

그의 몽매하고 꽉 막힌 점은 모두가 이런 식이었다.

晉, 惠帝初爲太子, 朝廷咸知不堪政事. 武帝亦疑焉, 嘗使決尙書事.
不能對, 賈妃遣左右代對, 遂安. 及居大位, 政出群下, 綱紀大壞,
貨賂公行. 勢位之家, 以貴陵物, 忠賢路絶, 讒邪得志, 更相薦擧,
天下謂之互市.

嘗在華林園, 聞蝦蟆聲, 謂左右曰:「此鳴者爲官乎, 爲私乎?」

或對曰:「在官地爲官, 在私地爲私.」

及天下荒亂, 百姓餓死, 帝曰:「何不食肉糜?」

其蒙蔽皆此類.


【惠帝】西晉의 제2대 황제 司馬衷. 武帝 司馬炎의 아들이며 중국 역대 이래
가장 백치에 가까운 군주로 널리 알려진 인물. 290~306년 재위함. 皇后
賈南風에게 조종당하여 나라를 혼란으로 몰아넣었음. '衛瓘撫牀'[042] 참조.
【武帝】晉 武帝. 司馬炎. 西晉의 개국군주. 司馬昭의 長子. 자는 安世. 咸熙
2年(265)에 魏나라로부터 禪讓의 형식으로 나라를 이어받아 晉나라를 세우고
洛陽을 도읍으로 함. 재위 26년(265~290). 묘호는 世祖. 《晉書》(3)에 紀가
있음.
【賈妃】賈充의 딸. 賈南風. 혜제의 비. 질투심이 많았고 잔악하였음. '南風
擲孕'[198] 참조.
【綱紀】크고 작은 법도.
【互市】서로 뇌물을 주고받으며 거래함.
【華林園】晉나라 궁궐의 園林.




1. 《晉書》(4) 惠帝

孝惠帝諱衷, 字正度, 武帝第二子也. 太始三年, 立爲皇太子, 是年九歲. ……帝之
爲太子也, 朝廷咸知不堪政事. 武帝亦疑焉, 嘗悉召東宮官屬, 使以尙書事令太子
決之, 帝不能對. 賈妃遣左右代對, 多引古義. 給事張泓曰:「太子不學, 陛下所知.

今宜以事斷, 不可引書.」妃從之. 泓乃具草, 令帝書之. 武帝覽而大悅, 太子遂安. 及居大位, 政出群下, 綱紀大壞, 貨賂公行. 勢位之家, 以貴陵物, 忠賢路絕, 讒邪得志, 更相薦舉, 天下謂之互市焉. 高平王沈作〈釋時論〉, 南陽魯褒作〈錢神論〉, 廬江杜嵩作〈任子春秋〉, 皆疾時之作也. 帝又嘗在華林園, 聞蝦蟆聲, 謂左右曰: 「此鳴者爲官乎, 爲私乎?」或對曰:「在官地爲官, 在私地爲私.」及天下荒亂, 百姓餓死, 帝曰:「何不食肉糜?」其蒙蔽皆此類也. 後因食餅中毒而崩, 或云司馬越之鴆.

## 2.《幼學瓊林》

爲公乎, 爲私乎, 惠帝問蛤蟆; 欲左左, 欲右右, 湯德及禽獸.

## 3.《十八史略》(3)

帝食麨中毒而崩, 或曰:「東海王越鴆之也.」帝昏愚, 天下大饑, 帝曰:「何不食肉糜?」華林園聞蛙鳴, 帝曰:「彼鳴者, 爲官乎? 爲私乎?」左右戲之曰:「在官地者爲官, 在私地者爲私.」

# 165. 伊籍一拜, 酈生長揖

## 165-① 伊籍一拜
### 이적의 절 한 번

《촉지蜀志》에 실려 있다.

이적伊籍은 자가 기백機伯이며 산양山陽 사람이다. 선주先主가 그를 좌장군종사左將軍從事와 중랑中郎으로 삼아 오吳나라에 사신으로 보냈다. 손권孫權은 그가 재주와 변론에 능하다는 소문을 듣고 그를 맞아 말로 꺾어볼 참이었다. 이적이 막 들어서서 절하며 예를 표하자 손권은 이렇게 말하였다.

"무도한 군주를 노고롭게 섬기고 있소이까?"

그러자 이적은 이렇게 대답하였다.

"지금 제가 그대에게 한 번 절하고 한 번 일어서는 정도가 노고롭다고 여기지는 않습니다."

그는 기민하고 민첩하기가 이와 같았던 것이다.

손권도 결국 심히 기이하게 여겼다.


《蜀志》: 伊籍字機伯, 山陽人. 先主以爲左將軍從事·中郎. 遣使吳. 孫權聞其才辯, 欲逆折以辭. 籍適入拜.

權曰:「勞事無道之君乎?」

對曰:「一拜一起, 未足爲勞」

機捷類如此. 權甚異之.

【伊籍】삼국시대 蜀의 인물로 자는 機伯. 劉備를 따라 나서 左將軍從事 및 中郎 등의 벼슬을 지냄. 《三國志》(38)에 전이 있음.
【先主】蜀나라를 세운 劉備. 자는 玄德. 221~223년 재위하고 그 아들 후주 劉禪이 뒤를 이음. '備失匕箸'[243] 참조.
【孫權】자는 仲謀(182~252). 삼국 吳나라 大帝. 仲謀. 江東에 손씨 집안이 이루어 놓은 세력을 바탕으로 강동 6군을 점거하고 222년에 吳王으로 책봉을 받은 다음 229년에 자립하여 帝를 칭하며 국호를 吳라 하였으며 즉시 武昌에서 建業으로 수도를 옮겨 삼국시대를 열었음. 재위 23년 만에 죽어 그 아들 孫亮이 뒤를 이음. 《三國志》(47)에 전이 있음.




### 1. 《三國志》(38) 蜀志 伊籍傳

伊籍字機伯, 山陽人. 少依邑人鎮南將軍劉表. 先主之在荊州, 籍常往來自託. 表卒, 遂隨先主南渡江, 從入益州. 益州旣定, 以籍爲左將軍從事中郎, 見待亞於簡雍·孫乾等. 遣東使於吳, 孫權聞其才辯, 欲逆折以辭. 籍適入拜. 權曰:「勞事無道之君乎?」籍卽對曰:「一拜一起, 未足爲勞.」籍之機捷類如此. 權甚異之. 後遷昭文將軍, 與諸葛亮·法正·劉巴·李嚴共造〈蜀科〉;〈蜀科〉之制, 由此五人焉.


## 165-② 酈生長揖
### 역이기의 긴 읍례


전한前漢의 역이기酈食其는 진류陳留 고양高陽 사람이다. 독서를 좋아하였지만, 집이 가난하여 한없이 처진 채 의식을 해결할 마땅한 생업이 없어 마을의 문지기 역할을 하고 있었다. 그러나 현縣의 현인이나 호걸들일지

라도 감히 그에게 사역을 시키지 못하였으며 그를 광생狂生으로 불렀다.
패공沛公 유방이 땅을 경략하여 고양高陽에 이르자 역이기를 불러들여
만나 보고자 하였다. 그가 들어가자 패공은 마침 책상에 걸터앉아 두 여자로
하여금 자신을 발을 씻도록 하고 있었다. 역이기는 길게 읍만 하고 절은
하지 아니한 채 이렇게 말하였다.

"족하께서 의병을 일으켜 무도한 진秦나라를 반드시 주벌하고자 하신
다면 걸터앉아 어른을 뵈어서는 안 되지요."

이에 패공은 씻던 발을 멈추고 일어나 옷을 바르게 입은 다음 그를 끌어
들여 앉히며 사죄하였다.

이윽고 그의 힘으로 진류를 함락시키자 그를 광야군廣野君으로 호를
삼았다. 한신韓信이 동쪽으로 제齊나라를 공격할 때 다시 역이기는 패공을
위해 사신이 되어 제나라에 가서는 제왕齊王 전광田廣을 설득, 가는 곳마다
군사행동을 멈추게 하였다. 그리하여 그저 수레에서 식軾만 하는 것으로써
제나라 70여 성이 숙여들었다. 그런데 한신의 군사가 제나라로 쳐들어오자
전광은 역이기가 자신을 팔아먹었다고 여겨 그를 삶아 죽여 버렸다.


前漢, 酈食其陳留高陽人. 好讀書, 家貧落魄, 無衣食業, 爲里
監門. 縣中賢豪不敢役, 謂之狂生. 沛公略地至高陽, 召食其入見.
沛公方踞牀, 使兩女子洗.

食其長揖不拜, 曰:「足下必欲擧義兵誅無道秦, 不宜踞見長者」

於是沛公輟洗起衣, 延上坐謝之. 旣下陳留, 號爲廣野君.

韓信東擊齊, 又使食其說齊王田廣, 罷歷下兵, 憑軾下齊七十餘城.
及信兵至, 廣以爲食其賣己, 迺烹之.


【酈食其】고조가 項羽에게 滎陽에서 고난을 당할 때 역이기가 함곡관 동쪽
전국시대의 六國(楚·齊·燕·韓·魏·趙)을 부활하면 6국의 백성이 감복, 고조를
도와 항우를 제압할 수 있다고 하였음. '食'은 '이'로 읽음. 《漢書》와 《史記》

에 전이 있음. '趙臺坎壈'[142] 참조.

【田廣】楚漢戰이 한창일 때 스스로 제왕이 되어 버티던 군벌. 田橫은 그의 相國이 되었으나 韓信이 이 齊나라를 격파하자 田橫은 5백 명을 거느리고 섬으로 도망하였음. 뒤에 劉邦이 皇帝가 되어 田橫을 부르자 그는 尸鄕亭에 이르러 漢나라 신하가 되는 것을 수치로 여겨 자결하고 말았음. 이에 그를 따르던 자들이 洛陽 궁궐로 들어서며 감히 곡을 하지 못하고 대신 노래를 지어 불러 애도한 挽歌의 유래를 남김.《史記》田儋傳 참조.

【韓信】漢나라 准陰 出身. 張良(留侯)·蕭何와 더불어 漢興三傑로 불림. 뒤에 准陰侯로 봉해졌으며 모반을 꾀하다가 죽음을 당하였음.《史記》准陰侯列傳 참조. '韓信升壇'[147] 참조.

【憑軾】'軾'에 기대어 예만 표하며 병력은 쓰지 않음을 말함.

【及信兵至】역이기가 齊나라를 항복시켰지만, 韓信은 그것으로 자신의 공을 세울 수 없다고 여겨 제나라를 습격한 것이며, 제왕은 약속이 달라지자 역이기에게 속았다고 여겨 죽인 것임.


참고 및 관련 자료

1.《史記》酈生陸賈列傳

沛公至高陽傳舍, 使人召酈生. 酈生至, 入謁, 沛公方倨牀使兩女子洗足, 而見酈生. 酈生入, 則長揖不拜, 曰:「足下欲助秦攻諸侯乎? 且欲率諸侯破秦也?」沛公罵曰:「豎儒! 夫天下同苦秦久矣, 故諸侯相率而攻秦, 何謂助秦攻諸侯乎?」酈生曰:「必聚徒合義兵誅無道秦, 不宜倨見長者」於是沛公輟洗, 起攝衣, 廷酈生上坐, 謝之. 酈生因言六國從橫時. 沛公喜, 賜酈生食, 問曰:「計將安出?」酈生曰:「足下起糾合之衆, 收散亂之兵, 不滿萬人, 欲以徑入强秦, 此所謂探虎口者也. 夫陳留, 天下之衝, 四通五達之郊也, 今其城又多積粟. 臣善其令, 請得使之, 令下足下. 卽不聽, 足下擧兵攻之, 臣爲內應」於是遣酈生行, 沛公引兵隨之, 遂下陳留. 號酈食其爲廣野君.

2.《漢書》酈食其

酈食其, 陳留高陽人也. 好讀書, 家貧落魄, 無衣食業. 爲里監門, 然吏縣中賢豪不敢役, 皆謂之狂生. 及陳勝·項梁等起, 諸將徇地過高陽者數十人, 食其聞其將皆握齱好荷禮自用, 不能聽大度之言, 食其乃自匿. 後聞沛公略地陳留郊, 沛公麾下騎士適食其里中子, 沛公時時問邑中賢豪. 騎士歸, 食其見, 謂曰:「吾聞

沛公嫚易人, 有大略, 此眞吾所願從游, 莫爲我先. 若見沛公, 謂曰『臣里中有酈生,
年六十餘, 長八尺, 人皆謂之狂生』, 自謂我非狂.」騎士曰:「沛公不喜儒, 諸客
冠儒冠來者, 沛公輒解其冠, 溺其中. 與人言, 常大罵. 未可以儒生說也.」食其曰:
「第言之.」騎士從容言食其所戒者. 沛公至高陽傳舍, 使人召食其. 食其至, 入謁,
沛公方踞牀令兩女子洗, 而見食其. 食其入, 即長揖不拜, 曰:「足下欲助秦攻諸
侯乎? 欲率諸侯(攻)[破]秦乎?」沛公罵曰:「豎儒! 夫天下同苦秦久矣, 故諸侯相
率攻秦, 何謂助秦?」食其曰:「必欲聚徒合義兵誅無道秦, 不宜踞見長者.」於是
沛公輟洗, 起衣, 延食其上坐, 謝之. 食其因言六國從衡時. 沛公喜, 賜食其食,
問曰:「計安出?」食其曰:「足下起瓦合之卒, 收散亂之兵, 不滿萬人, 欲以徑入
彊秦, 此所謂探虎口者也. 夫陳留, 天下之衝, 四通五達之郊也, 今其城中又多
積粟. 臣知其令, 今請使, 令下足下. 即不聽, 足下舉兵攻之, 臣爲内應.」於是遣食
其往, 沛公引[兵]隨之, 遂下陳留. 號食其爲廣野君.

## 3.《新序》善謀篇(下)

酈生說漢王曰:「方今燕·趙已復, 唯齊未下. 今田横據千里之齊, 田間據二十萬
之軍於歷城, 諸田宗強, 負海阻河濟, 南近楚, 民多變詐, 陛下雖遣數十萬師,
未可以歲月下也. 臣請奉明詔說齊王, 令稱東藩.」於是使酈生食其說齊王, 曰:
「王知天下之所歸乎?」王曰:「不知也.」曰:「王知天下之所歸, 則齊國可得而
有也. 若不知天下之所歸, 則齊國未可保也.」齊王曰:「天下何所歸?」曰:「歸漢.」
王曰:「先生何以言之?」曰:「漢王與項王, 戮力西面擊秦, 約先入咸陽者王之.
漢王先入咸陽, 項王倍約不與而王漢中. 項王遷殺義帝, 漢王起蜀漢之兵擊三秦,
出關而責義帝之處, 收天下之兵, 立諸侯之後. 降城即以侯其將, 得賂即以予其士,
與天下同其利, 豪傑賢才, 皆樂爲其用. 諸侯之兵, 四面而至, 蜀漢之粟, 方船
而下. 項王有倍約之名, 殺義帝之實; 於人之功無所記, 於人之過無所忘; 戰勝
而不得其賞; 拔城而不得其封; 非項氏莫得用事; 爲人刻印, 刓而不能授; 攻城
得賂, 積財而不能賞. 天下畔之, 賢才怨之, 而莫爲之用. 故天下之事, 歸於漢王,
可坐而策也. 夫漢王發蜀漢, 定三秦, 涉西河之外, 乘上黨之兵, 下井陘, 誅成安,
破北魏, 舉三十二城, 比蚩尤之兵, 非人之力也. 今已據敖倉之粟, 塞成皋之險,
守白馬之津; 杜太行之阪, 距蜚狐之口, 天下後服者先亡矣. 王疾下漢王, 齊國
社稷, 可得而保也; 不下漢王, 危亡可立而待也.」田横以爲然, 即聽酈生, 罷歷
下兵戰守之備, 與酈生日縱酒. 此酈生之謀也. 及齊人蒯通說韓信曰:「足下受
詔擊齊, 何故止? 將三軍之衆, 不如一豎儒之功? 可因齊無備擊之.」韓信從之,
酈生爲田横所害. 後信通亦不得其所, 由不仁也.

## 4.《十八史略》(2)

高陽人酈食其謂沛公麾下騎士曰:「吾聞沛公慢而易人, 多大略, 此眞吾所願從游.」騎士曰:「沛公不好儒, 客冠儒冠來者, 沛公輒解其冠, 溲溺其中, 未可以儒生說也.」食其令騎士第入言之曰:「人皆謂食其狂生, 生自謂我非狂生.」沛公至高陽傳舍, 召生入. 沛公方踞床, 使兩女子洗足而見生, 生長揖不拜曰:「足下必欲誅無道秦, 不宜倨見長者.」於是沛公輟洗, 起攝衣, 延生上坐謝之. 生爲沛公, 說下陳留, 後常爲說客.

# 166.　馬安四至, 應瑒三入

### 166-① 馬安四至
## 네 번이나 구경의 지위에 오른 사마안

전한前漢의 사마안司馬安은 급암汲黯 누이의 아들이다. 젊어서 급암과 함께 태자세마太子洗馬의 직책에 있었다. 사마안은 문장이 깊고 환관들과 잘 사귀어 네 번이나 구경九卿의 지위에 올랐으며 마침내 하남태수河南太守가 되었다. 형제들은 모두 이 사마안의 덕을 입어 동시에 2천 석의 지위에 오른 자가 10명이나 되었다.

前漢, 司馬安汲黯姉子. 少與黯爲太子洗馬, 安文深, 巧善宦.
四至九卿, 終河南太守, 昆弟以安故, 同時至二千石十人.

【司馬安】급암의 조카. 급암 누이의 아들.《漢書》汲黯傳에 함께 실려 있음.
【汲黯】자는 長儒(?~B.C.112). 西漢 濮陽人. 景帝 때 太子洗馬를 거쳐 武帝 때 謁者가 됨. 東海太守 때 선정을 베풀었으며 九卿에 오름. 무제가 '社稷之臣'이라 칭할 정도로 신임을 받았으며 淮陽太守에 올랐다가 그 직위에서 생을 마침.《史記》(120)와《漢書》(50)에 傳이 있음. '汲黯開倉'[257] 참조.
【太子】景帝(劉啓)가 태자였을 때를 말함.
【九卿】太常·光祿勳·大鴻臚·大司農·衛尉·太僕·廷尉·宗正·少府를 들고 있음.
【二千石】郡守를 부르는 칭호.

1.《史記》汲黯列傳

黯姑姊子司馬安亦少與黯爲太子洗馬. 安文深巧善宦, 官四至九卿, 以河南太守卒. 昆弟以安故, 同時至二千石者十人. 濮陽段宏始事蓋侯信, 信任宏, 宏亦再至九卿. 然衛人仕者皆嚴憚汲黯, 出其下.

2.《漢書》汲黯傳

卒後, 上以黯故, 官其弟仁至九卿, 子偃至諸侯相. 黯姊子司馬安亦少與黯爲太子洗馬. 安文深巧善宦, 四至九卿, 以河南太守卒. 昆弟以安故, 同時至二千石十人. 濮陽段宏始事蓋侯信, 信任宏, 官亦再至九卿. 然衛人仕者皆嚴憚汲黯, 出其下.

## 166-② 應璩三入
### 세 임금의 조정에 들어간 응거

《문장서록文章敍錄》에 실려 있다.

응거應璩는 자가 휴련休璉이며 여남汝南 사람이다. 박학하고 문장을 잘 이었다. 위魏 명제明帝 때 산기상시歷散騎常侍를 역임하였으며, 제왕齊王 조방曹芳이 즉위하자 시중侍中에 올랐다. 대장군장사大將軍長史 조상曹爽이 정권을 잡자 법도에 어긋난 짓을 많이 저질렀다.

응거는 〈백일시百一詩〉를 지어 이를 풍자하였는데 그 대략은 다음과 같다.

"앞사람으로 관직에서 밀려나 떨어진 채, 　　　　前者墮官去,
　어떤 사람이 우리 동네를 찾아왔네. 　　　　　有人適我閭.

농촌이라 집안에 가진 것이 없어           田家無所有,

술잔을 기울이며 말라비틀어진 고기를 굽도다.     酌醴焚枯魚.

그가 나에게 '무슨 공덕이 있어,           問我何功德,

승명려承明廬에 세 번이나 들었는가?'라고 묻는구나." 三入承明廬.


그 구절은 비록 자못 부드러운 말로 되어 있지만 당세 세태를 절묘하게
비판한 것이 많아 세상에는 함께 널리 알려졌다.


《文章敍錄》: 應璩字休璉, 汝南人. 博學好屬文. 魏明帝世, 歷散
騎常侍, 齊王卽位, 遷侍中. 大將軍長史曹爽秉政, 多違法度. 璩爲
〈百一詩〉以諷焉.

其略曰:『前者墮官去, 有人適我閭.

田家無所有, 酌醴焚枯魚.

問我何功德, 三入承明廬.』

其言雖頗諧合, 多切世要, 世共傳之.


【文章敍錄】《文選》(21)에 있는 〈百一詩〉의 李善의 주에서 인용한 것임.

【應璩】 자는 休璉(190~252). 汝南人. 應瑒의 아우로 明帝때 散騎侍郎을 거쳐
   侍中에 오름. 〈百一詩〉를 지어 당시를 풍자하였음. 원래 文集 10권이 있었
   으나 없어지고 明 張溥가 집일한 《應德璉·休璉集》이 있음. 《三國志》魏志
   권21 王粲傳에 일부 기록이 전함.

【明帝】 魏 明帝 曹叡(206~239). 魏文帝(曹丕)와 甄后 사이에 남. 227년 문제를
   이어 제위에 올랐음. 재위 13년(227~239). 시호는 明皇帝. 《三國志》(3)에 紀가
   있음.

【曹芳】 삼국 魏나라 제3대 황제. 명제 曹叡의 아들이며 齊王으로 불림.
   240~254년 재위함.

【百一詩】《文選》(21)에 실려 있음.

【三入承明廬】應璩가 侍郞을 거쳐 常侍, 나중에 侍中에 올랐음을 말하며
'승명려'는 천자를 알현하여 詔制를 듣는 翰林院 안에 있는 장소.
【切世要】〈百一詩〉는 曹爽의 失政을 풍자한 것임.




1.《文選》(21)〈百一詩〉

序: 時謂曹爽曰:「公今聞周公巍巍之稱, 安知百慮有一失乎?」下流不可處,
君子愼厥初. 名高不宿著, 易用受侵誣. 前者隳官去, 有人適我閭. 田家無所有,
酌醴焚枯魚. 問我何功德, 三入承明廬. 所占於此土, 是謂仁智居. 文章不經國,
筐篋無尺書. 用等稱才學, 往往見歎譽. 避席跪自陳, 賤子實空虛. 宋人遇周客,
慚愧靡所如.

2.《楚國先賢傳》張方賢 (이하《文選》권21)

汝南應休璉作百一篇詩, 譏切時事, 徧以示在事者, 咸皆怪愕, 或以爲應焚棄之,
何晏獨無怪也.

3.《翰林論》李充

應休璉五言詩百數十篇, 以風規治道, 蓋有詩人之旨焉.

4.《晉陽秋》孫盛

應璩作五言詩百三十篇, 言時事頗有補益, 世多傳之.

5.《文章錄》

璩字休璉, 博學好屬文, 明帝時歷官散騎侍郞. 曹爽多違法度, 璩爲詩以諷焉.
典著作, 卒.

6.《文章志》

璩, 汝南人也. 詩序曰: 下流, 應侯自誨也.

7.《文心雕龍》明詩篇

若乃應璩百一, 獨立不懼. 辭譎義貞, 亦魏之遺直也.

8.《三國志》魏志 권21 王粲傳 本文 및 注

瑒弟璩, 以文章顯. 官至侍中.

注: 文章敍錄曰: 璩字休璉, 博學好屬文, 善爲書記文. 明帝世歷官散騎常侍.
齊王卽位, 稍遷侍中, 大將軍長史曹爽秉政, 多違法度, 璩爲詩以諷焉. 其言雖
頗諧合, 多切時要, 世共傳之. 復爲侍中典著作, 嘉平四年卒. 追贈衛尉.

9.《詩源辯體》

應瑒百一詩則猶近拙樸.

10.《齊書》文學傳論

應瑒指事. 成書古詩存曰: 純用古事, 筆力足以運之, 故佳.

11.《隋書》經籍志

魏衛尉卿應瑒集十卷, 梁有錄一卷.

# 167. 郭解借交, 朱家脫急

## 167-① 郭解借交
### 친구를 대신하는 일에 앞장 선 곽해


전한前漢의 곽해郭解는 자가 옹백翁伯이며 하내河內 지현軹縣 사람이다. 성격이 조용하면서도 표한하였으며 술은 마시지 않았다. 젊어서 몰래 남을 음해하며 감정을 폭발시키고 감개하였다. 그리하여 자신을 불쾌하게 한다고 마구 죽인 자가 심히 많았다.

게다가 친구의 원수를 대신 갚아주려 자신의 몸을 맡기기도 하였으며, 망명한 자를 숨겨주거나 간악한 자를 선동하며 빼앗고 공격하기를 그치지 않았다. 또한 동전을 위조하여 주조하기도 하고 남의 무덤을 도굴하기도 하는 등 그 악행은 헤아릴 수 없을 정도였다. 그러나 그때마다 천행天幸으로, 궁지에 몰리거나 급한 경우에도 항상 벗어나곤 하였다.

그러나 그는 어른이 되어 자신을 고쳐 검소하게 변하였으며, 덕으로써 원한을 갚았으며, 후하게 베풀고는 그 보답은 크게 기대하지 않았다. 뒤에 살인죄에 연루되었는데, 곽해는 실제 그러한 사실을 알지 못한 것이었다.

어사대부御史大夫 공손홍公孫弘은 그의 죄를 논하면서 이렇게 말하였다.

"곽해는 서민이면서 임협任俠에 휘둘리고 권세를 행하여 자신에게 눈을 흘긴다는 이유 하나만으로도 사람을 죽이기까지 하였으니 대역무도大逆無道의 죄에 해당한다."

그러고는 드디어 곽해의 집안까지 멸족시켜 버렸다.


前漢, 郭解字翁伯, 河內軹人. 靜悍不飮酒. 少時陰賊感慨, 不快意所殺甚衆. 以軀借交報仇, 臧命作姦, 剽攻不休. 及鑄錢掘冢,

不可勝數. 適有天幸, 窘急常得脫. 長更折節爲儉, 以德報怨, 厚施
而薄望. 後坐客殺人. 解實不知.

御史大夫公孫弘議曰:「解布衣爲任俠行權, 以睚眥殺人, 當大
逆無道」

遂族解.


【郭解】 한나라 때의 유명한 협객.《漢書》및《史記》游俠傳 참조.
【窘急】 군색하고 급한 상황.
【公孫弘】 자는 季(B.C.200~B.C.121). 菑川 薛(지금의 山東省 滕縣) 출신. 처음
　獄吏였으나 나이 마흔에《春秋公羊傳》을 공부하여 元光 5년(B.C.130)에
　賢良文學科에 올라 博士가 됨. 뒤에 武帝에게 신임을 얻어 元朔 초에
　御史大夫에서 丞相에까지 올랐으며 平津侯에 봉해짐.《史記》와《漢書》에
　傳이 있음. '漢相東閣'[245] 참조.


> 참고 및 관련 자료

1.《史記》游俠列傳

郭解, 軹人也, 字翁伯, 善相人者許負外孫也. 解父以任俠, 孝文時誅死. 解爲人
短小精悍, 不飮酒. 少時陰賊, 慨不快意, 身所殺甚衆. 以軀借交報仇, 藏命作
姦剽攻, (不)休[乃]鑄錢掘冢, 固不可勝數. 適有天幸, 窘急常得脫, 若遇赦.
及解年長, 更折節爲儉, 以德報怨, 厚施而薄望. 然其自喜爲俠益甚. 旣已振人
之命, 不矜其功, 其陰賊著於心, 卒發於睚眥如故云. 而少年慕其行, 亦輒爲報仇,
不使知也. 解姊子負解之勢, 與人飮, 使之嚼. 非其任, 彊必灌之. 人怒, 拔刀刺殺
解姊子, 亡去. 解姊怒曰:「以翁伯之義, 人殺吾子, 賊不得」弃其尸於道, 弗葬,
欲以辱解. 解使人微知賊處. 賊窘自歸, 具以實告解. 解曰:「公殺之固當, 吾兒
不直」遂去其賊, 罪其姊子, 乃收而葬之. 諸公聞之, 皆多解之義, 益附焉. 解
出入, 人皆避之. 有一人獨箕倨視之, 解遣人問其名姓. 客欲殺之. 解曰:「居邑
屋至不見敬, 是吾德不脩也, 彼何罪!」乃陰屬尉史曰:「是人, 吾所急也, 至踐
更時脫之」每至踐更, 數過, 吏弗求. 怪之, 問其故, 乃解使脫之. 箕踞者乃肉

袒謝罪. 少年聞之, 愈益慕解之行. 雒陽人有相仇者, 邑中賢豪居閒者以十數, 終不聽. 客乃見郭解. 解夜見仇家, 仇家曲聽解. 解乃謂仇家曰:「吾聞雒陽諸公在此閒, 多不聽者. 今子幸而聽解, 解奈何乃從他縣奪人邑中賢大夫權乎!」乃夜去, 不使人知, 曰:「且無用, (待我)待我去, 令雒陽豪居其閒, 乃聽之」解執恭敬, 不敢乘車入其縣廷. 之旁郡國, 爲人請求事, 事可出, 出之; 不可者, 各厭其意, 然後乃敢嘗酒食. 諸公以故嚴重之, 爭爲用. 邑中少年及旁近縣賢豪, 夜半過門常十餘車, 請得解客舍養之. 及徙豪富茂陵也, 解家貧, 不中訾, 吏恐, 不敢不徙. 衛將軍爲言:「郭解家貧不中徙.」上曰:「布衣權至使將軍爲言, 此其家不貧.」解家遂徙. 諸公送者出千餘萬. 軹人楊季主子爲縣掾, 舉徙解. 解兄子斷楊掾頭. 由此楊氏與郭氏爲仇. 解入關, 關中賢豪知與不知, 聞其聲, 爭交驩解. 解爲人短小, 不飲酒, 出未嘗有騎. 已又殺楊季主. 楊季主家上書, 人又殺之闕下. 上聞, 乃下吏捕解. 解亡, 置其母家室夏陽, 身至臨晉. 臨晉籍少公素不知解, 解冒, 因求出關. 籍少公已出解, 解轉入太原, 所過輒告主人家. 吏逐之, 跡至籍少公. 少公自殺, 口絶. 久之, 乃得解. 窮治所犯, 爲解所殺, 皆在赦前. 軹有儒生侍使者坐, 客譽郭解, 生曰:「郭解專以姦犯公法, 何謂賢!」解客聞, 殺此生, 斷其舌. 吏以此責解, 解實不知殺者. 殺者亦竟絶, 莫知爲誰. 吏奏解無罪. 御史大夫公孫弘議曰:「解布衣爲任俠行權, 以睚眥殺人, 解雖弗知, 此罪甚於解殺之. 當大逆無道.」遂族郭解翁伯. 自是之後, 爲俠者極衆, 敖而無足數者. 然關中長安樊仲子, 槐里趙王孫, 長陵高公子, 西河郭公仲, 太原鹵公孺, 臨淮兒長卿, 東陽田君孺, 雖爲俠而逡逡有退讓君子之風. 至若北道姚氏, 西道諸杜, 南道仇景, 東道趙他·羽公子, 南陽趙調之徒, 此盜跖居民閒者耳, 曷足道哉! 此乃鄉者朱家之羞也.

## 2.《漢書》游俠傳

郭解, 河內軹人也. 溫善相人許負外孫也. 解父任俠, 孝文時誅死. 解爲人靜悍, 不飲酒. 少時陰賊感慨, 不快意, 所殺甚衆. 以軀藉友報仇, 臧命作姦剽攻, 休乃鑄錢掘冢, 不可勝數, 適有天幸, 窘急常得脫, 若遇赦.

## 167-② 朱家脫急
## 급한 자를 살려준 주가

전한前漢의 주가朱家는 노魯나라 사람이다. 노나라 사람들은 모두가
유가의 가르침을 중시하였지만, 주가는 임협으로 이름나 있었다. 이에
그가 숨겨주거나 살려준 호걸만도 수백 명에 이를 정도였으며, 그 나머지
일반 서민들은 그 수를 헤아릴 수 없을 정도였다.

그러나 끝내 그는 자신의 능력을 자랑하지 아니하고 그 덕을 숨겼으며,
남에게 베푼 여러 가지가 드러날까 두려워하였다.

풍족하지 못한 사람들을 구제할 때도 먼저 가난하고 천한 신분의
사람들로부터 시작하여 집안에는 남은 재산이 없을 정도였고, 자신의
복장은 제대로 갖추지 못하였으며, 음식도 거친 것이었다. 그리고 타고
다니는 것도 겨우 망아지가 끄는 변변찮은 수레일 뿐이었다. 그럼에도
남의 급한 사정을 해결해 주러 나서기는 자신의 일을 하는 것보다 더
빠르게 나서는 것이었다. 이미 몰래 계포季布를 곤액에서 빠져 나오도록
도움을 준 적이 있었지만, 계포가 존귀해진 뒤에는 종신토록 그를 만나지
않았다. 그리하여 함곡관 동쪽 지역에서는 목을 빼고 그와 친구로 사귀
고자 원하지 않은 이가 없었다.


前漢, 朱家魯人. 魯人皆以儒教, 而朱家用俠聞. 所藏活豪士以百數,
其餘庸人不可勝言. 然終不伐其能, 歆其德, 諸所嘗施, 惟恐見之.

振人不贍, 先從貧賤始, 家亡餘財, 衣不兼采, 食不重味, 乘不
過軥牛. 專趨人之急, 甚於己私. 旣陰脫季布之厄, 及布尊貴, 終身
不見. 自關以東, 莫不延頸願交.

【朱家】한나라 때의 유명한 협객. 그가 季布를 도와 주었던 일은 '季布一諾' [055] 참조.

【輜牛】'輜'는 수레의 멍에. '구우'는 수레를 끄는 작은 소.

【季布】원래 楚나라 유협으로 처음 項羽를 따라 나섰다가 뒤에 劉邦에게 사면을 받아 郎中이 된 인물. 그는 한번 약속을 하면 절대로 어기는 법이 없어 당시 "得黃金百斤, 不如得季布一諾"이라 하였음.《史記》季布欒布列傳 참조.


### 참고 및 관련 자료

#### 1.《史記》游俠列傳

魯朱家者, 與高祖同時. 魯人皆以儒教, 而朱家用俠聞. 所藏活豪士以百數, 其餘庸人不可勝言. 然終不伐其能, 歆其德, 諸所嘗施, 唯恐見之. 振人不贍, 先從貧賤始. 家無餘財, 衣不完采, 食不重味, 乘不過輜牛. 專趨人之急, 甚己之私. 旣陰脫季布將軍之阸, 及布尊貴, 終身不見也. 自關以東, 莫不延頸願交焉. 楚田仲以俠聞, 喜劍, 父事朱家, 自以爲行弗及. 田仲已死, 而雒陽有劇孟. 周人以商賈爲資, 而劇孟以任俠顯諸侯. 吳楚反時, 條侯爲太尉, 乘傳車將至河南, 得劇孟, 喜曰:「吳楚擧大事而不求孟, 吾知其無能爲已矣.」天下騷動, 宰相得之若得一敵國云. 劇孟行大類朱家, 而好博, 多少年之戲. 然劇孟母死, 自遠方送喪蓋千乘. 及劇孟死, 家無餘十金之財. 而符離人王孟亦以俠稱江淮之閒. 是時濟南瞷氏·陳周庸亦以豪聞, 景帝聞之, 使使盡誅此屬. 其後代諸白·梁韓無辟·陽翟薛兄·陝韓孺紛紛復出焉.

#### 2.《漢書》游俠傳

朱家, 魯人, 高祖同時也. 魯人皆以儒教, 而朱家用俠聞. 所藏活豪士以百數, 其餘庸人不可勝言. 然終不伐其能, 飮其德, 諸所嘗施, 唯恐見之. 振人不贍, 先從貧賤始. 家亡餘財, 衣不兼采, 食不重味, 乘不過輜牛, 專趨人之急, 甚於己私. 旣陰脫季布之厄, 及布尊貴, 終身不見. 自關以東, 莫不延頸願交. 楚田仲以俠聞, 父事朱家, 自以爲行弗及也. 田仲死後, 有劇孟.

# 168. 虞延刻期, 盛吉垂泣

## 168-① 虞延刻期
### 우연의 약속을 지켜낸 죄수들


후한後漢의 우연虞延은 자가 자대子大이며 진류陳留 동혼東昏 사람이다. 우연이 처음 태어났을 때 어떤 물건이 위에 있었는데, 마치 한 필의 비단과 같았으며 이것이 하늘로 올라가는 것이었다.

점쟁이가 이를 보고 길한 징조라 하였다.

자라서 키가 8척 2촌이나 되었으며, 허리띠는 10위圍나 되었고, 힘은 솥을 들어 올릴 정도였다. 성격은 돈후하고 순박하여 자질구레한 일에 얽매이지 않고 평범하여, 마을에서는 그저 별다른 성가도 얻지 못하였다.

왕망王莽 말기에 천하에 대란이 일어나자, 우연은 한때 갑옷을 입고 친족을 보위하여 노략질하는 도적을 막아 그의 힘을 입어 안전을 얻은 자가 심히 많았다.

건무建武 초에 세양령細陽令을 제수받아 매년 복날이나 납일臘日이 되면 문득 옥에 갇힌 자들을 집으로 돌아가도록 보내 주었는데, 모두가 그의 은덕에 감동하여 약속한 기일에 돌아왔다. 그들 중 집에 갔다가 병들어 돌아올 수 없는 자가 생기면 자신이 나서서 수레에 싣고 감옥으로 돌아왔다. 그리하여 그가 감옥에 이르러 죽게 되면, 연掾과 관속官屬을 거느리고 문 밖에 빈소를 마련하여 조문하였다. 백성들은 그의 그러한 다스림에 감동하고 기꺼워하였다. 영평永平 연간에 그는 삼공三公의 지위에 올랐다.


後漢, 虞延字子大, 陳留東昏人. 延初生, 其上有物, 若一匹練, 遂上昇天. 占者以爲吉. 及長, 長八尺二寸, 要帶十圍, 力能扛鼎.

性敦朴, 不拘小節, 又無鄉曲之譽.

　王莽末, 天下大亂, 延嘗嬰甲冑, 擁衛親族, 扞禦鈔盜, 賴其全者甚衆.

　建武初, 除細陽令. 每至歲時伏臘, 輒休遣徒繫歸家, 竝感恩德, 應期而還. 有囚於家被病, 自載詣獄. 旣至而死, 率掾·官屬, 殯于門外. 百姓感悅.

　永平中爲三公.


【虞延】왕망 말의 행정가. 덕정을 베풀었음. 《後漢書》 참조.

【王莽】字는 巨君(B.C.45~23). 漢 元皇后의 조카. 어려서 고아가 되어 독서 끝에 성망을 얻었음. 뒤에 太傅가 되어 安漢公에 봉해졌으며 平帝가 죽은 후 겨우 두 살인 孺子 嬰을 옹립하고 자신은 攝皇帝가 되었다가 初始 元年(A.D.8) 정권을 찬탈, '新'을 세워 '西漢'의 종말을 고함. 그러나 천하의 혼란이 일어나 地皇 4年(23)에 劉玄·赤眉軍·綠林軍에게 살해되고 말았음. 《漢書》(99)에 그 傳이 있음.

【建武】東漢 光武帝 劉秀의 첫 연호. A.D.25~55년까지 31년간.

【嬰甲冑】'嬰'은 '갑옷과 투구를 착용하다'의 뜻.

【伏臘】삼복의 더운 여름과 납일의 제사. 한여름과 한겨울을 말함. 伏은 夏至 후 세 번째 庚日을 初伏, 네 번째 경일을 中伏, 그리고 입추 후 첫 번째 경일을 末伏으로 하여 三伏으로 나누었음.(《太平御覽》 時序部 伏日) 그리고 臘은 원래 12월에 지내던 제사 이름(臘祭). 그 뒤 12월을 지칭하는 말로 굳어짐.(《新唐書》 曆志 二) 이 제사는 원래 夏나라는 '嘉平', 殷나라는 '淸祀', 周나라는 '사'(蜡), 秦나라는 '랍'(臘)이라 불렀으며 漢나라는 진나라 풍습을 이어 받았음.

【殯】죽어서 장사지내기 전에 시신을 임시로 관에 안치하여 두는 곳. 殯所를 말함.

【永平】동한 明帝 劉莊 때의 연호. 58~75년까지 18년간.

【三公】後漢 때에는 太尉·司徒·司空을 말함.

1. 《後漢書》虞延

虞延字子大, 陳留東昏人也. 延初生, 其上有物若一匹練, 遂上升天, 占者以爲吉. 及長, 長八尺六寸, 要帶十圍, 力能扛鼎. 少爲戶牖亭長. 時王莽貴人魏氏賓客放從, 延率吏卒突入其家捕之, 以此見怨, 故位不升. 性敦朴, 不拘小節, 又無鄕曲之譽. 王莽末, 天下大亂, 延常嬰甲胄, 擁衛親族, 扞禦鈔盜, 賴其全者甚衆. 延從女弟年在孩乳, 其母不能活之, 棄於溝中, 延聞其號聲, 哀而收之, 養至成人. 建武初, 仕執金吾府, 除細陽令. 每至歲時伏臘, 輒休遣徒繫, 各使歸家, 並感其恩德, 應期而還. 有囚於家被病, 自載詣獄, 旣至而死, 延率掾(吏)[史], 殯于門外, 百姓感悅之.


# 168-② 盛吉垂泣
## 판결문을 쓰면서 눈물을 흘린 성길


《회계전록會稽典錄》에 실려 있다.

성길盛吉은 자가 군달君達이다. 정위延尉의 직책을 배수받았다. 그는 성품이 인자하고 은혜로웠으며 사무를 처리하면서 죄수를 불쌍히 여기고 애처롭게 여겼다. 매번 겨울이 되어 죄수를 어쩔 수 없이 처단해야 할 경우에는, 그의 아내는 촛불을 들고, 성길은 판결문의 붉은 글씨와 푸른 글씨를 쓰면서 서로 마주 보고 눈물을 흘렸다.

사승謝承의 《후한서後漢書》에는 이렇게 기록되어 있다.

'성길이 정위가 되어 매번 겨울철을 만날 때마다 죄수를 의당 참수해야 할 경우, 아내는 밤에 촛불을 잡고 성길은 단청의 붓을 들고 부부가 서로 마주 보고 눈물을 흘리며 죄목을 결정했다.'

《會稽典錄》: 盛吉字君達. 拜廷尉, 性多仁惠, 務在哀矜. 每冬月罪囚當斷, 其妻執燭, 吉持丹青筆, 相向垂泣.

謝承《後漢書》: 盛吉爲廷尉, 每至冬節, 罪囚當斬, 妻夜執燭, 盛吉持丹青筆, 夫妻相對垂泣決罪.


【會稽典錄】 책 이름. 會稽(지금의 浙江 紹興)의 法典과 그 일화, 인물 등을 기록한 책.

【盛吉】 後漢 때 인물, 자는 君達. 廷尉로써 은혜를 베풀었던 인물.

【廷尉】 재판의 판결 책임자. 법관의 최고 결정권자.

【丹青筆】 판결문을 쓸 때 붉은 글씨와 푸른 글씨로 그 결정을 함. 일부 판본에는 '丹筆'로 되어 있음.

【謝勝】《後漢書》를 지었으며 이 책은 지금은 전하지 않음. 한편 이 구절은 新刻本에는 삭제하였으나 〈四庫全書本〉과 〈徐州古板本〉에 의해 보충해 넣음.

# 169. 豫讓吞炭, 鉏麑觸槐

## 169-① 豫讓吞炭
### 불타는 숯을 삼킨 예양


《사기史記》에 실려 있다.

예양豫讓은 진晉나라 사람이다. 일찍이 범씨范氏와 중항씨中行氏를 섬겼으나, 그들을 떠나 지백智伯을 섬겨 지백이 그를 존경하고 총애하였다.

조趙 양자襄子가 한씨韓氏와 위씨魏氏와 함께 모책을 세워 지백智伯을 멸망시키고 그 땅을 셋으로 나누어 버렸다. 게다가 조 양자는 지백에게 원한이 있어 그 해골에 옻칠을 하여 술잔으로 만들어 복수하였다. 그러자 예양은 이렇게 말하였다.

"선비는 자신을 알아주는 자를 위하여 목숨을 바치고, 여자는 자신을 즐겁게 해 주는 이를 위하여 화장을 하는 법이다. 내 반드시 지백의 원수를 갚아 주리라."

그러고는 성명을 바꾸고 스스로 죄수가 되어 양자의 궁궐로 들어가 변소의 흙 바르는 일을 하면서 비수를 품고 지백을 찔러 죽일 기회를 엿보고 있었다. 어느 날 양자가 변소에 가면서 이상한 마음이 들어 수색해 보았더니 예양이었다. 양자는 그를 의로운 사람이라 여겨 풀어 주었다.

예양은 다시 자신의 몸에 옻칠을 하여 지독한 종기가 나도록 하고 벌겋게 타는 숯을 삼켜 벙어리가 되어 그 형상을 알아보지 못하도록 하였다. 그리고 양자가 지나갈 다리 밑에 숨어 있었다. 양자가 그 다리에 이르러 말이 놀라 멈추자 양자가 말하였다.

"이는 틀림없이 예양일 것이다."

그리고 예양을 붙들어 이렇게 물었다.

"그대는 범씨와 중항씨를 섬겼다. 지백이 그들을 멸망시켰을 때에 그대는 지백에게 복수를 하지 않고 도리어 지백의 신하가 되었다. 그런데 지백이 이미 죽고 나자, 어찌 나에게 대한 복수심은 그리도 깊은가?”

예양은 이렇게 대답하였다.

“내가 범씨와 중항씨를 섬길 때에 그들은 나를 보통 사람으로 대하였소. 그 때문에 나도 그들을 보통사람으로 대접하여 보답하였을 뿐이오. 그러나 지백은 나를 국사國士로 대접하였소. 그 때문에 나는 국사로서 그에게 보답하는 것이오.”

양자가 말하였다.

“내가 지난 번 그대를 한 번 풀어 준 것으로 역시 족하오. 그대는 스스로 헤아려 보시오.”

예양이 말하였다.

“저는 진실로 죽어야 됨을 알고 있소. 그러나 원컨대 그대의 옷이라도 한 번 찔러 원수를 갚았다는 명분을 성취하고 싶소.”

양자가 옷을 벗어 그에게 주자, 이에 칼을 뽑아 세 번 뛰어오르며 옷을 찔러 이렇게 말하였다.

“내 이로써 지하에 계신 지백의 원수를 갚을 수 있도다.”

그리고 드디어 칼에 엎어져 죽고 말았다.


《史記》: 豫讓晉人. 嘗事范·中行氏, 去而事智伯, 智伯尊寵之. 趙襄子與韓·魏合謀滅智伯, 三分其地. 襄子怨智伯, 漆其頭爲飮器.

讓曰:「士爲知己者死, 女爲說己者容. 我必爲智伯報讐.」

乃變名姓爲刑人, 入宮塗厠中, 挾匕首, 欲以刺襄子. 襄子如厠心動, 搜之則豫讓也. 襄子義而釋之. 又漆身爲厲, 呑炭爲啞, 使形狀不可知, 伏於橋下.

襄子至橋馬驚, 曰:「此必豫讓.」

問曰:「子事范·中行氏, 智伯滅之, 不爲報讐, 而反臣智伯. 智伯已死, 獨何報讐之深?」

對曰:「臣事范·中行氏, 衆人遇我, 我故衆人報之. 智伯國士遇我, 我故國士報之.」

襄子曰:「寡人赦子亦足矣. 子自爲計.」

讓曰:「臣固伏誅. 然願請君之衣而擊之, 以致報讐之意.」

襄子持衣與之, 乃拔劒三躍而擊之曰:「吾可以下報智伯矣.」

遂伏劒而死.


【豫讓】 전국 초기 유명한 자객. 呑炭漆身의 고사를 남김. 《史記》와 《戰國策》
에 자세히 기록되어 있음.

【范氏】 춘추 말기 晉나라의 智氏, 韓氏, 魏氏, 趙氏, 中行氏와 더불어 六卿의
하나.

【中行氏】 역시 진나라 六卿의 하나. 범씨와 더불어 智氏에게 망하고 말았음.

【智伯】 知伯으로도 쓰며 六卿 중에 가장 강성하였으나 뒤에 韓, 魏, 趙氏의
연합 세력에 의해 망하고 말았음.

【飮器】 술잔·술병 등.

【爲厲】 '厲'는 '癩'로 된 판본도 있으며 옻의 독으로 피부가 헐게 함을 뜻함.




1. 《史記》 刺客列傳

豫讓者, 晉人也, 故嘗事范氏及中行氏, 而無所知名. 去而事智伯, 智伯甚尊寵之.
及智伯伐趙襄子, 趙襄子與韓·魏合謀滅智伯, 滅智伯之後而三分其地. 趙襄子
最怨智伯, 漆其頭以爲飮器. 豫讓遁逃山中, 曰:「嗟乎! 士爲知己者死, 女爲說
己者容. 今智伯知我, 我必爲報讎而死, 以報智伯, 則吾魂魄不愧矣.」乃變名姓
爲刑人, 入宮塗廁, 中挾匕首, 欲以刺襄子. 襄子如廁, 心動, 執問塗廁之刑人,
則豫讓, 內持刀兵, 曰:「欲爲智伯報仇!」左右欲誅之. 襄子曰:「彼義人也, 吾謹
避之耳. 且智伯亡無後, 而其臣欲爲報仇, 此天下之賢人也.」卒醳去之. 居頃之,
豫讓又漆身爲厲, 呑炭爲啞, 使形狀不可知, 行乞於市. 其妻不識也. 行見其友,
其友識之, 曰:「汝非豫讓邪?」曰:「我是也.」其友爲泣曰:「以子之才, 委質而

臣事襄子, 襄子必近幸子. 近幸子, 乃爲所欲, 顧不易邪? 何乃殘身苦形, 欲以
求報襄子, 不亦難乎!」豫讓曰:「旣已委質臣事人, 而求殺之, 是懷二心以事其
君也. 且吾所爲者極難耳! 然所以爲此者, 將以愧天下後世之爲人臣懷二心以
事其君者也.」旣去, 頃之, 襄子當出, 豫讓伏於所當過之橋下. 襄子至橋, 馬驚,
襄子曰:「此必是豫讓也.」使人問之, 果豫讓也. 於是襄子乃數豫讓曰:「子不
嘗事范·中行氏乎? 智伯盡滅之, 而子不爲報讎, 而反委質臣於智伯. 智伯亦已
死矣, 而子獨何以爲之報讎之深也?」豫讓曰:「臣事范·中行氏, 范·中行氏皆
衆人遇我, 我故衆人報之. 至於智伯, 國士遇我, 我故國士報之.」襄子喟然歎
息而泣曰:「嗟乎, 豫子! 子之爲智伯, 名旣成矣, 而寡人赦子, 亦已足矣. 子其
自爲計, 寡人不復釋子!」使兵圍之. 豫讓曰:「臣聞明主不掩人之美, 而忠臣有
死名之義. 前君已寬赦臣, 天下莫不稱君之賢. 今日之事, 臣固伏誅, 然願請君之
衣而擊之, 焉以致報讎之意, 則雖死不恨. 非所敢望也, 敢布腹心!」於是襄子
大義之, 乃使使持衣與豫讓. 豫讓拔劍三躍而擊之, 曰:「吾可以下報智伯矣!」
遂伏劍自殺. 死之日, 趙國志士聞之, 皆爲涕泣.

## 2. 《戰國策》趙策(1)

晉畢陽之孫豫讓, 始事范·中行氏而不說, 去而就知伯, 知伯寵之. 及三晉分知氏,
趙襄子最怨知伯, 而將其頭以爲飲器. 豫讓遁逃山中, 曰:「嗟乎! 士爲知己者死,
女爲悅己者容. 吾其報知氏之讎矣.」乃變姓名, 爲刑人, 入宮塗厠, 欲以刺襄子.
襄子如厠, 心動, 執問塗者, 則豫讓也. 刃其扞, 曰:「欲爲知伯報讎!」左右欲
殺之. 趙襄子曰:「彼義士也, 吾謹避之耳. 且知伯已死, 無後, 而其臣至爲報讎,
此天下之賢人也.」卒釋之. 豫讓又漆身爲厲, 滅鬚去眉, 自刑以變其容, 爲乞人
而往乞, 其妻不識, 曰:「狀貌不似吾夫, 其音何類吾夫之甚也?」又吞炭爲啞,
變其音. 其友謂之曰:「子之道甚難而無功, 謂子有志則然矣, 謂子智則否. 以子
之才, 而善事襄子, 襄子必近幸子; 子之得近而行所欲, 此甚易而功必成.」豫讓
乃笑而應之曰:「是爲先知報後知, 爲故君賊新君, 大亂君臣之義者, 無此矣.
凡吾所謂爲此者, 以明君臣之義, 非從易也. 且夫委質而事人, 而求弒之, 是懷
二心以事君也. 吾所爲難, 亦將以愧天下後世人臣懷二心者.」居頃之, 襄子當出,
豫讓伏所當過橋下. 襄子至橋而馬驚, 襄子曰:「此必豫讓也.」使人問之, 果豫讓.
於是趙襄子面數豫讓曰:「子不嘗事范·中行氏乎? 知伯滅范·中行氏, 而子不爲
報讎, 反委質事知伯. 知伯已死, 子獨何爲報讎之深也?」豫讓曰:「臣事范·
中行氏, 范·中行氏以衆人遇臣, 臣故衆人報之; 知伯以國士遇臣, 臣故國士報之.」
襄子乃喟然歎泣曰:「嗟乎, 豫子! 豫子之爲知伯, 名旣成矣, 寡人舍子, 亦以足矣.

子自爲計, 寡人不舍子.」使兵環之. 豫讓曰:「臣聞明主不掩人之義, 忠臣不愛
死以成名. 君前已寬舍臣, 天下莫不稱君之賢. 今日之事, 臣故伏誅, 然願請君之
衣而擊之, 雖死不恨. 非所望也, 敢布腹心.」於是襄子義之, 乃使使者持衣與
豫讓. 豫讓拔劍三躍, 呼天擊之, 曰:「而可以報知伯矣.」遂伏劍而死. 死之日,
趙國之士聞之, 皆爲涕泣.

3.《說苑》復恩篇

智伯與趙襄子戰於晉陽下而死, 智伯之臣豫讓者怒, 以其精氣能使襄子動心,
乃漆身變形, 吞炭更聲, 襄子將出, 豫讓僞爲死人, 處於梁下, 駟馬驚不進, 襄子
動心, 使使視梁下得豫讓, 襄子重其義不殺也. 又盜, 爲抵罪, 被刑人赭衣, 入
繕宮. 襄子動心, 則曰必豫讓也, 襄子執而問之曰:「子始事中行君, 智伯殺中
行君, 子不能死, 還反事之; 今吾殺智伯, 乃漆身爲癘, 吞炭爲啞, 欲殺寡人, 何與
先行異也?」豫讓曰:「中行君衆人畜臣, 臣亦衆人事之; 智伯朝士待臣, 臣亦
朝士爲之用.」襄子曰:「非義也? 子壯士也!」乃自置車庫中, 水漿毋入口者三日,
以禮豫讓, 讓自知, 遂自殺也.

4.《小學》稽古「明倫」

趙襄子, 殺智伯, 漆其頭, 以爲飲器. 智懿之臣豫讓, 欲爲之報仇, 乃詐爲刑人,
挾匕首, 入襄子宮中, 塗厠. 左右欲殺之, 襄子曰:「智伯死無後, 而此人欲爲報仇,
眞義士也. 吾謹避之耳.」讓又漆身爲癩, 吞炭爲啞, 行乞於市. 其妻不識也. 其友
識之, 爲之泣曰:「以子之才, 臣事趙孟, 必得近幸. 子乃爲所欲爲, 顧不易邪?
何乃自苦如此?」讓曰:「委質爲臣, 而求殺之, 是二心也. 吾所以爲此者, 將以
愧天下後世之爲人臣而懷二心者也.」後又伏於橋下, 欲殺襄子, 襄子殺之.

5.《十八史略》(1)

襄子漆知伯之頭, 以爲飲器. 知伯之臣豫讓, 欲爲之報仇, 乃詐爲刑人, 挾匕首,
入襄子宮中塗厠. 襄子如厠心動, 索之獲讓, 問曰:「子不嘗事范·中行氏乎? 知伯
滅之, 子不爲報讐, 反委質於知伯. 知伯死, 子獨何爲報仇之深也?」曰:「范·中行
氏衆人遇我, 我故衆人報之. 知伯國士遇我, 我故國士報之.」襄子曰:「義士也,
舍之. 謹避而已.」讓漆身爲厲, 吞炭爲啞, 行乞於市, 其妻不識也. 其友識之曰:
「以子之才, 臣事趙孟, 必得近幸. 子乃爲所欲爲, 顧不易邪? 何乃自若如此?」
讓曰:「不可! 既委質爲臣, 又求殺之, 是二心也. 凡吾所爲者極難耳. 然所以爲
此者, 將以愧天下後世, 爲人臣懷二心者也.」襄子出, 讓伏橋下, 襄子馬驚, 索之
得讓, 遂殺之.

## 169-② 鉏麑觸槐
### 홰나무에 머리를 찧고 죽은 서예

《좌씨전左氏傳》에 실려 있다.

진晉 영공靈公은 임금답지 못하였다. 무겁게 세금을 거두어 이를 자신의 담장을 아름답게 꾸미는 데에 쓸 뿐만 아니라, 높은 누대에 올라 탄환으로 사람을 맞추어 그들이 피해 달아나는 모습을 구경하기도 하였다. 재부宰夫가 곰 발바닥 요리를 충분히 삶아야 함에도 이를 제대로 익히지 않았다고 그를 죽여 이를 삼태기에 담아 부인들로 하여금 이를 이고 조정을 지나가도록 하는 등 횡포를 저질렀다. 당시 조돈趙盾이 정경正卿이었는데, 자주 간언을 하자 영공은 이를 미워하여 서예鉏麑로 하여금 그를 몰래 죽여 버리도록 하였다.

서예가 이른 새벽에 그를 죽이고자 몰래 찾아갔더니 그의 침실 문이 열려 있었는데, 조돈은 마침 정복을 차려 입고 조회에 나갈 준비를 하고 있었다. 그러나 아직 출근 시간이 이른 터라 앉은 채 선잠을 자고 있었다. 이를 본 서예는 물러나 탄식하며 이렇게 말하였다.

"백성을 공경하기를 잊지 않는 주인이로다. 그러한 백성의 주인을 암살한다는 것은 충성이 아니지만 임금을 명령을 저버리는 것은 또한 임금에 대한 믿음이 없는 것이다. 여기에서 내가 택할 수 있는 길은 하나, 바로 내가 죽느니만 못하다."

그러고는 정원의 홰나무에 머리를 찧어 죽고 말았다.

《左氏傳》曰: 晉靈公不君. 厚斂以雕牆, 從臺上彈人, 而觀其避丸也. 宰夫胹熊蹯不熟殺之, 寘諸畚婦人載過朝. 盾爲正卿, 驟諫, 公患之. 使鉏麑賊之. 晨往, 寢門闢矣. 盛服將朝, 尚早, 坐而假寐.

麑退歎而言曰:「不忘恭敬民之主也. 賊民之主不忠. 棄君之命不信. 有一於此, 不如死也.」

觸槐而死.


【晉靈公】춘추시대 晉나라 군주. 晉文公의 손자이며 襄公의 아들. 이름은 夷皐. B.C.620~607년까지 14년간 재위함.
【胹】'고기 등을 잘 굽다'의 뜻.
【熊蹯】곰 발바닥. 가장 훌륭한 맛으로 여겼음.
【趙盾】'조돈'으로 읽으며 六卿 중 조씨 집안의 인물. 당시 진나라 대신으로서 正卿이었음.
【正卿】上大夫 중에 정식 경 벼슬을 받아 정치에 직접 참여하는 사람.
【鉏麑】鉏霓로도 표기하며 진나라 力士.


### 참고 및 관련 자료

1.《左傳》宣公 2年
宣子驟諫, 公患之, 使鉏麑賊之. 晨往, 寢門辟矣, 盛服將朝, 尚早, 坐而假寐. 麑退, 嘆而言曰:「不忘恭敬, 民之主也, 賊民之主, 不忠; 棄君之命, 不信. 有一於此, 不如死也.」觸槐而死.

2.《國語》晉語(五)
靈公虐, 趙宣子驟諫, 公患之, 使鉏麑賊之, 晨往, 則寢門辟矣, 盛服將朝, 早而假寐. 麑退, 歎而言曰:「趙孟敬哉! 夫不忘恭敬, 社稷之鎮也. 賊國之鎮, 不忠; 受命而廢之, 不信. 享一名於此, 不如死.」觸庭之槐而死.

3.《呂氏春秋》過理篇
趙盾驟諫而不聽, 公惡之, 乃使沮麑見之, 不忍賊, 曰:「不忘恭敬, 民之主也! 賊民之主, 不忠; 棄君之命, 不信. 一於此, 不若死.」乃觸廷槐而死.

4.《說苑》立節篇
晉靈公暴, 趙宣子驟諫, 靈公患之, 使鉏之彌賊之; 鉏之彌晨往, 則寢門闢矣, 宣子盛服將朝, 尚早, 坐而假寢, 之彌退, 歎而言曰:「不忘恭敬, 民之主也. 賊民之主, 不忠; 棄君之命, 不信. 有一於此, 不如死也.」遂觸槐而死.

5.《**史記**》晉世家

靈公患之, 使鉏麑刺趙盾. 盾閨門開, 居處節. 鉏麑退, 歎曰:「殺忠臣, 棄君命,
罪一也.」遂觸樹而死.

# 170. 阮孚蠟屐, 祖約好財

## 밀랍으로 나막신을 꾸민 완부와
## 재물을 좋아한 조약


《진서晉書》에 실려 있다.

완부阮孚는 자가 요집遙集이며 시평태수始平太守 완함阮咸의 아들이다. 원제元帝가 그를 안동장군安東參軍으로 삼았다. 그는 쑥대머리를 하고 술을 마시면서 세상일에는 마음을 쓰지 않았다. 종사중랑從事中郎으로 전임되자 종일 술에 절어 항상 유사有司의 도움을 받았다. 다시 산기상시散騎常侍가 되었을 때, 한번은 금초金貂의 모자를 술과 바꾸어 마셔 다시 해당 부서의 탄핵을 받았으나 황제가 용서해 주었다.

이에 앞서 조약祖約은 재물을 좋아하고 완부는 나막신을 좋아하였다. 그러나 똑같이 그에 얽매어 살고 있었지만, 그 누가 더 나은 짓을 하는지의 득실은 아직 판결을 보지 못하고 있는 상태였다.

어떤 이가 마침 조약에게 갔더니 마침 자신의 재물을 꺼내놓고 계산하고 있었다. 손님이 오자 그는 다 감추지 못하여 그 나머지 두 개의 작은 바구니를 등 뒤에 숨기고 몸을 기울여 이를 막으면서 기분은 아직 평온을 찾지 못한 모습이었다.

또 어떤 이가 완부에게 갔더니 마침 그는 나막신을 밀랍蜜蠟으로 칠하며 아름답게 꾸미고 있었다. 그러면서 이렇게 탄식하는 것이었다.

"한 사람의 일생이라 해야 나막신 몇 켤레나 신을 수 있으리오!"

그러면서 신색神色이 한가하고 당당하였다. 이에 비로소 승부가 판가름 나고 말았다. 그는 광주자사廣州刺史로 생을 마쳤다.

조약은 자가 사소士少이며 예주자사豫州刺史 조적祖逖의 아들이다. 소준蘇峻이 수도를 점령하였을 때 조서를 고쳐 시중侍中으로 삼았으며 뒤에 석륵石勒에게 죽음을 당하였다.

《晉書》: 阮孚字遙集, 始平太守咸之子. 元帝以爲安東參軍. 蓬髮飮酒, 不以世務嬰心. 轉從事中郎, 終日酣縱, 常爲有司所按. 遷散騎常侍. 嘗以金貂換酒, 復爲所司彈劾, 帝宥之.

初祖約性好財, 孚性好屐, 同是累, 而未判其得失. 有詣約, 見正料財物. 客至, 屛當不盡, 餘兩小簏, 以着背後, 傾身障之, 意未能平.

或有詣阮, 正見其蠟屐, 因自歎曰:「未知一生當著幾量屐!」

神色閑暢. 於是勝負始分. 終廣州刺史.

約字士少, 豫州刺史逖之子. 蘇峻剋京師, 矯詔以爲侍中, 爲石勒所殺.

【阮孚】 자는 遙集(297~327). 阮咸의 둘째 아들이며 阮咸이 고모집 여종이었던 鮮卑族 여자를 좋아하여 그 사이에 태어남. 元帝 때 安東參軍을 거쳐 侍中, 吏部尙書, 丹陽尹을 역임함. 成帝 때 서울에 난이 일어날 것을 예상하고 廣州刺史를 요구하여 떠나지 못한 채 죽음.《晉書》(49)에 전이 있음.

【太守咸】 阮咸을 가리킴. 자는 仲容(234~304). 阮籍의 從子. 음악에 조예가 깊었으며 비파 연주에 뛰어났었다 함. 散騎侍郎, 始平太守 등을 역임함. 술과 청담으로 이름이 났으며 역시 竹林七賢 중의 하나.《晉書》(49)에 전이 있음.

【元帝】 晉 元帝. 司馬睿. 316년 西晉이 망하자 建康(南京)에 東晉을 세움. 동진의 첫 황제. 재위 6년(317~323).《晉書》(6)에 紀가 있음. 묘호는 中宗. 일찍이 낭야왕(琅邪王)을 지냈음.

【太牢】 소·양·돼지의 세 가지 희생물을 바치는 최고의 祭祀.

【金貂】 侍中·中常侍가 쓰는 冠. 황금을 매미 형상의 날개로 장식하고 담비의 꼬리를 붙인 관.

【祖約】 자는 士少(?~330). 祖逖의 이복동생으로 平西將軍·豫州刺史 등을 지냈으며 石勒에게 피살됨.《晉書》(100)에 전이 있음.

【刺史逖之子】 '逖'은 祖逖. 자는 士稺(266~321). 中原 수복에 의지를 보였던 인물. '聞雞起舞'의 고사를 남김. 車騎將軍을 추증받음.《晉書》(62)에 전이 있음. '祖逖誓江'[265] 참조. '子'는 弟의 오자임. 아우였음.

【蘇峻】 자는 子高(?~328). 永嘉의 난 때 고향을 지키며 세력을 키워 元帝

(司馬睿)에게 발탁됨. 뒤에 王敦의 모반을 평정하여 공이 있었으며 明帝(司馬紹)가 죽고 庾亮과 王導가 成帝(司馬衍)를 보좌하여 정권을 잡고 자신을 제거하려 한다고 의심을 품고 咸和 2년(327)에 난을 일으켜 建康을 함락, 성제를 石頭城에서 이들을 제거하고 자신이 驃騎令軍將軍과 尚書가 될 것을 요구하며 협박하다가 이듬해 陶侃과 溫嶠에 의해 토벌됨. 《晉書》(100)에 전이 있음. 《十八史略》(4)에 "歷陽內史蘇峻反. 峻前守臨淮, 於王敦再犯闕時, 入衛有功, 威望漸著. 及在歷陽, 卒銳器精, 志輕朝廷, 招納亡命. 庾亮修石頭城, 以備之, 建請徵峻, 爲大司農. 峻擧兵陷姑孰, 尚書令卞壺督軍, 與峻力戰. 死二子隨之, 亦赴敵死. 母撫其屍曰:「父爲忠臣, 子爲孝子, 何恨?」庾亮出奔, 峻兵犯闕, 陶侃溫嶠, 入討峻斬之"라 함.

【石勒】 자는 世龍(274~333). 上黨人으로 羯奴의 후예. 조카 石虎(季龍)와 함께 五胡十六國 중의 後趙를 건립함. 어려서 洛陽으로 팔려와 노예가 되었다가 八王의 난을 틈타 成都王(司馬穎)의 부장이 됨. 그 뒤 흉노족의 劉淵, 劉聰 등과 세력을 다투었으며, 晉 成帝 咸和 5년(330)에 칭제하여 연호를 建平이라 함. 그는 文史를 좋아하여 軍中에서도 항상 유생으로 하여금 역사를 읽어 주도록 하여 고금 제왕의 업적을 평가하기도 하였다 함. 《晉書》(104-105)에 전이 있음.




## 1. 《晉書》(49) 阮孚傳

孚字遙集, 其母, 卽胡婢也. 孚之初生, 其姑取王延壽〈魯靈光殿賦〉曰「胡人遙集於上楹」而以字焉. ……琅邪王裒爲車騎將軍, 鎭廣陵, 高選綱佐, 以孚爲長史. 帝謂曰:「卿旣統軍府, 郊壘多事, 宜節飮也.」孚答曰:「陛下不以臣不才, 委之以戎旅之重. 臣傶勉從事, 不敢有言者, 竊以今王苻鎭, 威風赫然, 皇澤遐被, 賊寇斂迹, 氛祲旣澄, 日月自朗, 臣亦何可爇火不息? 正應端拱嘯詠, 以樂當年耳」遷黃門侍郎·散騎常侍. 嘗以金貂換酒, 復爲所司彈劾, 帝宥之. ……初, 祖約性好財, 孚性好屐, 同是累, 而未判其得失. 有詣約, 見正料財物. 客至, 屛當不盡, 餘兩小簏, 以著背後, 傾身障之, 意未能平. 或有詣阮, 正見自蠟屐, 因自歎曰:「未知一生當著幾量屐!」神色閑暢. 於是勝負始分. 廣州刺史·假節. 未至鎭, 卒, 年四十九.

# 171.　初平起石, 左慈擲杯

## 171-①　初平起石
### 돌이 일어서 양이 되도록 한 황초평

《신선전神仙傳》에 실려 있다.

황초평黃初平은 단계丹谿 사람이다. 나이 열다섯에 집에서 그에게 양 치는 일을 시켰다. 그때 어떤 도사가 그의 선량하고 부지런함을 보고 곧 그를 금화산金華山 석실石室로 데리고 갔다. 그는 그곳에서 40여 년간을 집안을 더 이상 생각하지 않고 도를 닦았다. 그의 형 황초기黃初起가 아우를 찾았지만 찾을 수 없었다. 뒤에 시장에서 어떤 도사가 점을 잘 치는 것을 보고 그에게 점을 부탁하였더니 도사는 이렇게 일러주는 것이었다.

"금화산에서 양 치는 아이가 있을 거요. 그가 그대의 아우일 것 같은 데 혹시 아닐까요?"

황초기가 즉시 도사를 따라 찾아갔다. 형제는 서로 만나 슬픔과 기쁨을 나누고 나서 형에 물었다.

"네가 기르는 양은 어디 있느냐?"

황초평이 말하였다.

"동쪽 산 근처에 있습니다."

황초기가 가서 살펴보았지만, 양은 보이지 않고 단지 흰 돌들이 무수히 많을 뿐이었다. 형이 돌아와 말하였다.

"양이 없더라."

황초평이 말하였다.

"양은 있습니다. 다만 형이 보지 못하였을 뿐입니다."

이에 곧바로 함께 갔다. 그리고 황초평이 양들에게 질책을 거듭하며 일어서라고 호통을 치자, 그 하얀 돌들이 모두 일어서더니 수만 마리의 양들로 바뀌는 것이었다.

황초기가 말하였다.

"우리 아우가 신통력을 터득함이 이와 같구나. 나도 배울 수 있을까?"

황초평이 말하였다.

"오직 도를 좋아하기만 하면 득도할 수 있습니다."

황초기는 곧바로 처자를 버리고 아우 황초평에게 남아 함께 송지松脂와 복령茯苓을 복용하였다. 이렇게 5천 일이 지나자 능히 선 그 자리에서 모습을 사라지게 할 수 있게 되었고, 햇빛 아래에서 그림자를 없이 할 수 있었으며, 얼굴은 동자의 안색으로 할 수 있었다. 뒤에 고향으로 돌아왔더니 여러 친척은 이미 거의 다 사망하고 없었다. 이에 고향을 떠나 남백봉 南伯逢에게 방법을 가르쳐 전수하였다. 황초평은 자를 고쳐 적송자赤松子라 하고, 황초기는 노반魯班으로 자를 고쳤으며, 뒤에 그가 전해준 이 약을 복용하고 선술仙術을 득도한 자가 수십 명이나 되었다.


《神仙傳》: 黃初平丹谿人. 年十五家使牧羊. 有道士, 見其良謹, 便將至金華山石室中. 四十餘年不復念家, 其兄初起索之不得見. 後見市有道士善卜, 乃就占之.

道士曰：「金華山中有牧羊兒, 是卿弟, 非邪?」

初起卽隨道士尋見, 兄弟悲喜, 問：「羊何在?」

初平曰：「近在山東.」

初起往視了不見羊, 但見白石無數.

還曰：「無羊.」

初平曰：「羊在耳, 但兄自不見.」

便乃俱往, 初平言叱叱羊起. 於是白石皆起, 成羊數萬頭.

初起曰：「我弟得神通如此, 吾可學否?」

初平曰：「唯好道便得.」

初起便棄妻子, 留就初平, 共服松脂·茯苓. 至五千日, 能坐在立亡, 日中無影, 有童子之色.

後還鄉, 諸親死亡略盡. 乃去以方敎授南伯逢.

初平改字爲赤松子, 初起改字爲魯班. 其後傳服此藥, 得仙者數十人.


【神仙傳】 晉나라 때 葛洪이 엮은 神仙 故事集.

【黃初平】 '皇初平'으로도 표기하며 고대의 도인, 신선. '蘇訓歷家'[163] 참조.

【黃初起】 황초평의 형. 아우를 따라 함께 도술을 익힘.

【茯苓】 소나무의 뿌리에 기생하는 담자균류에 속하는 버섯으로 약재로 사용함.

【赤松子】 神農氏의 雨師 이름. 황초평은 이 신선을 흠모하여 같은 이름을 붙인 것임.《列仙傳》 참조.


## 참고 및 관련 자료

### 1.《神仙傳》(2)

皇初平者, 丹溪人也. 年十五而家使牧羊, 有道士見其良謹, 使將至金華山石室中, 四十餘年翛然, 不復念家. 其兄初起, 行索初平, 歷年不能得. 後見市中, 有一道士善卜, 及問之曰:「吾有弟名初平, 因令牧羊失之, 今四十餘年, 不知死生所在, 願道君爲占之.」道士曰:「金華山中有一牧羊兒, 姓皇名初平, 是卿弟非耶?」初起聞之, 驚喜, 卽隨道士去尋求, 果得相見. 兄弟悲喜, 兄因問弟曰:「羊皆何在?」答曰:「近在山東.」初起往視. 了不見羊, 但見白石無數, 還謂初平曰:「山東無羊也.」初平曰:「羊在耳, 但兄自不見之.」初平偕往尋之, 乃言:「叱叱! 羊起!」於是白石皆起成羊, 數萬頭. 初起曰:「我弟獨得神仙道如此, 吾可學否?」初平曰:「唯好道, 便得耳.」初起便棄妻子, 留就初平, 共服松脂茯苓. 至五千日, 能坐在立亡, 行於日中無影, 而有童子之色. 後乃俱還鄉里, 諸親死亡略盡, 乃復還去, 臨行以方敎南伯逢. 易姓爲赤, 初平改字爲松子, 初起改字爲魯班. 其後傳服此藥而得仙者, 數十人焉.

2.《太平廣記》(7) 皇初平

皇初平者, 丹溪人也. 年十五, 家使牧羊. 有道士見其良謹, 便將至金華山石室中.
四十餘年, 不復念家. 其兄初起, 行山尋索初平, 歷年不得. 後見市中有一道士,
初起召問之曰:「吾有弟名初平. 因令牧羊, 失之四十餘年, 莫知死生所在. 願道
君爲占之.」道士曰:「金華山中有一牧羊兒. 姓皇, 字初平. 是卿弟非疑.」初起
聞之, 卽隨道士去, 求弟遂得. 相見悲喜, 語畢, 問初平羊何在. 曰:「近在山東耳.」
初起往視之, 不見, 但見白石而還. 謂初平曰:「山東無羊也.」初平曰:「羊在耳.
兄但自不見之.」初平與初起俱往看之. 初平乃叱曰, 羊起, 於是白石皆變爲羊
數萬頭. 初起曰:「弟獨得仙道如此. 吾可學乎?」初平曰:「唯好道, 便可得之耳.」
初起便棄妻子留住, 就初平學. 共服松脂茯苓, 至五百歲. 能坐在立亡, 行於日
中無影, 而有童子之色. 後乃俱還鄉里. 親族死終略盡, 乃復還去. 初平改字爲
赤松子, 初起改字爲魯班. 其後服此藥得仙者數十人.

3.《列仙傳》(上) 赤松子

赤松子, 神農時雨師也. 服水玉以敎神農, 能入火自燒. 往往至崑崙山上, 常止
西王母石室中. 隨風雨上下. 炎帝少女追之, 亦得仙, 俱去, 至高辛時爲雨師, 今之
雨師本是焉.「眇眇赤松, 飄飄少女. 接手飜飛, 泠然雙舉. 縱身長風, 俄翼玄圃.
妙達巽坎, 作範司雨.」

4.《藝文類聚》(94)

神仙傳曰: 皇初平年十五, 家使牧羊, 有道士見其良謹, 便將至金華山石室中.
四十餘年, 忽然不復念家, 其兄初起, 行索初平. 歷年不得, 後見市中有道士,
乃問之, 道士曰:「金華山中有牧羊兒, 姓皇字初平.」兄乃隨道士與初平相見,
語畢, 問羊何在. 在山東, 兄往視, 但見白石. 不見羊, 平曰:「羊在耳, 兄自不見.」
平乃往, 言叱叱羊起. 於是白石皆起成羊數萬頭.

5.《仙佛奇蹤》(2) 黃初平

黃初平, 晉丹谿人. 年十五牧羊, 遇道士引至金華山石室中, 四十餘年. 其兄初
起尋之, 不獲. 後遇道士, 善卜. 起問之曰:「金華山中,有一牧羊兒.」初卽往見,
初平問:「羊安在?」曰:「在山東.」往視之, 但見白石磊磊. 初平叱之, 石皆成羊.
初亦棄妻子, 學道後, 亦成仙.

## 171-②  左慈擲杯
## 잔을 던져 술을 만들어 내는 좌자

《신선전神仙傳》에 실려 있다.

좌자左慈는 자가 원방元放이며 여강廬江 사람이다. 어려서부터 오경五經에 밝았고 성기星氣도 겸통하였다. 한漢나라 국운이 장차 끝날 것임을 보고 이렇게 탄식하였다.

"이처럼 쇠미해 가는 운명을 만났을 때 관직이 높은 것은 위험하며 재주가 높은 자는 죽게 된다. 당대의 영화는 탐낼 것이 못된다."

그리고 도술道術을 배웠으며, 육갑六甲에 밝아 능히 귀신을 부릴 수 있었으며 앉아서 먼 곳의 먹을거리를 마련할 수 있었다. 천주산天柱山 속에 들어가 정진하고 사고하여 석실石室에 있던 《구단금액경九丹金液經》이라는 책을 얻어, 온갖 변화를 일으킬 수 있게 되었다.

조조曹操가 그의 명성을 듣고 불러, 방에 가두어 문을 채우고 곡물을 전혀 주지 않은 채 하루에 물 2되만 주었다. 그런데 만 1년이 지나 그를 나오도록 하였더니 안색이 조금도 변함이 없는 것이었다. 조조가 자신도 그러한 도를 배우고 싶어하자 좌자는 이렇게 말하였다.

"도를 배우려면 의당 청정무위淸淨無爲하여야 합니다."

조조가 이 말에 노하여 그를 죽일 모책을 세워 술자리를 마련하였다.

나누어진 술잔을 좌자가 마셨다. 당시 날씨가 추워 술이 아직 데워지지 않았다. 좌자는 비녀를 뽑더니 이를 가지고 잔 속의 술 가운데에 금을 그어 둘로 나누어 그 방향에 따라 반은 자신이 마시고 나머지는 조조에게 주었다. 조조는 즉시 이를 마시지 아니하였지만, 좌자는 이를 마시겠다고 하였다. 다 마시자 좌자는 그 잔을 지붕 위로 던졌다. 그러자 잔이 지붕 기둥에 매달려 달랑달랑 움직이는데 마치 새가 날아가며 위아래를 훑어 보는 형상이었고 떨어질 듯 떨어지지 않는 것이었다. 자리를 같이 했던 이들이 모두 눈을 모아 잔을 쳐다보고 있는 동안, 좌자는 어디론가 사라져 그 소재를 알 수 없었다.

또 한 번은 조조가 빈객을 불러모아 둘러보며 이렇게 말하였다.

"진수성찬이 모두 준비되었는데 조금 부족한 것이라면 오강吳江의 농어
鱸魚뿐이로다."

그러자 좌자가 물을 채운 구리 동이를 달라 하더니 대나무로 낚싯대를
삼아 잠깐 사이에 농어를 낚아내는 것이었다.

조조가 말하였다.

"한 마리로는 이 자리에 모인 이들에게 두루 돌아가지 못하오."

좌자가 다시 미끼를 달아 물에 넣었더니 다시 농어가 달려 나왔는데
모두가 3자가 넘는 것들이었다.

조조가 이를 가지고 회를 떴으나 촉蜀에서 나는 생강이 없어 한스러워
하였다.

그러자 좌자가 말하였다.

"그쯤이야 쉽게 구할 수 있지요."

조조는 그가 근처 가까운 곳에서 이를 구해 올 것이라 여겨 이렇게
말하였다.

"내 전에 사람을 촉으로 보내어 비단을 사 오도록 하였소. 그에게 2단을
더 사 오도록 일러줄 수 있겠소?"

말이 끝나기가 무섭게 생강을 가지러 간 자가 돌아와 비단을 사는 일까지
일렀음을 보고하였다. 뒤에 비단 심부름 간 자가 돌아와 더 구입하도록
한 상황을 증험하고 물어 보았더니 마치 부절을 합한 것처럼 똑같았다.


《神仙傳》: 左慈字元放, 盧江人. 少明五經, 兼通星氣.

見漢祚將盡, 乃歎曰:「值此衰運, 官高者危, 才高者死. 當代榮
華不足貪也.」

乃學道術, 尤明六甲, 能役鬼神, 坐致行廚. 精思於天柱山中, 得石
室九丹金液經, 能變萬端. 曹操聞而召之, 閉一室中斷穀食, 日與

二升水, 暮年出之, 顔色如故.

操欲學道, 左慈曰:「學道當清淨無爲.」

操怒謀殺之, 爲設酒. 慈乞分杯飲酒. 時天寒, 溫酒尚未熟. 慈拔簪, 以畫杯酒卽中斷, 分爲兩向, 慈飲其半, 送餘操. 操未卽飲, 慈乞自飲. 飲畢, 以杯擲屋棟, 杯便懸著棟, 動搖似鳥飛之俯仰之狀, 欲落不落. 一坐矚目視杯, 已失慈所在.

操嘗會賓, 顧衆曰:「珍羞俱備, 所少吳江鱸魚耳.」

慈求銅盤貯水, 以竹竿釣, 須臾引鱸出.

操曰:「一魚不周坐席.」

慈更餌鉤沈之, 復引出, 皆三尺餘.

操鱠之, 恨無蜀薑.

慈曰:「易得.」

操恐近取之, 因曰:「吾前遣人到蜀買錦. 可報令增二端?」

語頃卽得薑還, 使報命. 後返驗問增錦之狀, 若符契也.

【左慈】東漢 末의 人物.《後漢書》에 그 傳이 실려 있으며《搜神記》에도 그 기사가 실려 있음.
【五經】儒家의 경전. 漢나라 때는《易》,《詩》,《書》,《禮》,《春秋》를 오경으로 삼았음.
【星氣】별자리의 변화를 보고 미래를 예측하는 점성술의 일종.
【六甲】五行의 方術.
【曹操】魏武帝. 자는 孟德(155~220). 어릴 때는 阿瞞으로 불렸음. 沛國 출신으로 기지와 변화는 물론 문장에도 뛰어났었으며 曹丕의 아버지로 한말 세력을 키워 魏나라를 건립하는 기초를 세움. 아들 조비가 獻帝로부터 선양을 받아 武帝로 추존함.《孫子略解》,《兵書接要》,《曹操集》 등이 있음.《三國志》(1)에 紀가 있음.
【行廚】휴대용 술과 식사. 도시락.

【吳江鱸魚】吳江은 吳나라의 松江으로 여기에서 나는 농어회를 말함. 장한의 고사에 유래된 것임. '張翰適意'[244] 참조.

【銅盤之鱸·蜀薑錦】《神仙傳》에는 없으며 《後漢書》 方術傳·《搜神記》 등에 실려 있으며 《神仙傳》에서는 介象의 일화로 되어 있음.


참고 및 관련 자료

## 1. 《神仙傳》(8)

左慈者, 字元放, 廬江人也. 少明五經, 兼通星緯, 見漢祚將盡, 天下亂起, 乃嘆曰: 「値此衰運, 官高者危; 財多者死. 當世榮華不足貪也.」 乃學道術, 尤明六甲, 能役使鬼神, 坐致行廚. 精思於天柱山中, 得石室內《九丹金液經》, 能變化萬端, 不可勝紀. 曹公聞而召之, 閉一室中, 使人守視, 斷其穀食, 日與二升水. 朞年乃 出之, 顏色如故. 曹公曰:「吾自謂天下無不食之人.」 曹公乃欲從學道, 慈曰: 「學道當得淸淨無爲, 非尊貴所宜.」曹公怒, 乃謀殺之. 慈已知之, 求乞骸骨. 曹公 曰:「何忽去耳?」慈曰:「公欲殺慈, 慈故求去耳.」曹公曰:「無有此意. 君欲高 尙其志者, 亦不久留也.」 乃爲設酒. 慈曰:「今當遠適, 願乞分杯飮酒.」公曰: 「善.」是時天寒, 溫酒尙未熱, 慈解劒以攪酒, 須臾劒都盡, 如人磨墨狀. 初, 曹公 聞慈求分杯飮酒, 謂慈當使公先飮, 以餘與慈耳. 而慈拔簪以畫杯酒, 酒卽中斷, 分爲兩向. 慈卽飮其半, 送半與公, 公不喜之, 未卽爲飮. 慈乞自飮之, 飮畢, 以杯 擲屋棟, 杯懸着棟動搖, 似飛鳥之俯仰, 若欲落而不落. 一座莫不矚目視杯, 旣而 已失慈矣, 尋問之, 慈已還所住處. 曹公遂益欲殺慈, 乃勑內外收捕慈. 慈走羣 羊中, 追者視慈入羣羊中, 而奄忽失之, 疑其化爲羊也. 然不能分別之. 捕吏乃 語羊曰:「人主意欲得見先生, 暫還無苦.」於是羣羊中有一大者, 跪而言. 吏乃 相謂曰:「此跪羊是慈也.」復欲擒之. 羊無大小悉長跪, 追者亦不知慈所在, 乃止. 後有知慈處者, 以告曹公, 公遣吏收之, 得慈. 慈非不得隱, 故欲令人知其神化耳. 於是受執入獄. 獄吏欲考訊之, 戶中有一慈, 戶外亦有一慈, 不知孰是. 曹公聞 而愈惡之, 使引出市殺之. 須臾, 有七慈相似, 官收得六慈, 失一慈. 有頃, 六慈 皆失. 尋又見慈走入市, 乃閉市四門而索之. 或不識者問慈形貌何似? 傳言慈 眇一目, 靑葛巾單衣, 見有似此人者, 便收之. 及而一市中人, 皆眇一目, 葛巾單衣, 竟不能分. 曹公令所在普逐之, 如見便殺. 後有人見慈, 便斷其頭以獻曹公. 公大喜, 及至視之, 乃一束茅耳. 有從荊州來者, 見慈在荊州. 荊州牧劉表以爲

惑衆, 復欲殺慈, 慈意已知. 表出耀兵, 乃欲見其道術. 乃徐去詣表, 說: 「有薄
禮願以餉軍.」表曰: 「道人單僑, 吾軍人衆, 非道人所能餉也.」慈重道之, 表使
人取之, 有酒一器, 脯一束, 而十餘人共舁之不起. 慈乃自取之, 以一刀削脯投地,
請百人運酒及脯, 以賜兵士. 人各酒三杯, 脯一片, 食之如常酒脯味, 凡萬餘人
皆周足, 而器中酒如故, 脯亦不減. 座中又有賓客數十人, 皆得大醉. 表乃大驚,
無復害慈之意. 慈數日委表東去入吳. 吳有徐隨者, 亦有道術, 居丹徒. 慈過隨門,
門下有客車六七乘, 客詐慈云: 「徐公不在.」慈便卽去. 宿客見其牛皆在楊柳
樹杪行, 適上樹卽不見, 下卽復見牛行樹上. 又車轂中皆生荊棘, 長一尺, 斫之
不斷, 搖之不動. 宿客大懼, 入報徐公, 說: 「有一眇目老公至門, 吾欺之, 言公
不在, 此人去後, 須臾使車牛皆如此, 不知何意.」徐公曰: 「咄咄! 此是左公過我,
汝曹那得欺之?」急追之, 諸客分布逐之. 及慈, 羅列叩頭謝之, 慈意解, 卽遣
還去. 及至, 見車牛如故繫在, 車轂中無復荊木也. 慈見吳先主孫權, 權素知慈
有道, 頗禮重之. 權侍臣謝送知曹公·劉表皆忌慈惑衆, 復譖於權, 欲使殺之.
後出遊, 請慈俱行, 令慈行於馬前, 欲自後刺殺之. 慈著木履, 持靑竹杖, 徐徐
緩步行, 常在馬前百步. 著鞭策馬, 操兵器逐之, 終不能及. 送知其有道, 乃止.
慈告葛仙公言: 「當入霍山中合九轉丹.」丹成, 遂仙去矣.

## 2. 《搜神記》(1)

左慈字元放, 廬江人也. 少有神通, 嘗在曹公座, 公笑顧衆賓曰: 「今日高會, 珍羞
略備, 所少者, 吳松江鱸魚爲膾.」放云: 「此易得耳.」因求銅盤, 貯水, 以竹竿
餌釣于盤中. 須臾, 引一鱸魚出. 公大拊掌, 會者皆驚. 公曰: 「一魚不周坐客,
得兩爲佳.」放乃復餌釣之. 須臾, 引出, 皆三尺餘, 生鮮可愛, 公便自前膾之,
周賜座席. 公曰: 「今旣得鱸, 恨無蜀中生薑耳.」放曰: 「亦可得也.」公恐其近
道買, 因曰: 「吾昔使人至蜀買錦, 可敕人告吾使, 使增市二端.」人去, 須臾還,
得生薑. 又云: 「於錦肆下見公使, 已敕增市二端.」後經歲餘, 公使還, 果增二端.
問之, 云: 「昔某月某日, 見人於肆下, 以公敕敕之.」後公出近郊, 士人從者百數.
放乃齎酒一甖, 脯一片, 手自傾罌, 行酒百官, 百官莫不醉飽. 公怪, 使尋其故.
行視沽酒家, 昨悉亡其酒脯矣. 公怒, 陰欲殺放. 放在公座, 將收之, 卻入壁中,
霍然不見. 乃募取之. 或見于市, 欲捕之, 而市人皆放同形, 莫知誰是. 後人遇
放于陽城山頭, 因復逐之, 遂走入羊群. 公知不可得, 乃令就羊中告之曰: 「曹公
不復相殺, 本試君術耳. 今旣驗, 但欲與相見.」忽見一老羝, 屈前兩膝, 人立而
言曰: 「遽如許.」人卽云: 「此羊是.」競往赴之. 而群羊數百, 皆變爲羝, 並屈前膝,
人立云: 「遽如許.」於是遂莫知所取焉. 老子曰: 「吾之所以爲大患者, 以吾有身也.

及吾無身, 吾有何患哉!」若老子之儔, 可謂能無身矣. 豈不遠哉也!

### 3.《後漢書》82(下) 方術列傳

左慈字元放, 廬江人也, 少有神道, 嘗在司空曹操坐, 操從容顧衆賓曰:「今日
高會, 珍羞略備, 所少吳松江鱸魚耳.」放於下坐應曰:「此可得也.」因求銅盤貯水,
以竹杆餌釣於盤中. 須臾引一鱸魚出. 操大拊掌笑, 會者皆驚. 操曰:「一魚不
周坐席, 可更得乎?」放乃更餌鉤沈之 須臾復引出, 皆長三尺餘, 生鮮可愛, 操使
目前鱠之, 周浹會者. 操又謂曰:「旣已得魚, 恨無蜀中生薑耳.」放曰:「亦可得也.」
操恐其近卽所取, 因曰:「吾前遣人到蜀買錦, 可過勅使者, 增市耳端.」語頃,
卽得薑還, 幷獲操使報命, 後操使蜀反, 驗問增錦之狀及時日早晚, 若符契焉.
後操出近郊, 士大夫從者百許人, 慈乃爲齎酒一升, 脯一斤, 手自斟酌, 百官莫
不醉飽, 操怪之, 使尋其故. 行視諸鑪, 悉亡其酒脯矣, 操懷不喜, 因坐上收欲
殺之, 慈乃卻入壁中, 霍然不知所在, 或見於市者, 又捕之, 而市人變形與慈同,
莫知誰是 後人逢慈於陽城山頭, 因復逐之, 遂入走羊羣, 操知不可得, 乃令就
羊中告之曰:「不復相殺, 本試君術耳.」忽有一老羝屈前兩膝, 人立而言曰:
「遽如許.」卽競往赴之, 而羣羊數百皆變爲羝, 並屈前膝人立, 云:「遽如許.」
遂莫知所取焉.

### 4.《太平廣記》(11) 左慈

左慈字元放, 廬江人也. 明五經, 兼通星氣. 見漢祚將衰, 天下亂起. 乃嘆曰:
「值此衰亂. 官高者危, 財多者死. 當世榮華, 不足貪也.」乃學道. 尤明六甲, 能役
使鬼神, 坐致行廚. 精思於天柱山中, 得石室中九丹金液經. 能變化萬端, 不可
勝記. 魏曹公聞而召之, 閉一石室中, 使人守視. 斷穀期年, 乃出之, 顏色如故.
曹公自謂:「生民無不食道, 而慈乃如是, 必左道也.」欲殺之. 慈已知, 求乞骸骨.
曹公曰:「何以忽爾?」對曰:「欲見殺, 故求去耳.」公曰:「無有此意. 公却高其志,
不苟相留也.」乃爲設酒, 曰:「今當遠曠, 乞分盃飲酒.」公曰:「善.」是時天寒,
溫酒尚熱. 慈拔道簪以撓酒. 須臾, 道簪到盡, 如人磨黑. 初, 公聞慈求分杯飲酒,
謂當使公先飲, 以與慈耳. 而拔道簪以畫. 盃酒中斷, 其間相去數寸, 卽飲半,
半與公. 公不善之, 未卽爲飲. 慈乞盡自飲之. 飲畢, 以杯擲室棟, 杯懸搖動, 似飛
鳥俯仰之狀. 若欲落而不落, 擧坐莫不視杯, 良久乃墮. 旣而已失慈矣. 尋問之,
遠其所居. 曹遂益欲殺慈, 試其能免死否. 乃勅收慈, 慈走入群羊中, 而追者不分.
乃數本羊, 果餘一口, 乃知是慈化爲羊也. 追者語主人意, 欲得見先生, 暫遠無
怯也. 俄而有大羊前跪而曰:「爲審爾否?」吏相謂曰:「此跪羊, 慈也.」欲收之.
於是群羊咸向吏言曰:「爲審爾否?」由是吏亦不復知慈所在, 乃止. 後有知慈

處者, 告公. 公又遣吏收之, 得慈. 慈非不能隱, 故示其神化耳. 於是受執入獄, 獄吏欲拷掠之. 戶中有一慈, 不知孰是. 公聞而愈惡之, 使引出市殺之. 須臾, 忽失慈所在, 乃閉市門而索. 或不識慈慈者, 問其狀. 言眇一目, 著青葛巾青單衣. 見此人便收之, 及爾. 一市中人皆眇目, 著葛巾青衣, 卒不能分. 公令普逐之, 如見便殺. 後有人見知, 便斬以獻公. 公大喜, 及至視之, 乃一束茅. 驗其尸, 亦亡處所. 後有人從荊州來, 見慈. 刺史劉表, 亦以慈爲惑衆, 擬收害之. 表出耀兵, 慈意知欲見其術. 乃徐徐去, 因又詣表云:「有薄禮, 願以餉軍.」表曰:「道人單僑, 吾軍人衆, 安能爲濟乎?」慈重道之. 表使視之, 有酒一斗. 器盛, 脯一束, 而十人共擧不勝. 慈乃自出取之, 以刀削脯投地. 請百人奉酒及脯, 以賜兵士. 酒三盃, 脯一片, 食之如常脯味. 凡萬餘人, 皆周足, 而器中酒如故, 脯亦不盡. 坐上又有賓客千人, 皆得大醉. 表乃大驚, 無復害慈之意. 數日, 乃委表去. 入東吳, 有徐墮者, 有道術, 居丹徒. 慈過之, 墮門下有賓客, 車牛六七乘. 欺慈云:「徐公不在.」慈知客欺之, 便去. 客卽見牛在楊樹杪行, 適上樹卽不見, 下卽復見行樹上. 又車轂皆生荊棘, 長一尺. 斫之不斷, 推之不動. 客大懼, 卽報徐公:「有一老翁眇目, 吾見其不急之人, 因欺之云, 公不在. 去後須臾, 牛皆如此. 不知何等意?」公曰:「咄咄. 此是在公過我, 汝曹那得欺之. 急追可及.」諸客分布逐之, 及慈. 羅布叩頭謝之, 慈意解, 卽遣還去. 及至, 車牛等各復如故. 慈見吳主孫討逆, 復欲殺之. 後出遊, 請慈俱行, 使慈行於馬前, 欲自後刺殺之. 慈在馬前, 着木履, 掛一竹杖. 徐徐而行. 討逆着鞭策馬, 操兵逐之, 終不能及. 討逆知其有術, 乃止. 後慈以意告葛仙公, 言當入霍山, 合九轉丹. 遂乃仙去.

## 5. 《博物志》(5)

魏武帝好養性法, 亦解方藥, 招引四方之術士, 如左元放·華佗之徒, 無不畢至.

## 6. 《博物志》(5)

魏時方士, 甘陵甘始, 廬江有左慈, 陽城有郄儉. 始能行氣導引, 慈曉房中之術, 儉善辟穀不食, 悉號三百歲人. 凡如此之徒, 武帝皆集之於魏, 不使游散. 甘始老而少容, 曹子建密問其所行, 始言:「本師姓韓字世雄, 嘗與師於南海作金, 投數萬斤於海. 又取鯉魚一雙, 令其一著藥, 俱投沸膏中, 有藥者奮尾鼓鰓, 游行沈浮, 有若處淵, 其一無藥者已熟而可食」言:「此藥去此逾萬里, 已不自行, 不能得也.」

## 7. 《博物志》(5)

文帝《典論》曰:「陳思王曹植〈辯道論〉云: 世有方士, 吾王悉招致之, 甘陵有甘始, 廬江有左慈, 陽城有郄儉. 始能行氣導引, 慈曉房中之術, 儉善辟穀, 悉號三百歲人. 自王與太子及余之兄弟咸以爲調笑, 不全信之. 然嘗試郄儉辟穀百日, 躬與寢處, 行步起居自若也. 夫人不食七日則死, 而儉乃能如是. 左慈修房中之術, 差可以終命, 然非有至情, 莫能行也. 甘始老而少容. 自諸術士咸共歸之, 王使郄孟節主領諸人.」

### 8.《北堂書鈔》(145)

曹操高會, 珍羞所少者松江鱸魚耳. 左慈求銅盤貯水釣之, 皆浹會者.

### 9.《法苑珠林》(43)

左慈字元放, 盧江人也. 有神通, 嘗在曹公座, 公曰:「今日高會, 恨不得吳松江鱸魚爲膾.」放云:「可得也.」求銅盤, 貯水, 放以竹竿餌釣盤中, 須臾, 引一鱸出, 公大撫掌, 會者皆驚, 公曰:「一魚不周座席, 得兩爲佳.」放乃得餌釣之, 須臾, 引出, 皆三尺餘, 生鮮可愛, 公便目前膾之, 周賜座席, 公曰:「今既得鱸, 恨不得蜀生薑耳.」放曰:「可得也.」公恐其近道買, 因曰:「吾昔使人至蜀買錦, 可勅人告吾使, 使增市二端.」人去, 須臾還, 得生薑, 又云:「於錦肆下見公使, 已勅增市二端.」後經歲餘, 公使還, 果增市二端錦. 問之, 云:「昔某月某日, 見人於肆下, 以公勅勅之, 增市二端錦.」後公出近郊, 士人從者百數. 放乃齎酒一甖, 脯一片, 手自傾甖, 行酒百官, 百官皆醉飽, 公還驗之, 酤賣家昨悉亡其酒脯矣. 公惡之, 陰欲殺元放. 元放在公座, 將收之, 放却入壁中, 霍然不見, 乃募取之. 或見於市, 欲捕之, 而市人皆放同形, 後或見於於陽城山頭, 行人逐之, 放入於羊羣. 行人知放在羊中, 告之曰:「曹公不復相殺, 本成君術, 既驗, 但欲與相見.」羊中忽有一大老羝. 屈前兩膝, 人立而言曰:「遽如許.」人卽云:「此羊是.」競往欲取, 而羣羊數百, 皆爲羝羊, 並屈前膝, 人立云:「遽如許.」於是莫知所取焉. 老子曰:「吾之所以爲大患者, 以吾有身也. 及吾無身, 吾有何患哉!」若老者之儔, 可謂能無身矣. 豈不遠哉也?

### 10.《藝文類聚》(17)

神仙傳曰: 曹公捕左慈, 數日得之, 便斷頭, 以白曹公. 公大喜曰:「果慈頭, 定視, 是一束茅爾.」

### 11.《藝文類聚》(72)

神仙傳曰:「左慈詣劉表, 云有薄禮, 願以犒軍. 表使取之, 有酒一器, 有脯一盤, 千餘人共舉, 不能勝. 慈自取之, 引入. 求書刀, 削脯投地. 百人接酒及脯, 賜兵人人酒三杯, 酒如故, 脯亦不減.

### 12.《藝文類聚》(89)

神仙傳曰: 吳有徐隨, 居丹徒, 左慈過隨. 門下有宿客車六七乘, 欺慈, 云:「徐公不在.」慈去, 客皆見牛在楊樹杪, 車轂中皆生荊木, 長一二丈. 客懼. 入報隋, 隋曰: 「此左公, 遣追之.」客逐慈, 叩頭謝, 客還, 見牛故在地, 無復荊木也.

## 13.《藝文類聚》(94)

曹公收左慈, 慈走入群羊中, 失慈之所在. 追者疑化爲羊, 乃令人數羊, 羊本千口. 揀之, 長一口, 知果化爲羊. 乃謂曰: 「若是左公者, 但出無苦也.」有一羊跪云: 「詎如許.」追者欲執之. 於是群羊皆跪曰: 「詎如許.」追者乃去.

## 14.《仙佛奇蹤》(2) 左慈

左慈, 字元放, 廬江人. 於天柱山中, 精思學道, 得石室中丹經. 尤明六甲, 能使鬼神. 坐致行廚, 變化萬象. 曹操召見, 閉一室, 斷穀朞年, 出之, 顔色如故. 操嘗宴賓曰: 「今日高會, 所少松江鱸耳.」慈因求銅盆貯水, 以竿釣之, 即得鱸. 操曰: 「恨無蜀薑.」慈曰: 「易得.」操恐近取, 即曰: 「前使買錦, 可報增二十段.」慈曰: 「諾.」乃擲盃空中化鶴而去. 須臾, 袖中出薑, 後買錦者, 回果云: 「是日得報, 增錦.」操出郊從者百許. 慈爲齎酒一升脯一斤, 手自斟酌. 百官莫不醉飽, 操怪之. 行視諸墟悉亡其酒脯矣. 操惡其怪, 因收慈, 欲殺之. 慈乃郤入壁中, 霍然不知所在. 或見於市, 捕之, 而市人皆變形與慈同. 莫辨誰是. 或逢慈於陽城山頭, 因復逐之, 遂奔入羊群. 操知不可得, 乃令使告之曰: 「不復相殺, 本試君術耳.」忽有一老羝屈前, 兩膝人立而言曰: 「遽如許.」使欲取之, 而群羊數百皆變爲羝, 竝人立云: 「遽如許.」亦莫知取焉.

## 15. 한편《三國志》(63) 吳書 趙達傳 注에 葛洪의《神仙傳》을 인용한 介象 (字, 元則)의 고사가 이와 유사하며,《神仙傳》(9) 介象으로 되어 있음.

# 172.  武陵桃源, 劉阮天台

## 172-① 武陵桃源
## 도연명의 무릉도원


도잠陶潛의 〈도화원기桃花源記〉의 글이다.

진晉나라 태원太元 연간에 무릉武陵 사람이 고기를 잡으면서 냇물을 따라 거슬러 올라가다가 그만 얼마나 멀리 왔는지 그 원근을 잊게 되었다. 그런데 홀연히 앞에 복사꽃이 만발한 숲을 만났다. 언덕을 끼고 수백 보에는 잡목은 전혀 없고 향내 나는 꽃이 곱고 아름다웠으며, 떨어지는 꽃잎이 어지럽게 흩날리고 있었다. 어부는 심히 기이하게 여겨 다시 앞으로 나가 숲의 끝까지 가보고자 하였다.

수풀이 끝나고 물의 근원에 하나의 산이 있었으며, 산에는 작은 구멍이 있었는데 마치 빛이 비치는 것 같았다. 그는 곧 타고 온 배를 버리고 그 입구로 들어갔다. 처음에는 너무 좁아 겨우 사람이 통과할 수 있었으나 계속 수십 보를 나가자 홀연히 훤히 트여 토지가 평탄하고 넓었으며 집들이 뚜렷하였다. 좋은 농토에 아름다운 못과 뽕나무, 대나무 등이 있었고 가로세로 길이 엇갈려 통하였으며, 닭과 개가 우는 소리가 서로 들렸다. 그 속에는 오고가며 씨를 뿌리고 작업을 하는 남녀의 옷차림이 바깥 사람들과 모두 같았다. 그들은 누런 머리에 다박머리를 늘어뜨린 채 편안한 모습으로 스스로 즐겁게 일을 하고 있는 것이었다. 그러다가 이 어부를 보자 크게 놀라 어디서 왔느냐고 물었다. 어부가 찾아오게 된 경위를 갖추어 말하자 곧바로 이를 맞아 집으로 돌아가더니 술을 내어놓고 닭을 잡아 식사를 준비하는 것이었다. 마을 사람들이 모두 몰려와 온갖 질문을 퍼붓더니 스스로 '선세 진秦나라 난을 피하여 처자와 읍 사람들을 거느리고 이곳 세상과 끊어진 곳에 오게 된 다음 다시는 나가지 않아 드디어 밖의 인간 세계와는 단절이 되고 말았다'는 것이었다.

그리고 물었다.

"지금은 어떤 세상입니까?"

그리고 한漢나라가 있었음은 물론 위魏나라를 거쳐 진晉나라가 되었다는 것도 알지 못하고 있었다. 어부가 이를 갖추어 설명해 주자, 이를 들은 자들은 모두 감탄하면서 안쓰러워하였다. 나머지 마을 사람들도 각기 자신의 집으로 모셔가서 모두 술과 음식을 내놓았다. 이렇게 며칠을 머물다가 떠나게 되었다. 이윽고 나와 옛날 타고 온 배를 찾아 곧바로 전에 왔던 길에 의지하여 돌아오면서 곳곳에 가겠다고 표시를 해 두었다. 그는 군郡에 가서 태수에게 이를 설명하자 태수는 즉시 사람을 파견하여 그를 따르게 하여 지난날 표시해 두었던 것을 찾았으나 끝내 길을 잃어 다시는 그 길을 찾을 수 없었다.


陶潛〈桃花源記〉云: 晉太元中, 武陵人捕魚, 緣溪行, 忘路之遠近, 忽逢桃花林. 夾岸數百步, 中無雜樹, 芳華鮮美, 落英繽紛. 漁人甚異之, 復前行, 欲窮其林. 林盡水源得一山, 山有小口, 髣髴若有光.

便捨船從口入, 初極狹纔通人, 復行數十步, 豁然開朗, 土地平曠, 屋舍儼然, 有良田美池桑竹之屬. 阡陌交通, 鷄犬相聞. 其中往來種作, 男女衣著悉如外人, 黃髮垂髫, 怡然自樂. 見漁人大驚, 問所從來, 具答之. 便邀還家, 爲設酒殺鷄作食. 村中咸來問訊, 自云先世避秦亂, 率妻子邑人, 來此絶境, 不復出, 遂與外人間隔.

問:「今是何世?」

乃不知有漢, 無論魏晉. 此人爲具言, 聞皆歎惋. 餘人各復延至其家, 皆出酒食, 停數日辭去.

旣出得其船, 便據向路, 處處誌之. 及郡詣太守說, 太守卽遣人隨往, 尋向所誌, 遂迷不復得路.

【陶潛】陶淵明(365~427). 晉·宋시기의 詩人. 이름은 淵明으로 더 널리 알려져
있으며 일명 潛, 字는 元亮, 私諡는 靖節. 尋陽 柴桑(지금의 江西省 九江市)
출신. 그의 曾祖인 陶侃은 東晉의 開國功臣으로 大司馬 등을 지냈으며
祖父는 太守를 지내기도 했음. 그러나 아버지는 일찍 죽었고 어머니는 東晉
때 名家인 孟嘉의 딸이었음. 도연명은 한 때 州의 祭酒, 鎭軍, 建威參軍을
지냈으나 彭澤令이 되자 80여 일만에 「五斗米」 고사를 남긴 채 낙향하여
〈歸去來辭〉를 지음. 그 외에 〈田園詩〉와 〈桃花源記〉, 〈五柳先生傳〉 등을
남겨 중국 최고의 田園詩人으로 추앙됨. 단 《詩品》에서는 그의 시를 中品에
넣어 당시 詩風과 차이에서 질박하다는 이유로 낮추고 있음을 알 수 있음.
韓國文學에도 至大한 영향을 미쳤음. 《晉書》(94), 《宋書》(93), 《南史》(75)에
전이 있으며, 《陶淵明集》이 전함. '陶潛歸去'[244] 및 '淵明把菊'[263] 참조.
【桃花源記】《陶淵明全集》(5)과 《搜神後記》에 실려 있음.
【阡陌】'천'은 남북으로 난 길.'맥'은 동서로 난 길.
【垂髫】'초'는 뒤로 길게 늘어뜨린 머리. 어린아이를 말함.




1. 《陶淵明集》〈桃花源記〉(幷詩)
晉太元中, 武陵人捕魚爲業, 緣溪行, 忘路之遠近, 忽逢桃花林. 夾岸數百步,
中無雜樹, 芳草鮮美, 落英繽紛, 漁人甚異之. 復前行, 欲窮其林. 林盡水源, 便得
一山. 山有小口, 髣髴若有光; 便捨船從口入. 初極狹, 纔通人; 復行數十步, 豁然
開朗. 土地平曠, 屋舍儼然, 有良田美池桑竹之屬; 阡陌交通, 鷄犬相聞. 其中
往來種作, 男女衣著, 悉如外人; 黃髮垂髫, 並怡然自樂. 見漁人, 乃大驚; 問所
從來, 具答之. 便要還家, 爲設酒殺鷄作食. 村中聞有此人, 咸來問訊. 自云先世
避秦時亂, 率妻子邑人來此絶境, 不復出焉; 遂與外人間隔. 問今是何世, 乃不
知有漢, 無論魏晉. 此人一一爲具言所聞, 皆歎惋. 餘人各復延至其家, 皆出酒食.
停數日, 辭去. 此中人語云:「不足爲外人道也.」旣出, 得其船, 便扶向路, 處處
誌之. 及郡下, 詣太守說如此. 太守卽遣人隨其往. 尋向所誌, 遂迷不復得路.
南陽劉子驥, 高尙士也. 聞之, 欣然規往. 未果, 尋病終, 後遂無問津者.
嬴氏亂天紀, 賢者避其世. 黃綺之商山, 伊人亦云逝. 往跡寖復湮, 來逕遂蕪廢.
相命肆農耕, 日入從所憩. 桑竹垂餘蔭, 菽稷隨時藝. 春蠶收長絲, 秋熟靡王稅.

荒路曖交通, 鷄犬互鳴吠. 俎豆猶古法, 衣裳無新製. 童孺縱行歌, 斑白歡遊詣.
草榮識節和, 木衰知風厲. 雖無紀曆誌, 四時自成歲. 怡然有餘樂, 於何勞智慧!
奇蹤隱五百, 一朝敞神界. 淳薄旣異源, 旋復還幽蔽. 借問游方士, 焉測塵囂外!
願言躡輕風, 高擧尋吾契.

## 2.《搜神後記》(卷一)

晉太元中, 武陵人捕魚爲業. 緣溪行, 忘路之遠近, 忽逢桃花林, 夾岸數百步,
中無雜樹, 芳華鮮美, 落英繽紛. 漁人甚異之(漁人姓黃名道眞). 復前行, 欲窮
其林. 林盡水源, 便得一山. 山有小口. 彷佛若有光. 便捨舟, 從口入. 初極狹,
纔通人. 復行數十步, 豁然開朗, 土地曠空, 屋舍儼然. 有良田美池桑竹之屬.
阡陌交通, 雞犬相聞. 男女衣著, 悉如外人. 黃髮垂髫, 並怡然自樂. 見漁人, 大驚,
問所從來, 具答之. 便要還家, 爲設酒殺雞作食. 村中人聞有此人, 咸來問訊.
自云先世避秦難, 率妻子邑人至此絶境, 不復出焉. 遂與外隔. 問今是何世, 乃不
知有漢, 無論魏晉. 此人一一具言所聞, 皆爲歎惋. 餘人各復延至其家, 皆出酒食.
停數日, 辭去. 此中人語云:「不足爲外人道也.」旣出, 得其船, 便扶向路, 處處
誌之. 及郡, 乃詣太守說如此. 太守劉歆, 卽遣人隨之往, 尋向所誌, 不復得也.


# 172-② 劉阮天台
## 천태산에 올라 선녀를 만난 유신과 완조


《속제해기續齊諧記》에 실려 있다.

한漢 명제明帝 영평永平 연간에 섬현剡縣에 유신劉晨과 완조阮肇라는
사람이 천태산天台山에 약초를 캐러 들어갔다가 그만 길을 잃고 식량도
바닥나고 말았다. 그들이 산꼭대기를 쳐다보았더니 복숭아가 달려 있어
함께 이를 먹었더니 마치 조금 가뿐해진 기분이었다. 산을 내려오다가

골짜기 물을 만나 이들은 물을 마시고 목욕도 하였는데, 그때 멀리 보았더니 만청蔓菁이라는 채소 잎이 떠내려오는 것이었다. 산에서 떠내려오고 있었으며 그 뒤를 이어 잔 하나가 떠내려왔는데 그 잔 안에는 호마반胡麻飯 부스러기가 들어 있는 것이었다. 두 사람은 서로 이렇게 말하였다.

"사람 사는 인가가 멀지 않을 것이다."

그리하여 물을 거쳐 1리쯤 가다가 다시 산을 하나 넘어 큰 계곡을 빠져나왔다. 그러자 두 여인을 만났는데 안색과 용모가 절묘하여 세상에는 없는 모습이었다. 그들은 유신과 완조의 이름을 불렀는데 마치 구면인 듯이 대하는 것이었다. 그리고 즐거워하며 이렇게 물었다.

"그대들께서는 어찌 이리 늦으셨습니까?"

그리하여 그들을 맞이하여 집으로 향하였다. 그 집의 건물 장식은 정밀하고 화려하였으며 동서로 각각 상이 있었고, 휘장은 칠보七寶와 영락瓔珞으로 설치하여 세상에는 있을 수 없는 것들이었다. 좌우에 시중드는 이들은 모두 푸른 옷을 단정히 입고 있었으며 남자는 하나도 없었다. 잠시 뒤 호마반과 산양포山羊脯가 진상되었는데 심히 훌륭하였다. 그리고 다시 감주甘酒가 차려졌다. 그리고 선녀 수십 명이 삼오도三五桃를 가지고 와서 이렇게 말하는 것이었다.

"사위를 맞이하게 되심을 축하드립니다."

그러고는 각자 악기를 꺼내어 가락에 맞추어 음악을 연주하였다.

날이 저물자 선녀들은 모두 각기 돌아가고 유신과 완조는 낮에 자신을 맞아 주었던 여인들의 집으로 각기 가서 밤을 함께 보내면서 부부의 도를 행하였다.

이렇게 보름을 머물고 나서 두 사람이 돌아가겠다고 하자 여인들은 이렇게 말하였다.

"이곳에 오시게 된 것은 모두가 숙명으로 얽힌 복이 부른 것입니다. 그리하여 선녀와 함께 남녀의 정을 나눌 수 있게 된 것입니다. 인간 속세에 간들 어찌 이런 즐거움이 있겠습니까?"

그리하여 드디어 반년을 그곳에 살게 되었는데 그곳의 날씨는 적당히 온화하여 마치 3월이나 2월의 봄날 같았다. 그러나 온갖 새들의 지저귐은

애처롭게 들려 돌아가고 싶은 생각이 심히 간절하여 비통해하였다.

그러자 여인들이 말하였다.

"죄의 뿌리가 아직 소멸되지 않아 그대들로 하여금 이와 같은 생각이 솟구치도록 하는 것입니다."

그리하여 다시 선녀들을 불러모아 함께 노래를 지어 부르며 유신과 완조를 보내 주었다.

"이 산의 동쪽 구멍으로 나가면 됩니다. 멀지 않은 곳에서 큰길을 만나게 될 것입니다."

일러준 말대로 하자 과연 그들은 고향집으로 돌아올 수 있었다.

그러나 고향에는 아는 사람이 하나도 없었으며 고향에서 괴이하다고 여겨 이에 알아보았더니 자신들의 7대 손자를 찾게 되었다.

"전해 듣기로 조상 가운데 산에 들어갔다가 나오지 못한 분이 계신데 어디에 있는지 알지 못합니다."

이윽고 친척이나 가족도 없고 머물러 쉴 곳도 없어 다시 선녀의 집으로 돌아가고자 산길을 찾아 헤맸지만 찾을 길이 없었다.

태강太康 8년 결국 그 두 사람조차 있는 곳을 알 수 없게 되었다.


《續齊諧記》: 漢明帝永平中, 剡縣有劉晨·阮肇, 入天台山採藥, 迷失道路, 粮盡. 望山頭有桃, 共取食之, 如覺少健. 下山得澗水, 飮之並澡洗, 望見蔓菁菜葉. 從山復出, 次有一杯流出, 中有胡麻飯屑.

二人相謂曰:「去人不遠」

因過水行一里, 又度一山出大溪. 見二女, 顏容絶妙, 世未有. 便喚劉·阮姓名, 如有舊.

喜問:「郎等來何晩?」

因邀過家, 廳館服飾精華, 東西各有牀, 帳惟設七寶瓔珞, 非世所有. 左右直悉靑衣端正, 都無男子. 須臾進胡麻飯·山羊脯, 甚美.

又設甘酒, 有數十客, 將三五桃至云:「來慶女壻」

各出樂器, 歌調作樂. 日向暮, 仙女各還去. 劉·阮就所邀女家止宿, 行夫婦之道.

留十五日求還, 女曰:「來此皆是宿福所招, 得與仙女交接, 流俗何所樂?」

遂住半年, 天氣和適, 常如三二月, 百鳥哀鳴, 悲思求歸甚切.

女曰:「罪根未滅, 使君等如此」

更喚諸仙女, 共作歌吹, 送劉·阮.

「從此山東洞口去, 不遠至大道」

隨其言, 果得還家鄉. 竝無相識, 鄉里怪異, 乃驗得七代子孫.

「傳聞上祖入山不出, 不知何在」

既無親屬, 栖泊無所, 郤欲還女家, 尋山路不獲.

至太康八年, 失二人所在.


【漢明帝】東漢 제2대 황제 劉莊. 光武帝의 아들. 顯宗孝明皇帝. 58~75년 재위함.

【永平】동한 明帝 劉莊 때의 연호. 58~75년까지 18년간.

【劉晨·阮肇】동한 때 천태산에 올라 선녀들을 만났던 고사를 남긴 인물들.

【天台山】浙江에 있는 산. 天台宗의 聖地.

【七寶】불교의 일곱 가지의 보물. 金·銀·琉璃·車渠·瑪腦·玻璃·眞珠·經典. 혹 진주 대신 珊瑚를 넣기도 함.

【胡麻飯】신선의 음식.

【三五桃】선계의 복숭아.

【太康】晉 武帝 司馬炎의 연호. 280~289년까지 10년간이었으며 이때 太康 文學이라 하여 三張·二陸·兩潘·一左 등의 이름난 문인들이 활동하던 시기였음.

## 1. 《搜神記》佚文

劉晨·阮肇入天台取穀皮, 遠不得返. 經十三日, 飢. 遙望山上有桃樹, 子實熟.
遂躋險援葛至其下, 噉數枚, 飢止體充. 欲下山, 以杯取水. 見蕪菁葉流下,
其鮮新. 復有一杯流下, 有胡麻焉. 乃相謂曰:「此近人家矣.」遂渡山, 出一大溪.
溪邊有二女子, 色甚美. 見二人持杯, 便笑曰:「劉·阮二郎捉向杯來.」劉·阮驚.
二女遂欣然如舊相識曰:「來何晚耶?」因邀還家. 南東二壁各有絳羅帳, 帳角
懸鈴, 上有金銀交錯. 各有數侍婢使令. 其饌有胡麻飯·山羊脯·牛肉, 甚美. 食畢,
行酒. 俄有群女持桃子, 笑曰:「賀汝婿來.」酒酣作樂. 夜後各就一帳宿, 婉態
殊絕. 至十日, 求還, 苦留半年. 氣候草木是春時, 百鳥啼鳴, 更懷鄉, 歸思甚苦.
女遂相送, 指示歸路. 既還, 鄉邑零落, 已十世矣. (明鈔本《太平廣記》61)

## 2. 《仙佛奇蹤》(1)

劉晨, 剡縣人. 漢永平中, 與阮肇入天台採藥, 路迷不得返. 經十三日, 饑渴甚.
望山上有桃實, 共取食之, 下山取澗水飲, 見一杯流出, 中有胡麻飯焉. 二人喜曰:
「此近人家矣.」遂度山出, 一大溪, 溪邊有二女, 色甚美, 顧笑曰:「劉·阮二郎,
捉杯來耶.」劉·阮異之, 二女懽然如舊曰:「來何晚耶?」卽邀還家, 南壁(壁)東
壁(壁), 各有羅帷, 絳帳命侍女, 具饌有胡麻飯·山羊脯, 甚甘美. 食畢, 行酒.
俄有群女持桃, 笑曰:「賀汝婿來.」酒酣, 作樂. 夜半各就一帳宿, 婉態殊絕.
至十日, 求還, 苦留半年. 氣候草木常似春, 百鳥啼响, 歸思更切. 二女曰:「罪根
未滅, 使君等至此」遂指示還路, 及歸鄉邑, 零落已七世矣. 再往女家, 尋覓不獲.
晉太康八年, 失二人所在.

# 173. 王儉墜車, 褚淵落水

## 수레에서 뛰어내린 왕검과 물에 빠진 저연

《남사南史》에 실려 있다.

제齊나라 사도司徒 저연褚淵은 자가 언회彥回이다.

그가 상주자사湘州刺史 왕승건王僧虔을 임지로 보내 줄 때 합도閣道에 이르러 그만 길이 무너져 저연이 물에 빠지고 말았다. 그러자 복야僕射 왕검王儉은 놀라 수레에서 뛰어내려 버렸다. 그러자 사초종謝超宗이 손뼉을 치며 이렇게 놀려댔다.

"물에 빠진 사도 저연, 수레에서 떨어진 복야 왕검이로구다."

저연은 물에서 나왔지만 옷이 흠뻑 젖어 꼴이 아니었다. 사초종은 아랑곳하지 않고 먼저 왕승건의 배에 오른 채 이렇게 소리쳐 놀렸다.

"하늘은 도가 있어 저러한 자는 받을 수 없고, 땅에도 도가 있어 땅도 받아주지 않는다기에 할 수 없이 하백河伯에게 던져 주었더니 하백조차 받지 않는구나."

저연은 크게 화가 나서 이렇게 말하였다.

"미천한 선비가 불손하구니."

이에 사초종은 이렇게 한술 더 떴다.

"나는 그대처럼 부귀를 얻겠다고 원찬袁粲과 유병劉秉을 파는 짓은 하지 못하니 어찌 가난한 선비의 틀을 벗어날 수 있겠는가?"

한편 왕검은 자가 중보仲寶이며 조부 왕담수王曇首와 아버지 왕승작王僧綽 모두 시중侍中을 역임한 집안이다. 왕검은 어려서부터 학문에 독실하였다. 단양윤丹陽尹 원찬이 그를 보고 이렇게 평하였다.

"재상의 가문에 괄백栝柏과 예장豫章나무로다. 비록 작지만 이미 동량의 기품을 갖추고 있구나. 끝내 집안과 나라의 중요한 임무를 맡게 될 것이다."

그는 벼슬이 중서감中書監에 올랐다. 그는 기호와 욕심이 적었으며 오직 나라를 경영하는 일을 자신의 임무로 삼았다. 어릴 때 이미 재상의 뜻이 있어 자신의 시부賦詩에 이렇게 읊었다.

"후직后稷과 설契은 우순虞舜과 하우夏禹를 바르게 하였고, 이윤伊尹과 여상呂尙은 상탕商湯과 주周나라 문무文武를 보필하였네."

구본舊本에는 검儉자를 잘못하여 상常자로 적었다.

저연은 나이 열 살 때 아버지가 소를 우물에 빠뜨린 일이 있었다. 이를 구하려고 떠들썩하고 요란을 피웠지만 저연은 발을 내려뜨린 채 보지도 않는 것이었다. 그런가 하면 그의 문하생 중에 옷을 훔쳐 가는 자가 있어 저연이 이를 보자 이렇게 말하였다.

"몰래 제자리에 도로 갖다 놓아라. 사람들이 알지 못하도록."

그러자 문하생이 부끄러워하면서 그 집을 떠나고 말았다.

송宋 명제明帝가 그를 이부상서吏部尙書에 앉히자, 어떤 사람이 그를 찾아와 관직을 부탁하면서 몰래 품에 병 모양을 한 금을 숨겨 이를 꺼내어 보여 주며 말하였다.

"아무도 알지 못합니다."

그러자 저연이 말하였다.

"그대는 스스로 관직에 오를 생각을 해야지. 이러한 물건의 힘으로 해서는 안 되오. 만약 그래도 보여 준다면 반드시 계啓를 올려 보고하겠소."

이 사람은 두려워 금을 거두어 나가 버렸다.

뒤에 그는 상서령尙書令이 되었을 때, 제齊나라 고제高帝에게 마음을 돌려 고제가 들어서자 중서감中書監이 되었다. 그 때문에 세상 사람들은 그의 명의와 절개에 대하여 비난하였다. 그리하여 백성들은 이렇게 말하였다.

"가련하다, 석두성石頭城 전투여, 차라리 원찬처럼 죽음을 택할지언정, 저연처럼 살아남지는 않으리라."

원찬은 송宋나라의 사도司徒로서 상서령尙書令 유언절劉彦節과 함께 고제를 섬기는 것은 두 임금을 섬기는 것이라 여겨 그 사건으로 죽음을 당하였던 것이다.

《南史》: 齊, 司徒褚淵字彦回. 因送湘州刺史王僧虔, 閣道壞落水.

僕射王儉驚跳下車, 謝超宗抵掌笑曰:「落水三公, 墜車僕射」

彦回出水, 霑濕狼藉. 超宗先在僧虔舫, 抗聲曰:「有天道焉, 天所不容; 有地道焉, 地所不受; 投畀河伯, 河伯不受」

彦回大怒曰:「寒士不遜」

超宗曰:「不能賣袁·劉得富貴. 焉免寒士?」

儉字仲寶, 祖曇首·父僧綽, 俱爲侍中, 儉幼篤學.

丹陽尹袁粲見之曰:「宰相之門, 梧柏豫章, 雖小已有棟梁氣矣. 終當任人家國事」

仕至中書監. 寡嗜欲, 惟以經國爲事. 少有宰相志, 賦詩云:『稷契正虞夏, 伊呂翼商周.』

舊本: 儉作常誤也.

淵年十餘時, 父有牛墮井, 營救喧擾, 淵下簾不視.

有門生盜其衣, 淵見謂曰:「可密藏之, 無令人知」

門生慙而去.

宋明帝遷吏部尚書, 有人求官, 密袖一餅金, 出示之曰:「人無所知」

淵曰:「卿自應得官, 無假此物. 若見與, 必相啓」

此人懼收金而去.

後爲尚書令, 歸心齊高帝, 帝立進位中書監, 世以名節譏之.

百姓語曰:「可憐石頭城, 寧爲袁粲死, 不作彦回生」

粲爲司徒, 與尚書令劉彦節貳于高帝, 死其事.


【褚淵】남조 齊나라 때의 인물. 司徒를 역임함. 자는 彦回.《南史》에 전이 있음.
【湘州】지금의 湖南 長沙.
【王僧虔】王僧綽의 아우.

【閣道】棧道·架橋. 험한 산골짜기를 건널 수 있게 만든 다리.

【王儉】 자는 仲寶. 王曇首의 손자이며 王僧綽의 아들.

【謝超宗】謝靈運의 손자.《南史》謝超宗傳 참조.

【舫】 배 두 척을 서로 매어 놓은 배.

【賣袁劉】 저연이 원찬과 유병을 밀고하여 죽음을 당하게 하고, 자신은 중서감
이 되어 다시 부귀를 누린 것을 말함.

【稷偰】 ‘稷’은 后稷. 周나라의 시조. ‘偰’은 ‘契’로 표기하며 殷나라의 시조.

【餠金】 병처럼 둥근 금이나 은덩어리.

【歸心齊高帝】褚淵·袁粲·劉秉은 劉宋에 벼슬하여 幼主 司馬昱을 보좌하였음.
蕭道成(齊 高帝)이 宋나라를 찬탈하려 하자 司徒 원찬과 尚書令 유병은 그를
없애고자 저연을 믿고 함께 할 것을 제의하였음. 그러자 저연은 이들을
배반하고 소도성에게 사실을 밀고하였고, 소도성이 戴僧靜 등을 시켜 두
사람을 石頭城에서 공격하도록 하였음. 두 사람은 성을 빠져 나와 도망
치면서 원찬은 자신의 아들 袁最에게 대의명분을 세울 것을 부탁, 추적해 온
대승정에 맞서 원최는 몸으로 아버지를 구했음. 원찬은 원최에게 부자가
충과 효를 다하였다고 기꺼이 여기며 함께 죽었고 유병 父子 역시 죽음을
당하고 말았음.

【宋明帝】南朝 宋나라 제6대 황제. 文帝 劉義隆의 둘째 아들로 孝武帝 劉駿
의 뒤를 이어 제위에 오름. 이름은 劉彧. 465~472년 재위함.

【貳于高帝】齊나라를 세운 高帝 蕭道成을 섬기는 것은 宋나라를 섬기던 자
로서 두 임금을 섬기는 것이라 여겨 충절을 지켰음을 말함.


참고 및 관련 자료

## 1.《南史》(28) 褚裕之傳(褚淵)

彦回幼有淸譽, 宋元嘉末, 魏軍逼瓜步, 百姓咸負擔而立. 時父湛之爲丹陽尹,
使其子弟並著芒屩, 於齋前習行. 或譏之, 湛之曰:「安不忘危也.」彦回時年十餘,
甚有慚色. 湛之有一牛, 至所愛, 無故墮廳事前井, 湛至率左右躬自營救之, 郡中
喧擾, 彦回下簾不視也. 又有門生盜其衣, 彦回遇見, 謂曰:「可密藏之, 勿使人見.」
此門生慚而去, 不敢復還, 後貴乃歸罪, 待之如初. ……宋明帝卽位, 累遷吏部
尚書. 有人求官, 密袖中將一餅金, 因求請間, 出金示之, 曰:「人無知者.」彦回曰:

「卿自應得官, 無假此物. 若必見與, 不得不相啓.」此人大懼, 收金而去. 彦回敍
其事, 而不言其名, 時人莫知之也.

## 2.《南齊書》(23) 褚淵傳

褚淵字彦回, 河南陽翟人也. 祖秀之, 宋太常. 父湛之, 驃騎將軍, 尙宋武帝女
始安哀公主. 淵少有世譽, 復尙文帝女南郡獻公主, 姑姪二世相繼. 拜駙馬都尉,
除著作左郎, 太子舍人, 太宰參軍, 太子洗馬, 秘書丞. 湛之卒, 淵推財與弟, 唯取
書數千卷. 襲爵都鄉侯. 歷中書郎, 司徒右長史, 吏部郎. 宋明帝卽位, 加領太子
屯騎校尉, 不受.

# 174. 季倫錦障, 春申珠履

## 174-① 季倫錦障
### 비단으로 보장을 친 석숭


《진서晋書》에 실려 있다.

석숭石崇은 자가 계륜季倫이다. 그의 아버지 석포石苞는 지위가 사도司徒에 올랐었다. 그가 임종할 때 여러 아들들에게 재산을 분배하면서 유독 석숭에게는 한 푼도 주지 않는 것이었다. 이에 그 어머니가 이를 거론하자 석포는 이렇게 말하였다.

"이 아이는 비록 작으나 뒤에 능히 재산을 모을 수 있다."

석숭은 형주자사荊州刺史가 되자 멀리서 사신으로 오는 자와 상인을 위협하여 부를 축적하여 셀 수 없을 정도가 되었다. 뒤에 위위衛尉가 되자 재물을 더욱 풍부하게 축적하여 집을 크고 화려하게 지어 후방後房 처첩의 방 수백 개에, 여자들은 비단을 질질 끌고 다닐 정도였으며, 금과 비취로 귀고리를 하고 음악은 당시 최고의 악사를 골라 즐겼다. 그런가 하면 주방에는 수륙水陸의 진기한 것은 다 갖추어 귀척 왕개王愷나 양수羊琇의 무리와 그 사치를 다툴 정도였다. 그리하여 왕개가 엿의 녹는 정도로 솥의 온도를 재는 호사함을 부리자 석숭은 초로 장작을 대신하였으며, 왕개가 자줏빛 비단으로 4십 리 길이의 보장步障을 치자 석숭은 비단 보장을 5십 리 쳐서 맞섰다. 그러자 석숭이 산초山椒 가루로 방을 도배하자 왕개도 질세라 적석지赤石脂로써 도배를 하였다. 무제武帝는 매번 이 사치 경쟁에 왕개를 도와주었다. 한번은 산호수珊瑚樹를 왕개에게 하사하였는데 높이가 2자쯤 되었고 가지와 줄기가 서로 알맞게 얽혀 세상에 비교할 것이 드물 정도였다. 왕개가 이를 가지고 석숭에게 보여주며 자랑하자 석숭은 철로 된 여의봉如意棒으로 이를 쳐서 박살을 내어버렸다. 왕개의 목소리와 얼굴색이 험악해지자 석숭은 이렇게 말하였다.

"한스럽게 여기지 마시오. 지금 그대에게 되돌려 드리리다."

그리고 좌우에 명하여 자신이 가지고 있던 모든 산호수를 가져 나오도록 하였다. 그런데 그 중에 높이가 서너 자나 되는 것이 예닐곱 개나 되는 것이었다. 게다가 가지와 줄기는 세상에 있을 수 없는 것이었으며, 광채는 눈을 찔렀고 왕개가 방금 가져왔던 것과 비교될 만한 것은 아주 많았다. 왕개는 황연恍然히 그만 자실自失하고 말았다.


《晉書》: 石崇字季倫. 父苞位至司徒. 臨終分財物與諸子, 獨不及崇. 其母以爲言, 苞曰:「此兒雖小, 後自能得.」

爲荊州刺史, 劫遠使商客致富不貲. 後拜衛尉, 財産豐積, 室宇宏麗, 後房百數, 皆曳紈繡, 珥金翠, 絲竹盡當時之選. 庖膳窮水陸之珍, 與貴戚王愷·羊琇之徒以奢靡相尙. 愷以飴澳釜, 崇以蠟代薪; 愷作紫絲布步障四十里, 崇作錦步障五十里, 以敵之; 崇塗屋以椒, 愷用赤石脂. 武帝每助愷, 嘗以珊瑚樹賜之, 高二尺許, 枝柯扶疏, 世所罕比. 愷以示崇, 崇以鐵如意擊碎.

愷聲色方厲, 崇曰:「不足多恨. 今還卿.」

乃命左右, 悉取珊瑚樹, 有高三四尺者六七株. 條幹絶俗, 光彩耀目, 如愷比者甚衆, 愷恍然自失.


【石崇】 자는 季倫(249~300). 修武令, 城陽人守 등을 시냈으며 吳나라를 벌한 공으로 安陽鄕侯에 봉해짐. 뒤를 이어 散騎常侍, 侍中, 荊州刺史 등을 역임하였으며 당시 최고의 부자로 金谷園을 지어 온갖 사치와 부를 누렸던 인물. 특히 羊琇, 王愷 등과 사치를 다툰 일화로도 유명함. 潘岳 등과 賈后, 賈謐을 모함하였으며, 다시 淮南王(司馬允), 齊王(司馬冏)과 결탁하였다가 趙王(司馬倫)에게 참살당함. 《晉書》(33)에 전이 있음. '綠珠墮樓'[140] 참조.

【王愷】 자는 君夫. 王肅의 아들이며 晉 武帝의 외삼촌. 晉 文王(司馬昭)의 처제. 왕족의 외척으로 부를 누렸으며 山都縣公, 龍驤將軍, 散騎常侍, 後軍將軍 등을 지냈으며 방자함과 사치를 일삼았다 함. 시호는 醜. 《晉書》(93)에 전이 있음.

【羊琇】역시 외척.

【步障】장막을 쳐서 귀인이 행차할 때에 屛障으로 삼는 것.

【武帝】晉 武帝. 司馬炎. 西晉의 개국군주. 司馬昭의 長子. 자는 安世. 咸熙 2年 (265)에 魏나라로부터 禪讓의 형식으로 나라를 이어받아 晉나라를 세우고 洛陽 을 도읍으로 함. 재위 26년(265~290). 묘호는 世祖. 《晉書》(3)에 紀가 있음.

【如意】등을 긁는 효자손. 혹은 승려나 도사들이 지니고 있던 손잡이 도구.




**1.《晉書》(33) 石苞傳(石崇)**

石崇字季倫, 生於靑州, 故小名齊奴. 少敏惠, 勇而有謀. 苞臨終, 分財物與諸子, 獨不及崇. 其母以爲言, 苞曰:「此兒雖小, 後自能得」年二十餘, 爲修武令, 有能名. 入爲散騎郎, 遷城陽太守. 伐吳有功, 封安陽鄕侯. 在郡雖有職務, 好學不倦, 以疾自解. 頃之, 拜黃門郎. ……崇穎悟有才氣, 而任俠無行檢. 在荊州, 劫遠使 商客致富不貲. ……財産豐積, 室宇宏麗, 後房百數, 皆曳紈繡, 珥金翠, 絲竹盡 當時之選. 庖膳窮水陸之珍, 與貴戚王愷·羊琇之徒以奢靡相尙. 愷以粣澳釜, 崇以蠟代薪. 愷作紫絲布步障四十里, 崇作錦步障五十里以敵之. 崇塗屋以椒, 愷用赤石脂. 崇·愷爭豪如此. 武帝每助愷, 嘗以珊瑚樹賜之, 高二尺許, 枝柯 扶疏, 世所罕比. 愷以示崇, 崇以鐵如意擊之, 應手而碎. 愷旣惋惜, 又以爲嫉 己之寶, 聲色方厲, 崇曰:「不足多恨. 今還卿.」乃命左右, 悉取珊瑚樹, 有高 三四尺者六七株. 條榦絶俗, 光彩曜日, 如愷比者甚衆, 愷悅然自失矣.

**2.《世說新語》汰侈篇**

石崇與王愷爭豪, 並窮綺麗, 以飾輿服. 武帝, 愷之甥也; 每助愷, 嘗以一珊瑚樹, 高二尺許賜愷, 枝柯扶疎, 世罕其比. 愷以示崇. 崇視訖, 以鐵如意擊之, 應手而碎. 愷旣惋惜, 又以爲疾己之寶, 聲色方厲. 崇曰:「不足恨, 今還卿」乃命左右悉取珊 瑚樹, 有三尺四尺, 條榦絶俗, 光采溢目者六七枚; 如愷許比者甚衆. 愷惘然自失.

**3.《續文章志》**

崇資産累巨萬金, 宅室輿馬, 僭擬王者. 庖膳必窮水陸之珍. 後房百數, 皆曳紈綉, 珥金翠: 而絲竹之藝, 盡一世之選. 築榭開沼, 殫極人巧. 與貴戚羊琇, 王愷之 徒競相高以侈靡, 而崇爲居最之首, 琇等每愧羨, 以爲不及也.

**4.《南州異物志》**

珊瑚生大秦國, 有洲在漲海中, 距其國七八百里, 名珊瑚樹洲. 底有盤石, 水深 二十餘丈, 珊瑚生於石上. 初生白, 軟弱似菌. 國人乘大船, 載鐵網, 先沒在水下,一年便生網目中, 其色尙黃, 枝柯交錯, 高三四尺, 大者圍尺餘. 三年色赤, 便以鐵鈔發其根, 繫鐵綱於船, 絞車擧綱還裁鑿, 恣意所作; 若過時不鑿, 便枯索蟲蠱. 其大者輸之王府, 細者賣之.


## 174-② 春申珠履
### 춘신군의 구슬 신발


《사기史記》에 실려 있다.

초楚나라 고열왕考烈王이 황헐黃歇을 재상으로 삼고 춘신군春申君으로 봉하였다. 당시 제齊나라에는 맹상군孟嘗君, 조趙나라에는 평원군平原君, 그리고 위魏나라에는 신릉군信陵君이 있었다. 이들은 다투어 아래 선비를 불러모아 자신의 빈객으로 삼아 상대를 기울게 하거나 세를 빼앗기에 여념이 없었다. 조나라 평원군이 사람을 춘신군에게 보내었다. 춘신군은 이를 상사上舍에 머물게 하였다. 조나라 사자는 초나라에게 뽐내고자 대모瑇瑁의 비녀에 칼집은 구슬로 장식한 화려한 모습으로 춘신군의 빈객을 만나 명을 받겠노라 청하였다. 춘신군에게는 3천 명의 식객이 있었으며 그의 상객上客이라면 모두가 구슬 신을 신고 있었으며, 이로써 조나라 사신을 접견하자 조나라 사신은 크게 부끄러워하였다.


《史記》: 楚考烈王以黃歇爲相, 封春申君. 是時齊有孟嘗君, 趙有平原君, 魏有信陵君. 方爭下士, 招致賓客, 以相傾奪. 趙平原君使人於春申君. 春申君舍之於上舍. 趙使欲夸楚, 爲瑇瑁簪, 刀劍室以珠玉飾之, 請命春申君客.

春申君客三千餘人. 其上客皆躡珠履, 以見趙使, 趙使大慙.

【考烈王】 전국 말 초나라의 군주. 경양왕의 뒤를 이어 왕이 되었으며
 B.C.261~B.C.238년까지 25년간 재위함.
【黃歇】 戰國四公子의 하나인 楚나라 春申君.
【孟嘗君】 역시 전국사공자의 하나이며 齊나라 공자. 田文. 鷄鳴狗盜 등 많은
 일화를 남김. '馮煖折券'[257] 참조.
【平原君】 역시 전국사공자의 하나인 趙나라 趙勝. 毛遂自薦의 고사를 남김.
 '趙勝謝躄'[188] 및 '仲連踏海'[137] 참조.
【申陵君】 역시 전국사공자의 하나인 魏나라 公子. 이름은 無忌, 魏昭王의
 아들이며 安釐王의 異母弟.
【夸】 '誇'와 같음. 뽐내고 자랑함.
【瑇瑁】 '玳瑁'로도 표기하며 바다에서 사는 큰 거북의 등 부분. 황갈색의
 반점이 있으며 장식품으로 사용함.




1. 《史記》春申君列傳

歇至楚三月, 楚頃襄王卒, 太子完立, 是爲考烈王. 考烈王元年, 以黃歇爲相,
封爲春申君, 賜淮北地十二縣. 後十五歲, 黃歇言之楚王曰:「淮北地邊齊, 其事急,
請以爲郡便.」因幷獻淮北十二縣, 請封於江東. 考烈王許之. 春申君因城故吳墟,
以自爲都邑. 春申君旣相楚, 是時齊有孟嘗君, 趙有平原君, 魏有信陵君, 方爭
下士, 招致賓客, 以相傾奪, 輔國持權. 春申君爲楚相四年, 秦破趙之長平軍
四十餘萬. 五年, 圍邯鄲. 邯鄲告急於楚, 楚使春申君將兵往救之, 秦兵亦去,
春申君歸. 春申君相楚八年, 爲楚北伐滅魯, 以荀卿爲蘭陵令. 當是時, 楚復彊.
趙平原君使人於春申君, 春申君舍之於上舍. 趙使欲夸楚, 爲瑇瑁簪, 刀劍室以
珠玉飾之, 請命春申君客. 春申君客三千餘人, 其上客皆躡珠履以見趙使, 趙使
大慙. 春申君相十四年, 秦莊襄王立, 以呂不韋爲相, 封爲文信侯. 取東周.

2. 《十八史略》(1)

平原君使人於春申君, 欲夸楚, 爲瑇瑁簪, 刀劍室飾以珠玉. 春申君上客, 皆躡
珠履以見之, 趙使大慙.

## 175. 甄后出拜, 劉楨平視

## 견황후가 나와 인사를 하자
## 아무렇지도 않게 바라본 유정

《위지魏志》에 실려 있다.

문소견황후文昭甄皇后는 한漢나라 태보太保 견한甄邯의 후손이다. 원소袁紹가 자신의 둘째 아들 원희袁熙의 아내로 삼아 맞아들였다. 그런데 원희가 유주幽州를 지키러 떠나자 그녀는 남아서 시어머니를 봉양하고 있었다. 그런데 위魏 문제文帝 조비曹丕가 기주冀州를 평정하고 나서 그녀를 업鄴에서 맞아들여 왕비로 삼아 버렸다.

《위략魏略》에는 이렇게 말하였다.

업성鄴城이 깨어지자 원소는 처 유부인, 그리고 견후와 함께 집안에 앉아 있었다. 문제 조비가 원소의 거처로 들어와 원소의 처와 견후를 보게 되었다. 견후는 두려워 머리를 시어머니 무릎에 파묻고 있었고 원소의 처는 두 손으로 감싸고 있었다. 이에 문제 조비가 이렇게 말하였다.

"유부인께서는 말해 보시오. 어찌 이러한 모습으로 있는 것입니까? 신부에게 머리를 들라 하시오."

시어머니는 손으로 견후의 머리를 들어 쳐다보도록 하였다.

문제 조비가 보았더니 안색이 비범하였다. 문제는 아름다움을 칭찬하며 탄식하였다. 태조太祖 조조曹操가 그의 뜻을 듣고 드디어 그를 맞아들여 아내로 삼아 주었던 것이다.

조비의 《전략典略》에는 이렇게 기록되어 있다.

'조비가 태자였을 때 일찍이 여러 문학가들을 초청하여 술자리를 마련, 즐겁게 놀면서 부인 견씨甄氏에게 나와 절하여 인사 드릴 것을 명하였다. 그러자 좌중의 많은 사람들은 모두 숨을 죽이고 엎드렸다. 그런데 오직 유정劉楨만은 홀로 눈을 똑바로 뜨고 마주 보는 것이었다. 태조가 이를 듣고 유정을 가두어 버리고 사형에 처하려다가 감형하여 물건 옮기는 작업의 형벌을 내렸다.'


《魏志》: 文昭甄皇后, 漢太保甄邯後. 袁紹爲中子熙納之, 熙出爲幽州, 后留養姑. 及冀州平, 文帝納后於鄴.

《魏略》曰: 鄴城破, 紹妻及后共坐室堂上. 文帝入紹舍, 見紹妻及后. 后怖以頭伏姑膝上, 紹妻兩手自搏.

文帝謂曰:「劉夫人云何如此? 令新婦擧頭!」

姑乃捧后令仰, 文帝就視, 見其顏色非凡, 稱歎之. 太祖聞其意, 遂爲迎取.

《典略》曰: 太子嘗請諸文學. 酒酣坐歡, 命夫人甄氏出拜, 坐中衆人皆咸伏, 而劉楨獨平視. 太祖聞之, 乃收楨, 減死輸作.


【文昭甄皇后】 '文'은 文帝의 皇后임을 표현한 것이며 '昭'는 諡號. 성씨가 甄氏여서 흔히 甄皇后로 불림. 明帝의 어머니. 甄氏(?~221)는 漢末 魏初의 여인. 원래 袁紹의 둘째 아들 袁熙의 처였으나 曹操가 袁紹를 쳐 없앨 때 조조의 아들 曹丕가 견씨의 용모에 반해 빼앗아 明帝와 東鄕公主를 낳음. 그러다가 黃初 元年 조비가 魏를 세워 稱帝하면서 郭后를 총애하자 견씨가 鄴에서 怨言을 하다가 賜死당함. 明帝가 즉위하자 文昭皇后로 시호를 정해 추존함. 《三國志》《魏志》后妃傳 참조.

【袁紹】 자는 本初(?~202). 한말의 인물. 靈帝 때 左軍校尉를 거쳐 司隷에 올랐으며 董卓을 끌어들여 환관을 제거하였으나 이로 인해 京師에 대란이 일어나자 의견이 맞지 않아 冀州로 도망갔다가 河北을 점거함. 뒤에 曹操와의 결전에 패하자 분을 품고 죽음. 《三國志》(6) 및 《後漢書》(74)에 전이 있음.

【后留】 이때는 아직 文帝의 황후가 아니고 袁熙의 아내였는데, 황후가 된 뒤의 일을 주로 다룬 이야기이기 때문에 追記하여 이와 같이 말한 것임.

【鄴】魏侯에 봉해진 袁紹가 있던 곳. 뒤에 조씨의 위나라에 편입되어 도읍이 됨.

【袁紹妻】원소의 아내이며 견후의 시어머니. 劉夫人.

【太祖】魏나라 曹操(155~220). 자는 孟德. 어릴 때는 阿瞞으로 불렸음. 沛國 출신으로 기지와 변화는 물론 문장에도 뛰어났었으며 曹丕의 아버지로 한말 세력을 키워 魏나라를 건립하는 기초를 세움. 아들 조비가 獻帝로부터 선양을 받아 武帝로 추존함.《孫子略解》,《兵書接要》,《曹操集》등이 있음.《三國志》(1)에 紀가 있음.

【曹丕】魏文帝 曹丕(187~226). 자는 子桓. 曹操의 둘째 아들. 아버지 曹操가 죽고 魏王을 습봉하여 漢나라 丞相이 됨. 延康 元年(220)에 禪讓을 받아 황제가 되었으며 연호를 黃初로 바꾸고 국호를 魏나라로, 洛陽을 도읍으로 정함. 재위 7년에 졸하였으며 시호는 文皇帝. 문장에도 뛰어나《典論》을 지었으며 그 중 〈論文〉은 문학 이론과 비평의 유명한 글로 평가받고 있음. 그 외에 〈燕歌行〉은 현존 최초의 7언시로 알려짐.《三國志》(2)에 紀가 있음. 《魏志》에 "帝諱丕. 字子桓, 受漢禪"이라 함. '魏儲南館'[245] 참조.

【劉楨】자는 公幹(?~215) 東漢末의 저명한 시인으로 孔融, 王粲, 陳琳, 阮瑀, 徐幹, 應瑒과 더불어 '建安七子'로 불림. 漢 獻帝 建安 16년(211), 曹丕가 五官 中郎將이 되자 유정은 '文學'으로 발탁됨. 文集 4권이 있었다하나 전하지 않으며 明代 張溥의《漢魏百三家集》에《劉公幹集》輯佚本이 있음. 建安 20년(215)에 병으로 죽었으며《三國志》魏書(21)에 傳이 있음.

【平視】아무렇지도 않게 마주 똑바로 봄. 감히 쳐다볼 수 없는 상대를 평상시처럼 거리낌 없이 무례하게 바라봄을 말함.


참고 및 관련 자료

1.《三國志》(5) 魏志 后妃傳(昭甄皇后)

文昭甄皇后, 中山無極人, 明帝母, 漢太保甄邯後也, 世吏二千石. 父逸, 上蔡令. 后三歲失父. 後天下兵亂, 加以饑饉, 百姓皆賣金銀珠玉寶物, 時后家大有儲穀, 頗以買之. 后年十餘歲, 白母曰:「今世亂而多賣寶物, 匹夫無罪, 懷璧爲罪. 又左右皆飢乏, 不如以穀振給親族鄰里, 廣爲恩惠也.」舉家稱善, 即從后言. 建安中, 袁紹爲中子熙納之. 熙出爲幽州, 后留養姑. 及冀州平, 文帝納后于鄴, 有寵,生明帝及東鄉公主. 延康元年正月, 文帝卽王位, 六月, 南征, 后留鄴. 皇初元年十月, 帝踐阼. 踐阼之後, 山陽公奉二女以嬪于魏, 郭后·李·陰貴人並愛幸, 后愈失意, 有怨言. 帝大怒, 二年六月, 遣使賜死, 葬于鄴.

## 2.《典略》

劉楨字公幹, 東平寧陽人, 建安十六年, 世子爲五官中郎將, 妙選文學, 使楨隨侍世子. 酒酣坐歡, 乃使夫人甄氏出拜, 坐上客多伏, 而楨獨平視. 他日公聞, 乃收楨, 減死, 輸作部.

## 3.《文士傳》

楨性辯捷, 所問應聲而答. 坐平視甄夫人, 配輸作部, 使磨石; 武帝至尚方觀作者, 見楨匡坐正色磨石. 武帝問曰:「石何如?」楨因得喻己自理, 跪而對曰:「石出荊州懸巖之巓, 外有五色之文, 內含下氏之珍; 磨之不加瑩, 雕之不增文, 稟氣堅貞, 受之自然. 顧其理枉屈, 紆繞而不得申.」帝顧左右大笑, 卽日赦之.

# 176. 胡嬪爭樗, 晉武傷指

저포놀이로 다투다가
무제의 손가락을 다치게 한 호귀빈

《진서晉書》에 실려 있다.

호귀빈胡貴嬪은 이름이 호방胡芳이다. 아버지 호분胡奮은 집안 대대로 장군 가문이었으며 당시 진군대장군鎭軍大將軍이었다. 무제武帝는 양가良家집 딸을 많이 간택하여 이들을 내직內職에 충당하였다. 그리고 그들 중에 예쁜 자를 골라 팔뚝에 붉은 비단을 매어 더욱 아름답게 보이도록 하였다. 호방이 선택되어 궁중으로 들어가자 궁전 뜰에 내려서서 울었다. 좌우가 이를 제지하면서 달랬다.

"폐하가 들으실라."

그러자 호방은 이렇게 말하였다.

"죽음도 두렵지 않습니다. 어찌 폐하를 두려워하겠습니까?"

뒤에 그는 귀빈貴嬪이 되었다.

당시 무제는 안으로 총애하는 여인들이 많았다. 오吳나라를 평정한 뒤에는 다시 손호孫皓가 거느리고 있던 궁녀 수천 명을 받아들여 액정掖庭에는 거의 수만 명에 이르렀다. 그렇게 되자 무제는 동시에 총애하는 여인들이 너무 많아 밤에는 침소를 어디로 정해야 할지 모를 정도였다. 이에 항상 양이 끄는 수레를 타고 그 양이 제멋대로 가도록 한 다음 그곳을 연침宴寢의 장소로 정하였다. 궁녀들은 이에 자신의 방문에 대나무 잎을 꽂아놓고 그 앞에는 소금물을 땅에 뿌려 황제의 수레를 유인하였다. 그러나 호방이 총애를 입자 거의 황제는 그의 방만을 찾게 되었다. 그리하여 황제를 시중들 때 그의 복장은 황후에 버금갈 정도가 되었다. 무제는 일찍이 그와 저포樗蒲놀이를 한 적이 있었다. 그런데 상대의 패를 다투다가 그만 황제의 손가락을 다치게 하였다. 황제가 노하여 "너는 장군의 집안 씨라 이렇게 세구나"라 하자 호방은 대뜸 이렇게 대답하였다.

"우리 집안은 북쪽으로 공손公孫을 정벌하였고, 서쪽으로는 제갈량諸葛亮을 막아내었습니다. 장군의 씨가 아니면 무엇이겠습니까?"

무제는 부끄러운 기색을 띠었다.

호방은 무안공주武安公主를 낳았다.


《晉書》: 胡貴嬪名芳, 父奮家世將門, 爲鎭軍大將軍. 武帝多簡良家女, 以充內職, 自擇其美者, 以絳紗繫臂. 芳旣入選, 下殿號泣.

左右止之曰:「陛下聞聲」

芳曰:「死且不畏, 何畏陛下?」

拜爲貴嬪.

時帝多內寵. 平吳後, 復納孫晧宮入數千, 掖庭殆將萬人. 而泣寵者甚衆, 莫知所適. 常乘羊車, 恣其所之, 至便宴寢. 宮人乃取竹葉揷戶, 以鹽汁洒地而引帝車. 然芳蒙幸, 殆有專房之寵. 侍御服飾亞于皇后. 帝嘗與之樗蒲, 爭矢, 遂傷上指.

帝怒曰:「此固將種也」

對曰:「北伐公孫, 西距諸葛, 非將種而何?」

帝有慙色. 芳生武安公主也.


【胡貴嬪】 胡芳. 胡奮의 딸로 晉 武帝의 귀빈. 貴嬪은 后妃의 한 계급.《晉書》后妃傳 참조.

【武帝】 晉 武帝. 司馬炎. 西晉의 개국군주. 司馬昭의 長子. 자는 安世. 咸熙 2年(265)에 魏나라로부터 禪讓의 형식으로 나라를 이어받아 晉나라를 세우고 洛陽을 도읍으로 함. 재위 26년(265~290). 묘호는 世祖.《晉書》(3)에 紀가 있음.

【孫皓】孫皓로도 표기함. 자는 元宗(243~284). 혹은 이름은 彭祖, 자는 皓宗
이라고도 함. 吳의 마지막 임금. 孫權의 孫子이며 孫和의 아들. 처음 烏程侯
에 봉해졌다가 孫休(景帝)가 죽자 제위에 오름. 황음무도하여 민심을 잃고
晉 武帝 咸寧 6년(280)에 나라가 망하여 歸命侯에 封해짐.《三國志》(48)에
전이 있음.

【掖庭】궁전 안에 있는 어전(御殿)으로 궁녀가 거처하는 곳. 後庭이라고도 함.

【樗蒲】樗蒱로도 쓰며, 漢末부터 三國시대 및 晉나라때까지 유행하던 도박의
일종.

【諸葛亮】자는 孔明(191~234). 한말 陽都人. 은거하여 스스로 밭을 갈며
자신을 管仲과 樂毅에 비교하여 사람들이 그를 臥龍先生이라 불렀음. 뒤에
蜀漢 劉備의 三顧草廬로 불려가 天下三分之策을 정하고 유비를 도와 荊州
와 益州를 차지하여 吳, 蜀, 魏 삼국정립을 이루었음. 유비의 유촉에 의해
그 아들 劉禪을 도와 〈出師表〉를 쓰고 북벌을 시도했으나 五丈原에서 생을
마침. 죽은 뒤 武鄕侯에 봉해졌으며 시호는 忠武.《三國志》(35)에 전이 있음.
‘孔明臥龍’[002] 및 ‘諸葛顧廬’[147] 참조.


참고 및 관련 자료

1.《晉書》(31) 后妃傳(胡貴嬪)

胡貴嬪名芳, 父奮. 泰始九年, 武帝多簡良家子女, 以充內職, 自擇其美者, 以絳
紗繫臂. 而芳旣入選, 下殿號泣. 左右止之曰:「陛下聞聲.」芳曰:「死且不畏,
何畏陛下?」帝遣洛陽令司馬肇策拜芳爲貴嬪. 帝每有顧問, 不飾言辭, 率爾而答,
進退方雅. 時帝多內寵. 平吳之後, 復納孫皓宮入數千, 自此掖庭殆將萬人. 而並
寵者甚衆, 帝莫知所適, 常乘羊車, 恣其所之, 至便宴寢. 宮人乃取竹葉揷戶,
以鹽汁灑地而引帝車. 然芳最蒙愛幸, 殆有專房之寵焉. 侍御服飾亞于皇后. 帝嘗
與之樗蒲, 爭矢, 遂傷上指. 帝怒曰:「此固將種也.」芳對曰:「北伐公孫, 西距
諸葛, 非將種而何?」帝有慚色. 芳生武安公主.

# 177. 石慶數馬, 孔光溫樹

## 177-① 石慶數馬
## 말을 한 필씩 세어 대답한 석경

전한前漢의 석분石奮은 조趙나라 사람으로 효문제孝文帝 때에 관직이 태중대부太中大夫에 이르렀다. 문학文學은 익힌 바가 없었으나 공손하고 근신함이 그와 비교가 되는 사람이 없었다. 맏아들 석건石建과 둘째 석갑石甲, 그 다음의 석을石乙, 그리고 막내 석경石慶은 모두가 온순하고 효행과 근신하여 관직이 2천 석에 이르렀다.

경제景帝가 이렇게 말하였다.

"석씨 집안은 그대와 네 아들 모두가 2천 석의 높은 관직에 이르렀으니 신하로서 존귀함과 총애가 모두 그 가문에 모여 있군요."

그리하여 석분의 집안을 만석군萬石君이라 불렀다. 아들 석경은 무제武帝 때 태복太僕이 되었다. 어느 날 임금을 위해 수레를 몰고 나오자 황제가 이렇게 물었다.

"수레를 끄는 말이 몇 마리인가?"

석경은 채찍으로 말을 하나씩 세어본 다음 손을 들고 이렇게 대답하였다.

"여섯 마리입니다."

석경은 형제들에 비해 가장 간결한 인물로서 임금에게 대답함이 이와 같았던 것이다.

뒤에 승상丞相에 올랐다.


前漢, 石奮趙人. 孝文時, 官至太中大夫. 無文學, 恭謹無與比.
長子建, 次甲, 次乙, 次慶, 皆以馴行孝謹, 官至二千石.

景帝曰:「石君及四子皆二千石, 人臣尊寵, 迺擧集其門.」

凡號奮爲萬石君.

慶武帝時爲太僕.

御出, 上問:「車中幾馬?」

慶以策數馬畢, 擧手曰:「六馬.」

慶於兄弟最爲簡易矣, 然猶如此. 後爲丞相.


【石奮】前漢 文帝 때의 인물. 그 아들 石建, 石甲, 石乙, 石慶 등이 모두 태수에 이르러 집안을 萬石君이라 하였음. 특히 石慶은 무제 때 태복에 이르렀으며 매우 신중한 성격이었음.《史記》萬君石傳 및《漢書》(60) 참조.

【孝文帝】전한 제3대 황제 劉恒. 太宗孝文皇帝. 高祖 劉邦의 庶子로서 薄太后의 아들. B.C.179~B.C.157년 재위함. 한나라 초기 文景之治를 이루어 제국의 기틀을 다짐.

【景帝】西漢 4대 황제. 劉啓. B.C.156~B.C.141년까지 16년간 재위함. 文帝의 아들이며 梁孝王(劉武)의 형. 文景之治를 이루어 한나라 기반을 다짐.

【武帝】西漢 5대 황제 劉徹. 景帝(劉啓)의 아들이며 B.C.140~B.C.87년까지 54년간 재위함. 대내외적으로 학술, 강역, 문학 등 여러 방면에 걸쳐 많은 치적을 남겨 강력한 帝國을 건설함.

【數馬】황제의 수레는 당연히 여섯 마리이지만 천자의 질문이라 일일이 세어본 다음 대답한 것으로서 신중함이 이와 같았음을 표현한 것.


참고 및 관련 자료

## 1.《史記列傳》萬石張叔列傳

萬石君名奮, 其父趙人也, 姓石氏. 趙亡, 徙居溫. 高祖東擊項籍, 過河內, 時奮年十五, 爲小吏, 侍高祖. 高祖與語, 愛其恭敬, 問曰:「若何有?」對曰:「奮獨有母, 不幸失明. 家貧. 有姊, 能鼓琴」高祖曰:「若能從我乎?」曰:「願盡力」於是高祖召其姊爲美人, 以奮爲中涓, 受書謁, 徙其家長安中戚里, 以姊爲美人故也. 其官至孝文時, 積功勞至大中大夫. 無文學, 恭謹無與比. 文帝時, 東陽侯張相如爲太子太傅, 免. 選可爲傅者, 皆推奮, 奮爲太子太傅. 及孝景卽位, 以爲九卿; 迫近, 憚之, 徙奮爲諸侯相. 奮長子建, 次子甲, 次子乙, 次子慶, 皆以馴行孝謹, 官皆至二千石. 於是景帝曰:「石君及四子皆二千石, 人臣尊寵乃集其門.」號奮爲萬石君.

2.《漢書》萬石衛直周張傳(石奮)

萬石君石奮, 其父趙人也. 趙亡, 徙溫. 高祖東擊項籍, 過河內, 時奮年十五, 爲小吏, 侍高祖. 高祖與語, 愛其恭敬, 問曰:「若何有?」對曰:「有母, 不幸失明. 家貧. 有姊, 能鼓瑟.」高祖曰:「若能從我乎?」曰:「願盡力.」於是高祖召其姊爲美人, 以奮爲中涓, 受書謁. 徙其家長安中戚里, 以姊爲美人故也. 奮積功勞, 孝文時官至太中大夫. 無文學, 恭謹, 擧無與比. 東陽侯張相如爲太子太傅, 免. 選可爲傅者, 皆推奮爲太子太傅. 及孝景卽位, 以奮爲九卿. 迫近, 憚之, 徙奮爲諸侯相. 奮長子建, 次甲, 次乙, 次慶, 皆以馴行孝謹, 官至二千石. 於是景帝曰:「石君及四子皆二千石, 人臣尊寵乃擧集其門.」凡號奮爲萬石君.


# 177-② 孔光溫樹
## 공광이 대답한 온실 속의 나무 종류


　전한前漢의 공광孔光은 자가 자하子夏이며 공자孔子의 14세손이다. 경학에 특히 밝아 높은 점수로 상서尚書에 올랐으며 여러 관직을 거쳐 복야僕射, 상서령尚書令 등이 되어 나라의 중요한 기틀을 10여 년 관장하였다.

　그는 천자에게 올린 말은 곧바로 그 초고를 없앴는데 이는 임금의 과실을 들추어 냄으로써 충직함인 양 하는 것은 신하로서 큰 죄를 짓는 것이라 여겼기 때문이었다. 그리고 인재를 추천하는 일도 오직 남이 알게 되는 것을 두려워하였다. 목욕으로 휴가를 받은 날은 돌아가 쉬면서 형제처자와 담소를 나누되 조정에서 일어난 일은 끝내 언급하지 않았다.

어떤 이가 공광에게 물었다.

"궁중 온실에 있는 나무는 모두가 어떤 나무입니까?"

그러자 공광은 묵묵히 대답은 하지 아니하고 대신 다른 화제로써 대답하였다. 그의 궁중 일을 누설하지 않음은 이와 같았던 것이다.

애제哀帝가 들어서자 그는 승상丞相이 되었다. 그리고 왕망王莽의 권세가 성하여 재형宰衡을 칭하자, 공광은 극구 지위를 사직하고 말았다.

태후太后가 이렇게 조서를 내렸다.

"나라가 장차 흥하려면 스승을 존경하고 사부를 중히 여기는 법입니다."

그리하여 태사太師 공광으로 하여금 매번 조회에 참석하도록 하고, 열흘에 한 번씩 성찬을 내렸으며, 그에게 영수장靈壽杖이라는 지팡이를 하사하였다.

공광은 무릇 어사대부와 승상의 직위를 각각 두 번씩 역임하였고, 대사도大司徒, 태부太傅, 태사太師를 각각 한 번씩 거쳤다. 그리고 성제, 애제, 평제 세 임금을 섬기며 삼공三公의 지위에서 보좌하였던 것이다.


前漢, 孔光字子夏, 孔子十四世孫. 經學尤明, 以高第爲尙書, 轉僕射·尙書令, 凡典樞機十餘年. 有所言輒削草藁, 以爲章主之過, 以奸忠直, 人臣大罪. 有所薦擧, 惟恐人之聞知. 沐日歸休, 兄弟妻子燕語, 終不及朝省政事.

或問光:「溫室省中樹皆何木也?」

光黙不應, 答以他語. 其不泄如是.

哀帝立, 拜丞相.

及王莽權盛稱宰衡, 光固辭位, 太后詔曰:「國之將興, 尊師而重傳」

其令太師每朝, 十日一賜餐, 賜靈壽杖. 光凡爲御史大夫·丞相各再, 一爲大司徒·太傅·太師, 歷三世居公輔位.

【孔光】 후한 때 인물로 자는 子夏. 孔子의 14세손으로 경학에 밝아 尙書, 僕射, 尙書令 등의 벼슬을 역임함.《漢書》에 전이 있음.

【樞機】 사물의 긴요한 기틀. 국가의 중요한 직무나 기구. 혹 인물.

【哀帝】 西漢 제10대 황제. 이름은 劉欣. 元帝(劉奭)의 둘째 아들 劉康의 아들로 제위에 오름. B.C.32~B.C.1년 재위함.

【奸】 '干'(구하다)과 같음. 雙聲互訓.

【沐日歸休】 漢나라 때는 5일에 한 번씩 휴가를 주어 귀가하여 목욕을 하도록 하였음.

【王莽】 字는 巨君(B.C.45~23). 漢 元皇后의 조카. 어려서 고아가 되어 독서 끝에 성망을 얻었음. 뒤에 太傅가 되어 安漢公에 봉해졌으며 平帝가 죽은 후 겨우 두 살인 孺子 嬰을 옹립하고 자신은 攝皇帝가 되었다가 初始 元年 (A.D.8) 정권을 찬탈, '新'을 세워 '西漢'의 종말을 고함. 그러나 천하의 혼란이 일어나 地皇 4年(23)에 劉玄·赤眉軍·綠林軍에게 살해되고 말았음.《漢書》(99) 에 그 傳이 있음.

【宰衡】 宰相과 같음. 옛날 周公은 太宰로 있었고, 伊尹은 阿衡으로 있었으며, 왕망이 이를 묶어 宰衡이라 하였음.

【靈壽杖】 노인용 지팡이.


## 참고 및 관련 자료

### 1.《漢書》孔光傳

孔光字子夏, 孔子十四世之孫也. 孔子生伯魚鯉, 鯉生子思伋, 伋生子上帛, 帛生子家求, 求生子眞箕, 箕生子高穿. 穿生順, 順爲魏相. 順生鮒, 鮒爲陳涉博士, 死陳下. 鮒弟子襄爲孝惠博士, 長沙太傅. 襄生忠, 忠生武及安國, 武生延年. 延年生霸, 字次儒. 霸生光焉. 安國·延年皆以治《尙書》爲武帝博士. 安國至臨淮太守. 霸亦治《尙書》, 事太傅夏侯勝, 昭帝末年爲博士, 宣帝時爲太中大夫, 以選授皇太子經, 遷詹事, 高密相. 是時, 諸侯王相在郡守上. 元帝卽位, 徵霸, 以師賜爵關內侯, 食邑八百戶, 號襃成君, 給事中, 加賜黃金二百斤, 第一區, 徙名數于長安. 霸爲人謙退, 不好權勢, 常稱爵位泰過, 何德以堪之! 上欲致霸相位, 自御史大夫貢禹卒, 及薛廣德免, 輒欲拜霸. 霸讓位, 自陳至三, 上深知其至誠, 乃弗用. 以是敬之, 賞賜甚厚. 及霸薨, 上素服臨弔者再, 至賜東園祕器錢帛, 策贈以列侯禮, 諡曰烈君.

# 178. 翟湯隱操, 許詢勝具

## 178-① 翟湯隱操
### 은자로서의 절조를 지킨 적탕

《진서晉書》에 실려 있다.

적탕翟湯은 자가 도심道深이며 심양尋陽 사람이다. 독실한 행동에 바탕을 순수하게 가졌으며 염결하여 세상사에는 자질구레하게 굴지 않았다. 그리고 직접 농사를 지어 끼니를 해결하였다.

영가永嘉 말에 도적이 끊임없이 이어 출몰하였으나 적탕의 이름과 덕망을 듣고 감히 침범하지 못하였으며 이웃 마을도 적탕 덕분에 안전할 수 있었다.

부름을 받았으나 벼슬길에 나서지 않았다.

그의 아들 적장翟莊은 자가 조휴祖休이며 아버지 적탕의 지조를 지켜 남들과 마구 사귀지 않은 채 오직 새 사냥과 낚시로 소일하였다.

그러나 자라서는 더 이상 사냥은 하지 않았다. 혹자가 물었다.

"고기잡이나 사냥은 모두가 한결같이 생명을 해치는 것입니다. 그런데 어찌 한 가지는 그친 것입니까?"

적장은 이렇게 대답하였다.

"사냥은 노방가는 놈을 내가 나서서 잡는 것이지만 낚시는 그 자신이 미끼를 물고자 다가오는 것입니다. 그 때문에 그 중 심한 자를 먼저 절제한 것입니다. 게다가 미끼를 탐내어 낚싯바늘을 무는 것이 어찌 내가 그렇게 하도록 시키는 것이겠는가?"

당시 사람들은 그 말을 지언知言이라 여겼다. 만년에 이르러 그는 낚시조차 그만두었으며, 부름을 받고도 벼슬길에 나서지 않았다. 그의 아들 적교翟矯 역시 높은 절조를 지니고 있어 여러 차례 부름을 사양하였고, 적교의 아들 적법사翟法賜 역시 효무제孝武帝 때 산기랑散騎郎으로 부름을 받았으나 나가지 않았다. 이렇게 대대로 은자로서의 행동을 실천하였다는 것이다.


《晉書》: 翟湯字道深, 尋陽人. 篤行純素, 廉潔, 不屑世事, 耕而後食.

永嘉末, 寇害相繼, 聞湯名德, 皆不敢犯, 鄉隣賴之. 辟召不至.

子莊字祖休, 遵湯之操, 不交人物, 惟以弋釣爲事. 及長不復獵.

或問:「漁獵同是害生. 何止去其一?」

莊曰:「獵自我, 釣自物, 未能頓盡. 故先節其甚者, 且夫貪餌吞釣, 豈我哉?」

時以爲知言. 晩節亦不復釣, 徵命不就. 子矯亦有高操, 屢辭辟命, 矯子法賜.

孝武時以散騎郎徵不至, 世有隱行云.


【翟湯】 晉나라 때의 은자. 자는 道深. 《晉書》隱逸傳 참조.

【道深】 원래 道淵. 唐 高祖 李淵의 이름을 피휘한 것임.

【尋陽】 潯陽. 지금의 九江 지역.

【永嘉】 晉 懷帝(司馬熾) 때의 연호. 307~312년까지 6년간. 劉淵이 稱帝하고 劉曜가 洛陽을 함락, 황제를 포로로 하여 잡아간 永嘉之亂(311)이 일어나 西晉이 기울기 시작하였음.

【孝武帝】 晉 武帝. 司馬炎. 西晉의 개국군주. 司馬昭의 長子. 자는 安世. 咸熙 2年(265)에 魏나라로부터 禪讓의 형식으로 나라를 이어받아 晉나라를 세우고 洛陽을 도읍으로 함. 재위 26년(265~290). 廟號는 世祖. 《晉書》(3)에 紀가 있음.

1. 《晉書》(94) 隱逸傳(翟湯, 翟莊, 翟矯, 翟法賜)

翟湯字道深, 尋陽人. 篤行純素, 仁讓廉潔, 不屑世事, 耕而後食, 人有饋贈, 雖釜庾一無所受. 永嘉末, 寇害相繼, 聞湯名德, 皆不敢犯, 鄉隣賴之. 司徒王導辟, 不就, 隱於縣界南山. 始安太守干寶與湯通家, 遣船餉之, 敕吏云: 「翟公廉讓, 卿致書訖, 便委船還.」 湯無人反致, 乃貨易絹物, 因寄還寶. 寶本以爲惠, 而更煩之, 益愧歎焉.

子莊字祖休, 少以孝友著名, 遵湯之操, 不交人物, 耕而後食, 語不及俗, 惟以弋釣爲事. 及長, 不復獵. 或問: 「漁獵同是害生, 而先生止去其一, 何哉?」 莊曰: 「獵自我, 釣自物, 未能頓盡. 故先節其甚者, 且夫貪餌吞釣, 豈我哉?」 時人以爲知言. 晚節亦不復釣, 端居蓽門, 歠菽飲水. 州府禮命, 及公車徵, 並不就. 年五十六卒. 子矯亦有高操, 屢辭辟命, 矯子法賜, 孝武帝以散騎郎徵, 亦不至, 世有隱行云.


# 178-② 許詢勝具
## 산택 유람의 체구를 갖춘 허순


구주舊注에 인용된 《세설신어世說新語》에 실려 있다.

허순許詢은 자가 현도玄度이며 산택을 유람하기를 좋아하였는데, 몸이 가벼워 산을 오르기에 아주 편리하였다. 당시 사람들은 이렇게 말하였다.

"허순은 한갓 명승지를 좋아하는 성격일뿐더러 게다가 이를 이겨낼 체질을 갖추고 있다."

허순이 영흥永興의 그윽한 굴속에 은거하자 매번 사방 제후들이 물건을 보내왔으며 허순은 이를 거리낌 없이 받았다.

이에 어떤 이가 허순에게 이렇게 물었다.

"일찍이 듣기로 기산箕山의 허유許由는 천하를 준다 해도 받지 않았다 하였으니 그대의 행동과는 다른 듯합니다."

그러자 허순은 이렇게 대답하였다.

"바구니나 광주리, 보자기로 싼 물건이라 이는 허유에게 주려했던 천하에 비하면 아주 가벼운 것이기 때문이라오!"

지금의 《세설신어》에는 이러한 이야기가 실려 있지 않다.


舊注引《世說》云: 許詢字玄度, 好遊山澤, 而體便登陟.

時人曰: 「許非徒有勝情, 有濟勝之具.」

詢隱永興幽穴, 每致四方諸侯之遺.

或謂許曰: 「嘗聞箕山人, 似不爾耳.」

許曰: 「筐篚苞苴, 固當輕於天下之寶!」

今本無載.


【許詢】字는 玄度. 許允의 현손으로 어릴 때 이름은 阿訥. 神童이라 불렸음. 高陽人. 벼슬에 뜻이 없어 孫綽, 郗愔, 王羲之, 謝安, 支遁 등과 會稽에서 산수를 유람하며 黃老에 관심을 보였음. 일찍 죽음. 司徒掾 벼슬을 지냈음. '眞長望月'[263] 참조.

【箕山人】許由를 가리킴. 堯임금이 천하를 자신에게 양보하려 하자 箕山의 潁川으로 들어가 귀를 씻었다 함. '許由一瓢'[073] 참조.

【苞苴】'苞'는 풀로 음식을 싼 것. 선물이나 증송(선물이나 뇌물) 꾸러미를 뜻하는 말로 쓰임.

1. 《世說新語》棲逸篇

許掾好遊山水, 而體便登陟; 時人云:「許非徒有勝情, 實有濟勝之具!」

2. 《高士傳》許由

許由, 字武仲, 陽城槐里人也, 爲人據義履方, 邪席不坐, 邪膳不食. 後隱於沛澤之中. 堯讓天下於許由曰:「日月出矣, 而爝火不息, 其於光也, 不亦難乎? 時雨降矣, 而猶浸灌, 其於澤也, 不亦勞乎? 夫子立而天下治, 而我猶尸之. 吾自視缺然, 請致天下.」許由曰:「子治天下, 天下旣已治矣. 而我猶代子, 吾將爲名乎? 名者, 實之賓也. 吾將爲賓乎? 鷦鷯巢於深林, 不過一枝; 偃鼠飲河, 不過滿腹. 歸休乎君, 予無所用天下爲. 庖人雖不治庖, 尸祝不越樽俎而代之矣.」不受而逃去. 齧缺遇許由曰:「子將奚之?」曰:「將逃堯.」曰:「奚謂邪?」曰:「夫堯知賢人之利天下也, 而不知其賊天下也. 夫唯外乎賢者知之矣.」由於是遁耕於中岳潁水之陽箕山之下, 終身無經天下色. 堯又召爲九州長, 由不欲聞之, 洗耳於潁水濱. 時其友巢父牽犢欲飲之, 見由洗耳, 問其故. 對曰:「堯欲召我爲九州長, 惡聞其聲, 是故洗耳.」巢父曰:「子若處高岸深谷, 人道不通, 誰能見子? 子故浮游欲聞, 求其名譽, 汚吾犢口.」牽犢上流飲之. 許由沒, 葬箕山之巓, 亦名許由山, 在陽城之南十餘里. 堯因就其墓, 號曰箕山公神, 以配食五嶽, 世世奉祀, 至今不絶也.『武仲潔脩, 毫邪不處. 黃屋將歸, 紫芳高擧. 潁汲箕田, 羞頹汙鄙, 俎豆公神, 綿綿無已.』

# 179. 優旃滑稽, 洛下歷數

## 179-① 優旃滑稽
### 골계에 뛰어난 우전

《사기史記》에 실려 있다.

우전優旃은 진秦나라 배우이며 난쟁이 주유侏儒였다. 우스갯소리를 잘 하였으나 그 내용은 모두 대도에 맞았다. 진시황秦始皇 때에 술을 가려 놓고 주연을 베풀 때 하늘에서 비가 쏟아졌다. 섬돌 아래 방패를 가지고 지키던 낮은 벼슬들이 모두 젖어 떨고 있었다. 우전은 이들을 불쌍히 여겨 이렇게 말하였다.

"너희들은 쉬고 싶으냐? 내가 너희들을 부르거든 너희들은 '네'하고 대답하거라!"

잠시 후 난간에서 우전이 큰 소리로 불렀다.

"방패를 쓰고 있는 여러분!"

그러자 그들이 대답하였다.

"네!"

우전이 말하였다.

"너희들은 키가 그렇게 큰들 무슨 이익이 되는가? 비가 오는데 그렇게 젖고 있을 뿐이다. 나는 비록 키가 작지만 이렇게 쉬고 있다."

이에 진시황은 반을 나누어 교대하도록 하였다.

또 한 번은 진시황이 원유苑囿를 크게 확장하려 하였다. 이에 우전은 이렇게 말하였다.

"훌륭합니다. 많은 날짐승, 길짐승을 그 안에 풀어놓을 수 있지요. 만약 동방에서 적이 쳐들어 오면 미록麋鹿으로 하여금 그들을 대항하도록 하기에 족할 것입니다."

진시황은 이로써 그 사업을 철회하여 중지하고 말았다.

이세二世 호해胡亥가 들어서자 다시 온 성벽에 옻칠을 하고자 하였다. 이에 우전이 이렇게 말하였다.

"아름답겠군요! 검은 옻칠로 시원하게 칠해 놓으시면 적이 쳐들어와도 기어오를 수가 없겠지요. 기어오르다가는 쉽게 옻칠에 물이 들고 말 것입니다. 그러나 성 안은 캄캄한 음지 방이 되고 말 것이니 견뎌내기 어려울 걸요."

이세는 웃으면서 중지하고 말았다.


《史記》: 優旃秦倡侏儒. 善爲笑言, 然合於大道.

秦始皇時, 置酒而天雨, 陛楯者皆沾寒.

旃哀之謂曰:「汝欲休乎? 我即呼女, 汝應曰諾!」

有頃臨檻, 大呼曰:「陛楯郎!」

郎曰:「諾!」

優旃曰:「汝雖長何益? 幸雨立. 我雖短也, 幸休居.」

於是始皇使得半相代.

嘗欲大苑囿, 旃曰:「善. 多縱禽獸於其中, 寇從東方來, 令麋鹿觸之足矣.」

始皇以故輟止.

二世立, 又欲漆其城, 旃曰:「佳哉! 漆城湯湯, 寇來不能上. 即欲就之, 易爲漆耳, 顧難爲蔭室.」

二世笑而止.


【優旃】秦나라 때의 유명한 滑稽家.《史記》滑稽列傳 참조.

【秦始皇】전국시대를 마감하고 천하통일을 이룬 진나라 황제. B.C.246~
  B.C.210년 재위함. 자신의 덕과 능력을 三皇五帝에 빗대어 諡號제도를

없애고 대신 자신부터 皇자와 帝자를 묶어 '皇帝'로 칭하도록 하여 始皇帝라
함.《史記》秦始皇本紀 참조.
【苑囿】'유'는 짐승을 풀어놓고 기르기 위해서 담을 둘러싼 장소. 함곡관에서
서쪽 雍·陳倉까지 넓혀 큰 동물원을 만들고자 하였음.
【二世】胡亥. 秦始皇의 둘째 아들로 형 扶蘇가 趙高의 책략에 의해 자결하자
제위에 올랐으며 帝號를 二世로 함. B.C.209~B.C.207년 재위함. 진나라가
망해 가자 조고는 이세를 자살토록 하고 부소의 아들 子嬰을 세웠으나
劉邦이 咸陽에 입성하자 자영은 조고를 죽인 다음, 흰 수레를 입고 항복
하여 진나라가 망함.




1.《史記》滑稽列傳
優旃者, 秦倡侏儒也. 善爲笑言, 然合於大道. 秦始皇時, 置酒而天雨, 陛楯者
皆沾寒. 優旃見而哀之, 謂之曰:「汝欲休乎?」陛楯者皆曰:「幸甚.」優旃曰:
「我卽呼汝, 汝疾應曰諾」居有頃, 殿上上壽呼萬歲. 優旃臨檻大呼曰:「陛楯郎!」
郎曰:「諾」優旃曰:「汝雖長, 何益, 幸雨立. 我雖短也, 幸休居」於是始皇使
陛楯者得半相代. 始皇嘗議欲大苑囿, 東至函谷關, 西至雍·陳倉. 優旃曰:「善.
多縱禽獸於其中, 寇從東方來, 令麋鹿觸之足矣」始皇以故輟止.


## 179-② 落下歷數
## 낙하굉의 시간 계산 방법


　전한前漢의 방사 당도唐都는 하늘의 28수宿를 재고 해와 달의 운행을
분석하였는데, 파군巴郡의 낙하굉落下閎이 이에 참여하였다. 당도는 천부

天部를 나누었고 낙하굉은 해와 달의 운행을 계산하였다. 그 법은 율관律管으로써 역수曆數의 출발을 삼은 것이다. 그리하여 이렇게 말하였다.

"율관의 들이는 1약侖이며 체적은 81촌이니 바로 하루에 해당하며 그 길이의 끝과 상응한다. 율관의 길이는 9촌이며 171분分이 되면 끝을 이루었다가 다시 반복한다. 3번 반복하면 갑자甲子가 된다. 무릇 율律은 음양陰陽의 9와 6의 숫자로 계산하며 효상爻象이 그로부터 나오게 되는 것이다. 그러므로 황종黃鐘은 원기元氣의 기원이 되는 것으로 이를 일러 '율'이라 한다. '율'은 법이다. 그 어느 법도 여기에서 취하지 않은 것이 없다."

그리고 찬贊에는 이렇게 말하였다.

"역수라면 당도와 낙하굉이로다."


前漢, 方士唐都分天部, 巴郡落下閎與焉. 都分天部而閎運筭轉歷. 其法以律起歷. 曰:「律容一侖, 積八十一寸, 則一日之分也, 與長相終. 律長九寸, 百七十一分而終復. 三復而得甲子. 夫律陰陽九六. 爻象所從出也. 故黃鐘紀元氣, 之謂律, 律法也. 莫不取法焉」

贊曰:「歷數則唐都落下閎」


【唐都】律曆에 뛰어났던 방사, 과학자.

【分天部】하늘을 동서남북의 4방으로 나누고, 다시 각각 7등분 하여 28수(宿)의 별자리의 위치를 밝히는 것.

【落下閎】인명. 역시 수학과 천문, 律曆에 뛰어났던 인물.

【轉歷】顓頊曆을 고쳐서 太初曆이 만들었음을 말함. 太初曆은 漢 武帝의 太初 元年부터 행해진 曆法으로 81分法이라고도 함.

【律】律呂를 말함. 원래 고대 樂律의 음계를 조절하는 기구로써 대나무나 금속관으로 만들었으며 모두 12개. 그 구멍의 크기에 따라 음의 고도를 정하여 다른 악기의 음가를 정하는 것. 그 중 홀수 6개를 '律', 짝수 6개를 '呂'라 하며 이를 합하여 '율려'라 함. 이를 12달과 배합하여 《呂氏春秋》音律에는 黃鐘, 大呂, 太簇, 夾鐘, 姑洗, 仲呂, 蕤賓, 林鐘, 夷則, 南呂, 無射, 應鐘

이라 하였으며 이에 따라 "仲冬日短至, 則生黃鐘; 季冬生大呂, 孟春生太簇, 仲春生夾鐘, 孟夏生仲呂, 仲夏日長至, 則生蕤賓, 季夏生林鐘, 孟秋生夷則, 仲秋生南呂, 季秋生無射, 孟冬生應鐘"이라 함. 한편 고대 동짓날 바람이 통하지 않는 밀실에서 갈대 껍질을 태운 재로 六律에 맞게 대롱을 책상에 올려놓은 다음 어느 율에 재가 흩날리는가를 보고 절기를 예측했다 함. 《漢書》 律曆志(上) 참조. 《幼學瓊林》에 "冬至到而葭灰飛, 立秋至而梧葉落"라 함.

【一龠】 '龠'은 量(容積)을 재는 단위 이름. 원래 황종의 율관에서 기원함.

【與長相終】 '終'은 終數. 종수란 천지의 끝수인 天九地十을 합친 19. 이 19와 81을 곱하면 171의 숫자가 나옴.

【甲子】 11월 甲子일에 천체가 운행하여 음양이 다시 원점으로 되돌아옴을 말한다 함.

【爻象】 '爻'는 《易》의 卦를 이루는 여섯 개의 가로획. 음효(--)와 양효(—)가 있음.


### 참고 및 관련 자료

**1. 《史記》 曆書**

太史公曰: 神農以前尙矣. 蓋黃帝考定星曆, 建立五行, 起消息, 正閏餘, 於是有天地神祇物類之官, 是謂五官. 各司其序, 不相亂也. 民是以能有信, 神是以能有明德. 民神異業, 敬而不瀆, 故神降之嘉生, 民以物享, 災禍不生, 所求不匱.

**2. 《史記》 平津侯主父列傳**

曆數則唐都·落下閎, 協律則李延年, 運籌則桑弘羊, 奉使則張騫·蘇武, 將帥則衛靑·霍去病, 受遺則霍光·金日磾. 其餘不可勝紀. 是以興造功業, 制度遺文, 後世莫及.

**3. 《史記》 太史公自序**

太史公學天官於唐都, 受易於楊何, 習道論於黃子.

# 180. 曼容自免, 子平畢娶

## 180-① 曼容自免
### 스스로 관직에 물러난 만용

전한前漢의 병단邴丹은 자가 만용曼容이며 낭야琅邪 사람이다. 뜻을 기르고 스스로 수양하여 관직에 올라서는 스스로 6백 석의 지위 이상은 오르려 하지 않았다. 그러한 경우에는 즉시 스스로 관직에 물러나 떠나 버렸다.


前漢, 邴丹字曼容, 琅邪人. 養志自修. 爲官不肯過六百石, 輒自免去.


【邴丹】 전한 때의 인물로 자는 曼容.《漢書》兩龔傳에 함께 실려 있음.
【六百石】 관직 중에 太守나 군수의 반에 해당하는 중간 정도의 봉록이며 그러한 벼슬을 가리킴.


【 참고 및 관련 자료 】

1.《漢書》兩龔傳
於是勝·漢遂歸老于鄕里. 漢兄子曼容亦養志自修, 爲官不肯過六百石, 輒自免去, 其名過出於漢.

## 180-② 子平畢娶
## 아들딸 모두 성가시키고 난 상자평

후한後漢의 상장向長은 자가 자평子平이며 하내河內 조가朝歌 사람으로 은거하며 벼슬은 하지 않았다. 성품이 중화中和를 숭상하였으며 《노자老子》와 《역易》을 좋아하여 통달하였다. 집이 가난하여 먹을 것을 구할 수 없어 호사자好事者들이 번갈아 가며 그에게 먹을 것을 대어 주었다. 그는 이를 받되 족한 만큼만 취하고 나머지는 되돌려 주었다. 《역》을 읽으며 손괘損卦와 익괘益卦에 이르러 그는 이렇게 탄식하였다.

"내 이미 부유함이 빈한함만 못하고 귀함이 천함만 못함을 알았도다. 단지 죽는 것이 사는 것보다는 어떠한지를 알지 못할 뿐이다."

건무建武 연간에 아들딸을 시집장가 보내는 일이 끝나자, 그는 집안일을 끊고 더는 상관하지 말 것을 명하고는 드디어 오악五嶽 명산을 마음대로 유람하며 다녔으며, 어떻게 생을 마쳤는지 알 수 없었다.


後漢, 向長字子平, 河內朝歌人. 隱居不仕. 性尙中和, 好通《老》·《易》. 貧無資食, 好事者更饋焉. 受之, 取足而反其餘.

讀《易》至〈損·益〉卦, 歎曰:「吾已知富不如貧, 貴不如賤. 但未知死何如生耳.」

建武中, 男女娶嫁旣畢, 敕斷家事勿相關, 遂肆意遊五嶽名山, 不知所終.


【向長】《後漢書》逸民傳에 실려 있음. '向'은 성씨일 경우 '상'으로 읽음.
【損益卦】《易》의 두 卦의 이름.

【建武】東漢 光武帝 劉秀의 첫 연호. A.D.25~55년까지 31년간.
【五岳】東岳 泰山, 西岳 華山, 南岳 衡山, 北岳 恒山, 中岳 嵩山을 가리킴.




### 1.《後漢書》逸民傳 向長

向長字子平, 河內朝歌人也. 隱居不仕. 性尙中和, 好通《老》·《易》. 貧無資食, 好事者更饋焉. 受之, 取足而反其餘. 王莽大司空王邑辟之, 連年乃至, 欲遷之於莽, 固辭乃止. 潛隱於家. 讀《易》至〈損益〉卦, 喟然歎曰:「吾已知富不如貧, 貴不如賤. 但未知死何如生耳.」建武中, 男女娶嫁旣畢, 勅斷家事勿相關, 當如我死也. 於是遂肆意, 與同好北海禽慶, 俱遊五嶽名山, 竟不知所終.

### 2.《周易》損卦

損卦(山澤損) 損: 有孚, 元吉, 无咎, 可貞, 利有攸往. 曷之用? 二簋可用享. 彖曰: 損, 損下益上, 其道上行. 損而有孚, 元吉, 无咎, 可貞 利有攸往. 曷之用? 二簋可用享. 二簋應有時, 損剛益柔有時: 損益盈虛, 與時偕行. 象曰: 山下有澤, 損; 君子以懲忿窒欲. 初九, 已事遄往, 无咎; 酌損之. 象曰:「已事遄往」, 尙合志也. 九二, 利貞, 征凶; 弗損, 益之. 象曰: 九二利貞, 中以爲志也. 六三, 三人行則損一人, 一人行則得其友. 象曰:「一人行」, 三則疑也. 六四, 損其疾, 使遄有喜, 无咎. 象曰:「損其疾」, 亦可喜也. 六五, 或益之十朋之龜, 弗克違, 元吉. 象曰: 六五元吉, 自上祐也. 上九, 弗損益之, 无咎, 貞吉, 利有攸往, 得臣无家. 象曰:「弗損益之」, 大得志也.

### 3.《周易》益卦

益卦(風雷益) 益: 利有攸往, 利涉大川. 彖曰:「益」, 損上益下, 民說无疆; 自上下下, 其道大光.「利有攸往」, 中正有慶;「利涉大川」, 木道乃行. 益動而巽, 日進无疆; 天施地生, 其益无方. 凡益之道, 與時偕行. 象曰: 風雷, 益; 君子以見善則遷, 有過則改. 初九 利用爲大作, 元吉, 无咎. 象曰:「元吉无咎」, 下不厚事也. 六二, 或益之十朋之龜, 弗克違, 永貞吉; 王用享于帝, 吉. 象曰:「或益之」, 自外來也. 六三, 益之用凶事, 无咎; 有孚中行, 告公用圭. 象曰:「益用凶事」, 固有之也. 六四, 中行告公從, 利用爲依遷國. 象曰:「告公從」, 以益志也. 九五, 有孚惠心, 勿問, 元吉; 有孚, 惠我德. 象曰:「有孚惠心」, 勿問之矣;「惠我德」, 大得志也. 上九, 莫益之, 立心勿恒, 凶. 象曰:「莫益之」, 偏辭也;「或擊之」, 自外來也.

## 임동석(茁浦 林東錫)

慶北 榮州 上茁에서 출생. 忠北 丹陽 德尙골에서 성장. 丹陽初中 졸업. 京東高 서울 敎大 國際大 建國大 대학원 졸업. 雨田 辛鎬烈 선생에게 漢學 배움. 臺灣 國立臺灣師範 大學 國文硏究所(大學院) 博士班 졸업. 中華民國 國家文學博士(1983). 建國大學校 敎授. 文科大學長 역임. 成均館大 延世大 高麗大 外國語大 서울대 등 大學院 강의. 韓國中國言語學會 中國語文學硏究會 韓國中語中文學會 會長 역임. 저서에《朝鮮 譯學考》(中文)《中國學術槪論》《中韓對比語文論》. 편역서에《수레를 밀기 위해 내린 사람들》《栗谷先生詩文選》. 역서에《漢語音韻學講義》《廣開土王碑硏究》《東北 民族源流》《龍鳳文化源流》《論語心得》〈漢語雙聲疊韻硏究〉 등 학술 논문 50여 편.

임동석중국사상100

# 몽구 蒙求

李瀚 撰·徐子光 註 / 林東錫 譯註
1판 1쇄 발행/2010년 6월 1일
발행인 고정일
발행처 동서문화사
창업 1956. 12. 12. 등록 16-3799(윤)
서울강남구신사동540-22 ☎546-0331~6 (FAX)545-0331
www.epascal.co.kr
잘못 만들어진 책은 바꾸어 드립니다.

*

이 책의 출판권은 동서문화사가 소유합니다.
의장권 제호권 편집권은 저작권 법에 의해 보호를 받는 출판물이므로 무단전재와 무단복제를 금합니다.
이 책의 일부 또는 전부 이용하려면 저자와 출판사의 서면허락을 받아야 합니다.

*

사업자등록번호 211-87-75330
ISBN 978-89-497-0624-5  04080
ISBN 978-89-497-0542-2  (세트)